KB218813

고 전 으 로
미 래 를
읽 는 다
0   2   1

정신**분석** 입문

S. 프로이트 지음 이명성 옮김

INTERNATIONALERPSYCHOANALYTISCHER

홍신문화사

정신분석 입문

contents

잘못 제1부

첫번째 강의

서 론

여러분이 정신분석(精神分析)에 대해 어느 정도 알고 있는지 나는 잘 모른다. 하지만 이 강의의 제목이 '정신분석 입문(入門)'인만큼, 나는 여러분이 정신분석에 대해 아무것도 모르고, 따라서 초급 입문이 꼭 필요한 수강자라고 생각하지 않을 수 없다. 여러분이 알고 있다고 가정할 수 있는 것은, 정신분석이란 의학적으로 노이로제 환자를 치료하는 방법의 하나라는 것이다. 그래서 나는 이 정신분석이 일반적인 의학 분야에서 행하고 있는 방법과는 크게 다를 뿐만 아니라 경우에 따라서는 그와 전혀 정반대의 입장에 서게 된다는 것을 예를 들어 설명할 것이다.

보통 의사들은 환자에게 새로운 치료법을 시행할 때, 그에 따르는 환자의 고통을 최소한으로 줄이고, 새 치료법이 충분히 믿을 만한 효과가 있음을 확신시켜 주어야 한다. 이러한 태도로 환자를 대해야만 성공할 가능성이 커지기 때문에, 이것은 확실히 좋은 방법이라고 생각한다. 그러나 노이로제 환자를 정신분석 요법으로 치료할 때는 상황이 다르다. 우리는 환자에게 치료 방법이 어렵다는 것과 많은 시간과 노력과 희생이 따라야 한다는 것을 설명해야 한다. 또한 치료 효과에 대해서도 단정적으로 약속할 수는 없지만, 환자의 태도와 이해·솔직함·끈기에 달려 있음을 주지시켜야 한다. 그같은 태도를 취해야 하는 데는 이유가 있다. 여러분도 그 이유를 들으면 이해할 수 있을 것이다.

한 가지 당부하고 싶은 것은 내가 여러분을 마치 노이로제 환자처럼 대한다고 오해하지 말기를 바라며, 또한 여러분이 내 강의를 듣기 위해 찾아오는 일이 없었으면 한다. 이 기회에 정신분석의 강의법에는 얼마나 많은 모순이 있는지, 또 자신의 견해를 갖는 것이 얼마나 힘든 일인지 여러분에게 자세히 설명하고자 한다. 이 강의에서 나는 여러분이 지금까지 받아 온 모든 교육 방침과 사고방식이 정신분석을 시도하는 데 얼마나 적대(敵對)하도록 되어 있으며, 또한 본능적인 적개심을 억누르기 위해서 여러분이 얼마나 자제해야 하는지를 보여 주고 싶다.

여러분이 이 강의에서 정신분석에 대해 얼마나 알게 될지 나는 알 수 없다. 하지만 여러분이 내 강의를 듣는 것만으로는 어떤 순서로 정신분석 연구에 착수해야 하는가, 어떤 방법으로 그것을 치료하는지는 배우지 못할 것이다. 그러나 여러분 중 정신분석에 대해 대략적인 지식을 얻는 데 만족하지 않고 정신분석에 대해 더욱 관심을 가지고 관계를 맺고 싶은 사람이 있다면 나는 그에게 단념하라고 충고할 뿐 아니라, 적극적으로 말리고 싶다. 그것은 매우 어렵고도 험난한 길이 될 것이기 때문이다. 그러나 만일 내 충고를 무시하고 다음 강의에도 출석한다면 그때는 여러분을 환영하겠다. 여러분은 모두 정신분석의 어려움이 무엇인지 알 권리가 있다.

정신분석의 교수법과 강의에 따르는 곤란에 대해 말해 보자. 첫째, 여러분은 의학 강의로 인해 사물을 보는 데는 익숙해져 있다. 여러분은 해부학의 표본, 화학반응의 침전(沈澱)을 관찰하며, 신경 자극의 결과인 근육의 수축, 또한 여러분의 감각기관을 통해서 환자라든가, 병의 증상, 병리과정(病理過程)의 산물, 나아가서는 분열상태에 놓여 있는 병원균까지도 볼 것이다.

외과의 경우라면 수술 과정을 견학하고, 때로는 직접 수술도 해볼 것이다. 정신과에서도 실물교시(實物敎示)가 있는데, 이때는 환자의 표정과 말투·행동을 자세히 관찰하고 깊은 인상을 받게 될 것이다. 의학 교수는 여러분에게 박물관을 구경시켜 주는 안내인이나 해설자의 역할을 하는 데 불과하다. 그리고 여러분들도 그와 같은 사물과 직접 접한 다음에야 새로운 사실이 존재한다는 것을 이해할 수 있다고 믿을 것이다.

그러나 불행하게도 정신분석에서는 상황이 다르다. 정신분석 요법에서는 의사와 환자 사이에 주고받는 말이 유일한 치료 방법이다. 환자는 자기가 겪은 경험의 대부분과 현재의 인상과 병의 상태를 호소하고, 자기의 희망과 감정을 토로한다. 의사는 그의 말을 들어 주고, 그 생각을 어떤 방향으로 돌리려 하고, 회상시키고, 그의 주의를 한 점에 집중시키고, 설명을 해 주고, 그에게 일어나는 반응을 관찰한다. 간혹 환자를 뒷바라지하는 사람들은 '단지 말하는 것만으로 어떻게 병을 고칠 수 있는가?'라는 의문을 제기하지만, 그런 사고방식은 불합리하며 근시안적이다. 왜냐하면 그들은 대부분 정신병 환자를 단순히 자기 병을 '공상하고 있다'고 믿기 때문이다.

말의 기원은 마술이다. 오늘날에도 말은 그 옛 마력을 다분히 지니고 있다. 말은 인류를 서로 결합시키고, 혹은 이반(離反)시키는 일반적인 수단이 되기 때문에 심리요법에 말을 사용한다고 경멸해서는 안 된다. 만약 정신분석의와 환자가 주고받는 말을 듣는다면, 그것을 아주 쉽게 깨달을 수 있을 것이다.

그러나 정신분석 요법에서 행해지는 대화를 엿들어서는 안 된다. 만일 자기와 아무 관계도 없는 제삼자가 엿듣고 있다는 것을 알아채면, 환자는 금방 입을 다물고 만다. 왜냐하면 자기의 병력(病歷)이나 증상은 그의 가장 비밀스런 부분에 속하며, 또한 사회적으로 독립된 한 인격체로서 숨겨 두고 싶은 것이고, 또 자기 자신에게조차 숨기고 싶은 것이기 때문이다.

그러므로 여러분은 정신분석 요법의 상황을 직접 볼 수도 없으며, 다만 그 말을 들을 수 있을 뿐이다. 말하자면, 여러분은 정신분석을 다른 사람의 말을 통해서 알 수 있는 것이다. 그러므로 여러분이 내리는 판단은 분명히 여러분이 증인을 어느 정도 믿느냐에 달려 있다.

　정신분석가는 적어도 자기 자신이 종사한 사물만을 보고 말한다. 여러분들은 고문서를 검토할 때 믿을 수 있는 사람의 견해라는 점과 모든 사가(史家)에 일치점이 있는 것인가를 고려하게 될 것이다. 위에서 말한 두 가지를 고려한다면 알렉산더가 실재했다는 것은 믿음이 가지만, 모세나 님로드¹ 같은 인물에 대해서는 이야기가 달라진다. 이와 마찬가지로, 정신분석의 보고자를 어느 정도로 믿어야 하는지는 이후에 충분히 알게 될 것이다.

　여기서 여러분은 이런 질문을 할 것이다. 만일 정신분석을 객관적으로 믿을 수도 볼 수도 없다면 어떻게 정신분석을 배우고, 그 주장이 진실이라는 것을 어떻게 확인할 수 있을 것인가 하는 점이다. 실제로 정신분석을 배우는 것은 쉬운 일이 아니기 때문에 정신분석을 정식으로 배운 사람은 극소수일 뿐이다.

　여기서 가장 좋은 방법은 자신의 성격을 연구하는 것이다. 이것은 이른바 내관(內觀)과는 뜻이 다르지만, 적절한 단어가 없으므로 우선은 이런 말로 표현해 두자. 정신분석을 조금만 배우면 자기 자신을 분석 재료로 쓸 수 있는 보편적인 정신 형상이 많이 있다. 그러한 재료를 분석함으로써 여러분은 정신분석이 말하는 현상이 진실이라는 것, 정신분석 학설이 거짓이 아님을 확신하게 될 것이다. 그러므로 좀더 깊이 있게 연구할 생각이라면, 전문 분석가에게 자기에 대한 분석을 부탁하여 분석의 효과를 직접 체험하고, 분석가가 사용하는 분석 기술을 살펴보는 기회를 갖는 것이 가장 좋은 방법이다.

---

1 바빌로니아의 군신(軍神).《구약성서》에서는 구스의 아들. 아시리아의 여러 도시를 건설하여 아시리아 최초의 왕이 되었다.

정신분석을 이해하려고 할 때 부딪치는 두 번째 어려움은 여러분 자신에게 원인이 있다고 생각된다. 여러분이 지금까지 받아온 교육은 여러분의 사고 활동을 정신분석과는 매우 동떨어진 방향으로 이끌어 가게 될 것이다. 여러분은 생체(生體)의 기능이나 그 장애를 해부학의 기초 위에 올려 화학적 또는 물리학적으로 해석하고, 또 생물학적으로 보도록 교육 받아 왔다. 그 결과 여러분은 이 놀랄 만큼 복잡한 생체 진화의 결정에 있는 정신 생활에 관심을 가지는 일이 없었다. 이런 교육 때문에 심리학적 사고법의 소양이 결여되고, 정신 생활을 믿지 못하며, 거기에 과학성을 부여하지 않는 것이다. 이와 같은 제약은 확실히 여러분의 의사로서의 활동을 손상시키는 것이 아니고 무엇이겠는가.

모든 인간 관계가 그렇듯이 여러분이 환자를 진찰할 때도 우선 그 환자의 정신적 외모를 보게 되는데, 그러한 편견은 여러분이 의도하는 치료 효과의 일부를 자연요법가(自然療法家) 및 신비주의자에게 맡기는 어리석음을 범할 것이다.

현재까지 교육의 결함에 대해서 여러분이 어떤 변명을 늘어놓을지 나는 잘 안다. 그러나 의사라는 직업에 도움이 되는 철학적 치료법이 결여되어 있는 것은 확실하다. 사변철학(思辨哲學)이나 기술심리학, 또는 감각생리학 등을 토대로 한 실험심리학은 여러분이 이미 학교에서 배운 것처럼 정신과 육체의 관계를 아는 데 도움이 되었다고는 할 수 없고, 또한 그러한 것들은 여러분에게 정신의 기능에 발생함직한 장애를 이해하는 데 아무런 도움도 줄 수 없다.

사실 의학 영역에 있어서의 정신 의학은 관찰된 갖가지 유형의 정신 장애를 기술하고 임상적으로 정리하고는 있지만, 정신 의학의 순수한 기술적 진술이 과연 과학에 해당하는지는 정신의학자들 스스로도 의심하고 있다. 그것은 병상(病像)을 이루고 있는 증상이나 메커니즘과의 상호 관계가 아직도 알려져 있지 않기 때문이다. 그러한 증상은 정신의 해부학적 기관(解剖學的器官)인 뇌로 증명되는 변화와 일치하지도 않으며, 단지 해부학적 변화만으로 그 증상을 설명할 수도 없다. 다만 이와 같은 정신 장애가 어떤 유기적 질환의 합병증이라는 것을 알았을 때만 치료의 효과가 있는 것이다.

바로 이것이 정신분석이 메우려는 허점인 것이다. 정신분석은 지금까지 정신 의학에 결여되어 있던 심리학적 기초를 세우고, 신체적 장애와 정신적 장애가 발병하는 이유를 설명해 주는 공통의 지반을 발견하고자 하는 것이다. 이 목적을 위해서, 정신분석은 해부학적 · 화학적 혹은 생리학적인 모든 외적 전제에서 해방되어 오직 순수한 심리학적인 입장에서 연구를 진행할 수밖에 없게 되었다. 이러한 이유로 정신분석이 여러분에게 기묘한 느낌을 주게 되지나 않을지 모르겠다.

세 번째 어려움은 세상 사람들의 지적인 편견과 충돌하거나 미적 · 도덕적인 편견과 충돌한다는 것이다. 그들은 위력적인 적이며, 인류 진화 과정의 유익하고도 필연적인 부산물(副産物)이다. 또한 그것들은 감정에 의해서 고착되어 있으므로 그것들과의 투쟁은 쉽지 않다.

남에게 반감을 사고 있는 정신분석이 가진 주장의 첫째는, 정신 현상 그 자체가 무의식이면 의식 현상은 정신생활 중 활동 부분에 불과하다는 점이다. 여러분은 이와는 달리, 정신과 의식을 동일한 것으로 생각하는 습관이 있다. 즉 의식이란 정신을 규정하는 특질이며, 심리학은 의식의 내용을 연구하는 학문이다. 이것은 매우 당연한 사실이므로 이에 반대하는 것은 매우 어리석은 일이다. 그럼에도 정신분석은 의식과 정신을 동일한 것으로 주장할 수 없다. 정신분석에서 말하는 정신이란 감정 · 사고 · 욕망의 과정이다. 또 정신에는 의식적 사고와 무의식적 욕망이 존재한다고 주장하지 않으면 안 된다.

그러나 어떤 이유로 '정신은 의식이다' 라는 추상적인 명제(命題)를 편견이라고 단정해야 되는지 여러분은 아직 알지 못할 것이다. 또 만일 무의식이라는 것이 실제로 존재한다면 어떤 진화 과정에서 이와 같은 무의식이 정당하지 못하게 되었는가, 또한 이 명제를 부정할 때 어떤 이익이 있었는가를 여러분은 짐작하지 못할 것이다. '정신과 의식은 동일한가, 아니면 정신은 의식의 범위를 포함하여 그보다 훨씬 광범위한가' 하는 것은 불필요한 논의처럼 보인다.

그러나 나는 무의식적인 정신 과정을 가정했기 때문에, 세계와 과학에 있어서 새로운 문이 열렸다는 점을 단언할 수 있다.

정신분석의 이 첫번째 주장이, 다음에 말하고자 하는 두 번째 주장과 얼마나 관계가 있는지 여러분은 상상도 못할 것이다. 정신분석이 그 업적의 하나로서 발표한 두 번째 명제란, 넓은 의미에서나 좁은 의미에서나 성적(性的)이라고 일컫는 충동이 노이로제와 정신병을 일으키는 원인으로서, 이제까지 중요시하지도 않았던 것에 중대한 역할을 하고 있다는 주장이다. 아니, 그 이상으로 이 성적 충동은 인간 정신이 이룩한 문화적·예술적·사회적 창조에 크게 기여했다고 할 수 있을 것이다.

내 경험에 의하면, 이 정신분석 연구의 결론에 대한 반감이야말로 정신분석이 직면한 가장 신랄한 비판의 근원이었다. 문화란 생존 경쟁의 압력 속에서 본능적 욕구 충족을 희생하여 창출한 것이며, 새로이 인간 사회의 일원이 된 각 개인이 사회를 위해서 욕구 충족을 수없이 희생시켜서 이룩한 것이다. 이와 같이 이용된 본능적인 힘 중에서도 특히 성 본능은 중요한 역할을 하며, 그때 성 본능은 승화된다.

다시 말하면, 성 본능은 본래의 성적 목표에서 벗어나 사회적으로 한층 높은 차원의 성적이 아닌 목표로 향하게 되는 것이다. 그러나 성 본능은 억제하기 어려운 것이기 때문에 이와 같은 방법으로 구축된 건축은 불안정할 수밖에 없다. 성 본능이 억제에서 해방되어 본래의 목표로 다시 향하게 될 때만큼 사회가 문화의 위기를 느낄 때는 없다. 사회는 자체의 기초가 되어 있는 이 아픈 부분이 상기되는 것을 원하지 않는다. 사회는 성 본능의 중대성을 인정하고, 성 생활이 각 개인에게 계몽되는 데 아무런 관심도 나타내지 않는다. 오히려 교육적인 면을 들어 이 성을 회피하고 있는 것이다. 따라서 사회는 정신분석이 밝힌 연구의 결과를 용납하지 않고 미(美)에 위배되는 것, 도덕적으로 배척당해야 하는 것, 매우 위험한 것이라고 정신분석을 매도하고자 했던 것이다.

그러나 과학적 연구의 객관적인 성과는 이런 비난에도 흔들리지 않는다. 항의를 하려면 학문이라는 이름으로 하지 않으면 안 된다. 인간은 자기가 싫어하는 것을 진실이 아니라고 비방하고, 곧 그 증거를 찾아내는 것이 통례이다. 사회도 자기 마음에 들지 않는 것은 진실이 아니라고 하여, 정신분석 학설을 이론적이고 구체적이지만, 다분히 감정만 앞세운 이론으로 몰기 위해 공격을 계속하고 있다.

그러나 위와 같이 비난 많은 명제를 제창함에 있어서 우리에게는 아무런 저의가 없었다. 우리는 다만 어렵게 연구하여 얻은 결과물을 발표하고 싶었을 뿐이다. 우리는 과학 연구에 이와 같은 실생활의 문제를 뒤섞는 것을 거부할 권리가 있다.

지금까지 강의한 것은, 여러분이 정신분석에 대해 배울 때 부딪히는 어려움 중 두세 가지에 불과하다. 이제까지의 권고로도 동요하지 않고 정신분석을 연구하겠다는 결심이 굳어졌다면, 지금부터 강의를 시작하기로 하겠다.

두번째 강의

잘못(1)

자주 나타나고 사람들이 모두 알고 있지만 별로 주의를 기울이지 않는 한 가지 현상을 이야기해 보자. 이 현상은 병과는 무관하게 건강한 사람에게서도 볼 수 있다. 이 현상은 인간이 저지르는 잘못, 이른바 실책 행위(失策行爲)이다. 그것은 무슨 말을 하려는 도중 틀린 말을 하는 '잘못 말하기(Versprechen)' 같은 것이다. 이와 같은 잘못은 글을 쓸 때도 나타난다. 또 인쇄물이나 문서에서 본래의 글자와는 다르게 읽는 '잘못 읽기(Verlesen)'가 있으며, 또한 자기에게 하는 말을 잘못 듣는 '잘못 듣기(Verhören)'도 같은 예이다. 물론 청각 기관의 장애로 인한 경우는 예외이다.

마찬가지 현상의 두 번째 종류에 속하는 것은, 오랫동안이 아닌 일시적인 '망각(忘却, Vergessen)'이다. 이를테면 종종 말해 왔고 얼굴은 떠오르는데 그 사람의 이름이 떠오르지 않는 경우, 하려던 일을 잊을 경우, 즉 짧은 시간 동안만 잊고 있는 경우 등이다.

세 번째 종류에서는 이 '일시적'이라는 조건이 없다. 물건을 어딘가에 놓아두고 어디에 두었는지 잊어버리는 '둔 곳 잊어버리기(Verlegen)'가 있다. 이것과 아주 비슷한 '분실(Verlieren)'도 이에 속한다. 이것은 망각의 일종이지만, 보통의 망각과는 다르게 취급된다. 이와 관련해서 '착각(Irrtüme)'이라는 것이 있는데, 착각에도 이 일시적이라는 요소가 포함되어 있다. 즉 그렇지 않다는 것은 그 전에도 알고 있었고, 다음에 깨닫게 되지만, 그 당시에는 그 잘못을 믿는다. 이와 같은 현상은 중요한 것이 아니고 대개 일시적이며, 생활에 큰 의의가 있다고 할 수 없으나, 예외로 물건의 분실이라는 것이 종종 실생활에서는 중요시되는 일이 있다. 그러므로 대개 약간 감정이 환기될 뿐이며, 그다지 주의를 기울이고 있지 않다.

지금부터 이와 같은 현상에 주목하기 바란다면, 여러분은 이렇게 항의할지도 모른다.

'넓은 세계에도 좁은 정신 세계에도 불가사의한 일이 많고, 정신 장애의 분야에도 설명이 필요한 경우가 수없이 많은데, 이런 하찮은 것에 정력과 관심을 소비한다는 것은 어처구니없는 일이다. 건전한 귀와 눈을 가진 인간이, 지금까지 가장 사랑하던 사람이 왜 별안간 자기를 박해한다고 믿게 되는가, 또 어린아이들조차도 어처구니없다고 생각할만한 망상이 왜 나타나는가, 이런 이유를 제대로 설명할 수 있다면 정신분석을 듣는 보람이 있을 것이다. 그러나 연사가 왜 말을 잘못했는가, 가정주부는 열쇠를 어디에 두었는지 왜 잊어버렸는가 따위의 사소한 문제만 연구하는 것이라면, 우리는 모처럼의 시간과 흥미를 더 유익한 다른 일에 바치겠다.'

사실 이것은 틀린 말이 아니다.

정신분석이 지금까지 단 한번도 사소한 문제를 연구 대상으로 삼지 않았다고는 주장할 수가 없다. 이와는 반대로, 정신분석 학파는 다른 과학으로부터 하찮은 것이라고 버림받은 사건, 즉 현상계(現象界)의 쓸데없는 폐기물과 같은 것을 항상 그 관찰 재료로 삼아 왔다. 그러나 여러분은 문제의 규모가 크다는 것과 사람의 눈에 띄지 않는다는 것을 혼동하고 있는 것은 아닐까? 매우 중대한 사물이 어느 때, 어떤 조건 아래서 아주 눈에 잘 띄지 않는 징후(徵

候)를 나타낸 적은 없었던가? 그러므로 아주 미미한 징후라도 흘려버려서는 안 된다. 대부분 이 사소한 증거에서 커다란 증거에 도달할 수 있게 되는 것이다.

나도 여러분과 마찬가지로, 현실 세계와 과학의 커다란 문제가 가장 흥미를 끌고 있다고 생각한다. 그러나 여러 가지 커다란 문제를 지금부터 연구하겠다고 결심해도 별로 이익이 되지 않는다. 학문의 연구에서는 우리 주변에 존재하는 것이나 이미 연구의 길이 열려 있는 것부터 시작하는 것이 유리하다. 만일 주변의 것부터 착실하게 연구하고, 거기에 행운까지 곁들여진다면 가망 없을 것 같은 연구에서도 드디어는 실마리를 찾을 수 있게 된다.

그래서 나는 여러분의 흥미를, 언뜻 보기에는 건강한 사람에게 나타나는 아주 사소한 잘못이라는 문제의 연구로 돌리고 싶은 것이다. 지금 정신분석에 대한 지식이 전혀 없는 사람을 붙잡고, '대체 당신은 이같은 현상을 어떻게 설명하겠는가?'라고 질문했다고 하자.

아마도 그는 이렇게 대답할 것이다. '그것은 설명할 가치도 없는 거야. 하찮은 우연이지.' 이 말은 무엇을 의미할까? 이 사람은 우주 현상계의 인과법칙에도 포함될 수 없을 정도로 작은 사건이 존재한다고 주장할 생각인가? 만일 이 사람이 이런 식으로 자연계의 결정론을 파괴해 버린다면, 과학적 세계관을 무시한 것이 된다. 생각건대 이 사람은 자기의 첫 대답에서 그 대답의 결론을 유도하려고는 하지 않을 것이다.

이 경우는 기능의 가벼운 장해, 정신적 행위의 부정확함이 문제라고 말할 것이다. 어떤 사람이 평소에는 정확하게 말을 하는데, 연설을 하다가 실수를 했다고 하자. 그때의 조건은, ① 그가 좀 기분이 나빴거나 피곤했을 때, ② 그가 흥분했을 때, ③ 그의 주의가 산만했을 때 등이다. 이와 마찬가지 상태에서 고유명사의 망각이 흔히 나타난다. 그리고 고유명사가 이처럼 잘 생각나지 않을 때, 편두통이 일어날 것이라고 예상할 수 있는 습관을 가진 사람도 많다. 상기하거나 흥분했을 때도, 말뿐 아니라 사실을 혼동하여 실수(Vergreifen)를 하게 된다. 그리고 방심하고 있을 때, 즉 다른 일에 집중하고 있을 때, 자기가 하려고 한 일이 무엇인지도 모른다든가, 생각지도 않던 다른 행위를 하게 된다. 이와 마찬가지로 계획이나 약속도, 그 동안에 주의를 잃게 하는 일이 일어나면 잊어버리기 쉽다는 것은 누구나 경험으로 잘 알고 있다.

이것은 알기 쉬워서 이론이 나오지는 않을 것이다. 그러면 잘못에 대한 이 설명을 더 자세하게 해 보기로 하자. 잘못이 일어나는 조건은 언제나 같은 것은 아니다. 병이나 혈액순환의 이상은 정상적인 기능을 해치는 생리학적 바탕이 된다. 흥분 · 피로 · 방심(放心) 등은 정신생리학이라고 부르는 또 다른 조건인데, 이것들은 손쉽게 하나의 학설이 되었다. 피로 · 방심 혹은 흥분 때문에 주의가 산만해지고, 그 결과 당면한 일에 집중하기 어려워진다. 이런 상태에서 한 일은 자칫 부정확하게 행해질 수 있다. 가벼운 병, 신경 중추에 있어서의 혈액 분포의 변화도 같은 결과가 나타난다. 즉 그러한 것이 결정적인 인자(因子)가 되어 주의력을 분산시키는 결과를 초래한다. 그러므로 주의력 장애는 어떤 경우에나 기질적(器質的) 원인이나 심리적 원인 때문이다.

이런 것이 정신분석의 흥미를 크게 집중시킨다고는 생각되지 않는다. 그러나 다시 세밀하게 관찰하면, 잘못이 모두 이 주의력의 학설과 일치한다고는 말할 수 없다는 것과, 또한 잘못의 전부를 직접 설명할 수 없음을 알게 될 것이다. 이와 같은 잘못이나 망각은 피로하거나 방심지도 않고 흥분하지도 않은, 모든 면에서 정상적인 사람에게도 나타난다는 것을 우리는 경험으로 잘 알고 있다. 그 사람이 그때 잘못을 했기 때문에 흥분해 있었을 것이라고 나중에 말하지만, 사실 본인은 그때 흥분 따위는 조금도 느끼지 않고 있었던 것이다. 그러므로 행위(行爲)란, 그 행위에 기울여진 주의력의 증가로 훌륭히 수행되고, 주의력의 저하로 손상된다고 간단히 설명할 수는 없는 것이다.

걷는 사람은 대부분 자기가 어느 지점을 걷고 있는지 정확하게는 모른다. 그래도 목적지에 도착한다. 이것은 누구나 흔히 경험할 수 있는 일이다. 숙련된 피아니스트는 머리로 생각지 않더라도 정확하게 건반을 두드린다. 숙련된 피아니스트라도 때로 실수를 하는 일이 있겠지만, 만약 생각지 않고 자동적으로 연주하기 때문에 실수할 위험이 많아진다면, 고된 연습 끝에 완전히 익혀 자동적으로 연주할 수 있게 된 대가가 잘못 연주할 위험이 가장 많은 셈이다. 그런데 이와는 달리 많은 행위는 특별히 주의를 필요로 하지 않는 경우에 오히려 순조롭게 진행되고, 실수 없이 정확하게 하고자 했을 때 오히려 잘못을 저지른다. 이것을 '흥분'의 결과라고 말할 사람이 있을지도 모르겠다. 그렇다면 우리가 그토록 관심을 쏟고 있는 일에 흥분은 왜 집중력을 높여 주지 않는 것일까?

잘못에는 이해할 수도 없을 뿐만 아니라 지금까지 설명으로는 정확히 지적할 수도 없는 많은 2차적 현상이 있다. 이를테면 어떤 이의 이름을 일시적으로 잊어버렸을 경우, 아무리 기억하려고 애를 써 봐도 '입 안에서만 뱅뱅 돌고 있어' 누군가 말해 주면 금방 생각날 그 이름에 왜 잘 집중되지 않는 것일까? 그리고 잘못이 잡다한 모습을 하고 서로 얽혀 보충하는 경우도 있다. 또 잊어버린 말을 기억해 내려고 애쓸 경우, 그 말을 기억해 내는데 도움이 될 제2의 말을 잊어버린다. 이 제2의 말을 생각하다가 이번에는 제3의 말을 잊어버린다. 이와 같은 일이 식자공(植字工)의 잘못이라는 오식(誤植)의 경우에도 일어난다는 것은 잘 알려진 일이다.

한번은 사회민주당 기관지에 이런 종류의 집요한 오식이 끼여 있었다는 이야기를 들은 적이 있다. 즉 어느 축전에 관한 기사에 이렇게 씌어 있었다. "당일의 식장에는 Kornprinzen도 참석하셨다." 다음 날 신문에 오식의 정정 기사가 나왔다. 거기서 신문은 사과하고 다음과 같이 썼다. "전날의 기사는 마땅히 Knorprinzen의 오식이므로 정정합니다('Kronprinzen(황태자 전하)도 참석하셨다.'고 쓰려고 했다. 즉 오식 정정 기사에도 오식이 있었던 것이다)." 이런 사건을 보통 '오식의 악마'라든가 '식자 상자의 요괴'라고 부르는 것이다. 이 표현은 아무튼 정신생리적인 학설 이상의 것이 있다는 것을 암시하는 것이다. 하나의 암시에 의해서 잘못 말할 수가 있다.

잘못의 이와 같은 작은 특징은, 앞의 나의 분산된 주의력 때문이라는 학설만으로는 설명할 수 없다. 그렇다고 이 학설이 잘못되어 있다는 것이 아니라 이 학설만으로는 불충분하다는 것이다. 그러므로 이 학설을 완벽하게 하기 위해서는 어떤 보충이 필요하다. 그와 동시에 잘못의 많은 부분을 다시 다른 관점에서도 바라볼 수 있는 것이다.

잘못 중에서도 우리가 연구하기에 가장 적절한 것은 '잘못 말하기'이다. 언제, 어떤 조건에서 잘못 말하게 되는지에 의문을 가지고, 이것에만 뚜렷한 해답을 해 온 것을 다시 한 번 상기해 보자. 그러나 여러분은 관심을 다른 데로 돌려서, 사람은 왜 잘못 말하거나 잘못 말하지 않는지에 대해 알고자 해도 좋을 것이다. 이때 여러분은 잘못 말하기의 본질을 살피게 된다. 이 의문에 대답할 수 없고, 또 잘못 말하는 작용이 분명히 밝혀지지 않는다면, 비록 생리학적으로는 훌륭한 해석이 되더라도 심리학적으로 보면 현상은 여전히 하나의 우연에 불과한 것이다.

한마디의 옳은 말 대신에 다른 수천 마디 중의 하나를 말하고, 그 옳은 말을 다양하게 바꿀 수 있었을지도 모른다. 그렇다면 이와 같이 무수한 방법의 가능성 중에서 잘못 말하게 하는 것에는 이유가 있는 것이 아닐까? 그렇지 않으면 그것은 우연이며, 방자하고 변덕스러운 것으로서 이 의문에 합리적인 대답을 할 수 있는 것이 아닐까?

1895년에 언어학자 메링거와 병리학자 마이어 두 사람이 잘못 말하기의 의문을 풀기 위해 시도했다. 그들은 실례를 모아 기술적인 관점에서 기재했다. 메링거와 마이어는 본인이 생각하고 있던 본래의 말을 잘못 말함으로써 받은 변형(變形)을 도치(倒置, Vortauschungen), 선행(先行, Antizipationen), 여운(餘韻, Postpositionen), 혼성(混成, Kontaminationen), 대리(代理, Substi-tutionen)의 다섯 가지로 분류했다.

어순 도치의 예로는 '밀로의 비너스'를 '비너스의 밀로'라고 말했을 때이다. 선행의 예는 'Es war mir auf der Brust so schwer(걱정으로 가슴이 무겁다).'라 말하는 대신 'Es war mir auf der Schwest.'라고 말했을 때이다. 여운의 예로는 저 유명한 우스꽝스러운 축배 'Ich fordere Sie auf, das wohl unseres Chefs aufzustossen〔'여러분, 우리 은사님의 건강을 축원하여 구토를 합시다.'라는 뜻. anstos-sen(건배하다)을 aufzustossen(구토하다)이라고 잘못 말한 것이다〕.'이 그것이다.

이보다 더 자주 행해지는 것은 생략이나 혼성의 형식으로 나타나는 경우이다. 예컨대 한 청년이 길거리에서 낯선 젊은 여성에게 인사했다. 'Wenn Sie gestatten, mein Fräulein, möchte ich Sie gerne begleitdigen.'이 혼성된 말 속에 'begleiten(수행하다)'이라는 말 외에 다시 'beleidigen(모욕하다)'이 포함되어 있다(원래는 '아가씨, 실례지만 제가 모시고 가게 해 주십시오.' 하고 말하려고 했던 것이다).

이 두 학자가 그 실례로 든 설명이 반드시 완전하다고는 할 수 없다. 그들의 의견대로라면 각각의 말의 발음과 철자는 각자의 가치를 가지고 있으며, 가치가 높은 발음의 신경 지배는 가치가 낮은 발음의 신경 지배를 방해한다고 생각한다. 그들은 그다지 자주 볼 수 없는 선행과 여운의 예에 입각하여 결론을 내린 것이다. 기타 잘못 말하기 형에서는 발음의 우세(優勢)라는 것이 설령 있다고 하더라도 문제삼을 필요는 없다. 아무튼 빈번히 일어나는 형식은 하나의 말 대신 그것과 매우 비슷한 다른 말을 하는 예이다. 이 유사 작용(類似作用)은 잘못 말하기를 설명하는 데 가장 큰 도움이 된다. 이를테면 모 교수가 취임사에서, "나는 존경하는 우리 전임자의 공적을 평가하기를 좋아하지(geneigt) 않습니다〔'평가하기에 적합하지(geeignet) 않습니다.'를 잘못 말한 것이다)."라고 말한 경우이다.

그러나 가장 흔하면서도 주목할 만한 잘못 말하기의 형태는 자기가 하고자 하는 말과 정반대의 뜻을 가진 말을 하는 경우이다. 이 형태는 물론 발음이나 유사 작용과 아무 관계가 없다. 그 대신 반대라는 것은 개념상 친근성이 있고 심리적 연상(聯想)에서는 밀접하게 결부되어 있다는 것을 알게 될 것이다. 이러한 형태의 잘못 말하기 예는 다음과 같다. 하원 의장이 "여러분, 나는 의원의 출석수를 확인하고 이에 폐회를 선언합니다." 하고 국회 개회를 선언했다. 이처럼 반대되는 연상이 갑자기 떠올라서, 그 결과 모처럼의 자리가 어색해지는 수가 있다.

잘 알려진 하나의 이야기가 있다. 독일의 생리학자이자 물리학자인 H. 헬름홀츠의 아들과 유명한 발명가이자 공업가인 지멘스의 딸과의 결혼 피로연에서 유명한 생리학자 뒤브와레몽이 축사를 하게 되었는데, 이 생리학자는 다음과 같은 말로 축사를 끝맺었다.

"여기에 새로 창업한 회사, 지멘스-할스케의 성공을 빌겠습니다(지멘스-헬름홀츠을 잘못 말한 것이다)." 물론 할스케도 유서 깊은 회사의 이름이며, 이 두 이름을 연상하여 같이 말한 것은 빈 사람들이 '리델-보이텔'이라고 말하듯이, 베를린 사람들에게는 하나의 습관이었음에 틀림없다.

그러므로 발음 관계와 언어 유사 이외에 언어 연상작용을 덧붙이지 않으면 안 되며, 잘못 말하기의 어떤 경우나 적당한 설명을 하기 위해서는 잘못 말하기 전에 어떤 말을 했는지, 또는 어떤 것을 생각했는지 고려하지 않으면 잘못 말하기를 정확히 밝혀낼 수 없다. 따라서 메링거가 강조한 여운이라는 잘못 말하기는 멀리서부터의 관찰에 불과하다.

지금까지는 잘못 말하게 되는 조건과 잘못 말하여 일어나는 왜곡(歪曲)의 종류를 연구했는데, 아직 잘못 말하기 자체의 작용을 독립적으로는 고찰해 보지 않았다. 만일 과감히 이 본체(本體)를 고찰한다면, 우리는 잘못 말한 것 자체에는 어떤 의미가 있음을 주장하지 않으면 안 된다. 여기서 잘못 말하기에 의미가 있다는 말은 무슨 뜻일까? 그것은 다음과 같이 말할 수 있다. 즉 잘못 말하기의 작용은 그 자신이 목적하고 있는 정당한 심리적 행위이며, 또 내용과 뜻을 가진 표현으로 해석해도 괜찮다는 것을 뜻한다.

우리는 지금까지 잘못의 경우를 문제시해 왔는데, 다시 생각해 보면 잘못 은 아주 정당한 행위이며, 예측했거나 의도한 다른 행위와 대치(代置)된 행위 였던 것처럼 여겨진다.

잘못이 포함하고 있는 이 독특한 의미는 어떤 경우에는 아주 이해하기 쉽 고 뚜렷하다. 하원 의장이 개회식에서 '개회'라고 말해야 할 것을 '폐회'라 고 잘못 말했을 때, 당시의 상황을 살펴보면 이 잘못은 의미심장하다고 생각 할 수 있다. 의장은 이번 의회가 자기가 소속된 당에 불리하다고 예상했으므 로 곧 폐회할 수 있었으면 하고 생각하고 있었던 것이다. 이 경우처럼 의미를 찾아내는 것, 즉 이 잘못한 말의 본뜻을 해석하는 건 조금도 어렵지 않다. 어 떤 부인이 다른 부인에게 인사치레로 'Diesen reizenden Hut haben Sie sich wohlsebst aufgepatzt?〔'이 모자는 조잡하게 만들어졌네요.'라는 뜻. '이 모자는 당신에게 아주 잘 어울려요.'라고 말하려 했는데 'aufgeputzt(장식하다)'라 는 것을 'aufgepatzt(조잡하게 되어 있다)'로 말해 버린 것이다〕.'라고 말했다면, '이 모자는 조잡하다'고 잘못 말한 것에 대해서 세계의 어느 학설로도 감히 이론(異論)을 제기하지는 못할 것이다.

만일 잘못 말하기에 있어서 그 몇몇 가지만 의미를 가지는 것이 아니라 그 대부분이 의미를 포함하고 있다면, 여태까지 문제시되지 않았던 잘못의 의미는 우리에게 매우 흥미로운 것이 되고 다른 견해는 그 중요성이 희박해질 것이다. 그리고 모든 생리학적·심리학적 요소는 무시되어야 하며, 잘못의 의의나 잘못의 목적을 순수하게 심리학적으로 연구하지 않으면 안 된다.

이 계획을 수행하기 전에, 흔히 잘못 말하기 또는 그밖의 잘못을 시적 묘사(詩的描寫)의 기교에 이용한다. 이 사실만으로도 잘못이라는 행위를, 이를테면 잘못 말하기를 중요한 것으로 간주하고 있는 점을 알 수 있는데, 그것은 일부러 꾸며내는 것이기 때문이다.

작가의 실수를 작중 인물이 잘못한 말로 내버려둘 수는 없다. 작가는 잘못 말함으로써 독자에게 무엇을 알리려 하고 있는 것이다. 여기서 우리는 그 잘못 말한 것이 대체 무엇인지, 과연 작가가 우리에게 무엇을 암시하려 하는지 살펴보아도 좋다.

실러의 《발렌슈타인》 제1막 제5장 속에 다음과 같은 잘못 말하기의 예가 있다. 제4장에서 피콜로미니는 적극적으로 발렌슈타인 공(公)의 편을 든다. 그는 발렌슈타인의 딸을 수행하여 진지까지 오는 동안에 깨달은 평화의 행복을 공에게 납득시키기 위해 열렬히 변호한다. 그리고 피콜로미니는 넋을 잃고 있는 자기 아버지 옥타비오와 신하 퀘스텐베르크를 뒤에 남겨놓고 그 자리를 떠난다. 거기서 제5장이 전개된다.

퀘스텐베르크 _ 이거 참, 큰일이구나. 그런 어처구니없는 생각을 가진 채 그를 가게 해도 좋을까? 그를 다시 불러올 수는 없을까? 이 자리에서 그의 정신을 일깨워 줄 수는 없을까?

옥타비오 _ (깊은 생각에 잠겼다가 문득 제정신으로 돌아와서) 그 애가 내 마음의 눈을 뜨게 해 주었구나. 마음의 눈을 뜨고 보니 온갖 것이 다 보이는구나.

퀘스턴베르크 _ 아니, 그게 무슨 말씀이시오?

옥타비오 _ 아, 저주스러운 여행이다.

퀘스턴베르크 _ 왜요?

옥타비오 _ 아무튼 가세. 이 불길한 조짐을 지금 당장 규명해서 내 눈으로 직접 확인해야겠네. 자, 어서 가세. (퀘스턴베르크를 채근한다.)

퀘스턴베르크 _ 어디로 가자는 겁니까?

옥타비오 _ (서두르며) 그 따님한테.

퀘스턴베르크 _ 따님이라구요?

옥타비오 _ (말을 바꿔서) 아니, 공작한테. 자, 가세

옥타비오는 공작을 찾아간다고 말하려다가 잘못 말해 버린 것이다. '그 따님한테'라고 한 옥타비오의 말은, 그가 자기 아들인 젊은 기사가 평화의 편에 서서 배후에 움직이고 있는 그 영향력을 명백히 통찰하고 있음을 암시해 준다.

이보다 더 감명 깊은 예를 오토 랑크는 셰익스피어에서 보여 주고 있다. 그것은 《베니스의 상인》의 유명한 장면, 즉 행복한 구혼자가 세 개의 상자 중에 하나를 고르는 장면이 있는데, 랑크의 짧은 글이 오히려 알기 쉬울 것이다.

"시정(詩情)에서 보면 미묘한 동기가 있고, 기교상으로 보면 대단히 훌륭한 잘못 말하기, 즉 프로이트가 《발렌슈타인》에서 보여 준 것은, 작가가 잘못의 메커니즘과 잘못에 포함되어 있는 의미를 충분히 알고 있고, 또 독자도 그것을 안다는 가정하에서 고의로 만들었다는 것을 나타내고 있다. 이와 같은 예는 셰익스피어의 《베니스의 상인》에서도 볼 수 있다. 아버지의 유언에 따라

미래의 남편을 제비뽑기로 결정하기를 강요받은 포셔는 지금까지는 우연한 행운으로 자기가 싫어하는 구혼자들을 물리칠 수 있었다. 그런데 자기가 진정으로 사모하고 있는 밧사니오가 구혼자라는 것을 알고, 그녀는 그가 제비뽑기를 잘못하지나 않을까 걱정한다. 만약 잘못 뽑더라도 밧사니오에게 사랑한다고 말하고 싶어한다.

포셔 _ 서두르지 마시고 하루이틀 계시다가 운명을 시험하세요. 만일 잘못 고르시면 당신과 작별해야 하니까요. 그러니 잠시만 참으세요. 사랑은 아니지만 어쩐지 당신과 헤어지기가 싫어요. 미운 정은 아마 그런 조언을 하지는 않을 거예요. 어떤 상자를 고르시라고 가르쳐 드릴 수도 있지만, 그러면 제가 맹세를 깨뜨리는 것이 되니 그럴 수는 없어요. 그러나 내버려두면 잘못 고르실지도 몰라요. 그렇게 되면 맹세를 깨뜨렸으면 좋았을 것을, 하고 전 후회하게 될지도 몰라요.

그녀가 맹세를 깨뜨리고 고백해서는 안 되기 때문에, 은근히 남자에게 암시하고 싶었던 것, 즉 나는 당신을 사랑한다는 것을 이 작가는 놀랄 만한 미묘함으로써, 잘못 말하기의 형식으로 표면에 드러내 준 것이다. 이 기교를 통해서 견딜 수 없는 연인의 불안과 제비뽑기의 결과가 어떻게 될까 하고 초조해하는 관객의 긴장에 안도감을 준 것이다."

의학과는 거리가 먼 사상가도 이따금 자기 자신의 관찰을 통해서 잘못에 포함되어 있는 의미를 발견하고, 우리의 연구가 있기 전에 이것을 해명하기 위해 노력하고 있다.

"괴테가 농담을 할 땐 그 농담 속에 문제가 담겨져 있다."고 말한 풍자 작가 리히텐베르크[1]를 여러분은 알고 있을 것이다. 문제의 해결도 농담으로 계시될 때가 있다. 리히텐베르크는 기지와 풍자가 넘치는 자신의 자서전 속에 "나는 'angenommen(가정하면)'이라고 읽어야 할 것을 항상 Agamemnon[2]이라고 읽었다."라고 쓰고 있다. 그만큼 그는 호메로스를 열심히 읽고 있었던 것인데, 이 글이야말로 바로 잘못 읽기의 가장 좋은 예라고 하겠다.

---

1 1742~1799, 독일의 계몽주의 사상가.
2 호메로스의 《오디세이아》에 나오는 인물.

세 번째 강의

잘못(2)

심리 현상의 '의미'란 대체 무엇인지 다시 한 번 정리해야 겠다. 의미라는 것은 그 의미를 포함하고 있는 의도(意圖), 또는 심리 연쇄상 (連鎖上)의 위치를 말한다. 보통 이 '의미'를 '의도' 또는 '의향'이라고 바꿔 말해도 괜찮다. 만일 이 의미 속에서 하나의 의도를 발견할 수 있다면, 의미 를 단순히 잘못이라는 현상의 기만적 가면(欺瞞的假面), 또는 시적 기교(詩的 技巧)로서 단정지을 수는 없다.

잘못 중 특히 잘못 말하기의 실례만 관찰해 보자. 그러면 여기서 그 의도가 뚜렷이 드러나 있는 잘못 말하기의 사례 전체가 분류될 것이다.

첫째, 하고자 하던 말이 아닌 정반대의 말이 입 밖으로 튀어나올 경우가 있 다. 하원 의장이 개회식 연설에서, "즉각 폐회를 선언합니다."라는 말이 그 좋은 예인데, 이 잘못된 연설의 의미와 의도는 의장이 폐회를 갈망하고 있었 다는 점에 있다. 어떤 사람은 '그럴 리 없다.'라고 말할지도 모르지만, 우리 는 의장의 말만으로도 충분히 알 수 있다.

의장이 폐회가 아니라 개회를 바라고 있었음을 알고 있다거나 자신의 의도 를 가장 잘 알고 있는 본인이 개회를 바라고 있었음을 입증해 줄 것이라는 항 의를 내게 한다면 곤란하다. 여러분은 우리가 잘못이라는 것을 우선 하나의 독립된 행위로서 관찰하려는 입장에 있음을 기억해야 한다.

그렇지 않다면 여러분들이 논리상의 잘못을 범하고 있는 것이다. 그 결과 여러분은 논하고자 하는 문제를 안일하게 적당히 얼버무리려 하는 것이다.

둘째, 정반대의 것을 말하지 않았더라도 잘못한 말 속에 이미 정반대의 의미가 표현되어 있는 경우가 있다.

셋째, 잘못 말하기는 의도했던 의미에 제2의 의미를 덧붙이는 일이 있다. 이때는 잘못 말하여 나타난 문장이 여러 문장의 단축, 생략, 압축처럼 보인다. 자기 주장이 매우 강한 어느 부인이 "남편은 '내가' 원하는 것을 마시거나 먹거나 하면 되는 거예요." 하고 말했다고 하자. 이 말은 마치 부인이 '남편은 자신이 원하는 것은 무엇이든 마시거나 먹을 수 있어요. 하지만 남편은 무엇을 원할까요? 그 선택의 권리는 내게 있어요.'라는 뜻을 표현하고 있는 것처럼 보인다. 이와 같이 잘못 말하기는 생략의 인상을 준다.

해부학 교수가 콧구멍에 대한 강의를 끝난 뒤, 학생들에게 알았느냐고 물었다. 모두 잘 알았다고 대답하자, 교수는 이렇게 말했다. "믿을 수 없군. 수백만이나 사는 이 도시에서도 콧구멍에 대해 정말 아는 사람은 다섯 손가락으로 헤아릴 정도밖에 없거든." 이 말에는 '정말로 잘 아는 사람은 오직 나뿐'이라는 의미가 생략되어 있다.

넷째, 잘못의 의미가 뚜렷이 나타나는 경우와는 반대로 잘못 말한 것이 아무런 의미도 주지 않기 때문에 우리의 기대에 어긋나는 경우가 있다. 잘못 말하기의 한 예로, 고유명사를 길게 발음하거나 혹은 쓰지 않는 말을 만들어 내기도 하므로, 모든 잘못에는 다 의미가 있다는 생각은 즉각 부정되는 것처럼 여겨진다. 그러나 자세히 살펴보면 이와 같은 왜곡은 쉽게 이해할 수 있고, 또 의미가 뚜렷하지 않은 잘못 말하기의 경우는 앞에서 말한 의미가 뚜렷한 잘못 말하기의 경우와 유사하다는 것을 알게 된다.

말[馬] 주인이 그 말의 건강 상태에 대한 질문을 받고 "Ja, das draut …… Das dauert Vielleicht noch einen Monat('응, 그건 아마 한 달은 더 걸려야 할걸.'이라는 뜻)."라고 대답했다. 그러자 무슨 말을 하려고 했느냐는 반문을 받은 그는 이렇게 설명했다. "Das ist eine traurige Geschichte(딱한 일이야)라고 말하려던 것이, dauert(계속하다)와 traurig(가엾다)가 결합하여 draut가 된 것이다(그는 '응, 딱한 일이야. 아마 한 달은 더 걸려야 할 거야.' 하고 말하려 했던 것이다)."

여러분은 앞에서 살펴본 처음 보는 처녀에게 begleitdigen 하려고 한 청년의 예가 생각날 것이다. 우리는 임의대로 이 말을 'begleiten(수행하다)'과 'beleidigen(모욕하다)'으로 나누어 해석했는데, 이것은 거의 확실하다. 이와 같은 예로서, 의미가 뚜렷하지 않은 잘못 말하기도 두 가지 다른 의도의 충돌, 즉 간섭으로 설명할 수 있음을 알 수 있을 것이다. 그리고 잘못 말하기의 전자의 경우에서는 한쪽의 의도와 다른 쪽의 의도가 완전히 뒤바뀌어 정반대의 것이 잘못한 말로 나타난다. 후자의 경우에서는 한쪽의 의도가 다른 쪽의 의도를 왜곡하거나 변형시킬 뿐이므로 다소 의미를 포함한 것 같은 기형(奇型)이 생긴 것이다. 이것이 양자의 다른 점이다.

이제 우리는 잘못 말하기의 여러 가지 비밀을 대강 풀어보았다. 이 견해를 이해한다면 지금까지 풀지 못했던 경우도 이해할 수 있을 것이다. 바로 이름의 왜곡인데, 이 경우의 더없이 야비한 예로는 어떤 사람이 최근에 프랑스 공화국 대통령 포앙카레의 이름을 슈바인스 카레(Schweins Karé)라고 비꼰 사실이 있다[슈바인(Schwein)은 독일에서 '돼지'라는 뜻이며, 천한 사람을 욕하는 야비한 속어이다]. 잘못 말하기에 이와 같이 창피하고 입 밖에 낼 수도 없는 욕설의 의도가 내포되어 있다는 것은 두말할 나위도 없다.

우리의 견해를 자꾸만 펴 나가면 희극(喜劇), 또는 우스꽝스러움의 효과를 가진 잘못 말하기의 경우도 설명될 수 있다. "여러분, 우리 은사님의 건강을 축원하여 구토합시다……"라는 예에서는 식욕을 떨어뜨리는 말이 불쑥 끼여들어 모처럼의 좋은 기분을 엉망으로 만들어 버린다. 그리고 그 말이 모욕이나 조소를 나타내는 말과 비슷하기 때문에 표면상의 존경과는 달리 존경을 부정하려고 하는 의도가 있다고 생각하게 된다. 이와 비슷한 예를 들면 Apropos(때로)를 Apopos(popos(엉덩이)라는 뜻)라고 말하거나, Eiweiss-scheibchen(단백질 조각)을 Eischissweibchen(scheissen(똥 누다)이라는 속어, weibchen(여자)의 속칭)이라고 말하는 것처럼 일부러 천하고 외설스러운 말로 바꾸어 놓는 잘못 말하기에도 적용된다.

평범한 말을 일부러 외설스러운 말로 왜곡하여 쾌감을 느끼려는 경향이 대부분의 사람들에게 있음을 알고 있다. 그것이 곧 농담이 되는데, 실제로 그 말을 꺼낸 사람이 과연 농담으로 했는지 아니면 무심코 잘못 말했는지를 알아볼 필요가 있다.

우리는 큰 힘 안 들이고 잘못의 비밀을 푼 것 같다. 잘못은 결코 우연이 아니라 정신적 행위이며, 거기에는 의미가 있고 두 가지 서로 다른 의도가 상호작용하여 발생하는 것이다. 그런데 지금 여러분은 내게 의문을 갖거나 질문하려고 할 것이다. 우선 여러분의 의문을 들어 보자.

'선생님은 이 설명이 잘못 말하기의 모든 경우에 적용된다고 생각하십니까? 즉 잘못 읽기, 잘못 쓰기, 망각, 실수, 놓아둔 곳 잊어버리기들에도 적용이 됩니까? 피로, 흥분, 방심, 주의력 장애 같은 요소가 잘못의 심리적 본질이라면 그 위에 어떤 의의가 존재하는 것은 아닙니까? 그리고 두 가지 서로 간섭하는 의도 가운데 하나가 항상 잘못하는 행위의 표면에 나타나고, 다른 것은 항상 나타나지 않는다면, 나타나지 않는 의도를 끌어내기 위해서는 어떻게 해야 합니까? 또한 그것을 끌어냈다고 믿을 때 그것이 과연 확실할 뿐

만 아니라 정확한 것이라고 증명하기 위해서는 어떻게 하면 됩니까?'

이외의 의문이 없다면 나의 강의를 계속하기로 한다. 우리는 단지 잘못의 현상 그 자체를 연구하려는 것이 아니라, 잘못의 연구에서 정신분석에 관하여 가치 있는 점만을 알고자 했던 것이다. 그래서 나는 다음 문제를 제기한다. 이와 같이 다른 의도를 방해할 수 있는 의도란 도대체 어떤 것이며, 방해하는 의도는 방해받는 의도와 어떤 관계가 있는가?

내가 말한 설명은 잘못 말하기의 모든 경우에 적용된다고 믿는다. 그 이유는 잘못 말하기의 어떤 경우를 연구하더라도 내가 말한 설명으로 해석되지 않는 것이 없다는 점을 깨닫기 때문이다. 그러나 잘못 말하기에 반드시 이와 같은 메커니즘이 작용하고 있다고 단언할 수는 없다. 그런 문제는 이론적으로 아무래도 좋다. 왜냐하면 설혹 잘못 말하기의 극히 소수의 예만이 그렇다 하더라도 우리가 정신분석 입문에서 얻고자 하는 결론은 변함이 없기 때문이다. 제2의 의문, 즉 잘못 말하기에서 발견한 해석이 다른 종류의 잘못에도 똑같이 적용된다고 나는 분명히 대답하고 싶다.

여러 대가(大家)들이 역설하는 순환기 장애, 피로, 흥분 같은 요소 혹은 주의력 장애에 대한 학설이, 과연 우리에게 의의가 있는지의 여부에 대한 질문은 지금까지 말해 온 잘못 말하기의 심리적 메커니즘을 인정할 때 비로소 충분한 해답을 할 수 있다고 말하고 싶다. 정신분석이 다른 학파에서 주장하는 학설을 부정하는 일은 매우 드물다. 정신분석은 다른 학설에 새로운 것만 덧붙이고 있으며, 또 여태까지 간과되었던 것이나 새로 덧붙인 것이 다른 학설의 본질적인 요소가 되는 일도 실제로 있다. 불쾌, 순환기 장애, 피로 등으로 일어난 생리학적인 상태 때문에 잘못 말하는 일이 생긴다는 것은 충분히 인정할 수 있다. 여러분도 일상적인 자신의 경험으로 그것을 알고 있다. 그러나 그것만으로 만사가 설명될 수 있는 것은 아니다.

첫째, 그것은 잘못을 저지르는 데 있어서 필수적인 조건이 아니다. 잘못 말하기는 극히 건강하고 정상적인 상태에서도 나타난다. 그러므로 이와 같은 육체적 요소는 잘못 말하기 특유의 심리적 메커니즘을 일으키기 쉽게 하는 데에 가치가 있을 뿐이다.

한 가지 예를 들어 보자. 어느 어두운 밤, 인적 없는 호젓한 곳을 걷고 있다고 가정하자. 그때 악당의 습격을 받아 시계와 지갑을 빼앗겼다. 악당의 얼굴을 제대로 볼 수 없었기 때문에 근처의 파출소에 가서 이렇게 호소했다고 하자. '방금 전에 인적 없는 호젓함과 어둠이 내 귀중품을 훔쳐 갔습니다.' 이 호소에 경관은 이렇게 대답할 것이다. '당신은 극단적인 기계론자(機械論者)처럼 말하는데 그것은 옳지 않습니다. 나라면 이렇게 말하지요. 어둠과 인적 없는 호젓함을 틈타서 악당이 내 귀중품을 훔쳐 갔다고 말입니다. 이 사건의 경우, 근본적인 문제는 우리 경관들이 악당을 잡는 일입니다. 좋습니다, 우리는 그 악당에게서 당신의 귀중품을 되찾을 수 있을 것입니다.'

흥분, 방심, 주의력 장애 같은 심리적인 요소는 설명에 거의 도움이 되지 못한다. 그것들은 단순한 상투어에 불과하고 내부를 감추는 병풍에 불과하다. 이 경우, 대체 무엇이 흥분이나 주의의 특수한 산일(散逸)을 일으켰는지가 문제의 핵심이다. 그래서 다시 발음과 언어의 유사(類似), 어떤 언어에서 생기기 쉬운 연상(聯想) 등이 중요하다고 인정하지 않으면 안 된다. 그것은 잘못 말하기에게 좋은 길을 가르쳐 주어 잘못 말하기가 일어나도록 돕는 것이다.

그러나 내 눈앞에 길이 있다고 해서 금방 그 길로 나아가기로 결심하겠는가? 그 길을 선택하기로 결심하는 데는 또 하나의 동기가 필요하고, 그 길을 나아가는 데는 하나의 의지가 필요하다. 그러므로 발음 관계나 언어의 유사는 몸의 상태와 마찬가지로 잘못 말하기를 쉽게 일어나도록 만드는 것에 불과할 뿐 결코 잘못의 본질을 설명하는 것은 아니다. 잘못 말하기가 몸의 피로로 인해 일어난 결과라거나 연상 경향이 말하고자 한 의도보다 위에 있을 때 나타난다고 말한 철학자 W. 분트[1]의 의견에 아직도 동조하는 사람이 있다. 만약 경험이 이와 모순되지 않는다면 이 학설은 경청해 볼 만하다.

그러나 경험에 따르면, 잘못 말하기의 어떤 경우에는 실언(失言)을 돕는 신체적인 원인이 부족하고, 다른 경우에는 실언을 일으키기 쉬운 연상이 나타나지 않는다.

특히 흥미로운 것은 여러분의 '선생님은 어떤 방법으로 서로 간섭하는 두 의도를 확인하십니까?' 라는 질문이다. 여러분은 그 확인이 얼마나 어려운가 생각조차 할 수 없을 것이다. 두 의도 중의 하나, 즉 방해받는 의도 쪽은 언제나 뚜렷하다. 그것은 잘못을 저지르는 본인은 그 의도를 알고 있으며, 그 의도를 시인하기 때문이다.

그런데 의문이나 의혹을 일으키는 것은 방해하는 쪽의 의도이다. 이미 많은 예에서 이 방해하는 의도도 방해받는 의도처럼 알 수 있다고 언급한 것을 여러분도 기억할 것이다. 우리가 잘못 말하기를 잘못 말한 결과로서 독립적으로 인정할 용기가 있다면, 방해하는 의도는 이 잘못 말하기의 작용 속에 뚜렷이 존재한다.

앞에서 살펴본 정반대의 말을 한 의장의 경우, 그가 개회를 선언하고자 했던 것은 분명하지만, 또 폐회되기를 바란 것도 명백하다. 이 예는 해석이 필요 없을 만큼 뚜렷하다. 그런데 이런 예가 있다. 방해하는 의도가 모습을 보이지 않고 본래의 것을 왜곡하는 데 그쳤을 때는 어떻게 하면 왜곡으로부터 방해하는 의도를 끌어낼 수 있을 것인가?

---

1 독일의 심리학자. 실험심리학의 창시자.

어떤 경우 매우 간단하고도 확실한 방법으로 조금 전에 우리가 방해받은 의도를 확인한 것과 똑같은 방법을 사용하면 된다. 즉 잘못 말한 사람이 방해하는 의도를 직접 보고하는 방법이다. "Das draut, nein, das dauert vielleicht noch einen Monat."의 경우에서는 본인이 직접 왜곡된 의도를 주장했다. "자네는 왜 처음에 draut라고 말했는가?" 하고 질문하자, 그는 "실은 Das ist eine traurige Geschichte(딱한 일이다)라고 말할 생각이었는데." 하고 대답했다. 또 다른 예, 그 'Vorschwein'의 잘못 말하기의 경우에서 본인은 처음 'Dasisteine Schweinerei(그것은 외설스러운 일이다).'라고 말하려 했던 것이, 외설이라는 말이 적당히 완화되어서 다른 방향으로 빗나간 것을 여러분에게 입증해 주었다. 그러므로 이 예에서는 왜곡받은 의도를 규명하는 것만큼 왜곡하는 의도도 확실하게 찾아낼 수 있었다.

내가 여기서 나와는 전혀 무관한 사람들의 예를 인용한 것에는 그만한 이유가 있다. 더욱이 이 두 가지 예에서도, 잘못 말하기를 해결하기 위해서는 메스를 가하는 간섭이 필요했던 것이다. 이제 여러분은 메스를 가하는 것이야말로 바로 정신분석이며, 우리가 더 널리 시도하려고 하는 정신분석 연구의 표본이라는 것을 깨달았을 것이다.

정신분석이라는 것이 여러분 앞에 모습을 드러낸 이 순간에, 여러분은 정신분석에 대한 반대의 생각을 하고 있을지도 모른다. 여러분은 잘못 말한 뒤에 요구받은 질문에 대답한 본인의 보고 따위를 어떻게 믿을 수 있느냐고 내가 항의할지도 모르며, 또한 여러분은 이렇게도 생각할 것이다.

—본인은 물론 이쪽 요구대로 자신이 잘못 말한 것을 설명하려고 할 것이다. 그리고 자기의 설명에 필요하다고 생각하면, 머리 속에 떠오른 생각 중에서 가장 유용한 것을 말할 것임에 틀림없다. 그런 것으로 잘못 말한 것이 실제 그대로 일어났다는 증명이 되지는 못한다. 이렇게 설명해도 좋고 저렇게

설명해도 좋은 것이다. 또 똑같이 적용되거나, 더 잘 적용되는 다른 설명을 생각할 수도 있을 것이라고.

여러분이 실제로 심리적인 사실에 이토록 경의를 표하지 않는 것은 신기한 일이다. 어떤 물질을 분석해서 그 성분의 무게가 몇 밀리그램이었고, 이 무게를 토대로 어떤 결론을 얻었다고 가정해 보자. 그런데 분리한 물질의 무게가 다를지도 모른다는 이유로 이 결론을 부정할 화학자가 있을 것이라고 여러분은 생각하는가? 누구나 이 물질은 반드시 이 무게이며, 결코 다른 무게가 될 수 없음을 인정하고 다시 그 위에 그 이상의 결론을 세우려고 한다. 그럼에도 불구하고 여러분은 질문을 받은 사람에게 일정한 연상이 떠오른다는 심리적 사실을 대할 때는 이 주장을 옳다고 인정하지 않고, 그것과는 다른 어떤 생각이 떠오를지 모른다고 주장하는 것이다.

여러분은 정신의 자유라는 미망(迷妄)에 사로잡혀 그 미망에서 도무지 빠져나오려 하지 않는 것 같다. 이 점에서 내가 여러분과 날카롭게 대립한다는 것은 유감스럽기 그지없는 일이다.

여러분은 이 점에서는 굽히려 할지 모르지만, 다른 점에서는 굽히지 않고 계속해서 이렇게 말하리라.

'우리는 피분석자에게 직접 그 문제의 해결을 말하게 하는 것이 정신분석의 독특한 방법이라는 것을 알았습니다. 그러나 다른 예를 들어 보겠습니다. 사은회 석상에서 한 연사가 은사의 건강을 축원하여 구토하자고 실언했지요. 선생님은 그 예에서, 방해하는 의도는 은사를 경멸하는 의도라고 말씀하셨습니다. 그러나 이것은 선생님의 일방적인 해석이며, 잘못 말하기와는 무관한 제삼자의 관찰에서 비롯된 것일 뿐입니다. 만약 선생님이 잘못 말한 본인에게 직접 질문하신다면 그는 은사에게 경멸을 품고 있었다고는 말하지 않을 것입니다. 왜 선생님은 이 뚜렷한 부정의 고백에 근거 없는 해석을 강요하십

니까?'

이번에는 내가 양보해야 될 것 같다. 내가 이 청년에게 다가가서 '자네의 마음속에는 은사에게 존경을 표하라는 요구를 거역하는 그 무엇이 존재하지 않는가?'라고 물었다고 하자. 그는 화가 나서 내게 덤벼들 것이다.

'그런 실례되는 말은 그만두시오. 나는 anstossen(축배를 들다)이라고 말하려던 것을 무심코 aufstossen(구토하다)이라고 잘못 말했을 뿐이오. 왜냐하면 나는 그 전에 두 번이나 auf라는 말을 사용했단 말이오. 이것은 메링거가 여운이라고 이름지은 바로 그것이오. 내가 잘못 말한 데 대해서 억지 해석을 하려 들지 마시오. 알겠소?'

이것이야말로 놀랄 만한 반응이며 완강한 부정이다. 그러나 이 청년이 자기의 잘못이 아무런 의미도 없는 것이라고 역설하면 할수록 오히려 강한 개인적인 관심을 나타내는 셈이다. 여러분도 이 청년이 순수한 학구적인 질문에 이와 같이 무례한 태도를 취하는 것은 바람직하지 못하다고 인정할 것이다. 그러나 결국 여러분은 이 청년이 자기가 말하고 싶었던 것과 말하고 싶지 않았던 것을 실제로는 알고 있음이 틀림없다는 것을 알 것이다.

그러면 그는 그렇다고 말해야 하겠는가? 이것 역시 의문으로 남는다.

이번에야말로 내가 여러분을 함정에 빠뜨렸다고 믿을 것이다. '그것은 선생님의 방식이군요.' 하고 여러분이 떠들어대는 소리가 들리는 것 같다. '만약 잘못 말한 사람이 선생님의 견해와 같은 설명을 하면, 선생님은 그 설명이야말로 이 문제의 마지막 권위라고 말씀하실 것입니다. 그러나 그의 말이 선생님의 생각과 다를 때는 곧 그가 말하는 것은 거짓이다, 도저히 믿을 수 없다고 주장할 것입니다.'

그건 타당한 말이다. 그러면 여기서 이와 비슷한 예를 살펴보자. 피고가 재판관 앞에서 어떤 범죄 행위를 인정하면 재판관은 그의 자백을 진실이라고 믿는다. 그러나 이와는 반대로 피고가 그 범죄 행위를 부정하면, 재판관은 피고의 진술이 허위라고 생각한다. 만일 피고의 진술대로 범죄 행위를 부정했다고 해서 그것을 믿는다면 재판은 필요 없을 것이다. 여기에는 때로 오심(誤審)도 있지만, 여러분은 이 제도를 역시 인정해야만 한다.

우리들은 굳이 이 비유를 반박할 필요는 없다. 그러나 여러분은 악의가 없어 보이는 것 같은 잘못이라는 문제도 한 걸음 더 깊이 파고들면 표면과 전혀 다른 내용이 드러난다는 것을 깨닫게 될 것이다. 나는 재판관과 피고의 예를 근거로 임시 방편의 타협을 여러분에게 시사하고자 한다. '어떤 잘못의 의미는 피분석자 자신이 스스로 인정하면 조금도 의심할 여지가 없다.'는 것이 나의 주장이다. 그러나 만일 피분석자가 보고를 거부할 경우에는 이쪽에서 상상한 뜻이 진실이라고 직접 증명할 수 없는 것이 사실이다. 물론 이것은 본인이 나타나지 않고, 우리에게 직접 보고해 주지 않을 경우에도 마찬가지이다. 이렇게 되면 결국 재판의 경우와 같이 간접 증거에 의거한다. 그러나 간접 증거가 확고한 결정을 내려주는 일도 있고, 그렇지 않을 때도 있다. 재판의 경우에는 실제상의 이유로 간접 증거에 의해서도 유죄가 선고된다. 우리는 때로 간접 증거를 존중해야 하는 경우도 있다. 과학이 증명될 수 있는 정리(定理)만으로 되어 있다는 생각은 잘못이며, 그래야 한다고 요구하는 것 또한 옳지 않다. 그와 같은 요구는 종교적, 또는 과학적인 교의(敎義)를 다른 것과 대체하고 싶은 권위욕을 유발시킬 뿐이다. 교의 속에 명확한 명제(命題)란 일부분에 지나지 않는다.

이와 같은 방법으로 확실성에 접근하는 데 만족하고, 궁극적인 확증이 없는데도 조직적인 연구가 계속되는 것은 과학적 사고방식 때문이다.

그러므로 분석을 받는 사람이 잘못의 의미를 스스로 설명하지 않을 경우, 우리의 해석의 지점(支點), 즉 간접 증거는 다방면에서 구할 수 있는 것이다.

첫째로 잘못 이외의 현상에서 유추하는 것이 그것인데, 이를테면 잘못 말하기 중에서 이름의 왜곡은 일부러 왜곡하는 것과 같이 경멸의 뜻을 포함하고 있다고 우리는 주장한다. 대개 우리는 일반적 원칙에 따라 잘못을 해석하고 있다.

잘못을 잘못 말하기의 영역에만 한정한다면, 이에 대한 증거를 여러분에게 설명하기란 어려운 일이다. 그러나 지금이라도 두세 가지 좋은 예는 언제나 들 수 있다. 처녀에게 begleitdigen 하고 싶다고 한 청년은 몹시 수줍음을 타는 성격이었음에 틀림없다. "남편은 내가 좋아하는 것을 마시거나 먹으면 되는 거예요." 하고 말한 아내는 가정에서 폭군처럼 자기 주장이 강한 성격이라고 생각한다.

'콩코르디아'[2]의 총회에서 젊은 회원이 반대 의견을 역설했다. 그 연설 중에 클럽의 간부 위원을 Ausschussmitglieder(위원 여러분)라고 말하는 대신 Vorschussmitglieder라고 말했다. 이것은 언뜻 보기에 Vorstand(중역)와 Ausschuss(위원회)의 합성어처럼 보인다. 우리는 이 청년의 마음속에는 자기의 반대 의견을 거역하려고 하는 하나의 의도가 고개를 쳐들고 있었다고 생각한다. 이 방해하는 의도는 아마 Vorschuss(가불)와 관계가 있는 것처럼 여겨진다. 실제로 우리는 믿을 만한 사람에게 이런 말을 들었다. 이 청년은 늘 돈이 부족한 상태였으며, 마침 그 당시에도 돈을 벌려고 바삐 뛰어다니던 중이었다. 그러므로 본래 의도를 방해하는 의도는 '반대는 적당히 해 둬라. 그 사람들은 기꺼이 너에게 가불해 줄 사람들이야.'라는 마음의 속삭임과 바꾸어 놓을 수 있다.

다시 내가 실책 행위의 넓은 영역 안에 발을 들여놓기만 하면 그와 같은 간

---

2 빈에 있는 신문기자 클럽. 로마 신화의 평화와 조화의 여신에게서 따온 이름.

접 증거는 무수히 들 수 있다.

"Y씨는 어느 여성에게 청혼했다가 거절당하고 말았다. 그후 곧 그 여성은 X와 결혼했다. Y는 꽤 오래 전부터 X를 알고 있었고, 또 거래 관계까지 있는 사이이다. 그런데 그는 X의 이름을 곧잘 잊어버린다. 그래서 그는 X에게 편지를 보낼 때는 언제나 주위 사람들에게 그 이름을 물어보지 않으면 안 되었다."

Y는 분명히 행복한 연적(戀敵)을 잊고 싶었던 것이다. '그에 관한 것은 잊어버리자.'라고 생각한 것이다.

또 한 가지 예가 있다.

"어떤 여성이 의사로부터 자기의 절친한 친구의 소식을 들었다. 그런데 그 친구를 처녀 시절의 이름으로 불렀다. 왜냐하면 결혼 후의 성(姓)이 생각나지 않았기 때문인데, 그 여성은 친구의 결혼에 몹시 반대했으며, 그녀의 남편을 아주 싫어했다고 고백했다."

이 이름의 망각에 대해서는 다른 여러 관점에서 말하지 않으면 안 된다. 그러나 우선 가장 흥미있는 것은 망각이 나타난 당시의 심리 상태이다.

의도(意圖)의 망각은 일반적으로 의도를 수행하지 않으려는 반대 경향에 입각해 있다. 그러나 이 견해는 꼭 정신분석만의 것이 아니라 세상 일반의 견해이기도 하다. 그들은 모두 일상생활에서는 그러한 견해를 가졌으면서도 학설에서는 금방 부정하는 태도를 보인다. 후원자가 피후원자에게 '당신이 부탁한 걸 잊고 있었소.' 하고 변명할 때, 피후원자는 기분이 좋을 리 없다. 그는 곧 '이 녀석에게는 내 부탁 따위는 아무래도 좋은 모양이군. 물론 입으로만 약속했을 뿐 실제로는 할 생각이 없었던 거야.' 하고 생각한다. 그러므로 실생활에서도 어느 면으로든 무엇을 잊어버린다는 것은 금물이다.

이 실책 행위에 대한 민간의 견해와 정신분석의 견해는 다를 것이 없다고 여겨진다. 자기 연인에게, 얼마 전의 데이트 약속을 까맣게 잊고 있었다고 고백하는 청년을 상상해 보라. 이 청년은 결코 정직하게 고백하지는 않을 것이다. 그는 오히려 그때 가지 못한 적당한 구실이나 그 전에 그것을 알리지 못한 구실을 구구하게 늘어놓을 것임에 틀림없다. 군대에서는 잊어버렸다는 변명은 인정되지 않는다. 변명해 봐야 벌을 면치 못한다는 것을 알고 모두 그것을 당연하다고 생각한다. 여기서는 모든 사람들이 금방 어떤 실책 행위는 의미 깊은 것이라는 것과 반드시 어떤 의미가 있다는 데 의견이 일치한다.

대개의 사람들이 의도의 망각이 포함하는 의미를 의심하지 않는다면, 작가가 같은 의미로 이런 종류의 실책 행위를 사용하고 있음을 발견했다고 조금도 놀랄 것은 없다. 버나드 쇼의 《시저와 클레오파트라》라는 희곡의 마지막 장면에서 막 출발하려는 시저가 무언가 하지 못한 일이 남아 있는 것 같은데, 좀처럼 머리에 떠오르지 않아 생각에 잠기는 장면이 있다. 그러다 마침내 클레오파트라에게 작별 인사를 해야 한다고 생각해 낸다. 작가는 이 작은 기교로써, 위대한 시저가 의식적으로 가지고 있지 않았고, 또 조금도 가지려고 하지 않았던 하나의 우월감을 그에게 부여하고 있는 것이다.

의도의 망각의 경우 그 의미는 대개 명료하다. 그러므로 실책 행위가 가진 의미의 간접 증거를 그 심리 상태에서 포착하려고 하는 우리의 목적에는 의도의 망각이 그다지 도움이 되지 않는다. 그러므로 특히 복잡하고 모호한 실책 행위, 즉 분실이나 놓아둔 곳 잊어버리기로 옮겨야겠다. 분실이라는 석연찮은 사건에 대해서도 그 당사자에게 잊고 싶은 의도가 있었던 것이라 한다면 여러분은 틀림없이 의아해 할 것이다. 그러나 이런 실례는 얼마든지 있다. 한 청년이 매우 아끼던 색연필을 잃어버렸다. 그 청년은 전날 매형한테서 한 통의 편지를 받았다. 그 편지에는 '나는 지금 네 불성실과 나태를 옹호해 줄 기분도 시간도 없다.'는 내용이 담겨 있었다.

그런데 그가 아끼던 색연필은 바로 매형의 선물이었다. 물론 이런 일치가 없었더라면 이 분실에는 '매형의 선물 따위는……' 하는 의도가 있었다고 주장할 수 없을 것이다. 이와 같은 예는 대단히 많다. 어떤 물건을 준 사람과 의가 상해서 이제 그에 관한 것은 생각만 해도 화가 난다고 생각하고 있을 때, 그 물건을 잃어버리게 된다. 물건을 떨어뜨리거나 부수거나 깨는 경우에도 물론 그 물건에 대해 마찬가지 의도가 작용하고 있다. 초등학교에 다니는 어린이가 생일 전날 자신의 소지품인 회중시계나 책가방을 분실하거나, 못쓰게 만들거나, 찢어 버리는 것을 막연히 우연이라고만 할 수 있겠는가?

　자기가 치운 물건이 있는 곳을 좀처럼 기억할 수 없는 안타까운 경험을 자주 한 사람은 자기가 물건을 놓아둔 곳을 잊어버린 데에 의도가 포함되어 있었다고는 믿으려 들지 않을 것이나, 그런 예도 드물지 않다. 이 경우 놓아둔 곳을 잊어버리는 데 따르는 상황은 그 물건을 잠시 혹은 오래 어디에 숨겨 두고 싶다는 의도가 잠재되어 있다는 것을 암시하고 있다. 다음은 아마 가장 훌륭한 실례가 될 것이다.

　한 청년이 나에게 이런 이야기를 들려 주었다.

　"2~3년 전부터 저와 아내 사이는 좋지 않았습니다. 저는 아내를 냉정하다고 느끼고 있었지요. 저도 아내의 좋은 성품은 잘 알고 있었습니다만, 우리는 별다른 애정 없이 동거를 계속하고 있었습니다. 어느 날 아내가 외출에서 돌아오더니 제게 한 권의 책을 주었습니다. 제가 재미있어 할 것 같다면서 사온 것이었습니다. 저는 아내의 이 배려가 고맙더군요. 그래서 한번 읽어보겠다고 약속하고는 넣어 두었는데, 그후에 그것이 눈에 띄지 않는 것입니다. 그러다가 약 반년쯤 지났을 때, 당시 우리들과 따로 살고 계시던 제 어머님이 병환이 나서 아내가 간호를 하기 위해 떠났습니다. 어머님의 병세가 매우 위중했으니까요. 아내는 거의 잠도 자지 못하고 정성스럽게 어머님을 간호했습니다. 어느 날 밤, 저는 아내의 배려와 성의에 대해 감격과 감사의 마음으로 가득 차서 집으로 돌아왔습니다. 책상에 다가가서 무심코 서랍을 열었지요. 그런데 이게 어찌 된 일일까요? 그 속에 그토록 오랫동안 찾을 수 없었던, 어디에 두었는지조차 잊어버렸던 그 책이 있는 게 아니겠습니까?"

이것은 동기가 사라짐에 따라 잊었던 것이 생각나게 된 실례이다.

이와 같은 실례를 매우 많이 보았지만, 지금 다 이야기할 수는 없다. 여러분이 더 많은 실례를 알고 싶다면 내가 저술한 《일상생활의 정신병리》를 읽으면 참고가 될 것이다. 나는 여기서 다시 반복되고 결합된 실책 행위와 뒤에 일어나는 사건으로 우리의 해석이 증명된 예를 들기로 한다.

반복되고 결합된 실책 행위의 경우는 잘못의 가장 매력적인 꽃이라 할 만하다. 실책 행위의 의미를 증명하는 일만이 우리의 문제라면, 우리는 처음부터 이야기를 실책 행위에만 한정해 왔을 것이다. 왜냐하면 그 뜻은 둔감한 통찰력으로도 느껴지고 저절로 비판적인 판단을 내릴 수 있기 때문이다. 실책 행위가 거듭될 때는 결코 우연이라고는 말할 수 없는 미리 잠재되어 있었다는 느낌이 들 것이다.

더욱이 각종 실책이 계속해서 일어날 때는 그 실책 행위의 중요하고 본질적인 요소가 무엇인지 밝혀진다. 즉 실책 행위 그 자체를 구사하여 온갖 수단으로 목적을 관철하려 하는 의도를 알 수 있는 것이다. 나는 여기서 몇 번이나 되풀이된 망각의 한 예를 보이기로 한다. 존스는 다음과 같이 말하고 있다. 언젠가 그는 편지를 자기도 알 수 없는 동기에서 여러 날 서랍 안에 넣어두었다. 그러나 마침내 결심하고 그것을 부쳤으나, 잊어버리고 상대편 주소를 쓰지 않았기 때문에 배달 불능이라는 부전(附箋)이 붙어서 돌아왔다. 그래서 주소 성명을 적어 우체국에 가져갔는데, 이번에는 우표를 깜박 잊고 붙이지 않았다. 그리하여 결국 그는 이 편지를 부칠 기분이 나지 않는다는 사실을 인정하고 말았던 것이다.

또 다른 예에서는 착각과 놓아둔 곳 잊어버리기가 결합될 경우가 있다. 어떤 부인이 유명한 예술가인 자기 형부와 함께 로마를 여행했다. 두 사람은 로마에 사는 독일인에게 환대를 받았으며, 형부는 선물로 고대(古代)의 금메달을 받았다. 그런데 이 부인은 형부가 이 귀중한 메달에 전혀 관심이 없는 것이 마음에 걸렸다. 그러다가 그녀는 그녀의 형부보다 먼저 귀국하게 되었다. 그런데 집에 돌아와서 짐을 풀어 보니 어떻게 된 까닭인지 그 메달이 자기 짐에 들어 있는 것이 아닌가. 부인은 곧 형부에게 편지를 써서 자기가 무심코 메달을 가지고 왔는데, 내일 로마로 우송하겠다고 알렸다. 그런데 그 다음 날, 메달을 어디다 두었는지 아무리 찾아도 찾을 수가 없어서 결국 우송하지 못했다. 부인은 자기가 이렇게 실수를 하게 된 것은 이 메달을 자기가 갖고 싶어하는 생각 때문이라는 것을 깨달았다.

나는 앞에서 이미 망각과 착각이 결부된 예를 들어 두었다. 과학과 문예에 흥미를 갖고 있는 내 친구가 자기의 경험을 내게 말해 주었다.

"몇 해 전에 나는 한 문학 단체의 위원에 피선되었지. 이 문학 단체에 관계를 해 두면, 언젠가 한번은 내 각본이 상연되는 데 편의를 줄 것이 틀림없다고 생각했기 때문이야. 그리고 별로 흥미도 없이 금요일마다 개최되는 주례회에 빠지지 않고 참석했지. 2, 3개월 전에 드디어 내 각본이 F시의 극장에서 상연된다는 확약을 받았는데, 그때부터 나는 금요일마다 있는 그 주례회에 참석하는 것을 잊어버리게 되더란 말이야. 이 문제에 관한 자네 저서를 읽었을 때, 나는 내 망각의 이유를 깨닫고 부끄러워지더군. 그래서 다음 금요일에는 꼭 잊어버리지 않고 나가겠다고 결심했지. 나는 몇 번이나 이 결심을 되새기고는 마침내 주례회가 열리는 회의실 문 앞에 섰지. 그런데 놀랍게도 문이 닫혀 있는 것이 아닌가. 주례회는 이미 끝난 뒤였네. 실은 날짜를 잘못 알고 있었던 거라네. 그날은 토요일이었단 말일세."

이 실례의 중요 조건은 현재의 심리 상태를 우리로서는 알 수 없거나 확인할 수 없다는 것이다. 그러므로 그런 때 우리가 내리는 해석은 추측에 지나지 않으며, 우리 자신도 별로 중요시하려 하지 않는다. 그런데 나중에 가서 그때 내린 우리의 해석이 얼마나 옳은 것이었는지 뒷받침해 줄 만한 사건이 일어난다.

전에 나는 결혼한 지 얼마 되지 않은 신혼부부 집에 초대받은 적이 있었다. 그때 신부가 웃으면서 최근에 일어난 사건을 들려 주었는데, 그 이야기는 이러했다. 그녀가 신혼여행에서 돌아온 다음 날, 남편이 출근한 사이에 여동생과 함께 쇼핑을 나갔다. 그녀는 맞은편에 서 있는 한 신사를 보고, 더듬거리면서 "저기 L씨가 걸어가고 있어." 하며 동생의 소맷자락을 끌었다. 그녀는 그 신사가 2~3주일 전에 자기 남편이 되었다는 사실을 깜박 잊어버렸던 것이다.

이 이야기를 들었을 때, 나는 온몸에 전율을 느꼈지만 더 이상 깊이 생각하지 않았다. 그후 몇 해가 지나서 그들의 결혼 생활이 불행해졌다는 말을 듣고, 나는 그 조그마한 사건을 떠올렸던 것이다.

나는 이혼을 경험한 여성들에게서, 실제로 이혼하기 몇 해 전부터 재산 관리 서류에 자주 자신의 이름으로 서명을 하였다는 이야기를 들었다. 또 어떤 부인은 신혼여행 중에 약혼반지를 잃어버린 후 결혼 생활을 하는 동안에 우연한 분실 사건에도 의미가 있음을 깨달았다는 말을 들었다. 그 결말이 불행은 아니었지만, 더욱 뚜렷한 실례가 있다.

독일의 어느 유명한 화학자에 대한 이야기가 있다. 이 화학자는 결혼식 시간을 잊어버린 채 결혼식장에 가지 않고 실험실로 향했다. 그 때문에 결혼식은 엉망이 되었다. 그는 이 사건을 계기로 결혼을 단념하고 평생 독신으로 살았다고 한다.

이 이야기를 들은 여러분은 실책 행위가 고대인이 말하던 전조(前兆)와 같은 것이 아닌가 생각할 것이다. 사실 고대인이 말한 어떤 종류의 전조란 하나의 실책 행위와 그대로 일치한다.

전조의 다른 종류는 주관적인 행위가 아닌 객관적인 사건의 성질을 띠고 있었다. 그러나 어떤 사건이 발생했을 경우, 그것이 주관적인 종류에 속하는지 객관적인 종류에 속하는지를 결정하는 일이 얼마나 어려운지 여러분은 생각도 못할 것이다. 왜냐하면 행위란 대개가 객관적인 사건의 가면을 쓰는 방법을 알고 있기 때문이다.

자기가 걸어온 긴 인생의 경험을 뒤돌아볼 수 있는 사람은 누구나 다 인정할 것이다. 만일 사람 사이의 교제에서 생기는 조그마한 잘못이나 실수를 전조로 인정하고, 숨은 의도의 표현으로 볼 만한 용기와 배짱을 가지고 있었더라면, 많은 환멸과 쓰디쓴 불의의 기습을 피할 수 있었을 것이라고. 그러나 대개의 사람들은 그렇게 하지 않는다. 아니, 과학이라는 길을 멀리 우회해 와서 다시 옛 미신에 빠진다는 느낌이 든다.

전조가 반드시 실현되는 것도 아니다. 그리고 우리의 이론은 전조가 반드시 실현될 필요는 없다는 것을 보여 줄 것이다.

네 번째 강의

잘못(결론)

지금까지 우리가 노력해서 얻은 수확으로는, 잘못에는 하나의 의미가 있다는 사실이다. 이 사실은 앞으로의 연구에 기초가 되어도 좋을 것이다. 우리의 연구 목적에는 주장 같은 것이 필요 없겠지만, 모든 잘못에 의미가 있다는 주장은 결코 아님을 다시 한 번 강조한다.

그와 같은 의미가 잘못의 여러 종류로서 가능한 한 많이 증명될 수 있다면 우리는 그로써 충분하다. 그리고 이와 같은 여러 종류의 잘못은 의미에 있어서 차이가 많다. 즉 잘못 말하거나 잘못 쓰기는 오로지 생리학적인 원인으로 일어날지도 모른다. 그러나 나는 망각에서 비롯되는 이름의 망각, 의도의 망각, 놓아둔 곳 잊어버리기 등이 그 원인으로 발생한다고는 믿지 않는다. 다만 일상생활에 나타나는 착각은 일정 범위까지 우리의 견해를 적용할 수 있을 뿐인 것이다.

실책 행위는 심리적 행위이며, 두 가지 의도의 간섭으로 일어난다는 가설에서 시작하므로, 여러분은 위의 적용 범위를 잊지 말고 기억해 주기 바란다.

이 가설이야말로 정신분석의 첫 성과임에도 불구하고 이와 같은 간섭의 출현, 그 간섭의 결과로써 잘못이라는 현상이 나타난다는 것을 종래의 심리학은 전혀 깨닫지 못했다.

이제 잠시 잘못은 '심리적 행위'라는 주장에 대해 알아보고자 한다. 이 주장은 전에 말한 주장보다 한층 애매하며 훨씬 더 오해받기 쉽다. 사람들은 정신 생활에서 관찰할 수 있는 것을 모두 정신 현상이라고 한다. 그러나 다음의 것을 염두에 두지 않으면 안 된다. 즉 어떤 정신 현상은 비록 심리학의 분야는 아니지만 직접 신체적, 기질적(器質的), 물질적인 영향으로 일어난 것은 아닌가? 혹은 정신 과정의 배후에 있는 일련의 기질적인 작용이 있는 다른 정신 과정에서 직접 유도된 것은 아닌가? 우리가 어떤 현상을 정신 과정이라고 부를 때는 후자의 경우이다. 따라서 우리의 연구 결과를 '현상은 하나의 의미를 포함하고 있다'는 공식으로 종합하는 것이 바람직하다. 요컨대 우리는 의미라는 것을 전조, 의도, 어떤 심적 연관(心的聯關)에 있어서의 위치로 풀이하고 있는 것이다.

잘못과 매우 비슷하지만, 잘못이라고 하기에는 적당치 않은 현상이 많다. 우리는 이런 것들을 우발 행위(偶發行爲)와 징후적 행위(徵候的行爲, Zufall und Symtomshandlung)라 부르는데, 이 행위는 동기가 없으며 의의가 없고 중대성이 보이지 않는다. 더구나 불필요한 것이라는 특성이 뚜렷하게 나타나 있다. 이를테면 무심코 옷을 만지작거리거나 신체의 일부분을 움직이거나 주변의 물건을 만지작거리는 행위는 모두 우발 행위의 부류에 속한다. 마찬가지로 그와 같은 동작을 갑자기 중지하는 것, 그리고 흥얼거리는 멜로디 등도 여기에 속한다. 나는 이러한 현상은 모두 의미가 있어서 잘못의 경우와 같은 방법으로 연구하면 해석이 가능하고, 다른 중요한 정신 현상의 사소한 징후이며, 심리적 행위라고 주장한다. 그러나 정신 현상 분야의 연구에 대해서는 더 이상 설명하지 않기로 한다.

잘못의 연구에서 아직 해결되지 않은 가장 흥미로운 문제는 다음과 같은 것이다. 그 의도는 방해하는 것과 방해받는 것으로 나눌 수 있다. 그런데 방해받는 의도는 접어 두고 방해하는 의도에 관해서 우리는 첫째, 다른 의도의 방해자로서 나타나는 의도는 대체 어떤 의도인가. 둘째, 방해하는 의도는 방해받는 의도에 대해서 어떤 태도를 취하는가 하는 점을 알고 싶다.

잘못의 대표적인 예로서 다시 잘못 말하기를 선택하고, 위의 첫째 의문보다 둘째 의문부터 풀어 보자.

잘못 말하기에서는 방해하는 의도가 방해받는 의도와 내용상으로 서로 관계를 가지고 있다. 즉 방해하는 의도는 방해받는 의도의 반대, 정정(訂正), 보충이다. 그런데 경우에 따라서는 방해하는 의도가 방해받는 의도와 내용상으로 아무 관계가 없을 때도 있다.

이 두 가지 관계 중에서 전자의 증거는 앞에서 살펴본 실례로 쉽게 발견할 수 있다. 말하고자 하는 것과 정반대의 실언을 하는 경우, 대부분 방해하는 의도는 방해받는 의도의 반대를 표현한다. 즉 이 경우의 잘못은 서로 받아들이지 않는 두 의도의 갈등의 표현인 것이다. '나는 의회의 개회를 선언하게 되어 있으나, 실은 빨리 폐회해 버리고 싶다.'는 것이 그 의장의 실언에 포함되어 있는 의미인 것이다.

어느 정치 신문이 매수되었다는 비난을 받았다. 그 신문은 다음과 같은 글로써 해명하려 했다.

"본지의 독자는 본지가 항상 '사욕을 버리고(in uneigennutiger weise)' 다년간 대중의 복리 증진에 공헌해 온 사실을 아실 것입니다."

그런데 해명문의 작성을 맡은 편집자는 그만 '사욕을 가지고(in eigennutiger)'로 잘못 써 버렸다. 즉 이 편집자는 '나는 직책상 할 수 없이 붓을 들지만, 실은 진상을 알고 있다.'라는 생각을 가지고 있었던 것이다.

이미 말한 압축과 생략의 인상을 주는 실례에서는 잘못 말하기의 중심은 수정, 보충 혹은 계속이며, 그와 동시에 제1의 의향과 제2의 의도가 나타난 것이다. "진상은 결국 알았지만 말일세, 털어놓고 말하면 외설스러운 일이야." 이 때문에 'zum Vorschwein gekommen'이라고 잘못 말하게 된 것이다. ─ '정말로 그것을 이해하고 있는 사람은 단 한 사람, 나밖에 없다'거나, 또 다른 예에서 남편은 자신이 좋아하는 것을 마시거나 먹을 수 있다. 하지만 남편이 마음대로 행동하는 것은 참지 못한다. 그래서 남편은 내가 좋아하는 것을 먹거나 마시지 않으면 안 된다고 잘못 말하게 된 것이다. 이러한 예를 보면 결국 잘못 말하기는 간섭한 의도의 내용에서 직접 나왔거나 혹은 그 의도의 내용과 밀접하게 결부되어 있다는 것을 알 수 있다.

그런데 만일 방해하는 의도가 방해받는 의도와 내용상 아무런 관련도 없을 때는 이 방해하는 의도가 대체 어디서 나온 것일까? 또 어떻게 해서 그 자리에 방해자로 나타났을까? 이 경우를 관찰해 보면 다음과 같다. 즉 방해하는 의도는 그 본인이 잘못 말하기 직전에 머리 속에 있던 사고에서 나왔으며, 그 사고의 흐름이 말 속에 이미 표현되었거나 아니거나 관계없이 잘못이라는 형태로 여운처럼 나타난 것이다. 그러므로 방해하는 의도를 여운이라고 해도 좋으나, 반드시 먼저 입으로 발음한 말의 여운은 아니다. 이 경우에도 방해하는 의도와 방해받는 의도 사이에는 역시 연상관계(聯想關係)가 이루어진다. 그러나 그 연상은 내용 관계가 아니라 오히려 작위적(作爲的)으로, 대개의 경우 매우 무리한 연결을 갖고 있는 것이다.

이제 오랫동안 미뤄두었던 본론으로 돌아가자. 즉 비정상적인 방법으로 한 의도의 방해자가 되어 나타나는 다른 의도는 대체 무엇인가 하는 것이다. 이 의도는 가지각색이지만 공통점을 찾아보기로 한다. 그러한 실례를 여러 가지 연구해 보면 금방 세 종류로 분류할 수 있다.

첫번째 종류는 방해하는 의도를 말하는 본인이 잘 알고 있고, 잘못 말하기 직전에 자신도 문득 깨닫는 경우이다. 이를테면 잘못 말하여 'Vorschwein'

이라고 했을 경우, 말하는 사람은 문제의 사건을 '외설'이라고 평하고 싶었을 뿐 아니라, 나중에는 입 밖에 내기를 꺼렸지만, 처음에 외설이라는 말을 그대로 하려는 의도를 가지고 있었음을 가르쳐 준다.

두 번째 종류는 말하는 사람은 방해하는 의도가 자기 마음에 존재하고 있었음을 인정하지만, 잘못 말하기 직전에 자기 마음속에서 작용하고 있었던 것은 미처 깨닫지 못하는 경우이다. 그러므로 우리가 그 잘못 말하기를 해석하면, 그는 그 뜻을 인정하지만 그러한 해석에는 당황한다.

세 번째 종류는 방해하는 의도의 해석을 잘못 말한 본인이 부정하는 경우이다. 그는 그러한 의도가 잘못 말하기 직전에 자기 마음속에서 움직이고 있었다는 것을 부인할 뿐만 아니라, 그러한 의도가 자기와는 전혀 관계 없는 일이라고 주장한다. 이것은 한 연사가 '구토합시다' 하고 잘못 말한 예를 생각하면 쉽게 해석될 것이다.

이와 같은 경우에 내린 우리의 견해가 모든 이들에게 환영을 받지는 못했다는 것은 여러분도 다 아는 사실이다. 그러나 이 잘못 말한 연사의 반대를 나는 조금도 개의치 않는다. 나는 내 해석이 빗나갔다고는 생각지 않는다. 나의 해석은 다음의 가설을 포함하고 있다. 말하는 사람에게 나타난 의도는 말하는 본인도 전혀 깨닫지 못하고 있으나, 나는 간접 증거에 의해서 그 의도의 존재를 추정할 수 있다는 것이다. 이와 같이 매우 신기하고 중대한 결과를 낳는 가설에 대해 여러분이 의아해 하는 것은 당연한 일이다. 그러나 우리는 다음의 것만은 정확히 알아두어야 할 것이다. 만일 여러분이 많은 실례로써 입증된 잘못의 가설을 논리적으로 추궁해 나가려면, 방금 말한 가설을 인정해야 한다는 것이다.

이 세 가지 종류가 일치된 점, 즉 잘못 말하기의 이 세 가지 메커니즘의 공통점을 다시 논해 보려 한다. 전자의 두 종류에서는 말하는 본인이 방해하는 의도를 깨닫고 있다. 첫번째 종류에서는 방해하는 의도가 잘못 말하기 직전에 애기하는 사람의 머리 속에 나타난 것이라고 부언해야 한다. 그런데 나머지 두 종류에서는 이 방해하는 의도가 억눌려 버렸다. 말하는 본인은 그 의도를 말로써 나타내지 않겠다고 마음먹었기 때문인데, 그때 그 의도가 잘못 말하기의 형식으로 입 밖으로 나와 버린 것이다. 그 순간에 억눌려 있던 의도가 말하는 사람의 의사와는 관계없이 표출하여, 말하게 되어 있던 의도의 표현을 바꾸거나 그 속에 뒤섞이거나, 혹은 아주 그 자리를 차지해 버리는 것이다. 이것이 바로 잘못 말하기의 메커니즘인 것이다.

나의 관점에서라면, 세 번째 종류의 과정도 방금 말한 메커니즘에 일치시킬 수 있다. 의도를 억압하는 정도에 따라서 이 세 가지 종류가 생기는 것이라고 가정하면 된다. 첫번째 종류에서는 그 의도가 이미 존재해 있어 잘못 말하기 전에 본인이 깨달아 그 의도를 나타내지 말자고 생각하는 순간에 말이 튀어나온 것이다. 두 번째 종류에서는 의도의 억제가 훨씬 앞으로 거슬러 올라가는데, 그 의도는 말하기 전에는 의식되지 않는다. 그러나 신기한 사실은 이 의도는 잘못 말하기의 유인(誘因)으로서 관여한다는 사실이다. 세 번째 종류의 과정도 앞의 두 가지 상태에 입각하면 쉽게 이해할 수 있다. 나는 대담하게 다음과 같이 가정하겠다. 말하기 훨씬 전에, 그보다 더 오래 전에 억압되어 있어 말한 사람 자신이 있는 힘을 다해 부정할 수 있는 하나의 의도가, 그 본인은 깨닫지 못하는 사이에 잘못이나 실수의 행동 속에 나타날 수 있는 것이라고.

그러나 여러분 자신도 세 번째의 종류는 아니더라도, 여러 경우의 관찰을 통해 무언가 말하고자 하는 당시의 의도를 억누르는 것이 잘못 말하기를 유발시키는 불가결의 조건이라는 결론에 도달할 수 있을 것이다.

이제 우리는, 잘못이란 의미와 의도를 알아볼 수 있는 심리적 행위일 뿐 아니라, 두 가지의 서로 다른 의도의 간섭으로 생긴다는 것을 알았다. 또한, 이 두 가지 의도 중 하나가 다른 의도의 방해자로서 나타날 때 그 의도는 어떤 억제를 받은 것임에 틀림없다는 사실도 알았다. 즉 하나의 의도가 방해하는 의도가 되기 전에 그 의도가 먼저 방해받지 않으면 안 된다는 점이다. 물론 이것만으로는 잘못을 완전히 설명했다고는 할 수 없다. 곧 무수한 의문이 나타나고 그 의문을 다시 설명하려고 하면, 다시 새로운 의문이 솟아날 것을 예견해야 하는 것이다.

왜 잘못은 더 간단하게 일어나지 않느냐는 의문이 바로 그것이다. 어느 한 의도의 실현을 허용치 않고 이것을 억누르는 의도가 있다면, 억제가 성공했을 때 그 의도는 흔적도 없이 사라질 것이고, 실패했을 때만 억눌린 의도가 나타날 것이 아닌가 하는 의문도 생기지만 그렇지 않다. 잘못은 두 가지 의도 중에 어느 한쪽의 반은 성공시키고 반은 실패시키는 것을 의미하므로 잘못은 타협의 산물이다.

이와 같은 간섭 혹은 타협이 일어나기 위해서는 특별한 조건이 있어야 한다고 생각되지만, 그 조건이 어떤 종류의 것인지는 지금까지 전혀 추측할 수 없었다. 잘못을 더 깊이 연구한다고 해서 이 미지의 조건을 발견할 수 있다고는 나 역시 믿지 않는다. 우선 필요한 것은, 잘못과는 다른 정신생활의 잘못 이외의 연구되지 않은 새로운 영역을 탐구하는 일이다.

첫째, 잘못과 그외의 정신생활 영역과의 유사에서 우리는 잘못을 철저하게 규명하는 데 필요한 가설을 세울 수 있다. 또 하나, 정신분석의 영향에서 우리가 늘 보아 온 사소한 표적을 연구하면 거기에는 당연히 어떤 위험이 따른다. '결합성(結合性) 파라노이아'라는 정신병이 있는데, 이것은 사소한 표적이 무제한 확대되어 적용되는 병이다. 물론 나도 이런 사소한 표적 위에 세워진 결론이 굳이 옳다고 주장하고 싶은 생각은 없다. 우리의 관찰은 폭넓게 확대하여 다방면에 걸친 정신생활의 영역에서 비슷한 인상을 많이 모아야 비로소 이 위험을 모면할 수 있다고 믿는다.

지금까지의 실례로 우리의 심리학이 가진 목표가 어떤 것인지 알 수 있었을 것이다. 우리는 단순히 현상을 묘사하거나 분리하지 않고, 정신의 한 숨겨진 부분의 힘이 작용하여 나타난 것, 또는 협력하고 반발하면서 작용하는 목적 추구 의도의 발현으로 본 것이다. 우리는 정신 현상의 역학적(力學的)인 해석을 꾸준히 추구해 왔다. 그런데도 우리의 역학적인 해석으로는 관찰된 현상이 가정한 것에 지나지 않는 충동보다 중요성이 덜할 수밖에 없는 것이다.

따라서 잘못이나 실책 행위를 더 깊이 연구할 생각은 없지만, 이미 알고 있는 사실을 확인하고 두세 가지 새로운 사실까지 찾아내기 위해서 다시 한 번 잘못이라는 영역을 돌아보기로 한다. 이 연구의 서두에서는 잘못과 실책의 종류를 상기해 주기 바란다. 즉 첫째는 잘못 말하기이다. 그와 유사한 종류는 잘못 쓰기, 잘못 읽기, 잘못 듣기 등이고, 둘째는 망각이다. 잊어버린 대상(명사, 외국어, 의도, 인상)에 따라서 다시 세분할 수 있다. 셋째는 실수, 놓아둔 곳 잊어버리기, 분실 등이다. 우리가 다루는 착각이라는 것은 일부는 망각에 속하고, 일부는 실수에 속한다.

잘못 말하기는 이미 자세하게 설명했지만, 다시 두세 가지 사실을 덧붙이고 싶다. 잘못 말하기에는 조그마한 감정 현상이 내포되어 있다. 이것은 흥미로운 일이다. 일부러 잘못 말하는 사람은 없다. 자기가 잘못 말하면 흔히 흘려 버리지만, 남이 잘못 말하는 것은 어느 의미에서는 전염성이 있다고 할 수 있다. 즉 남의 잘못 말하기에 참견하면 반드시 자기 자신도 잘못 말하게 된다. 잠재적인 정신 과정이 분명치 않은 잘못 말하기 형태에서도 그 동기를 간파하는 일은 쉬운 일이다.

누군가가 장모음을 그 단어에 끼여든 방해물 때문에 짧게 발음했다면, 그 바로 뒤에 온 단모음을 길게 발음하여 또 하나의 잘못 말하기의 과오를 저지른다. 즉 그는 전자를 벌충하는 것이다. 이와 마찬가지로 이중모음을 불순하게 적당히 발음했다면, 예컨대 eu[오이]나 oi[오이]를 ei[아이]로 발음했다면, 다음에 오는 ei[아이]를 eu[오이]나 oi[오이]로 바꿔 벌충하려고 한다. 이런 태도 속에는 말하는 사람이, 자기가 모국어는 아무렇게나 사용해도 괜찮다고 생각하고 있는 줄로 믿는 사람이 있어서는 곤란하다는, 듣는 사람에 대한 고려가 담겨져 있다. 즉 벌충의 결과인 제2의 왜곡은 처음의 잘못에 대해 듣는 사람의 주의를 끌어서, 말하는 나 자신도 잘못을 깨닫고 있다는 걸 설득하려는 의도를 나타내고 있는 것이다.

빈번히 일어나고, 간단하며 사소한 잘못 말하기의 형식은 말의 문제될 것 없는 사소한 부분에 나타나는 생략과 선행(先行)이다. 긴 문구를 말할 경우, 말할 생각으로 있는 끝 단어를 먼저 발음하는 잘못을 저지른다. 이런 잘못 말하기는 그 문구를 빨리 말하고 싶은 초조감을 나타내며, 또 일반적으로 이 문구 속에는 전체를 말하는 것을 거역하는 저항이 있음을 나타내고 있다. 여기서 우리는 잘못 말하기에 대한 정신분석과 생리학의 견해 사이에 일치하는 지점에 이른다. 이 경우도 우리에게는 말의 의도를 방해하는 의향이 존재한다고 가정하고 싶지만, 그 의향이 무엇을 목적으로 하고 있는지는 알 수 없다. 그 의향이 일으키는 혼란은 어떤 발음의 연상으로 일어난 것이며, 의도하는 이야기의 주의가 산만해졌기 때문이라고 간주해도 괜찮다. 이것은 말의 의도를 방해하는 의향이 존재한다는 것을 나타내는 데 불과하기 때문이다.

다음에는 잘못 쓰기에 대한 이야기를 해 볼까 한다. 그러나 잘못 쓰기도 잘못 말하기와 메커니즘이 비슷하므로 새로운 점을 기대할 수는 없을 것이다. 누구에게나 볼 수 있는 사소한 잘못 쓰기, 생략, 뒷글자(특히 마지막 글자)를 앞에 쓰는 따위의 잘못은 일반적으로 글씨 쓰기의 귀찮음, 초조함 등을 나타내고 있다. 두드러진 잘못 쓰기의 예에서 방해하는 의향의 본질과 목적을 알 수 있다. 편지 속에 잘못 쓴 것이 있을 때는 그 편지를 쓸 때 마음이 혼란스러웠음을 나타내는 것이다. 그러나 무엇이 혼란을 일으켰는지 추정하는 것은 결코 쉬운 일이 아니다. 잘못 쓰기도 잘못 말하기와 마찬가지로 그런 일을 저지른 본인은 깨닫지 못하는 것이다. 그러면 다음의 일은 신기하다. 편지를 봉하기 전에 다시 한 번 읽어보는 습관이 있는 사람이 있는 반면 읽어보지 않고 곧 봉하는 사람도 있다. 이런 사람들은 편지를 쓸 때, 자신이 잘못 쓴다는 것을 의식하고 있었던 것처럼 보인다. 정말로 그렇게 믿어도 될까?

잘못 쓰기의 실제 의의와 결부된 하나의 재미있는 실례가 있다. 여러분은 살인범 H의 사건을 기억할 것이다. 그는 스스로를 세균학자라고 칭하면서 과학연구소에서 매우 위험한 배양균을 손에 넣고는 사람을 죽이는 데 사용하였다. 그런데 어느 날, 그는 연구소 소장에게 배양균이 효력이 없다는 것을 불평하기 위해 한 통의 편지를 썼다. '내가 생쥐와 몰모트(Meerschweinchen)로 실험했는데'라고 써야 하는데, '내가 생쥐와 인간(Menschen)으로 실험했는데'라고 잘못 쓴 것이다. 이렇게 잘못 쓴 것은 연구소 의사들의 눈에도 띄었으나, 내가 아는 의사들은 이 잘못 쓰기에서 아무런 추정도 하지 못했던 모양이다. 여러분은 이것을 어떻게 생각하는가? 여기서 잘못 씌여진 것을 하나의 고백으로 보고 수사를 시작했다면, 이 살인 미수범을 즉시 검거할 수 있었을 것이다.

이 실례는 잘못에 대한 정신분석의 학설이 매우 중요한데도, 세상 사람들의 무지 때문에 돌이킬 수 없는 실수를 저질렀음을 시사해 주는 사건이었다. 그러나 그 잘못 쓰기를 하나의 고백으로 분석하여 검거의 증거로 삼기에는 상당히 중대한 것이 방해하고 있어 생각만큼 간단하지 않다. 잘못 쓴 것은 확실히 증거가 되지만, 그런 잘못 쓰기만으로 수사에 착수하기에는 증거가 불충분한 것이다. 이 잘못 쓰기는 그가 인간에게 병원균을 감염시키려고 늘 생각하고 있었음을 증명하지만, 이 생각이 분명히 살인 계획에 해당하는가, 혹은 실생활에서는 아무 소용도 없는 공상에 지나지 않는가를 결정하기는 어렵다. 그가 이 공상을 부인하고, 꿈에도 생각지 않는 일이라고 주장할 수도 있기 때문이다. 아무튼 이 이야기는 사소한 잘못이 훗날 생각지도 못한 큰일을 겪게 되는 실례가 된다.

잘못 읽기는, 그 심리 상태가 잘못 말하기나 잘못 쓰기와는 확실히 다른 것이다. 잘못 읽기의 경우 서로 충돌하는 두 의도 중의 하나는 감각 자극이기 때문에 이 의도는 집요하지 않다. 읽고자 하는 것은 쓰고자 하는 것처럼 중요한 정신 생활의 소산은 아니므로, 대부분의 경우 잘못 읽기의 본질은 대리(代理)인 것이다. 즉 대개는 발음 유사(類似)이다. 리히텐베르크가 'angenommen'을 'Agamemnon'으로 잘못 읽은 것이 좋은 예이다.

만일 잘못 읽기를 일으키는 그 방해 의도를 알고 싶다면 잘못 읽는 원문을 무시하고, 첫째 원문 대신에 읽은 말 다음에 어떤 연상이 떠오르는가. 둘째, 어떤 잘못 읽기가 어떤 심리 상태에서 일어난 것인지부터 분석하고 연구해야 한다. 심리 상태만 알면 잘못 읽기의 설명은 쉽게 되기도 한다. 원문과는 전혀 다른 내용으로 잘못 읽었을 경우는 특히 신중한 분석을 해야 하는데, 이 분석은 정신분석의 기술에 의하지 않고는 행하기 어렵다. 그러나 대개의 경우, 잘못 읽기의 설명은 비교적 쉽다. 제1차 세계대전 때 사람들은 도시의 이름이나 장군 이름, 군대 용어를 곳곳에서 자주 접하게 되어, 그것과 발음이 비슷한 말을 들으면 곧잘 그러한 말로 잘못 읽는 습관이 생기기도 하였다. 이와 같이, 흥미가 있거나 관심을 가지고 있는 것은 관계가 없거나 흥미롭지 않은 다른 것을 대리한다. 즉 관념의 잔상(殘像)이 새로운 지각(知覺)을 어지럽게 하는 것이다.

또 읽어야 할 원문 자체가 방해하는 의도를 환기하여 대개 그 원어와 정반대의 것으로 바뀌는 경우가 있다. 이런 종류의 잘못 읽기도 상당히 많다. 자기가 바라지 않는 것을 강제로 읽어야 한다고 생각해 보자. 분석 결과, 읽어야 하는 것을 거부하는 마음이 잘못 읽는 주된 원인이 되었다는 것을 알 수 있다.

처음에 말한 잘못 읽기가 더 자주 일어나는데, 이 경우에는 잘못을 일으키는 메커니즘에서 중요한 역할을 하고 있던 두 인자(因子), 즉 두 의도의 갈등과 한쪽 의도의 억제(이 의도는 잘못을 일으키고 그것을 벌충하지만)는 쉽게 드러나지 않는다. 잘못 읽기에서 이에 반대되는 것은 눈에 띄지 않으나, 잘못 읽게 하는 관념 내용의 침입은 이 관념에 미리 가해진 억제보다 쉽게 드러나는 수가 있다. 그러나 이 두 인자는 망각이 일어나는 여러 상황에서 가장 뚜렷이 볼 수 있다.

의도의 망각은 매우 뚜렷하므로 그 해석에 항의하는 사람은 아무도 없을 것이다. 의도를 방해하는 의향은, 항상 그것과는 반대의 의도, 즉 하고 싶지 않다는 것이다. 여기서 한 가지 의문점은 '그렇다면 왜 이 반대 의향이 공공연하게 나타나지 않는가' 하는 것이다. 그러나 반대 의향이 있다는 것만은 사실이다. 이 반대 의향을 불가피하게 감춰야만 했던 동기에서 얼마간 짐작하는 데 성공하는 수가 흔히 있다. 그리고 반대 의향은 실책 행위를 통해서 은근히 그 목적을 달성한다. 반대로 만일 이것이 공공연하게 반대 주장한다면, 거절당할 것이 틀림없는 사실이다. 의도와 그 수행 사이에 심리 상태의 중대한 변화가 일어나서, 그 결과 의도의 수행이 문제되지 않을 때는 의도를 잊어버리더라도 그것은 실책 행위가 아니다. 의도의 망각이 일어나도 그것을 의심하지 않으며, 새삼 그 의도를 상기한다는 것은 쓸데없는 일이라고 생각하므로, 그 의도는 영구히 혹은 일시적으로 지워져 버린다. 그러므로 의도의 망각은 그와 같이 중간에서 지워져 버렸다고 믿을 수 없을 때, 비로소 실책 행위라고 단정하는 것이다.

일반적으로 의도의 망각은 평범하고 그 의미가 분명하므로, 흥미로운 연구 대상이 되지 못한다. 그러나 이와 같은 잘못을 연구하면, 두 가지 점에서 어떤 새로운 사실을 알게 된다. 이미 말한 것처럼 망각, 다시 말해 어떤 의도를 행하지 않는다는 것은 그 의도에 도전하는 '반대 의지'가 있기 때문이다.

그런데 우리의 연구 결과 의지는 직접적인 반대 의지와 간접적인 반대 의지로 구별할 수 있다. 간접적인 반대 의지는 다음의 한두 가지 예로 알 수 있다. 후원자가 자기의 피후원자를 제삼자에게 추천하는 것을 잊었을 경우는 간접적인 반대 의지라고 할 수 있다. 후원자는 처음부터 피후원자에게 별로 관심이 없어서 추천할 마음이 없었기 때문이다. 피후원자는 후원자의 망각을 항상 이런 뜻으로 해석할 것이지만, 문제는 더 복잡할지 모른다. 이 후원자의 경우 의도의 수행을 거역하는 반대 의지는 전혀 다른 방향에서 오고, 전혀 다른 곳에 반대 의지의 중심이 있는지도 모른다. 반대 의지가 피후원자와는 전혀 무관하고, 오히려 추천을 받아들여 줄 제삼자를 향하고 있을 수도 있다. 그러므로 여러분은 정신분석의 해석을 실지로 응용하려면 주저하게 된다고 생각할 것이다. 망각을 아무리 좋게 해석한다 해도 피후원자는 의심스러워져서 후원자에게 무례한 짓을 할 우려가 있다.

또 다른 예로서 어떤 사람이 편지 부치는 것을 잊었다고 하자. 그때 반대 의지는 그 편지의 내용에 있을 수 있다. 그러나 때로는 그 옛날의 편지가 반대 의지의 직접적인 근거가 된 것이 분명해지는 경우도 있다. 그러므로 이때의 반대 의지는 정당한 이유가 있었던 그 옛날의 편지에서 아무런 이유 없이 현재의 편지로 전가되었다고 할 수 있다. 그러므로 여러분은 우리가 비교적 정확하다고 한 해석을 이용할 때는 신중한 태도를 취해야 함을 알 수 있을 것이다. 심리학적으로 보면 동일한 가치의 것이라도 실지로 응용하면 많은 의미가 있는 것이다.

이와 같은 현상은 여러분에게는 아직은 익숙하지 않을 것이다. 여러분은 '간접'적인 반대 의지의 과정은 이미 그 사건이 병적(病的)임을 나타내는 것이라고 주장할지 모른다. 그러나 나는, 그러한 반대 의지는 극히 정상이며 건강한 상태에서도 나타난다고 확신하고 있다. 내가 이렇게 주장한다고 해서 우리의 분석적 해석이 근거가 없다는 것은 아니다. 의도의 망각에는 무수한 의미가 포함되어 있다고 말했는데, 이것은 그 사례(事例)를 분석하지 않고 우리의 일반적인 가설을 전제로 해석하는 경우만이 다의성(多義性)이 있다고 할 수 있다. 그러나 우리가 그 당사자에 대해 분석한다면, 그 망각이 항상 직접적인 반대 의지인지, 혹은 간접적인 반대 의지인지 정확히 알게 될 것이다.

두 번째는 다음과 같다. 의도의 망각이 하나의 반대 의지에서 생긴다는 것이 증명되면, 피분석자가 우리의 추리 결과인 반대 의지의 존재를 인정하지 않고 부정해 버리는 경우에도 이 해석을 확대 적용할 용기가 생긴다.

발생하기 쉬운 사건을 그 예로 들어 보자. 즉 빌린 책을 돌려주는 것을 잊어버리거나, 대금이나 빚의 지불을 잊었을 경우이다. 그런 사람은 책을 자기가 갖든가, 빚을 갚지 않으려는 의도가 있었음을 예상할 수 있다. 이런 오해를 산 당사자는 그 의도를 부정하지만, 자신의 행위에 대해서는 우리와 다른 해명을 하지 못한다. 그런 당신의 의도가 망각 때문에 본성을 드러낸 것이라고 한다면, 당사자는 그저 잠깐 잊었을 뿐이라고 주장할 것이다.

이제야 이 상태가 내가 전에 이미 언급한 것과 같다는 것을 알게 될 것이다. 많은 실례로써 옳다는 것이 인정된 잘못에 관한 해석을 우리가 꾸준히 연구해 나간다면, 인간에게는 자신도 깨닫지 못한 채 작용할 수 있는 의도가 존재한다는 가설을 인정해야 할 것이다.

고유명사나 외국 이름 및 외래어 등을 잊는 것도 마찬가지로 그 이름에 직접 혹은 간접적으로 작용하는 하나의 반대 의도 때문임을 알 수 있다. 그러나 이런 경우에는 간접적인 유인(誘因) 쪽이 더 많이 존재하고 있으며, 간접이라고 추정하려면 신중한 분석이 필요하다. 이를테면 우리가 누린 즐거움을 파괴시킨 이번 대전은 무서운 연상 때문에 고유명사를 자유로이 상기하는 능력을 손상시켜 버렸다. 이름을 기억하는 데 반항하는 의도의 동기로서, 여기에 비로소 하나의 원칙이 제시된다(이것은 나중에 노이로제 증상을 일으키는 데 중대한 의미를 갖고 있음을 알게 될 것이다).

즉 어떤 일이 불쾌한 감정과 결부되어 있어 그것을 상기하면 불쾌감이 떠오르는 기억을 좋아하지 않는다는 원칙이다. 기억, 또는 다른 심리 행위에서 오는 불쾌감을 쫓아버리려는 이 의도, 불쾌로부터의 심리적 도피를 우리는 이름의 망각뿐만 아니라 다른 많은 실책 행위, 태만이나 과실(過失) 등의 궁극적인 동기로 인정할 수 있다.

그러나 이름의 망각은 정신생리적(精神生理的)으로 설명하기가 가장 쉬운 것 같다. 따라서 불쾌라는 동기가 없을 경우에도 이름의 망각은 일어난다. 다시 말하면, 누군가 이름을 잊어버리는 경향이 있을 때 그 사람을 분석적으로 연구하면, 그 이름을 잊어버리는 이유는 그 이름을 좋아하지 않거나 그 이름이 무언가 불쾌한 것을 회상시키기 때문만이 아니라, 그 이름이 그와 밀접한 관계가 있는 다른 연상권(聯想圈)에 속해 있기 때문이라는 것을 알 수 있다. 말하자면 그 이름은 그 연상권과 함께 하기 때문에 순간순간 다른 연상을 유발시키는 것이다.

여러분이 기억술의 방식을 상기한다면, 이름을 잊어버리지 않으려고 만든 연상 때문에 오히려 안 잊으려던 이름을 잊어버리는 경우가 있을 것이다. 이것을 가장 잘 알려주는 것이 사람의 이름인데, 이것은 사람에 따라 전혀 다른 심리적 가치를 가지고 있기 때문이다.

인상이나 체험의 망각은 이름의 망각보다 더 뚜렷하게 불쾌한 것을 기억에서 멀리하고자 하는 의도가 작용한다는 것을 나타내고 있다. 물론 이것이 다 실책 행위는 아니다. 그러나 평소보다 잊어버리는 것이 심하거나 부당하게 여겨지는, 즉 최근의 생생한 인상이나 중요한 인상을 잊어버렸을 경우, 보통 때 같으면 잘 생각나는 기억의 연쇄에 탈락이 있는 경우는 실책 행위에 속한다. 그러나 확실히 우리에게 깊은 인상을 남긴 체험—어린 시절에 일어난 사건 같은—을 어째서, 어떻게 일반적으로 잊어버리느냐 하는 것은 이것과는 다른 경우이다. 하지만 이 경우에도 불쾌한 것에 대한 방위가 중요한 역할을 하고 있는데, 그것으로는 설명이 불충분하다. 그러나 불쾌한 인상을 쉽게 잊어버리는 것은 의문의 여지가 없는 사실이다. 심리학자들도 이것을 인정하고, 위대한 다윈도 이것에서 강한 인상을 받았으므로 자신의 학설에 불리하게 생각되는 관찰을 특히 신중하게 메모해 두는 것을 '황금률'로 삼았다. 그는 그러한 관찰이야말로 좀처럼 기억에 남지 않는다는 것을 확신하고 있었기 때문이다.

정신 생활이란 대립하는 의도의 투기장이며, 정신 생활은 한 쌍의 대립과 모순으로 성립되어 있다는 것을 고려하는 것이 중요하다. 어떤 의도의 존재를 증명했더라도 그에 대립하는 의도를 소홀히 한다면 아무 소용 없다. 즉 정신에는 두 의도가 공존할 여지가 있다. 다만 문제가 되는 것은 대립하는 것이 어떻게 하여 나란히 있는가, 한쪽 의도는 어떤 작용을 하고, 다른 한쪽 의도는 어떤 작용을 주느냐 하는 것이다.

물건의 분실이나 놓아둔 곳 잊어버리기는 여러 가지 뜻을 내포하고 있기 때문에 흥미롭다. 모든 경우에 공통되는 것은 어떤 물건을 잃어버리고 싶다는 소망이다. 그러나 어떤 이유 때문에, 또 어떤 목적으로 잃어버리고 싶은가는 저마다의 경우에 따라 달라진다. 그 물건이 낡았을 때, 더 좋은 물건과 바꾸고 싶을 때, 그 물건을 소중히 다루지 않게 되었을 때, 그 물건이 싫어하는 사람의 선물이었을 때, 생각하고 싶지 않은 상황 아래서 손에 넣은 물건일 때는 그것을 잃어버린다. 물건을 떨어뜨리거나 상하게 하거나 부수는 데에도 같은 목적이 작용하고 있다. 또한 우리는 사생아가 합법적인 결혼으로 태어난 아이보다 훨씬 허약하다는 것을 알고 있다. 이런 어린아이가 허약한 것은 양부모의 육아법이 나쁜 탓이 아니다. 보살핌에 등한시하는 점이 있다는 것만으로 모두 설명이 된다. 물건의 보존에도, 어린아이의 보호에도 같은 말을 할 수 있는 것이다.

한편 반성과 자책감으로 분실이 일어나는 경우도 있다. 요컨대 분실로써 물건을 멀리하고자 하는 의도가 있음을 통찰한다는 것은 어려운 일이다.

또한 실수도 단념해야 할 소망을 채우기 위해서 잘 이용되는데, 이 경우 의도는 다행히도 우연이라는 가면하에 존재한다. 어느 날 내 친구는 내키지 않았지만, 기차를 타고 교외에 갈 일이 있었다. 그런데 환승역에서 열차를 잘못 갈아타는 바람에 그만 출발역으로 되돌아와 버렸다는 것이다.

또 다른 예로, 어떤 사람이 여행 중 어느 역에서 머물고 싶었으나, 부득이한 용무로 그럴 수 없게 되었다. 그런데 그는 연락 시간을 잘못 알았기 때문에 열차를 놓쳐서 희망대로 그 역에서 머물 수 있게 되었다.

또 다른 예로서, 내 환자의 이야기이다. 나는 그 환자에게 애인에게 전화를 하면 안 된다고 미리 일러두었다. 그런데 이 환자는 내게 전화를 걸다가 '잘못하여', 아니 '그만 무심코' 다른 전화번호를 불러주었기 때문에 전화는 뜻밖에도 그 애인 집으로 연결돼 버렸다.

어느 기사가 관찰한 물품 파손 사건에 대한 다음과 같은 이야기는 실생활에도 의미 있는 직접적인 실수의 예가 될 수 있다.

"며칠 전부터 나는 몇몇 동료들과 함께 대학의 실험실에서 탄성(彈性)에 관한 복잡한 실험을 하고 있었다. 이 연구는 우리 마음대로 선택해 진행했는데, 예상보다도 시간이 많이 걸렸다. 어느 날 내가 동료 F군과 함께 실험실에 들어갔을 때, F군은 '실은 집에 산더미처럼 할 일이 쌓여 있는데, 실험 때문에 오늘 하루를 소비하게 되었으니 이를 어쩐담.' 하고 투덜거렸으므로, 나도 그를 동정하지 않을 수 없었다. 그리고 그는 농담으로, 꼭 일주일 전에 일어난 우연한 사건 하나를 얘기하면서 '다시 한번 기계가 고장이 나면, 실험을 중지하고 빨리 집에 갈 수 있겠는데.' 하고 말했다. 실험 담당을 정하게 되어, F군은 압축기의 밸브를 조절하는 일을 맡았다. F군은 신중하게 밸브를 열고 탱크에서 수압(水壓)이 걸려 있는 압축기의 원통으로 액체를 흘려 보냈다. 실험 주임이 압력계를 바라보면서 압력이 일정한 지점에 이르렀을 때, 큰소리로 '그만!' 하고 외쳤다. 그런데 이 명령을 들은 F군은 밸브를 쥐고는 왼쪽으로(어떤 밸브든 조일 때는 오른쪽으로 돌리게 되어 있는데) 힘껏 돌렸다. 그 결과 탱크의 전압력이 순간적으로 압축기에 작용하였다. 연결관은 그 압력을 이기지 못하고 순식간에 파열해 버렸다. 우리는 결국 연구를 중지하고 집으로 돌아가지 않으면 안 되었다. 부언하고 싶은 것은 그후 얼마 안 되어 우리가 이 사건을 논의하고 있을 때, F군은 나도 똑똑히 기억하고 있는 그 농담을 전혀 기억하지 못했다는 것이다."

이 말을 들은 여러분은, 하인이 주인집의 기구를 파손하는 것은 단순한 우연에 의한 것이 아니라고 생각할지도 모른다. 또 몸에 상처를 입거나 위험에 직면했을 때, 그것이 우연이라고 말할 수 있을까 하고 의문을 가질지도 모른다. 이것은 기회 있을 때마다 여러분 자신의 관찰을 분석해서 연구해 주기 바란다.

이것으로 잘못이나 실책 행위에 대해서 모든 것을 다 말한 것은 아니다. 아직도 연구하고 토의할 일은 많이 남아 있다. 그러나 여러분이 지금까지 내 이야기를 듣고 종래의 사고방식 속에 우리의 학설을 받아들일 자리가 준비되었다면 나는 만족한다.

아무튼 많은 문제들을 모조리 다 설명하지 않고 여기에서 이야기를 중단하는 것은 안타까운 일이다. 우리는 잘못이나 실책 행위의 연구로 우리의 학설을 모두 설명할 수도 없고, 이 재료에 의해서 얻은 증명에만 의지하고 있는 것도 아니다. 우리의 목적으로 봐서 잘못이나 실책 행위가 매우 가치 있는 것은 이 현상이 매우 자주 일어난다는 것, 자기 스스로 관찰할 수 있다는 것, 결코 병에서 발생하는 것이 아니라는 점이다. 끝으로 여러분에게 아직 밝히지 않은 의문에 대해 말하겠다.

'우리가 많은 실례에서 본 것처럼 만일 인간이 잘못에 대한 지식에 정통하고, 마치 잘못의 뜻을 통찰한 것처럼 행동한다면 그들은 모두 잘못을 뜻이나 의의를 가진 것이 아니라 우연이라고 주장하지 않습니까?'

여러분의 생각은 옳다. 실제로 그것은 대단한 일이며, 설명이 필요한 일이다. 그러나 여러분에게 그 설명을 해 주고 싶지는 않다. 그보다는 여러분을 서서히 인도하여 저절로 깨달을 수 있도록 하고 싶은 것이 내 뜻이다.

꿈 제2부

다섯 번째 강의

여러 난관과 예비적 시도

정신분석 치료법의 유래는 그 옛날 어떤 노이로제 환자가 나타내는 증상에 의미가 있다는 것을 발견하면서부터이다. 치료 중에 환자가 병의 증상 대신 꿈을 호소하는 경우가 있으므로, 꿈도 의미가 있는 것은 아닐까 하는 추측이 생겼다. 그러나 우리는 이 역사적인 길을 택하지 않고 오히려 그 반대의 길을 택한다. 즉 우리는 노이로제를 연구하기 위한 준비로 꿈의 의미를 증명하려 한다.

꿈의 연구는 노이로제 연구에 가장 좋은 대상일 뿐만 아니라, 꿈 자체가 노이로제 증상이고, 건강한 모든 사람에게 나타난다는 이점(利點)이 있기 때문에 이 반대의 길을 걷는 것은 정당하다. 인간이 모두 건강하고 꿈만 꾸고 있었다면, 지금까지 노이로제 연구에서 얻은 지식은 모두 이 꿈의 연구에서 얻을 수 있었을 것이다. 그러므로 꿈은 정신분석 연구의 대상이 된다.

우리는 이제 잘못과 마찬가지로 흔하고 보잘것없는, 언뜻 보기에 실용성이 없고 건강한 사람에게도 나타난다는 점에서 꿈이라는 현상을 다루게 되었다. 그런데 꿈에 대한 연구는 잘못에 관한 연구보다 오히려 불리하다. 잘못은 과학에 무시당하고, 사람들은 이 문제에 그다지 주의를 기울이지 않았다. 그러나 결국 잘못을 연구했다고 해서 수치가 되지는 않았다.

그런데 꿈을 연구한다는 것은 실용적이지 않은 쓸모없는 일일 뿐더러 수치스러운 일이다. 꿈을 연구함으로써 비과학적이라는 오명을 얻을 뿐 아니라, 신비주의적(神秘主義的) 경향이 있다는 오해까지 받게 된다.

　꿈의 연구에서는 연구 대상조차 모호하다. 망상이라는 것은 명확히 일정한 윤곽을 가지고 나타난다. 그러나 대개 꿈이란 남에게 말할 수가 없다. 어떤 사람이 자기가 실제로 꾼 꿈을 이야기할 때, 자기가 본 그대로 말했다거나 이야기 도중에 말을 바꾸지 않았다거나, 기억이 불확실하기 때문에 결코 꾸민 것이 아니라고 주장할 수는 없다. 대개의 꿈은 일반적으로 기억해 낼 수가 없으며, 사소한 단편적인 것까지 잊어버린다. 그러므로 이러한 재료를 해석하는 것이 과학적 심리학이나 환자의 치료에 기초가 되겠는가?

　이런 비판을 심각하게 받아들인다면 우리는 당연히 회의에 빠지고 만다. 그러나 꿈을 연구 대상으로 하는 데 대한 이와 같은 항의는 분명히 극단적이다. 우리는 앞에서 중대한 사물이 조그마한 표적밖에 나타내지 않는 수가 있음을 말해 두었다. 꿈이 불확실하다는 것은 바로 꿈의 다른 특징들과 마찬가지로 꿈의 한 특징이다. 한편 일정한 윤곽을 갖춘 뚜렷한 꿈도 있고, 정신의학적 연구의 대상 중에는 꿈처럼 애매한 것도 있다. 강박관념의 많은 실례가 그것인데, 뛰어난 정신의학자들은 이와 같은 것에 몰두하고 있는 것이다. 여기서 나는 실제 치료의 예를 한 가지 들어 보겠다. 그 부인 환자는 내게 이렇게 호소했다.

　"꿈에서 나는 어떤 생물, 어린아이인지 개인지에게 상처를 입혔지요. 아니, 상처를 입힐 생각으로 그것을 다리에서 떼밀고 싶었어요……. 아니, 더 다른 짓을 했는지도 모르겠어요."

　'꿈을 꾼 사람은 그것을 기억해 내지 못할 수도 있다거나, 기억 속에서 변형시켰을지도 모른다. 그러나 그 사람이 들려 주는 것이 바로 그 사람의 꿈이다'라고 보장할 수만 있다면, 꿈의 기억은 확실하지 않다는 비난을 피할 수 있을 것이다.

꿈 따위는 부질없는 것이라고 말하지만, 반드시 일반적으로 그렇다고 주장할 수도 없게 될 것이다. 우리는 꿈에서 깼을 때의 기분이 그날 하루 종일 계속되는 경우가 있다는 것을 각자의 경험으로 알고 있다.

또 의사는 어떤 정신병이 꿈과 함께 발병하여 그 꿈에 유래하는 망상을 수반한다는 증상의 예를 보고했으며, 또 꿈에서 중대한 사업의 암시를 얻었다는 역사상 인물의 이야기도 전해진다. 그러면 우리는 과학의 세계에서는 왜 꿈이 경시되고 있는지 생각해 보자.

나는 그것이 옛날에 꿈을 너무 중시한 까닭이라고 생각한다. 대개 고대 민족은 꿈에 커다란 의미를 부여하여 실제로 이용가치가 있다고 생각했다는 것을 알 수 있다. 그들은 꿈에서 미래의 예시를 찾고, 꿈에서 미래의 전조(前兆)를 점치려고 했다.

알렉산더 대왕은 원정을 계획할 때는 항상 해몽가를 수행했다. 당시 아직도 섬 안에 있던 티루스 시가 격렬하게 저항해 왔으므로, 대왕은 포위를 그만둘까 하고 생각했다. 그러던 어느 날 밤, 대왕은 승리에 취하여 미친 듯이 춤추는 꿈을 꾸었다. 해몽가는 그 꿈이 바로 대왕이 티루스 시를 함락하는 전조라고 풀이했다. 그래서 대왕은 다시 공격 명령을 내리고 무난히 티루스를 점령할 수 있었다. 해몽(꿈 점)은 그리스 로마 시대에 성행하고 존중되었다.

그후 어떻게 하여 해몽이 쇠퇴하고, 꿈이 신용을 잃게 되었는지 잘 모르겠다. 꿈에 대한 흥미가 차츰 미신으로 떨어지고, 무지한 사람들의 손으로 돌아가 버렸다는 것이 원인일 것이다. 해몽의 어처구니없는 예로는 복권에 당첨되기 위해서 복권 번호를 꿈으로 알고자 하는 일이 오늘날에도 행해지고 있다는 것이다.

한편 현대 과학이 몇 번이나 꿈의 연구를 시도했으나, 그 연구 목적은 언제나 생리학적 학설을 꿈에 적용해 보는 것에 불과했다. 의사는 물론 꿈을 심리 현상이라고 생각하기보다는 육체 자극이 정신 생활에 나타난 것이라고 생각했다.

1876년, 빈츠는 꿈이란 '육체 현상이며, 무익하고, 병적인 과정이며, 불모의 모래땅에 푸른 하늘이 있듯이, 그 현상 위에 우주의 불멸하는 영혼이 높이 치솟아 있다.'고 했다. 또한 옛 비유에 의하면 '꿈의 내용은 음악을 알지 못하는 사람이 피아노 건반을 두드릴 때' 울려 나오는 소리에 비교된다.

해석이란 숨은 의미를 발견하는 일인데, 꿈의 작용을 이런 식으로 평가한다면 해석 같은 것은 생각도 못할 일이다. 분트나 요들, 그밖의 근대 철학자들의 꿈에 관한 글을 읽어 보라. 그들은 꿈을 경멸하는 태도로 꿈이 깨어 있을 때의 사고와 다르다는 사실을 일일이 열거하면서 연상(聯想)의 붕괴, 비판력의 감퇴, 모든 지식의 마비, 저하된 활동력 같은 특징을 역설하며 만족해하고 있다.

꿈에 관하여 정밀 과학이 유일하게 한 공헌은 잠잘 때 가해진 육체의 자극이 꿈의 내용에 어떤 영향을 미치는가 하는 실험이다. 그런데 우리가 꿈의 의미를 알기 위해 연구한다면 정밀 과학이 우리에게 무슨 말을 할 것인가? 아마 '잘못 연구'의 경우와 같은 항의가 있겠지만, 우리는 그런 것 때문에 주저할 생각은 없다.

우리는 먼저 과제를 정해 놓고 꿈의 세계를 살펴보려 한다. 대체 꿈이란 무엇인가? 그것을 한마디로 정의하기는 어렵지만, 누구에게나 알려져 있는 것을 말하는 것이니 정의를 내리지 않아도 될 것이다. 그러면 그 본질을 어디서 찾아야 할 것인가? 우리가 목표하고 있는 꿈이라는 영역 안에는 모든 것에 무수한 상위(相違)가 있고, 그 상위는 모든 방향에 걸쳐 있다. 그러나 우리가 모든 꿈에 공통된다고 입증할 수 있는 것은 아마 본질이 아닌가 한다.

그렇다. 첫째, 모든 꿈의 공통점은 우리가 자고 있다는 것이다. 꿈이란 분명히 수면 중의 정신 생활이며, 그것은 깨어 있을 때의 정신 생활과 어느 점에서는 비슷하기도 하지만, 한편으로는 크게 다르다. 꿈과 잠 사이에는 더 밀접한 관계가 있는 것 같은데, 사람들은 꿈으로 인해 잠에서 깨어나는 경우가 많으며, 저절로 잠이 깼을 때나 타의로 수면이 방해되었을 때도 꿈을 꾸고 있는 경우가 대부분이다. 그러므로 꿈은 잠과 각성시의 중간 상태에 있는 것으로 생각된다. 그렇다면 잠이란 무엇일까?

잠이란 생리학상 또는 생물학상의 큰 문제이며, 지금도 논쟁이 계속되고 있다. 우리는 잠에 대해서 아무런 결정도 내릴 수 없지만, 잠이란 내가 외계에 대해 아무것도 알려 하지 않고, 외계와 아무런 관계도 맺지 않은 상태를 말한다. 내가 외계의 자극과 절연했을 때 나는 잠에 빠진다. 또 내가 외계에 싫증이 났을 때도 잠에 빠진다.

수면의 생리학적 목적은 휴식이며, 그 심리학적 특징은 외계에 대한 관심의 중단이다. 타의로 태어난 이 세상에서 가끔 이 세상과 자신을 격리시키지 않고는 견딜 수 없을 것 같은 생각이 든다. 그러므로 주기적으로 탄생 전의 상태로 되돌아가는 것이다. 우리는 적어도 따뜻하고, 어둡고, 자극 없는 태내(胎內) 생활과 같은 상태를 잠을 통해서 얻을 수가 있다. 외계가 성인의 생활 전체는 아니며, 그 3분의 2에 불과하다. 나머지 3분의 1은 아직 태어나지 않은 상태라 할 수 있다. 그러므로 성인에게는 아침에 잠에서 깨어나는 일은 하나의 새로운 탄생인 것이다.

이것이 잠의 본질이라고 한다면, 꿈은 결코 잠의 범주 안에 들어 있지 않은 셈이다. 꿈은 오히려 잠에게는 바람직하지 않은 부속물처럼 여겨진다. 우리도 꿈 없는 잠이야말로 가장 좋고 바람직한 잠이라고 생각한다. 잠을 잘 때는 어떤 정신 활동도 있어서는 안 된다. 만일 정신 활동이 이루어지면 태아(胎兒)와 같은 안정 상태를 만들 수가 없다. 그러나 정신 활동의 잔재까지 없앤다는 것은 불가능하다. 이 정신 활동의 나머지가 꿈이 되는 것이다. 그러나 이렇게 생각하면 꿈이 실제로 의미를 가질 필요가 없을 듯이 여겨진다.

잘못의 경우는 꿈과 달라서 깨어 있을 때의 정신 활동이었다. 그런데 우리가 잠들어서 정신 생활이 정지되고 그 나머지만 억제를 받지 않는다면, 이 나머지가 의미를 갖는다는 점에는 필연성이 없다. 또 정신 생활의 나머지까지 잠들었을 경우, 나는 의미라는 말조차 쓸 수 없게 되며, 그때는 실제로 꿈은 육체의 자극에 의하여 일어나는 정신 현상에 지나지 않게 된다. 그러므로 꿈은 깨어 있을 때의 정신 활동의 나머지이며, 더욱이 잠을 방해하는 나머지가 되는 셈이다.

사실 꿈은 부질없는 것이다. 그러나 부질없는 것이라고 하더라도 꿈이 존재하는 이상 우리는 꿈의 존재를 어떻게든 설명하지 않으면 안 된다. 그러면 왜 정신 생활은 잠들어 버리지 않는가? 아마 이것은 그 무엇인가가 정신을 쉬게 하지 않기 때문일 것이다. 자극은 정신에 작용하며, 정신은 자극에 반응한다. 그러므로 꿈이란 잠잘 때 받은 자극이 정신에 어떤 영향을 주었는가 하는 표적인 것이다. 이렇게 생각하면 꿈에 대한 이해가 한 걸음 나아감을 깨닫게 된다. 이제 우리는 수면을 방해하려 하는, 즉 꿈이 되어 반응하는 자극이 어떤 것인가를 여러 가지 꿈에서 찾아볼 수가 있을 것이다. 그러면 모든 꿈에 공통되는 첫번째 공통점에 관한 문제가 풀린 셈이다.

그렇다면 또 다른 공통점은 없을까? 있기는 하지만, 그 공통점을 포착하여 기술하는 것은 쉬운 일이 아니다. 수면 중의 정신 과정은 깨어 있을 때의 그 것과는 성질이 전혀 다르다. 사람은 꿈속에서 온갖 경험을 했다고 믿고 있지만, 방해하는 자극밖에는 아무것도 경험하지 않을 것이다. 꿈속의 경험은 주로 시각(視覺)의 형태를 취하지만, 때로는 감정이나 관념도 관여한다. 무언가 다른 감각으로 경험하는 수도 있으나, 대개는 영상(映像)이다. 꿈을 말하기가 어려운 것은 이 상(像)을 말로 옮겨야만 한다는 점에 약간의 원인이 있다.

꿈을 꾼 사람은 이 영상을 머리에 그릴 수는 있지만, 어떻게 말로 표현하면 좋을지 모른다고 한다. 일찍이 독일의 물리학자이자 심리학자인 페히너는 마음속에서 꿈이라는 극이 연출되는 무대는 깨어 있을 때의 관념 생활(觀念生活)의 무대와는 다르다고 주장한 적이 있었다. 페히너의 말을 이해할 수 없지만, 아무튼 대부분의 꿈이 주는 기묘한 인상은 실제로 존재한다. 꿈의 작용을 음악을 이해하지 못하는 사람의 연주에 비교할 수는 없다. 왜냐하면 피아노에서는 아무렇게나 건반을 두드리면 멜로디는 아니어도 항상 그에 따르는 소리로 대답하기 때문이다. 모든 꿈에 통하는 이와 같은 제2의 공통점은 설혹 이해하지 못하더라도 신중히 주의하도록 하자.

그 이외에 또 다른 공통점은 없을까? 이 이상의 공통점은 우선은 나타나지 않고, 곳곳에 또 어느 점에나 상위점이 있다. 외견상의 지속 시간, 선명함, 감정의 관여, 안정성 등에 관한 차이점이 그것이다. 이 모든 상위점은, 꿈이란 자극을 막기 위한 불안전한 경련 같은 시도라는 학설에서 예상되는 것과는 판이하다. 꿈의 차원에 대해서도, 어떤 꿈은 매우 짧아서 단 하나의 상(像)이나 두세 개의 상, 하나의 관념, 아니 하나의 말을 포함하고 있을 뿐이나 어떤 꿈은 신기할 정도로 내용이 풍부하고 이야기 형식으로 전개되며 매우 오랜 시간 계속되는 듯이 여겨진다. 또한 어떤 꿈은 현실의 경험처럼 선명하고, 깨어난 후에도 한참 동안 현실처럼 뚜렷하다. 또 같은 꿈속에도 극히 선명한 부분과 극히 희미한 부분이 섞여 있는 때도 있다. 또 조리가 있는 꿈이나 이론이 정연한 꿈, 기지에 찬 꿈, 환상적인 아름다운 꿈이 있다. 또 때로는 백치처럼 어리석고 혼란스러우며 불합리해서 때때로 광적인 꿈도 있다.

우리를 냉정하게 만드는 꿈이 있는가 하면, 울고, 뛰어 일어나고, 경탄하고, 황홀하게 만드는 꿈도 있다. 대개의 꿈은 눈을 뜨면 금방 잊어버리지만, 하루 종일 기억에서 떠나지 않고 저녁때에야 겨우 희미해져서 단편적으로 생각나는 것도 있다. 어떤 꿈은 아주 뚜렷이 기억에 남는다. 어린 시절의 꿈처럼, 그 기억이 30년 후의 오늘날에까지 최근의 경험처럼 생생하게 떠오르는 경우이다. 어떤 꿈은 단 한 번 나타나고 두 번 다시 나타나지 않으며, 어떤 꿈은 같은 사람에게 그대로, 또는 약간 변한 채로 되풀이해서 찾아온다. 한마디로 말해서, 아주 적은 이 밤중의 정신 활동은 하나의 크고 방대한 연출 목록을 마음대로 처리하고, 낮에 정신이 할 수 있는 모든 일을 실제로 할 수 있다. 그러나 결코 낮의 정신 활동과 똑같은 것은 아니다.

이와 같은 꿈의 다양성을 설명하려면, 이 다양성이 잠과 각성 사이의 여러 가지 중간 단계, 불완전한 수면의 여러 단계에 대응한다고 가정함으로써 가능하다고 생각할지도 모른다. 과연 그것도 일리가 있지만, 만약 그렇다면 마음이 차츰 각성 상태에 접근함에 따라 꿈의 가치, 내용, 선명도가 증대할 뿐 아니라 그것이 꿈이라는 인식도 차츰 확실해질 것이다. 그러므로 명료하고 합리적인 꿈의 단편과, 어이없거나 선명하지 못한 꿈의 단편이 모습을 나타내고, 그후에 다시 견실한 꿈이 나타나는 식의 일은 결코 있을 수 없다. 정신이라는 것은 그렇게 빨리 잠의 깊이를 바꾸지 못한다.

꿈과 잠과의 관계에서, 꿈이란 잠을 방해하는 자극에 대한 반응이라고 결론지었다. 앞에서 말했듯이 이것은 정밀한 실험 심리학이 도움이 된 유일한 점이다. 실험 심리학은 수면 중에 가해진 자극이 꿈으로 나타난다는 것을 증명해 주었다.

모우를리는 그와 같은 실험을 직접 자기 자신에게 해 보았다. 그는 잠들어 있는 사이에 오 드 콜로뉴의 냄새를 맡게 했다. 그 결과, 그는 카이로의 요한

마리아 파리나 상점[1]에 있는 꿈을 꾸었다. 그리고 미친 듯한 모험이 계속되었다. 그리고 그는 자신의 목을 가볍게 꼬집도록 했다. 그랬더니 어린 시절에 치료받은 적이 있는 의사의 모습이 나타났다. 그리고 다시 자신의 이마에 물 한 방울을 떨어뜨리도록 했다. 그랬더니 그는 이탈리아에서 흠뻑 땀에 젖어 오리비에토[2] 산 백포도주를 마시는 꿈을 꾸었다고 한다. 실험적으로 만들어낸 이와 같은 꿈들, 즉 '자극몽(刺戟夢, Reiztraum)'의 경우 더욱 선명하게 그 특징을 드러낸다.

뛰어난 관찰자 힐데브란트는 자명종의 벨소리에 반응한 세 가지 꿈을 다음과 같이 발표했다.

"어느 봄날 아침, 나는 한가로운 기분으로 이웃 마을까지 걸어갔다. 그때 나들이옷을 입고 찬송가 책을 옆구리에 낀 마을 사람들이 교회로 가는 것을 보았다. 오늘은 일요일이므로 아침 기도가 시작될 시간이다. 교회에 가려고 생각했으나 더웠기 때문에 교회를 둘러싼 묘지에서 좀 쉬기로 했다. 묘지에서 갖가지 묘비명을 읽고 있는 동안에, 종탑에서 울려 퍼지는 종소리가 들렸다. 잠시 후 그 소리가 너무 맑고 날카로웠으므로, 나는 잠에서 깨었다. 그 종소리는 자명종에서 나는 것이었다."

"〈제2의 자극과 꿈의 결합〉 맑게 갠 겨울날, 거리는 온통 눈으로 덮여 있다. 나는 썰매타기에 참가하기로 했는데, 오래 기다려야만 했다. 이윽고 썰매가 문 앞에 도착했다고 알려 왔다. 이제 출발 준비가 다 되었다.—모피가 깔리고 발 덮개가 걸쳐졌는데, 다소 출발이 늦어졌다. 이윽고 말의 고삐가 당겨지고, 작은 방울이 요란하게 흔들렸으며, 터키 행진곡이 힘차게 연주되기 시작했다. 그 순간 꿈에서 깨어나 보니 이것 역시 자명종의 날카로운 소리에 지

---

1 오 드 콜로뉴를 탄생시킨 G. M. 파리나의 이름을 따서 지은 가게 이름.
2 포도가 생산되는 이탈리아 중부의 도시.

나지 않았다."

"〈제3의 경우〉 십여 장의 사기 접시를 포개 든 하녀가 식당으로 통하는 복도를 걸어오는 것이 보였다. 접시들은 곧 중심을 잃고 떨어질 것 같았다. '접시가 떨어지겠다, 조심해.' 하고 내가 주의시켰다. 물론 이에 대한 대답은 평소와 마찬가지로, '저는 이런 일에 익숙하니까 염려 마세요.' 하는 정도의 것이었다. 그러나 나는 불안한 마음으로 지켜보았다. 아니나다를까, 식당의 문지방에 하녀의 발이 걸렸다. 접시들은 여지없이 떨어져 요란한 소리와 함께 박살이 나 버렸다. 그러나 곧 깨달았는데, 이 끝없이 계속되는 소리는 정말로 접시들이 깨지는 소리가 아니라, 단순히 방울소리였다. 그리고 내가 눈을 뜬 다음에 알았듯이, 이 소리는 바로 자명종에서 들려오고 있었던 것이다."

이 꿈들은 매우 재미있고 그럴듯하다. 꿈은 보통 모순되어 있는 법인데, 여기에는 모순이 전혀 섞여 있지 않다. 이 꿈들의 공통점은 결말이 항상 하나의 소리에 유래하고 있으며, 눈을 떴을 때 자명종 소리라는 것을 깨닫는다는 점이다. 이로써 어떻게 하여 꿈을 꾸게 되는가를 알 수 있을 뿐 아니라, 꿈속에 자명종이 나타나지도 않는데 자명종 소리를 다른 소리로 바꿔 놓고 있다. 이 꿈들은 수면을 방해하는 자극을 해석하고 있지만, 그 내용은 모두 다르다. 왜일까? 이에 대해서 정확한 대답은 할 수 없지만, 아마 자의적인 것 같다. 그러나 꿈을 이해하려면 꿈의 각성 자극(覺醒刺戟)을 해석하는 데 하필이면 왜 이 소리를 택했는가를 설명하지 않으면 안 된다. 즉 주어진 자극이 꿈속에 나타났다는 것은 이해하지만, 왜 그 자극이 꿈속에 꼭 이런 모습으로 나타났는지 알 수 없고, 또한 잠을 방해하는 자극의 성질로 이것을 설명할 수는 없는 것이다.

이제 여러분은 잠을 깨우는 꿈은 수면을 방해하는 외부 자극의 영향을 아는 데 가장 좋은 기회라고 생각하겠지만, 다른 부분의 꿈은 더 한층 어렵다.

실제로 꿈을 꾸면 반드시 깨는 것도 아니고, 아침이 되어 지난 밤의 꿈을 생각할 때, 수면 방해 자극을 어떻게 알 수 있는 것일까?

그 뒤, 나는 이와 같은 음향 자극을 아는 데 비로소 성공했다. 어느 날 아침 나는 티롤의 한 고원에서 교황이 죽는 꿈을 꾸고 눈을 떴다. 나는 이 꿈에 대해 설명할 수는 없었지만 나중에 아내가 "새벽녘에 시내의 모든 교회에서 요란스레 울리는 종소리를 들었어요?" 하는 것이었다. 물론 나는 그 소리를 전혀 듣지 못했다. 그러나 아내의 이 질문으로 비로소 내 꿈을 이해했다.

사실 이와 같은 자극이 자고 있는 사람에게 작용하여 꿈을 꾸게 하는 일은 얼마나 많을까? 자극이 증명되지 못할 때, 꿈이 자극에서 일어났다고 단언할 수는 없다. 꿈을 방해하는 외부 자극은 꿈의 일부를 설명하지만, 결코 꿈의 전부를 설명할 수 없다는 점을 알기 때문에 우리는 이와 같은 방면의 평가를 단념하지 않을 수 없다.

그렇다고 해서 이 학설을 완전히 포기할 것까지는 없다. 물론 무엇이 수면을 방해하고 정신을 자극하여 꿈을 꾸게 하는가는 문제가 안 된다. 그것이 만일 외부의 감각 자극이라고 할 수 없다면 외부 자극 대신 내부 기관에서 비롯되는 이른바 내장 자극이라 생각해도 좋을 것이다. 이와 같은 추측은 자연스러운 일이며, 꿈의 기원에 대한 통속적인 견해와도 일치하는 것이다. 흔히 '꿈은 오장(五臟)의 병'이라고 말한다.

그러나 한밤중에 작용한 내장 자극은 잠이 깬 뒤에는 다시 증명할 수 없기 때문에 근거가 없는 것이라고 단정해야 하는 경우가 흔히 있다. 그러나 꿈이 내장 자극에서 유래한다는 생각을 많은 경험을 통해 알 수 있다는 사실도 무시해서는 안 된다. 즉 꿈이 포함하고 있는 것은 자극의 '가공'이나 '묘사'나 또는 '해석'이라고 해도 좋은 것들이다.

꿈 연구가 셰르너는 1861년에 꿈이 내장 자극으로부터 온다는 이론을 지지하고 이를 뒷받침하는 예를 들었다. 이를테면 어떤 꿈에서 '금발머리의 상냥한 얼굴을 한 귀여운 어린아이들이 두 줄로 나란히 서서 서로 붙들고 싸우고 있었는데, 떼어 놓으면 그쳤다가 다시 싸우는 것'을 보았다. 셰르너는 여기서 두 줄의 어린아이들을 이〔齒〕라고 해석했다. 그럴듯하다. 그리고 이 싸움의 광경에 이어 '턱에서 긴 이빨을 한 개 뽑았다.'는 꿈을 꾼 데서 자신의 해석에 확신을 얻은 모양이다. '길고 좁은 꼬불꼬불한 길'을 장(腸)의 자극으로 해석하기도 한다. 또 이것은, 꿈은 자극이 나온 기관(器官)을 그 기관과 비슷한 물건으로 묘사하려고 한다는 그의 주장을 입증하고 있다.

그러므로 꿈속에서는 내부 자극이 외부 자극 같은 역할을 한다고 인정하지 않을 수 없다. 그러나 유감스럽게도 외부 자극의 경우와 마찬가지로 내부 자극의 평가에 대해서 항의가 일어난다. 대부분의 경우, 내장 자극의 해석은 불확실하며 그것을 증명할 수도 없다. 즉 내장 자극이 모든 꿈이 아니라 일부의 꿈의 발생에 관여했다고 할 수 있다. 그리하여 결국 내장 자극설도 꿈이 자극에 대한 직접적인 반응이라는 것밖에 더 이상 설명해 주지 못한다. 따라서 꿈의 나머지가 어디서 왔는지는 여전히 알지 못하는 것이다.

그러나 이와 같은 자극 작용을 연구하여 알게 된 꿈의 한 특색에 주의하자. 꿈은 받은 자극 작용을 단순히 재현하는 것뿐만 아니라 그 자극을 가공하고 채색하며 거기에 이야기를 만들어 그것을 다른 무엇으로 대치하려고 한다. 이것이 '꿈의 작업(Traumarbeit)'의 한 측면이다. 이것을 연구하면 꿈의 본질을 어느 정도 알 수 있을 것이므로 흥미있을 것이 틀림없다. 만일 어떤 사람이 어떤 자극에 의하여 무엇을 만들었다고 하더라도, 이 자극으로 작품이 다 설명되어야 할 필요는 없다.

셰익스피어의 《맥베스》는 세 나라의 왕위를 처음으로 한 사람에게 대관케 함을 축하하여 씌어진 작품이었다. 그러나 이 역사적인 계기가 극의 내용과 일치하지 않으며, 또한 이 계기로 이 극의 위대성과 신비성이 설명되지는 않는다.

이와 마찬가지로 자고 있는 사람에게 작용하는 내적, 외적 자극은 꿈을 자극하는 것(Traumanreger)에 불과하다. 그러므로 꿈의 본질은 이것에 의하여 조금도 밝혀지지 않는 것이다.

꿈의 다른 공통점, 즉 꿈의 정신 생활의 특수성은 한편으로는 이해하기 어렵고, 다른 한편으로는 더 깊이 연구하려는 단서를 주지 않는다. 대개의 경우 우리는 시각적으로 꿈을 경험한다. 이와 같은 것이 자극으로 설명될 수는 없으며, 그때 실제로 우리는 시각 자극을 경험하고 있는 것은 아니다. 또 회화(會話)의 꿈을 꾸었을 때, 수면 중에 회화나 이와 비슷한 잡음이 귀에 들어왔다는 사실 또한 증명할 수 없는 것이다.

꿈은 흔히 무의미하고, 혼란스럽고, 비합리적인 것이지만, 한편 의미심장하고, 분별 있고, 조리 있는 꿈도 있다. 후자의 의미심장한 꿈을 살펴보자. 그것은 어느 한 청년의 꿈이다.

"나는 케른트너 거리를 걷고 있다가 X씨를 만났지요. 잠시 함께 걷다가 한 식당으로 들어갔습니다. 뒤를 따라 한 신사와 두 여성이 들어와서, 내가 앉아 있는 식탁에 앉았습니다. 처음에는 좀 불쾌하더군요. 그런데 잠시 후 무심코 그들을 보니 인상이 꽤 좋은 사람들이었습니다."

그런데 이 청년은 꿈을 꾸기 전날 늘 거니는 케른트너 거리를 실제로 산책했으며, 도중에 X씨와 만났었다는 것이다. 꿈의 뒷부분은 언뜻 생각이 나지 않지만, 훨씬 전에 그와 비슷한 경험을 한 적이 있었다. 이러한 예는 일상생활에 관계 있는 사실이 되풀이된다는 것밖에 가르쳐 주고 있지 않다. 만일 이 것을 꿈에 대해서 일반적으로 적용할 수 있다면 양상이 매우 달라진다. 그러나 그런 말은 할 수 없으며, 실제로 이것은 소수의 꿈에만 적용된다. 대개의 꿈에서는 그 전날 경험과의 깊은 관계가 발견되지 않으므로 무의미하고 어이없는 꿈을 설명할 단서를 얻을 수는 없다. 그러나 여기서 우리는 또 하나의 새로운 문제에 직면한 것을 깨닫는다. 우리는 꿈이 무엇을 말하고 있는가 알고 싶을 뿐 아니라, 방금 든 예와 같이 만일 꿈이 의미를 가진다면 어째서, 무엇 때문에 우리가 이미 아는 사실이나 최근의 경험을 꿈속에서 또 다시 되풀이하는가 알고 싶은 것이다.

우리말 중에 기묘하게 들리는 '백일몽(白日夢, Tagträume)'이라는 말이 있다. 백일몽이란 공상을 말한다. 이것은 매우 일반적인 현상이며, 건강한 사람이나 병자에게서 다 볼 수 있고, 자기 자신의 경험으로도 쉽게 연구할 수 있다. 이 공상적 영상(影像)의 주목할 만한 점은 백일몽이라는 이름을 갖고 있지만, 꿈의 두 공통점과는 아무런 관계가 없다는 것이다. 즉 수면 상태와 관계가 없으므로 이름이 모순되고, 또한 꿈의 제2의 공통점에 있어서도 아무런 경험도 하지 않고, 환각도 일어나지 않으며, 단순히 마음에 무언가를 그릴 뿐이므로 꿈과 모순된다.

이 백일몽은 보고 있는 것이 아니라, 공상하는 것이며 생각하는 것이다. 이 공상의 내용은 명백한 동기를 갖고 있다. 공상 속에 나타나는 장면이나 사건 속에서는 이기주의적인 공명심, 또는 권력욕 혹은 성적인 욕망이 충족된다. 청년들에게는 대개 공명심의 공상이 가장 많고, 여성들에게는 공명심이 주로 사랑의 승리이기 때문에 에로틱한 공상이 많다. 그러나 남성들 사이에서도 에로틱한 욕구가 그 배후에 숨어 있다. 실로 모든 영웅적 행위와 성공도 결국은 여성의 감탄과 사랑을 얻는 수단이라고 할 수 있겠다.

또한 백일몽은 문예작품의 소재가 된다. 작가는 자기가 그리는 백일몽을 변형, 분식(扮飾), 삭제하여 단편이나 장편소설, 또는 희곡에 담는다. 백일몽의 주인공은 언제나 자기 자신이거나 다른 사람의 모습을 빌린 자기 자신이다. 그러므로 현실에 대한 관계가 비슷하기는 하지만, 그 내용이 꿈과 마찬가지로 현실적이 아니므로 백일몽이라고 이름 붙여진 것 같다.

자세히는 모르지만, 이들이 꿈이라는 이름을 공통으로 가지고 있는 것은 다음에 연구하려고 하는 꿈의 심리적 특징 때문일 것이다. 반면에 이들이 단지 이름이 같다는 점에 큰 의미를 두는 것은 어쩐지 부당한 느낌이 든다. 이 점에 관해서는 좀더 나중에 명백해질 것이다.

여섯 번째 강의

꿈 해석의 가설과 기법

꿈의 연구에서 한 걸음 더 나아가기 위해서는 새로운 방법이 필요하리라 생각한다. 그래서 나는 앞으로의 연구를 위한 큰 방침으로 '꿈이란 육체적 현상이 아니라 심리 현상'이라는 가설을 세우고 싶다.

이 가설이 무엇을 뜻하는지는 여러분도 알고 있을 것이다. 이 가설에는 근거는 없지만, 이렇게 가정해서는 안 된다는 이유 또한 없다. 그 까닭은 꿈이 육체적인 현상이라면 우리와 별 관계가 없으며, 꿈이 심리 현상이라는 가설 하에서만 우리의 관심을 끌게 되기 때문이다. 이 가설이 옳다는 가정하에서 어떤 결과가 나오는지 알아보기로 하자. 머잖아 우리의 연구 결과는 이 가설을 고수해도 좋은지, 혹은 단정해도 좋은지 결정해 줄 것이다.

우리가 목표로 하고 있는 것은 현상을 이해하는 일, 그 현상들 사이의 상호 관계를 입증하는 일, 가능한 한 궁극의 목적으로서 현상의 저편까지 우리의 지배력을 넓히는 일, 곧 과학 일반이 목표하고 있는 것이다.

이상의 이유로 꿈이 심리 현상이라는 가설 아래 우리는 이 연구를 계속하기로 한다. 꿈이란 꿈을 꾼 사람의 작품이며 표현이지만, 우리로서는 도무지 짐작을 할 수도 없고, 이해할 수도 없는 작품이며 표현인 것이다. 이제 여러분은 정신분석의 기법이 가능한 한 실험받는 사람 자신으로 하여금 수수께끼의 해답을 말하게 하는 방법이라는 것을 알게 되었을 것이다. 따라서 꿈을 꾼 사람이 자신의 꿈이 어떤 뜻인가를 우리에게 말해 주어야 하는 것이다.

그러나 사실 꿈의 경우는 그리 간단한 일이 아니다. 잘못의 경우와는 달리 질문받은 본인이 말하려 하지 않거나, 우리가 추측한 답에 분개하여 부인하는 일도 있다. 꿈의 경우에는 순진하게 대답하는 일이 거의 없다고 할 수 있다. 꿈을 꾼 사람은 언제나 모른다고 말한다. 그렇다면 또 연구를 단념해야 하는가? 꿈을 꾼 사람은 그 꿈에 대해서 아무것도 모르고, 우리 또한 아무것도 모르므로 이런 식으로는 도저히 해석을 할 방법이 없다. 그렇다. 만일 원한다면 연구를 포기해도 좋다. 그러나 포기하고 싶지 않다면 여러분은 나와 함께 같은 길을 가도 좋다. 나는 여러분에게 이렇게 말할 것이다. 꿈을 꾼 사람은 자기의 꿈에 어떤 의미가 있는지 알고 있다. 다만 자기가 알고 있다는 사실을 깨닫지 못할 뿐이다. 그 때문에 자기는 모르는 것으로 믿고 아예 단념해 버리는 것이라고.

제1의 가설의 결론도 내지 않았는데 제2의 가설을 내놓는다면, 선생님의 기법을 점점 믿을 수 없게 된다고 주의를 주는 사람이 있을 것이다. 그러나 꿈이 심리 현상이라는 가설과, 인간에게는 자기가 알고 있는 줄 모르면서도 알고 있는 심적 사상(心的事象)이 있다는 가설을 인정해야 한다. 이 가설에서 나오는 결론에 대해 안심하고 관심을 버리기 위해서는, 우리는 이 두 가설에 있는 거짓말 같은 점을 주목하기만 하면 된다.

내가 여러분을 여기까지 이끌어 온 것은 여러분을 속이거나 뭔가 숨기기 위해서가 아니다. 다시 말해서 여러분이 '나는 산지식을 배웠다'고 흡족해하도록 귀찮은 대목은 감추고, 결점은 덮어 두고 의문점은 얼버무려서 줄거리에 매끄러운 연결을 지을 생각은 없었다. 그렇기는커녕 여러분이 초심자인 만큼 나는 여러분에게 곤란한 점, 부족된 점, 의심스러운 점까지도 있는 그대로 우리 학문의 숨김 없는 모습을 제시하려고 한 것이다. 이런 방법은 어느 과학에서나 마찬가지이며, 특히 초심자에게는 그 이외의 길이 없다고 생각한다. 또 학문을 가르칠 때 선생은 보통 그 학문의 난점이나 불안정성을 우선 학생에게 감추려고 애쓴다는 것도 알고 있다. 그러나 정신분석에서는 그렇게 해서는 안 된다. 그러므로 우선 나는 두 가설을 내놓은 것이다.

이 문제를 계속 연구하고 싶은 여러분에게 한마디 충고해 둘 것은, 내가 내놓은 두 가설은 결코 같은 가치를 지닌 것이 아니라는 점이다.

꿈이 심리 현상이라는 제1의 가설은 우리의 연구 결과에 입각해서 입증하려고 하는 전제(前提)이다. 그리고 제2의 가설은 이미 학문의 다른 영역에서 증명된 것이며, 내가 마음대로 내 학설 속에 끌어넣은 데 불과한 것이다.

그러면 인간이 전혀 깨닫지 못하는 것이 있다는 사실은 대체 어디서, 어느 영역에서 증명되었는가? 또 어째서 우리는 꿈을 꾼 사람에게 이 사실을 가정하고자 하는가? 실로 이 가설은 주목할 만하고 경탄할 만한 것이며, 정신 생활에 대한 여태까지의 우리 견해를 바꾸게 할 만한 사실이다. 그리고 이 사실은 단지 이름만 말하면 사람들의 조소를 사지만, 그 내용은 정반대이며 진실미를 가진 실재(實在)이므로 이 사실을 숨길 필요는 전혀 없다. 사람들이 이 사실에 대해서 아무것도 모르거나 또 사람들이 이 사실을 충분히 고려하지 않는다는 것은 이 사실의 탓이 아니며, 또한 우리의 책임도 아니다.

왜냐하면 이와 같은 심리학상의 문제가 모두 이것을 확증하는 관찰과 경험으로부터 거리가 먼 사람들에 의해서 최종 판결이 내려지기 때문이다.

그 실증(實證)은 최면 현상(催眠現象)의 영역에서 이루어졌다. 1889년에 낭시[1]에서, 리에보와 베른하임[2]의 매우 인상적인 실물교시(實物敎示)에 참석했

---

1 프랑스 로렌 지방에 위치한 도시.
2 프랑스 출신의 신경정신과 의사들.

을 때, 나는 다음과 같은 실험을 보았다.

한 남자를 최면 상태에 놓아 두고, 그 상태에서 그 남자에게 환각적으로 모든 것을 경험시켰다. 그리고 잠시 후 남자는 최면에서 깨어났다. 그는 최면 중에 일어난 사건을 아무것도 모르는 것처럼 보였다. 그때 베른하임은 최면 중에 일어난 일을 즉시 말하라고 명령했다. 그는 아무것도 기억할 수 없다고 말할 뿐이었다. 그러나 베른하임은 끝까지 그를 재촉하여 당신은 틀림없이 알고 있으니 그것을 생각해 내야 한다고 그에게 확신시켰다. 그러자 이상하게도 그는 잠시 망설이더니, 먼저 그에게 암시된 경험의 하나가 그림자처럼 떠오르기 시작하고, 기억은 점점 더 선명하고 완전해져서 마침내 모든 것을 기억해 냈다.

이렇게 보면 그는 처음부터 기억을 하고 있었다는 결론을 내릴 수 있다. 다만 그는 그 기억을 자기 힘으로 어떻게 할 수 없었을 뿐이다. 그는 자기가 알고 있음을 모르고, 그것을 모른다고만 생각하고 있었던 것이다. 즉 우리가 꿈을 꾼 사람에게 가정한 사실과 동일한 것이다. 이 사실이 입증되었으므로, 여러분은 새삼 놀라서 이렇게 질문할 것이다.

'왜 잘못을 연구할 때 미리 이 증거를 내놓지 않았습니까? 잘못 말한 사람의 말 속에서 본인이 모르거나 부인하는 의도가 있음을 지적했을 때 이 증명을 언급할 수 있었을 텐데요. 어떤 사람이 그 기억을 마음속에 가지고 있음에도 불구하고 그 체험에 대해서 아무것도 모르는 줄 믿고 있다면, 그가 전혀 깨닫지 못하는 다른 정신 과정이 그의 마음속에 있다는 가설도 이제 얼마든지 있을 수 있지 않겠습니까? 방금 말한 논증은 확실히 인상적이었습니다. 만일 그 가설을 좀더 빨리 가르쳐 주셨더라면, 잘못에 대한 이해를 더 뚜렷이 할 수 있었을 텐데요.'

여러분의 말대로 나는 그때 그것을 발표할 수 있었지만, 반드시 필요로 하는 기회가 있었으므로 일부러 보류해 두었던 것이다. 잘못의 일부는 자연히 설명이 되었다. 그리고 나머지 일부의 잘못에 관한 연구에서 우리는 현상(現象)의 상호 관계를 이해하려면, 본인이 전혀 모르는 정신 과정이 있다고 가정해야 한다는 시사를 받았다. 그런데 꿈의 경우, 우리는 어떻게든 다른 영역에서 그 설명을 끌어내야 한다. 그래서 이것을 최면술로부터 꿈에 전용(轉用)하는 것을 여러분은 묵인하리라 믿는다. 여러분은 잘못이 일어나는 상태를 정상이라고 생각할 것이나, 이에 반해 최면 상태와 수면 상태와는 밀접한 관계가 있다.

실제로 최면은 인공적 수면(人工的睡眠)이라 한다. 우리는 최면술을 실시하려는 상대에게 '잠을 자시오.' 하고 말한다. 그리고 우리가 그 사람에게 주는 암시는 자연적인 수면 중의 꿈에 비교할 수가 있다. 그 심리 상태는 양자가 동일하다. 자연적인 수면에서는 외계에 대한 우리의 관심이 모두 없어지며 최면 상태 또한 그러하다. 다른 점은 암시를 주는 사람〔術者〕이 있어 피실험자는 그 술자와 라포르[3]에 있다는 것이다.

이를테면 최면 상태를 '유모(乳母)가 아기를 안고 자는 잠'에 비유해도 좋다. 이때 유모와 어린아이 사이에는 끊을 수 없는 관계(라포르)가 있고, 어린아이는 유모에 의해서만 잠을 깬다. 이 상태야말로 정상 상태에 있어서의 최면과 한 쌍을 이루는 대응물(對應物)이다.

그러므로 최면 상태에서 볼 수 있는 것을 자연적인 수면에 전용한다는 것은 결코 대담한 모험이 될 수 없다. 꿈을 꾼 사람이 자기의 꿈에 대해서 무언가 알고는 있지만, 언급하기 어려워서 스스로 알고 있다는 그 점을 자기 자신이 믿지 않을 따름이라는 가정은 전혀 근거 없는 것이 아니다. 제1은 수면을

---

3 rapport : 환자와 치료자의 감정적 결합 관계.

방해하는 자극이며, 제2는 백일몽, 그리고 제3은 최면 중에 암시된 꿈에서 새로운 길이 열려 오는 것이다.

우리는 당사자가 꿈의 의미를 말해야 한다고 요구하지는 않지만, 꿈을 꾼 사람은 자기 꿈이 어떤 근거, 어떤 사고와 관심에서 왔는가 하는 것을 발견할 수 있을 것이다. 우리는 꿈을 꾼 사람에게 그 꿈에 대해서 어떤 연상이 떠오르느냐고 질문한다. 그리고 그때 그에게 떠오른 최초의 진술이 그 꿈의 설명이라고 생각하는 것이다. 그러므로 우리는 본인이 자기 꿈에 대해서 알고 있거나 모르고 있거나 문제시하지 않고, 다만 이 두 가지 경우를 하나로서 취급하는 것이다.

이 기법은 매우 간단한데, 한 가지 걱정스러운 것은 이 기법에 대해 여러분의 비난이 가장 심할지 모른다는 점이다.

'새로운 가설, 제3의 가설은 모든 가설 중에서 가장 불확실한 가설이 아닙니까? 꿈을 꾼 사람에게 그 꿈에 대해서 어떤 연상이 떠오르느냐고 물었을 때, 최초에 떠오른 연상이 기대하는 설명이라구요? 그런데 꿈을 꾼 사람은 아무것도 연상하지 않을지도 모릅니다. 대체 어떤 연상을 믿어야 좋을까요? 어떤 연상이 이 경우에 합당한가 결정하려면 정확한 판단력이 필요하겠군요. 게다가 꿈은 '잘못'의 경우처럼 한마디의 실언이 아니라, 많은 요소로 성립되어 있습니다. 그렇다면 대체 어떤 연상을 믿어야 하는 것입니까?'

여러분의 말은 모두 옳다. 꿈이 많은 요소로 성립되어 있다는 점에서도, 꿈과 잘못은 전혀 다르다. 그래서 꿈을 각 요소로 분해해서 그것을 각각 연구하자고 제안하고 싶다. 그러면 잘못 말하기에서 한 것과 같은 방법이 그대로 사용될 수 있을 것이다. 그리고 꿈의 각 요소에 대해서 질문을 받은 사람이 아무 연상도 떠오르지 않는다고 대답할지 모른다는 점에서도 여러분의 말은 당연하다. 우리도 때로는 연상이 떠오르지 않는다는 대답을 듣는 일이 있는데,

이 설명은 나중에 하기로 한다. 아무튼 우리가 특정한 연상을 끌어낼 수 있는 경우가 있다는 것은 주목할 만하다.

그러나 일반적으로 말하면, 꿈을 꾼 사람이 아무 연상도 떠오르지 않는다고 주장할 때는 과연 이쪽 말이 사실이라고 수긍하도록 유도해야 될 것이다. 그러면 그는 거기에 대해서 무언가 한 가지 연상을 끌어낼 것이다. 그것이 무엇이든 상관없다. 우리가 역사적이라고 불러도 좋은 보고라면, 특히 회상하기 쉬울 것이다. 그는 말한다. 앞에서 말한 조리 있는 꿈의 예처럼 '얼마 전에 있었던 일 같은 기분이 드네요.' 라고. 그리하여 꿈은 우리가 처음 생각한 이상으로 전날의 인상과 관계가 있다는 것을 깨닫는다. 마침내 그는 그 꿈을 출발점으로 하여 훨씬 전에 일어난, 때로는 거의 과거에 묻혀 있던 경험까지도 생각해 내게 된다.

그러나 여러분은 한 가지 중요한 것을 착각하고 있다. 꿈을 꾼 사람의 최초의 연상이 바로 구하는 것에 설명을 주거나, 아니면 실마리를 가져다 줄 것이 틀림없다든가, 연상은 오히려 아주 임의의 것이어서 구하는 바와 아무런 관계도 없다는 등의 생각을 한다면 큰 잘못을 범하는 것이 된다. 꿈을 꾼 사람에게 잘못했을 때 떠오르는 연상은 단 하나이며, 그 외에 다른 연상은 없다는 것을 사실로서 인정하는 것이 좋겠다. 이와 같이 하여 떠오른 연상은 결코 쓸모없는 것도 아니고 막연한 것도 아니며, 또한 우리가 구하는 것과 관계 없는 것이 아님을 증명할 수 있다. 또한 실험 심리학에서도 최근에 이와 마찬가지 것을 증명했다는 이야기를 들었다.

지금부터 논하는 문제는 중요하므로, 여러분은 특별히 주의를 기울여 주기 바란다. 누구에게 꿈의 어떤 요소에 대해서 무엇을 연상하는지 말해 달라고 요구할 때, 나는 '출발점이 되는 관념에 마음을 집중시켜 떠오르는 자유 연상(自由聯想)에 마음을 두기 바란다.' 고 그 사람에게 요구한다. 그러기 위해서는 깊이 생각하는 태도를 배제하는 데 특별한 주의가 필요하다. 많은 사람들은 이와 같은 태도를 쉽게 취하지만, 익숙하지 않은 태도를 보이는 사람도 있다. 고유명사나 숫자를 자유로이 연상시켜서 연상의 성질과 종류를 한정한다면 연상의 자유도(自由度)는 극도로 높아진다. 이때의 연상은 꿈의 연구에 사용된 연상보다 훨씬 자의적이며 예측하기 어려운 듯이 보인다. 그런데 이때 떠오르는 연상은 '잘못'의 원인인 방해하는 의도나 우발적인 행동을 유발하는 의도와 같이 연상이 작용하는 순간에는 드러나지 않은 마음속의 중대한 내적 경향에 의해서 엄밀히 규정된다.

나와 의견을 같이하는 많은 사람들은 출발점으로서 숫자나 이름을 마음대로 연상시키는 연구를 계속하여 그 중 두세 가지를 발표했는데, 그 방법은 떠오른 이름을 출발점으로 하여 연상의 흐름이 움직이기 시작한다는 것이다. 그러므로 이런 연상은 이미 완전히 자유로운 것이 아니며, 마치 꿈의 요소에 대한 연상에 묶여 있듯이 묶여 있는 것이다. 그리고 이 연상의 흐름은 처음에 일어난 자극이 끊어질 때까지 계속되며, 또 이름에 대한 자유 연상의 동기와 의의를 설명해 준다. 이렇게 몇 번을 되풀이해도 실험 결과는 같으며, 피실험자의 보고는 대개 충분한 재료를 포함하고 있어서, 다시 세밀한 점까지 연구하지 않으면 안 될 정도이다.

이런 주제를 연상하게 되는 예를 한 가지만 들기로 한다.

한 청년을 치료하는 동안에 나는 우연히 이 문제에 대해 언급하여, 언뜻 보기에는 선택의 자유가 있을 것 같으나 실은 연상된 이름이 모두 피실험자와 매우 가까운 사이거나, 피실험자의 사정, 특징 및 순간의 상황에 몹시 제한되어 있음이 확실하다는 이야기를 해 주었다. 그러자 그 청년은 당장 자신에 대해서 실험해 보지 않겠느냐고 제안했다. 나는 이 청년이 특히 유부녀나 처녀들과 여러 가지 불미스러운 관계를 맺고 있다는 것을 알고 있었으므로, 그가 만일 여성의 이름을 하나만 연상하면, 교제하고 있는 그 많은 여성들의 이름을 잇달아 끌어낼 수 있을 것이라고 말했다. 청년은 이 제안에 동의했다. 그러나 결과는 놀랍게도 청년은 여성의 이름을 한참 동안 기억하지 못했다. 이윽고 천천히 "겨우 하나가 생각났어요. 그것은 알비네라는 이름입니다. 그밖엔 없습니다." 하고 고백했다. "이상한 일이군. 몇 사람이 알비네라는 여성을 알고 있나?" 이상하게도 청년은 알비네라는 여성을 알지 못했다. 그렇기 때문에 이 이름에서 아무런 연상도 떠오르지 않았다.

여러분은 분석이 실패로 끝났다고 생각할지 모르지만, 실은 그렇지 않다. 분석은 성공했다. 청년은 보기 드물게 흰 얼굴을 소유하고 있었다. 나는 치료 중에 몇 번이나 그를 아비노[4]라며 놀려 줄 정도였다. 그때 우리는 이 청년의 체질에 혹시 여성적인 요소는 없을까 하는 연구에 몰두하고 있었는데, 그 가정은 대체로 사실로 나타났다. 요컨대 그 자신이 바로 알비네였던 것이다. 그 당시에 가장 그의 흥미를 끌고 있던 여성은 알비네, 즉 바로 그 자신이었던 것이다.

이와 마찬가지로 갑자기 머리 속에 떠오르는 멜로디로 어떤 관념의 흐름에 의해서 규정되며, 거기에 종속되어 있다. 그리고 본인은 그 흐름의 활동을 깨닫지 못하고 있지만, 어떤 이유로 해서 그의 마음을 차지하고 있는 것이다. 갑자기 떠오른 멜로디는 그 멜로디에 붙어 있는 가사나, 그 노래의 유래와 깊은 관계가 있다는 것을 쉽게 증명할 수 있다. 그러나 나는 이 주장을 천성적으로 음악을 좋아하는 사람에게까지 적용하는 것을 삼가고 있다. 왜냐하면 그런 사람에게서는 재료를 얻을 기회가 전혀 없었기 때문이다.

나는 어느 청년에게서 다음과 같은 이야기를 들은 적이 있다. 그 청년은

---

4 피부가 희다는 뜻의 스페인 어.

《아름다운 헬레네》의 일절인 〈파리스의 노래〉라는 기분 좋은 멜로디가 한참 동안 머리에서 떠나지 않았던 때가 있었다. 이를 분석해 보니, 그 당시 그의 관심 속에서는 '이데'와 '헬레네'가 다투고 있었던 것이다(헬레네는 그리스 신화에 등장하는 전설의 미녀. 파리스와 이데도 그리스 신화의 인물들이다).

그러므로 자유로이 떠오른 연상이 이와 같이 규정되어, 일정한 연쇄를 이루어서 배열되어 있다면, 연상은 적어도 하나의 구속에 의해, 즉 출발점이 된 하나의 관념에 의하여 반드시 엄밀히 규정되어 있다는 결론을 얻을 수 있다.

실험 결과에 의하면 각 연상은 관념에 단단히 종속되어 있을 뿐 아니라, 그 순간은 깨닫지 못하는 무의식 속에 강하게 작용하는 감정을 수반한 관념과 관심의 영역 곧 콤플렉스(Komplex)에 종속하고 있다는 것을 실제로 알 수 있다.

이와 같은 연상은 정신분석의 역사상 주목할 만한 유익한 실험 연구의 주제이며, 이 연구는 중요한 한 단락이었다.

분트 학파(學派)가 이른바 '연상 실험(聯想實驗)'을 창시했다. 이 실험에서 피실험자는 자기에게 주어진 '자극어(刺戟語)'에 대해 재빨리 임의의 '반응어(反應語)'로 대답하라는 요구를 받게 된다. 이와 같이 해서 자극과 반응 사이에 소요되는 시간, 반응으로서 나온 대답의 성질, 그리고 나중에 동일하거나 유사한 실험을 되풀이했을 경우에 생기는 오차 등이 연구되었다.

블로일러와 융을 주축으로 하는 취리히 학파는 연상 실험에서 나타나는 반응을 설명했다. 즉 이와 같이 하여 나온 연상에 대해서 무언가 특수한 점이 있으면 설명해 달라고 피실험자에게 부탁했다. 그 결과, 이 반응은 피실험자의 콤플렉스에 의해서 엄밀히 규정되어 있다는 것을 알았다.

이렇게 하여 블로일러와 융은 실험심리학과 정신분석학 사이에 처음으로 다리를 놓은 것이다.

이와 같은 이야기를 들으면 여러분은 다음과 같이 말할지도 모른다.

'우리는 자유 연상이 규정되어 있다는 것, 자유 연상이 지금까지 믿고 있던 것만큼 자의적인 것이 아니라는 사실을 알았습니다. 꿈의 요소에 대한 연상의 경우에도 이런 사실을 인정할 수 있겠지만, 우리가 지금 문제로 삼고 있는 것은 이 점이 아닙니다. 선생님은 꿈의 요소에 대한 연상은 우리가 모르는 것으로 이 꿈의 요소에 대응하고 있는 심리적 배경에 의해서 규정되고 있다고 주장하셨으나, 이에 대해서는 증명된 것이 없습니다. 꿈의 요소에 대한 연상이 꿈을 꾼 사람의 콤플렉스의 하나에 의해서 규정되어 있다는 증명은 이미 예상하고 있었지만, 그런 것을 알아봐야 꿈을 더 잘 이해할 수 있게 된다고는 생각되지 않습니다. 단지 연상 실험과 콤플렉스의 지식을 배웠을 뿐입니다. 그렇다면 이 콤플렉스와 꿈과는 어떠한 관계가 있습니까?'

나는 그 점을 생각했기 때문에 연상 실험을 이 문제의 출발점으로 선택하기를 보류했던 것이다. 이 실험에 있어서 반응을 결정하는 하나의 결정물, 즉 자극어는 우리가 임의로 고른 것이다.

꿈에서는 꿈꾸는 사람의 정신 생활에서 유도된 어떤 요소가 자극어가 되므로 그 자체가 하나의 '콤플렉스의 유도체(誘導體, Komplex-abkömmling)'가 될 수 있는 것이다.

그러므로 꿈의 요소와 결합하고 있어 잇따라 떠오르는 많은 연상은 꿈의 그 요소 자체를 만들어 낸 콤플렉스에 의해서만 규정되어 있고, 또 그 연상에서 콤플렉스를 발견할 수 있다는 것도 전혀 터무니없는 것은 아니다.

이것은 꿈의 경우에도 해당된다는 것을 다른 것을 통해서 증명하겠다.

꿈의 분석에도 이용할 수 있는 훌륭한 본보기로는 고유명사 망각이 있다. 다만 망각의 경우는 한 명의 인간이 관계하고 있지만, 꿈의 분석에서는 두 사람이 관계하고 있는 것만이 다르다. 내가 어떤 이름을 잠깐 잊었다 해도 나는 내심으로는 그 이름을 알고 있다는 확신을 가질 수 있다. 아무리 열심히 생각해 보아도 생각이 나지 않는다는 이러한 사실은 경험을 통해 누구나 잘 알고 있는 사실일 것이다.

그러나 잊어버린 이름 대신에 하나 혹은 많은 대리명(代理名)을 언제라도 연상할 수는 있다. 만일 그와 같은 대리명이 자연히 내 머리에 떠올랐을 때, 비로소 이 상태와 꿈의 분석의 상태가 일치하게 된다.

꿈의 요소는 결코 진짜가 아니며, 어떤 것의 대용물, 즉 내가 모르는 꿈을 분석해서 발견될 본래 것의 대용물에 지나지 않는다. 이름의 망각에서는 그 대용물이 본래의 것이 아님을 곧 인정할 수 있지만, 꿈의 요소가 본래의 것이 아니라는 사실은 고생 끝에 비로소 얻을 수 있는 것이 양자의 구별법이다.

그런데 이름을 잊었을 때라도 잊어버린 이름에 도달하는 길이 있다. 그것은 이 대용물에 주의를 집중하여 그 대리명을 출발점으로 해서 잇따라 연상을 시도하면, 어떤 때는 짧고 어떤 때는 긴 우회를 거듭한 끝에 그 잊어버린 이름에 도달할 수 있다. 그리고 자연히 머리에 떠오른 대리명은 잊어버린 이름과 관계가 있고, 그 잊어버린 이름에 의해서 규정되어 있음을 깨닫게 될 것이다.

이런 종류의 분석을 한 가지 들겠다. 어느 날 나는 몬테카를로를 중심지로 삼는 리비에라 연안에 있는 작은 나라의 이름이 생각나지 않아 초조했지만 어쩔 수가 없었다. 나는 그 나라에 대해서 내가 알고 있는 모든 것을 떠올려 보았다. 르시니앙 가(家)의 알베르 왕, 그 왕의 결혼, 그 왕이 해양 연구에 흥미를 갖고 있다는 것, 그밖에 그에 대해서 내가 생각할 수 있는 것을 모두 생각해 보았으나 결국 아무 소용도 없었다. 그래서 나는 생각하는 것을 그만두고 잊어버린 이름 대신 대리명을 연상해 보았다.

그 연상은 금방 나왔다. 먼저 몬테카를로, 그리고 피에몽, 알바니아, 몬테

비데오, 콜리코 등이었다. 알바니아는 제일 처음 주의를 끌었는데, 흰색과 검은색의 대조에 의해서인지, 금방 몬테네그로로 바뀌었다. 이어 나는 이 네 가지 대리명이 모두 '몬'이라는 철자를 갖고 있음을 깨달았다. 그때 별안간 잊어버렸던 이름이 생각났는데, 그것은 바로 '모나코'였던 것이다. 요컨대 이들 대리명들은 실제는 잊어버린 이름에서 나왔던 것이다.

처음의 네 가지 이름은 몬(mon)이라는 첫 철자에서 왔고, 다섯 번째는 철자의 순서와 코(co)라는 마지막 철자를 주었다. 그때 우연히 나는 모나코라는 이름을 잊어버린 이유를 깨달았다. 모나코는 독일 뮌헨의 이탈리아 이름이었으며, 그 뮌헨이 방해자로 작용하고 있었던 것이다.

이 예는 훌륭하지만 너무 간단하므로 다른 예를 하나 더 들기로 한다. 어느 날, 한 외국인이 이탈리아 포도주를 대접하겠다고 초대했다.

그런데 함께 술집에 갔을 때, 그 사람은 즐거운 추억이 있어서 주문하려고 했던 포도주의 이름을 그만 잊어버린 것이다. 그래서 나는 그 잊어버린 이름 대신 여러 대리명을 잇따라 연상시키는 동안에 헤트비히라는 사람에 대한 생각이, 그로 하여금 포도주의 이름을 잊어버리게 했다는 것을 알았다. 그리고 실제로 그 사람은 이 포도주를 헤트비히라는 여자의 집에서 처음 마셨다고 이야기했을 뿐만 아니라, 이 헤트비히의 이름에서 잊어버린 술 이름이 생각났다. 그녀는 그 당시 신혼의 달콤한 생활에 젖어 있었으며, 헤트비히라는 이름은 그가 생각하고 싶지 않은 과거의 사람이었던 것이다.

잊어버린 이름의 경우에 있을 수 있는 일은 꿈의 해석에서도 있을 수 있을 것이다. 즉 거기에 얽히는 연상을 더듬어 나가면 마침내 본래의 것에 도달할 수 있다는 것이다. 이름의 망각의 실례에 따라서, 꿈의 요소에서 떠오른 연상은 그 꿈의 요소뿐 아니라 무의식적 본질에 의해 규정되어 있다고 가정할 수 있다.

일곱 번째 강의

꿈의 현재내용과 잠재의식

잘못에 관한 연구에 의해 우리는 두 가지 수확을 얻었다. 첫째로 꿈의 요소에 대한 견해와 둘째로 꿈의 해석에 관한 기법이다. 꿈의 요소란 결코 본래의 것이 아니라, 마치 '잘못'의 의도처럼 꿈을 꾼 사람의 마음 속에 그것이 존재하기는 하지만 알기 어려운 것의 대용물이라는 것이다. 우리는 이와 같은 요소로 성립되어 있는 모든 꿈에 똑같은 견해가 적용될 수 있다고 생각한다. 다음으로 우리의 기법의 본질은 꿈의 요소들에 대한 자유 연상에 의하여 다른 대용관념(代用觀念)을 떠오르게 해서, 그 관념으로부터 숨겨진 어떤 것을 추측하는 것이다.

우리의 이야기를 원활하게 진행시키기 위하여 현재 쓰고 있는 술어를 변경시킬 것을 제의한다. 숨겨져 있다거나 알기 어려운 것이라거나 혹은 본래의 것이 아니라고 말하는 대신, 더 정확하게 기술하기 위해서 '꿈을 꾼 사람의 의식에는 이르지 않는 것이다' 혹은 '무의식적이다'라는 말을 사용하기로 한다. 잊어버린 말이나 잘못의 경우, 방해하는 의도라고 말하는 대신, '무의식적'이었다고 바꾸어 말하는 것뿐이다. 이에 반해서 꿈의 요소 그 자체와, 연상에 의해서 얻어진 대용관념은 '의식적'이라고 부르는 것이다. 이 술어에는 아직 이론적인 뒷받침은 없다. 적절하고 쉽게 이해할 수 있는 술어로서, 이 무의식이라는 말을 사용하는 데에는 이의가 없을 것이다.

개개의 꿈의 요소에 대한 우리의 견해를 꿈 일반에 확대시키면 꿈이란 어떤 다른 것, 즉 무의식의 왜곡된 대용물이며, 이 무의식을 발견하는 것이 바로 꿈을 해석하는 과제가 된다. 그런데 꿈의 해석을 연구하는 동안에 반드시 지켜야 할 세 가지 규칙이 있다.

1) 합리적이거나, 불합리적이거나, 선명하거나 결코 꿈의 표면적인 뜻에 관여해서는 안 된다. 왜냐하면 그 표면적인 뜻은 결코 우리가 찾고자 하는 무의식이 아니기 때문이다.

2) 꿈의 어떤 요소이건 그 대용관념이 떠오르도록 연구의 초점을 모아야지 대용관념을 깊이 생각하거나 대용관념이 적절한 것을 포함하고 있는지의 여부를 음미하거나, 대용관념과 꿈의 요소가 서로 관계가 멀더라도 관여할 필요는 없다.

3) 우리가 목적하는 숨은 무의식이 저절로 드러날 때까지 기다리지 않으면 안 된다.

우리는 남의 꿈과 마찬가지로 자기의 꿈도 해석할 수 있다. 자기의 꿈이라면 더 배우는 바가 많고, 그 과정에 수긍되는 점이 많다. 이와 같은 방법으로 실험을 진행시키면 이 해석의 작업에 대해서 그 무언가가 반항하고 있다는 것을 깨달을 것이다. 물론 연상이 떠오르지만 그 나타난 연상의 전부를 우리는 그대로 받아들이려 하지 않고 그 연상을 음미하여 그 속에서 선택하고 싶어진다. 하나의 연상이 떠오르면 '이것은 적절하지 않다. 아니, 방향이 다르다'. 제2의 연상이 떠오르면 '이것은 너무나 어이없다'. 제3의 연상이 떠오르면 '이것은 완전히 겨냥이 빗나갔다'고 불평하며, 연상이 아직 뚜렷해지기도 전에 이미 연상을 다 묵살해 버리고 마침내 떠오르지 않도록 만드는 것이다.

이러한 까닭은 출발점이 되는 관념, 즉 꿈의 요소에 지나치게 구애되기 때문이며, 또 한편에서는 제멋대로의 선택으로 자유 연상의 결과를 엉망으로 만들어 버리기 때문이다. 자기 꿈의 해석을 자신이 하지 않고 남에게 맡기면 떠오른 연상을 자기에게 유리하도록 선택시키는 동기가 무엇인지 매우 뚜렷이 알 수 있다. 대개의 경우에는 흔히 이렇게 말한다. "이 연상은 너무 불쾌해서 입 밖에 낼 기분이 아닙니다."

이와 같은 항변은 분명히 우리 연구의 앞길을 막는 것이다. 사람은 이런 반대의 목소리를 경계해야 하며, 또한 그 반대의 소리에 결코 개의치 않겠다고 결심하고 자기의 꿈을 해석하지 않으면 안 된다. 남의 꿈을 해석할 때 '이 연상은 그다지 중요하지 않다, 너무나 어이없다, 방향이 다르다, 이런 것은 남에게 말하기에 난처하다'고 하는 이 네 가지 반대의 소리 중 어느 하나가 마음에 남더라도 떠오른 연상은 무엇이든 정직하게 말하지 않으면 안 된다는 규칙을 알려준 다음 분석을 시작해야 한다.

책을 읽게 하거나 강연에 데려가 이론적으로 납득시켜서 자유 연상에 대한 우리의 의견을 믿게 시켜야 한다고 생각할지 모른다. 그러나 가장 확신을 가져야 할 자신조차 어떤 종류의 연상에 대해서는 비판적 항의를 하다가도 나중에는 마치 제2심처럼 그 항의를 제거할 수 있다는 것을 생각하면 이것은 아주 쓸데없는 일이며, 할 필요가 없다는 것을 알게 된다.

꿈을 꾼 사람이 말을 따르지 않는다고 못마땅해 할 필요는 없다. 꿈을 꾼 사람이 예비 지식이 없으면 없을수록 그에게서 중요한 것을 배울 수 있다. 꿈의 해석이란 이에 반항하는 하나의 저항을 어기고 행하여지는 것이며, 비판적 항의는 이 저항의 표현이라는 것을 알 수 있다. 이 저항은 꿈을 꾼 사람이 아무리 이론에 밝더라도 그 확신과는 상관없이 일어나며, 경험으로 이런 종류의 비판적 항의는 결코 옳지 않은 것임을 안다. 오히려 이런 식으로 억제하려는 연상이야말로 가장 중요한 것이며, 무의식의 발견에 결정적인 요소가 되는 것임을 알 수 있다. 만일 연상에 이와 같은 항의가 수반된다면, 이 연상이야말로 주목할 만한 것이다.

이 저항은 극히 새로운 것이며, 우리의 가설에 의해 발전한 연상이다. 꿈의 요소라는 대용물에서 숨겨진 무의식으로 돌입하려고 하면 저항에 부닥칠 것은 당연한 일이다. 그러므로 이 대용물 이면에 무언가 중요한 의미가 숨어 있다고 생각해도 좋다. 만일 어린이가 손에 꽉 쥐고 있는 물건을 보이려 하지 않는다면, 그 손에는 가져서 안 될 것을 가지고 있는 것이다.

우리는 저항하는 역학적(力學的) 관념을 끌어 넣는 순간에 이 저항이라는 인자가 양적(量的)으로 차이가 있다는 것을 알 수 있다. 즉 큰 저항과 작은 저항이 있으며, 우리의 연구 중에도 이와 같은 대소의 차이는 나타난다는 것이다. 꿈의 요소로부터 그 배후에 있는 무의식으로 들어가려면 한 가지나 두세 가지 연상만으로도 충분한 경우가 있지만, 때로는 수많은 연상의 연쇄를 더듬고 많은 비판적 항의를 극복해야 할 때도 있다. 나는 그와 같은 차이가 저항이 크기 때문에 나타난다고 말하고 싶다. 저항이 작을 때는 무의식과 대용물의 거리가 짧지만, 저항이 클 때는 무의식의 왜곡도 크고, 또한 대용물에서 무의식까지의 거리도 길다.

어떤 꿈을 골라서 그 꿈에 우리의 기법을 시험하고, 이에 대한 지금까지의 기대가 충족되는지를 살펴보는 것은 지금이 가장 알맞은 때이다. 그렇다, 어떤 꿈을 고르면 좋겠는가? 이 결정이 얼마나 어려운 일인가, 여러분은 도저히 상상도 못할 것이다. 물론 왜곡을 받지 않는 꿈이 분명히 있을 것이다. 그런 꿈을 먼저 분석하는 것이 제일 좋지만 대체 어떤 꿈이 왜곡이 심하지 않은 것인가? 만일 내가 마음대로 꿈을 고를 수 있다면 여러분은 아마 매우 실망할 것이다.

각각의 꿈이 갖는 요소에 대해서 떠오른 많은 연상을 모두 관찰하거나 기록하다 보면, 해석이라는 작업을 한눈에 볼 수 없게 된다. 꿈을 적어 두고, 그 꿈에 대해서 떠오른 연상을 모조리 기록하여 비교해 보면, 그 연상이 원래 꿈의 몇 배나 된다. 그러므로 짧은 꿈을 몇 개 골라서 분석하는 것이 가장 목적에 맞는다. 어디에 그리 왜곡되지 않은 꿈이 있을까?

그런데 나는 우리 앞길에 문제를 쉽게 만드는 다른 방법이 있다는 것을 알고 있다. 즉 꿈 전체를 해석하는 대신 해석을 꿈의 개개 요소에 한정시키는 것이다. 그리고 우리의 기법을 응용하면 어떻게 꿈이 설명되는가 실례를 쫓아서 설명해 보기로 하자.

1) 어떤 부인의 꿈인데, 그녀는 어릴 때 하느님이 뾰족한 종이 모자를 쓰고 있는 꿈을 몇 번이나 꾸었다고 했다. 그것은 정말 어이없게 여겨질 것이다. 그러나 부인의 이야기를 들으면 그리 터무니없지는 않다. 이 부인은 어릴 때 식탁에 앉을 때는 누군가 가족이 꼭 그런 모자를 씌워 주었다는 것이다. 왜냐하면 그녀는 형제들 중 자기 것보다 더 많이 담겨져 있는 음식을 찾아보는 버릇이 있었기 때문이었다. 이 모자는 분명히 달리는 말이 곁눈질을 못하게 하는 눈가리개용이었던 것이다.

아주 쉽게 이 꿈의 역사적 유래가 알려진 셈이다. 꿈을 꾼 부인에게 잇따라 떠오른 연상을 말하게 함으로써, 이 요소의 해석과 함께 이 짧은 꿈 전체의 해석이 쉬워진다. "하느님은 전지전능하다고 합니다. 하느님처럼, 아무리 가족들이 못하게 해도 나는 모든 것을 알고, 모든 것을 볼 수 있다는 것을 그 꿈은 뜻하고 있었을 것입니다." 하고 부인은 말했다. 이 실례는 너무 단순하다.

2) 의심이 많은 한 여자 환자가 매우 긴 꿈을 꾸었다. 그 꿈속에서 어떤 사람이 내가 쓴 기지(機智)에 관한 책을 그녀에게 이야기해 주면서 매우 칭찬했

다. 그리고 화제가 '운하(運河)'에 관한 것으로 바뀌었다.

여러분은 이 '운하'라는 꿈의 요소가 너무나 막연해서, 해석할 수 없다고 말할지 모른다. 그 여자 환자는 운하에 관해서 전혀 연상이 떠오르지 않는다고 말한다. 나도 물론 운하에 대해서 무어라 말할 수 없는 것이 당연하다. 그이튿날, 그녀에게 그 꿈과 관계가 있을 만한 연상이 떠올랐다. 이 연상은 누가 그녀에게 이야기했다는 기지와도 관계가 있었다.

"도버와 칼레 사이의 배 안에서 어떤 유명한 저술가가 한 영국인과 이야기를 하고 있었어요. 그때 영국인이 무슨 말끝에, 'Du sublime au ridicule il n'y a qu'un pas〔장엄(莊嚴)과 골계(滑稽) 사이는 겨울 한 걸음 차이이다〕.'라는 문구를 인용했습니다. 그러자 저술가는 즉시 'Qui, le pas de Calais(그렇군요. 칼레로부터는 한 걸음이지요).' 하고 대답했어요. 저술가는 이 대답으로 프랑스 인은 엄숙하고 영국인은 익살스럽다는 것을 암시하려고 했던 거예요. 하지만, 'Pas de Calais'라는 것은 칼레에서 한 걸음(Pas는 '한 걸음' 또는 '해협'이라는 뜻을 가졌다)이라는 뜻도 있으나 역시 하나의 운하, 즉 칼레 해협(도버 해협)도 되는 것이죠."

그런데 이 연상이 지금의 꿈과 어떤 관계가 있느냐고 여러분은 묻겠지만, 이 연상은 수수께끼 같은 이 꿈의 요소에 대한 해답이 된다. 혹은 여러분은 이 우스운 이야기는 꿈을 꾸기 전부터 존재하고 있었으며, 기지가 '운하'라는 요소 속에 있는 무의식적인 관념이라는 것을 의심하겠는가? 연상은 그녀가 표면으로는 언제나 감탄하지만, 뒤에서는 반드시 의심이 숨어 있다는 것을 나타내고 있다.

그리고 이 저항은 다음 두 가지의 공통된 원인으로 작용한다. 하나는 그녀에게 연상이 떠오르는 것을 막고, 둘째 그에 대응하는 꿈의 요소를 그와 같이 몽롱하게 만들었다. 꿈의 요소는 마치 이 무의식의 한 조각과 같은 것이며,

이 무의식에 대한 암시이다. 그러므로 꿈의 요소와 무의식을 떼어 놓으면 꿈의 요소는 전혀 이해할 수 없는 것이 되어 버린다.

3) 한 환자가 긴 꿈을 꾸었는데, 그 일부는 이렇다. 특별한 모양의 테이블 (Tisch) 주위에 가족들이 앉아 있었다. 이 테이블을 보니 예전에 어느 가정에서 그와 비슷한 가구를 보았던 기억이 났다. 그 가정에서는 아버지와 아들 사이에 특별한 관계가 있었다는 것이 생각났으며, 곧 자기와 자기 아버지 사이에도 그와 비슷한 관계가 있음이 생각났다. 즉 테이블은 이러한 관계를 나타내기 위해서 꿈속에 나타났었던 것이다.

이 환자는 이미 오래 전부터 꿈의 해석에 관한 학설을 믿고 있었다고 한다. 그렇지 않다면, 테이블의 모양이라는 하찮은 것을 연구 주제로 삼는 일은 하지 않았을 것이다. 이처럼 보잘것없고 사소한 현상에서도 꿈을 설명할 수 있는 것이다. 꿈의 작업은 '우리의 관계도 그들의 관계와 같다' 라는 생각을 나타내기 위해서 테이블을 택했다고 말한다. 여러분은 아마 놀라겠지만, 그 환자의 가명(家名)이 티쉴러(Tischler : Tisch＝table)임을 알면 이해가 빠를 것이다. 그는 꿈속에서 자기 가족들을 이 테이블 주위에 앉힘으로써, 자기의 가정도 티쉴러 가와 같다는 것을 표현하고 있는 것이다. 여러분은 꿈의 이와 같은 해석은 비밀이 드러나게 한다고 생각할 것이다. 따라서 실례를 고르기가 어렵다고 앞에서 말한 이유를 짐작할 수 있을 것이다.

여기서 나는 앞에서도 가능하면 사용하고 싶었던 두 개의 술어를 소개하기로 한다. 꿈이 이야기하는 것을 꿈의 현재내용(顯在內容, manifester Trauminhalt)이라고 부르고, 연상함으로써 나타나는 감추어진 것을 꿈의 잠재의식(潛在意識, latente Traumegedanken)이라 부르고 싶다. 그리하여 앞의 실례로도 알 수 있듯이, 지금부터는 현재내용과 잠재의식의 관계에 대해 생각해 보자.

이 관계는 매우 다양하다. 예1과 예2에서는 현재요소가 잠재의식의 한 성분이거나 일부에 지나지 않았다. 꿈의 무의식적인 관념 속에 있는 커다란 조립된 정신의 구조물(構造物)로부터 극히 일부분이 그 단편처럼, 또는 그 암시처럼, 암호처럼, 생략된 전문(電文)처럼, 현재(顯在)된 꿈속에 모습을 나타낸다. 해석하는 일이란, 이 단편이나 암시를 제3의 예에서 성공한 것처럼 완전한 것으로 만드는 일이다. 그러므로 꿈의 작업의 본질인 일종의 왜곡은 하나의 단편, 혹은 하나의 암시에 의한 하나의 대치 과정(代置過程)인 것이다. 여러분은 우리가 다음의 몇 가지 예에서 간결하고 명쾌하게 설명하고자 하는 현재내용과 잠재의식의 다른 관계를 앞의 제3의 예에서도 볼 수 있을 것이다.

4) 한 남자가 아는 여자를 침대 뒤에서 '끌어내는' 꿈을 꾸었다. 그는 첫 연상에 의해서 스스로 이 꿈의 요소의 뜻을 발견했다. 즉 이 꿈은 자기가 좋아하는 그 여자를 발탁한다거나 또는 선택한다는 뜻이다.

5) 어떤 사람이 꿈을 꾸었다. '산에 올라가는 동안 먼 곳의 경치를 전망할 수 있었다.' 이것은 매우 합리적인 꿈이며, 특별한 해석이 필요 없을 것 같다. 그리하여 이 꿈이 어떤 과정에 입각하여 어떤 동기로 환기되었는가를 찾아내면 된다. 그러나 이 생각은 잘못된 것이다. 이 꿈이야말로 혼란된 꿈 이상으로 해석이 필요하다는 것을 알 수 있다. 즉 꿈을 꾼 사람은 등산에 관한 연상을 전혀 떠올릴 수 없었다. 그 대신 이 꿈을 꾼 사람의 친지가 동양과 서양의 관계를 연구하는 《전망》의 발행자와 동일시하고 있는 것이다.

여러분은 이러한 예에서, 꿈의 현재요소와 잠재요소의 관계에 하나의 새로운 유형이 나타나는 것을 알게 될 것이다.

현재요소는 잠재요소가 왜곡된 것이라기보다 잠재요소를 조형적(造形的),

구체적으로 형상화한 것이다. 그리고 그것은 발음 관계에 유래하고 있다. 물론 이 때문에 다시 한 번 왜곡이 나타난다. 우리는 그 말이 구체적인 형상에서 발생했다는 것을 오랫동안 잊어버리고 있었다. 그러므로 말이 형상에 대치되었을 때는 그 형상의 뜻을 알지 못한다. 대개의 현재된 꿈이 주로 시각상(視覺像)에 성립되어 있고, 관념이나 언어로 성립되는 경우가 거의 없다는 것을 생각하면, 여러분은 현재몽과 잠재의식의 이와 같은 관계가 꿈의 형성에 특히 중요한 의미를 가진다는 것을 알 수 있을 것이다.

여러분은 또 이와 같은 방법으로 많은 추상적인 관념이 그 대리가 되는 형상을 현재몽 속에 만들 수 있으며, 현재몽은 은폐의 역할을 하고 있다는 사실을 깨닫게 될 것이다.

현재요소와 잠재요소 사이의 제4의 관계에 대해서는, 여러분이 우리의 기법을 충분히 납득할 때 자세히 설명하겠다.

그러면 여러분은 꿈 전체를 해석해 보겠다는 용기가 있는가? 물론 너무나 막연한 꿈을 예로 드는 것은 적당하지 않다. 그래서 나는 꿈의 특징을 분명히 나타내고 있는 하나의 예를 골라 보기로 한다.

몇 해 전에 결혼한 한 젊은 부인이 다음과 같은 꿈을 꾸었다.

그녀는 남편과 함께 극장에 앉아 있었는데, 좌석 한쪽은 비어 있었다. 남편은 아내에게, 엘리제 L과 그 약혼자도 함께 왔으면 좋았을 텐데, 1플로린 반으로는 세 개의 나쁜 좌석밖에 살 수 없었으므로 그만두었다는 것이다.

그러나 그녀는 두 사람이 함께 오지 못했다고 해서 결코 불행하다고는 생각지 않았다.

그녀가 들려준 최초의 것은 현재내용(顯在內容) 속에 있는 것과 같은 사건이 그 꿈을 꾼 동기가 되었다는 것이다. 즉 그녀의 남편은 엘리제 L이라는,

그녀와 같은 또래의 여자 친구가 약혼했다고 그녀에게 말했다. 이 꿈은 그 보고에 대한 반응이다. 우리는 전날에 일어난 이와 같은 유인(誘因)을 많은 꿈으로 쉽게 증명할 수 있다는 것과, 꿈을 꾼 사람으로부터 꿈의 유래를 쉽게 끌어낼 수 있다는 것을 이미 말했다. 그녀는 현재몽의 다른 요소에 대해서도 자진하여 비슷한 보고를 해 주었다.

그렇다면 좌석의 한쪽이 비어 있었다는 것은 어디서 온 것인가? 이것은 지난 주에 실제로 일어난 사건을 암시하고 있다. 그녀는 연극을 보러 갈 생각으로 '너무 일찍' 지정석의 입장권을 샀다. 그러나 너무 일렀으므로 예약금을 따로 내야만 했다. 그런데 막상 극장에 들어가 보니, 그녀의 그런 걱정이 모두 쓸 데 없는 것이었음을 알았다. 지정석 한쪽은 거의 비어 있었기 때문이다. 남편은 그녀가 지나치게 서둘러 예매한 것을 놀려댔던 것이다.

이제 1플로린 반이라는 숫자는 어디서 나온 것인지 알아보기로 하자. 이것은 이 연극 이야기와는 전혀 관계가 없는 곳에서 나온 것인데, 역시 전날의 사건을 암시하고 있다. 시누이가 남편이 선물한 150플로린을 가지고 부랴부랴 보석상에 뛰어가서 그 돈으로 몽땅 장식품을 산 일이 있었다.

3이라는 숫자는 어디서 나왔을까? 약혼녀 엘리제가 10년쯤 전에 결혼한 자기보다 3개월 늦게 태어났다는 연상을 도외시한다면 그녀는 이 3이라는 숫자에 대해서는 별로 생각나는 바가 없었다.

그 부인은 얼마 안 되는 연상 속에서 이만한 재료를 제공해 주었다. 그리고 그러한 재료를 기초로 꿈의 잠재의식을 추측할 수 있을 것이다. 부인의 이야기를 보면, 몇 군데에 시간에 대한 관계가 나타나 있고, 이 재료의 여러 부분에 일관된 공통성이 있다는 사실이 주목을 끌고 있다. 그녀는 극장의 입장권을 '너무 일찍'부터 걱정하여, '지나치게 서둘러서' 샀다. 그 때문에 따로 예약금을 내야 했다. 시누이는 부랴부랴 보석상에 뛰어들어 '서둘러서' 장식품을 사는 데 돈을 모두 써 버렸다.

우리가 '너무 일찍', '서둘러서' 라는 이 강조점을, 꿈의 유인인 자기보다 겨우 3개월 늦게 태어난 여자 친구가 이제 유능한 남편을 가지게 되었다는 소식과, 시누이에 대해 '그렇게 서두른다는 것은 어이없는 일이다.' 라는 경멸적 시선을 연결시키면, 꿈의 잠재의식은 저절로 다음과 같이 구성되어 떠오른다. 현재몽은 이 잠재의식이 짓궂게 왜곡된 내용물이라는 사실을 알게 될 것이다.

"서둘러서 결혼한 나는 어쩌면 그렇게도 바보였을까요. 엘리제를 보세요. 나도 훨씬 나중에 결혼할 수도 있었을 텐데(서둘렀다는 뜻은 그녀가 입장권을 살 때 서두르는 꼴과 시누이가 장식품을 살 때의 모습에 의해 그려지고 있다. 연극 구경이 결혼의 대용물로 그려져 있다)."

이것이 근본 관념이었던 것이다. 확실히 단정할 순 없으나, 우리는 해석을 계속해도 좋을 것이다(내가 확실하지 않다는 것은 이런 대목의 분석은 꿈을 꾼 부인의 진술을 무시해서는 안 되기 때문이다).

"그만한 돈이 있으면, 이보다 백 배나 훌륭한 물건을 살 수 있었을 텐데(150플로린은 1플로린 반의 백 배이다)."

만일 이 돈을 지참금으로 대치한다면, 남편을 지참금으로 살 수 있다는 의미도 된다.

요컨대 장식품과 나쁜 좌석의 극장표는 남편의 대용물이 되는 듯한데, 우리는 이 꿈이 현재의 남편에 대한 '경멸' 과, 너무 서둘러서 '일찍 결혼' 한 것을 후회하고 있다고 추측할 뿐이다.

우리는 여기에서 몇 가지 놀라운 새로운 지식을 배우게 되었다.

첫째, 잠재의식에서는 너무 서두른다는 요소가 특히 강조되어 있는데, 현재된 꿈에서는 그런 특징을 찾아볼 수 없다. 만일 분석을 하지 않았더라면,

이 '서두른다'는 인자가 어떤 역할을 하고 있는지 예상도 할 수 없을 것이다.

그러므로 무의식적인 관념의 중심은 결국 현재몽에 모습을 나타내지 않을 수도 있다. 따라서 꿈 전체의 인상이 완전히 달라질 것이 틀림없다.

둘째, 꿈속에서는 1플로린 반에 석 장이라는 불합리한 요소가 나타났다. 우리는 '(그렇게 빨리 결혼한 것은) 잘못이었다.'는 문구를 꿈의 요소에서 간파했다. '잘못이었다'라는 관념이 이 꿈속에 하나의 불합리한 요소를 끌어 넣음으로써 나타난 것이라고 결론짓는 것이다.

셋째, 현재요소와 잠재요소 사이의 관계는 결코 단순한 것이 아니다. 그러므로 둘을 비교해 보면 현재요소가 잠재요소를 대리하고 있는 것이 아님을 알 수 있다. 오히려 두 요소 사이에 일체적인 관계가 있어서 하나의 현재요소가 몇 개의 잠재요소를 대리하거나, 하나의 잠재요소는 많은 현재요소에 의해서 대치되어 있다고 생각할 수 있다.

끝으로 꿈의 의미와 이 꿈을 꾼 부인의 자기 꿈에 대한 태도는 놀랄 만한 데가 있다. 그녀는 이 꿈 해석을 인정했지만, 이에 대해 은근히 놀라는 기색을 보였다. 그녀는 자기 남편을 그렇게 경멸하고 있었다는 것을 의식하지 못했으며, 왜 자기 남편을 그렇게까지 경멸해야 되는지도 몰랐다. 그러므로 여기에는 아직도 충분히 이해할 수 없는 것이 있다.

여덟 번째 강의

어린이의 꿈

우리가 지금 구하고 있는 왜곡되지 않은 꿈은 어린이들의 꿈에서 발견할 수 있다. 어린이의 꿈은 짧고 정연하여 알기 쉬우며 모호하지 않고 뚜렷하다. 그러나 어린이의 꿈이 다 이와 같은 것만은 아니다. 꿈의 왜곡은 다섯 살부터 여덟 살까지의 어린이의 꿈에 이미 후일의 꿈의 성격이 모두 포함되어 있었다는 보고가 있다.

만일 정신 활동을 시작하는 나이에서부터 4~5세까지의 시기를 한정한다면, 유아성(幼兒性)이라고 할 특성을 갖춘 많은 꿈을 발견할 것이며, 이후의 소아(小兒) 시기에도 같은 종류의 꿈이 약간 발견될 것이다. 그리고 또 어른도 어떤 조건 아래서는 전형적인 어린이의 꿈과 비슷한 꿈을 꾼다.

이런 어린이의 꿈에서, 우리는 매우 쉽고 확실한 꿈의 본질에 대한 결론을 얻을 수 있다.

1) 어린이의 꿈을 이해하기 위해서는 어떤 분석이나 또한 우리의 기법을 이용할 필요도 없으며, 또한 자기 꿈을 이야기하는 어린이에게 질문할 필요도 없다. 그러나 그 아이의 생활에 대해 조금이나마 이야기를 들어야 한다. 꿈을 설명하는 것은 언제나 그 전날의 체험이기 때문이다.

어린이의 꿈에서 한 걸음 나아간 결론을 얻기 위해 몇 가지 예를 들어 보도록 하자.

① 생후 22개월 된 남자 아이가 생일 선물로 한 바구니의 버찌를 남에게 주라는 말을 들었다. 가족들이 그중에서 조금은 남겨주겠다고 약속했으나, 아이는 매우 시무룩해 했다. 다음 날 아침, 이 아이는 "헤르만이 버찌를 다 먹어 버렸어." 하고 꿈 이야기를 했다.

② 3년 3개월째 되는 여자 아이가 생전 처음으로 호수에서 보트를 타게 되었다. 물가에 닿았을 때, 아이는 보트에서 내리기가 싫다고 억지를 쓰며 큰소리로 울기 시작했다. 아이에게는 보트에 타고 있는 시간이 너무나 빨리 지나간 것처럼 생각되었다. 다음날 아침, "어젯밤에 나는 호수에서 배를 타고 돌아다녔어." 하고 말했다. 우리는 '배에 타고 있던 시간이 어제보다 훨씬 길었다'고 추측해도 좋다.

③ 5년 3개월 된 남자 아이가 할슈타트 근교의 에세른 계곡으로 소풍을 갔다. 이 아이는 언젠가 할슈타트가 다하슈타인 산의 기슭에 있다는 말을 들었기 때문에 호기심을 느꼈다. 아우스제의 휴게소에서 본 다하슈타인 산은 경치가 참으로 아름다웠고, 망원경으로 산꼭대기에 있는 지모니 산장까지도 똑똑히 볼 수 있었다. 아이는 몇 번이나 망원경으로 그 산장을 보려 했는데, 아이가 과연 산장을 잘 발견했는지는 알 수 없었다. 아무튼 아이는 대단한 기대를 가지고 소풍에 나섰다.

아이는 새로운 산이 보일 때마다 "저 산이 다하슈타인이야?" 하고 줄곧 질문했다. 그런데 그 질문에 "아니."라고 대답할 때마다 차츰 시무룩해지더니, 마지막에는 입을 다물고 함께 폭포를 구경하러 가자고 해도 얼마 안 되는 비탈길을 핑계로 올라가기를 거부했다. 어른은 아이가 지쳐서 그런 줄만 알았는데, 이튿날 아침 아이는 매우 즐거운 듯이 "어제 우리가 지모니 산장에 올라간 꿈을 꾸었어." 하고 말했다. 즉 아이가 어른과 함께 소풍을 가고 싶어한 것은 지모니 산장에 갈 수 있다는 기대가 있었기 때문이다. 더 자세히 물어보니, 아이는 전에 '꼭대기까지 여섯 시간이면 올라갈 수 있다.'는 말을 들은 적이 있었다는 것이다.

이 세 가지 꿈에서 우리는 바라는 바를 충분히 알았다.

2) 위에서 말한 어린이의 꿈들은 알기 쉽고 천진난만한 심리적 행위이다. 내가 꿈에 관한 의학적 비평으로서 꿈은 마치 '음악을 모르는 사람이 열 손가락으로 피아노 건반을 두드리는 것과 같은 것'이라고 인용한 비유를 상기해야 한다. 여러분은 이 비유가 위에서 말한 어린아이들의 꿈의 경우와 분명히 일치하지 않는다는 것을 깨달을 것이다. 잠자는 동안에 어른이 경련 같은 반응밖에 나타내지 않을 때, 어린이는 정신 작용 전체를 작용시켜야 한다면, 이 비유는 기묘한 것이 된다. 우리는 어린이가 어른보다 더 편하고 깊은 잠을 잔다고 생각해도 좋을 여러 가지 이유를 알고 있다.

3) 이러한 꿈에는 꿈의 왜곡이 없었다. 그러므로 해석을 필요로 하지 않았다. 현재몽과 잠재몽이 일치하고 있는 것이다. 그러므로 꿈의 왜곡은 꿈의 본질이 아니다. 그러나 더 자세히 연구해 보면, 어린이의 꿈에도 약간의 왜곡, 현재내용과 잠재의식 사이에 어느 정도의 차이가 있다는 것을 인정하지 않을 수 없게 된다.

4) 어린이의 꿈은 전날의 사건에 대한 아쉬움의 반응이다. 이 소망은 꿈속에서 직접적으로 채워진다. 여러분은 안팎의 신체적 자극이 잠을 방해하는 것, 꿈을 자극하는 것으로서 어떤 역할을 하고 있다는 데 대해 이미 앞에서 충분히 논한 것을 기억할 것이다. 우리는 육체적 자극의 이와 같은 역할에 대해 매우 결정적인 사실을 알았지만, 이것은 몇몇 꿈밖에 설명하지 못했다. 이들 어린이의 꿈 중 이와 같은 육체적 자극이 작용했음을 나타내는 것은 없다. 이 점에서 우리가 잘못되었다고는 도저히 생각할 수 없다. 왜냐하면 위의 그

꿈들은 육체적 자극을 생각지 않더라도 완전히 이해할 수 있었고, 전체를 볼 수 있었기 때문이다.

그렇다고 꿈이 자극에서 생긴다는 주장을 버릴 생각은 없으나 우리가 반성해야 할 것은, 왜 수면을 방해하는 육체적 자극 외에 잠을 방해하는 심리적 자극이 있다는 것을 처음부터 잊고 있었느냐 하는 것이다. 우리는 이와 같은 자극에 의한 흥분이야말로 어른의 잠을 방해하는 최대의 원인이라는 것을 알고 있다. 이 흥분이 잠드는 데 필요한 정신 상태를 방해하는 것이다. 사람은 일반적으로 생활의 중단을 바라지 않으므로, 몰두하고 있는 일을 계속하고 싶어한다. 그래서 잠들지 못하는 것이다. 어린이의 경우에는 이와 같이 수면을 방해하는 심리적 자극은 충족되지 않는 소망이며, 이 소망에 대한 반응이 꿈이 되어 나타나는 것이다.

5) 꿈이 심리적 자극에 대한 반응이라면 꿈은 이 심리적 자극을 해소(Erle-digung)시켜 주는 데 그 가치가 있다. 그 결과 자극은 해소되고, 계속 잠을 잘 수 있는 것이다. 꿈에 의한 자극의 이러한 해소가 역학적으로 어떻게 이루어지는지 우리는 아직 모르지만, 이미 우리가 주장한 것처럼 꿈은 잠을 방해하는 것이 아니라 잠을 옹호하는 것이며, 수면의 방해를 없애주는 파수꾼인 것이다.

우리가 숙면할 수 있는 것은 꿈 덕분이다. 마치 소음으로 우리를 깨우려고 하는 안면 방해자를 야경꾼이 쫓아버리기 위해서는 어쩔 수 없이 소리를 내는 것과 마찬가지로 꿈이 다소 잠을 방해하는 것은 어쩔 수 없는 일이다.

6) 꿈의 중요한 특징 중 하나는 소망이 꿈을 야기시키는 것이며, 이 소망의 충족이 꿈의 대용이라는 것이다. 꿈은 단지 관념을 표현하는 것이 아니라, 환각적인 경험의 형태로 충족시키는 것으로서 나타난다는 것 또한 꿈의 특징이다. '나는 더 오래 호수에서 보트를 타고 싶었는데'는 꿈을 자극한 소망이다.

그런데 그 꿈 자체는 '나는 호수에서 보트를 타고 놀았다'는 내용이 되었다. 그러므로 잠재몽과 현재몽의 차이, 즉 잠재의식의 왜곡은 이와 같이 단순한 어린이의 꿈속에도 존재한다.

이 꿈속에서도 관념이 경험으로 대치되어 있다. 꿈을 해석할 때는 우선 이 얼마 안 되는 변화까지 원상태로 되돌려야 한다. 우리가 좀더 철저하게 연구하면, 꿈을 야기시키는 것은 근심이라든가, 결의라든가, 자책(自責)일 수 없다는 것을 확실히 알 수 있다. 그러나 꿈은 이 자극을 재현할 뿐 아니라 일종의 체험을 통하여 그 자극을 격리, 제거, 해소시킨다는 다른 특성에는 아직도 언급하지 않았다.

7) 꿈에서는 방해받는 의도란 바로 잠자고자 하는 의도이다. 방해하는 의도는 심리적 자극, 즉 반드시 제기되기를 갈망하는 소망이라는 것인데, 우리는 지금 잠을 방해하는 심리적 자극으로서의 소망만을 알고 있기 때문이다. 여기서도 또한 꿈은 타협의 산물이다. 나는 잠을 자므로 하나의 소망이 충족됨을 경험한다. 곧 둘 다 일부는 관철되고 일부는 포기된 상태이다.

8) 백일몽은 분명 소망의 충족이며, 우리가 잘 알고 있듯이 공명심에 찬 소망이나 성적인 소망의 충족이다. 그러나 가령 그것이 생생하게 표상되었다 해도 결코 환각적인 경험의 형태를 갖지 않는다. 백일몽에는 꿈의 두 가지 주요 특징 가운데 사람들이 기꺼이 인정하지 않는 소망이라는 특징은 존재하지만, 수면 상태가 필요하여, 각성 상태에서는 없는 환각적 경험이라는 특징은 없는 것이다. 그러므로 꿈이라는 용어는 소망의 충족이 꿈의 중요한 특징이라는 것을 암시하고 있다. 게다가 꿈속의 경험이 수면 상태에서만 가능한 변형된 공상이라면, 다시 말해 '밤에 보는 백일몽(nächtlich Tagtraum)'이라고 한다면, 꿈 형성의 과정이 밤중에 작용하는 자극을 제거하고, 소망의 충족을 가져다 줄 수 있다는 것은 이해가 갈 것이다. 백일몽은 소망의 충족과 결부된

것이며, 사람들은 소망 충족을 위해서 백일몽에 잠기기 때문이다.

꿈의 소망 충족이라는 특징이 꿈의 연구자의 눈에 띄지 않았다는 것은 생각할 수 없는 일이다. 연구자들은 자주 이 특징에 주의했지만, 아무도 이 특징을 보편적인 전제로, 꿈에 관한 설명의 중심으로 삼지 않았다. 우리는 그들이 이것을 인정하기를 주저한 이유를 쉽게 알 수 있으나 나중에 규명해 보기로 한다.

이제 다시 본론으로 돌아가서 여러분은 어린이의 꿈에 관한 연구에서 비교적 쉽게 많은 지식을 얻을 수 있었다. 꿈의 기능은 잠의 파수꾼이라는 것, 꿈은 서로 심하게 갈등하는 두 의도에서 생긴다는 것, 그 중의 하나는 밤중에 줄곧 존재하는 것으로서 잠의 욕구이며, 다른 하나는 심리적 자극을 채우고자 힘쓰고 있다는 것, 꿈은 의미를 포함한 심리적 행위라는 증명, 그리고 꿈의 두 가지 중요한 특징은 소망 충족과 환각적인 경험이라는 것 등이다. 꿈을 잘못과 결부시켜 연구한 것 외에, 우리는 정신분석 연구에 이렇다 할 특징을 내세울 것이 없다. 정신분석의 가설을 전혀 모르는 심리학자라도 어린이의 꿈을 이와 같이 설명할 수는 있었을 텐데, 왜 아무도 이 설명을 하지 않았을까?

어린이의 꿈 같은 형태의 꿈만이 꿈의 전부라면 꿈의 문제는 이것으로 해결되고, 우리의 연구는 완성되었을 것이다. 그것뿐이라면 꿈을 꾼 사람에게 질문할 필요도 없지만 '무의식'의 힘을 빌릴 필요도, 자유 연상에 의존할 필요도 없다. 지금부터 공공연하게 우리의 연구를 이 방향으로 진행시켜 보고 싶다. 우리가 보편적으로 해당된다고 말한 꿈의 일반적 특징은 어떤 종류의 꿈, 한정된 수의 꿈에만 해당되는 데 지나지 않는다는 것은 이미 여러 번 경험했다.

그러므로 어린이의 꿈에서 추론된 일반적인 특징은 과연 근거가 있는 것인지, 현재내용과 전날의 소망과의 사이에 아무런 관계도 없는, 선명치 않은 꿈에도 이러한 특징이 적용되는지가 문제이다. 이런 종류의 꿈은 몹시 왜곡되었기 때문에 곧 판단을 내릴 수 없다. 이와 같은 왜곡을 뚜렷이 밝히기 위해서, 어린이의 꿈을 이해하는 데에는 필요치 않았던 정신분석적인 기법이 필요한 것이다.

어린이의 꿈처럼 소망 충족이라는 것을 쉽게 인정할 수 있는, 왜곡되지 않은 꿈이 전혀 없는 것은 아니다. 심한 육체적 욕구, 즉 굶주림, 갈증, 성욕 등으로 일어나는 꿈이 평생 동안 나타난다. 이러한 꿈은 내적인 육체 자극에 대한 반응으로서 소망 충족을 목표로 한다. 다음의 예는 19개월 되는 여자 아이의 꿈이다.

이 아이는 자기 이름 밑에 기입된 딸기, 달걀, 빵 등의 꿈을 꾸었다. 아이의 꿈은 배탈이 나서 하루 굶은 반응으로 보여지며, 더욱이 배탈이 난 원인은 꿈에 보인 딸기와 달걀 때문이었다. 같은 무렵에 여자 아이의 할머니도—할머니의 나이와 여자 아이의 나이를 합치면 꼭 70이 되는데—우연한 병으로 하루를 굶어야 했다. 그날 밤 할머니는 어느 집에 초대받아 진수성찬을 대접받는 꿈을 꾸었다. 굶주린 채 버림받은 죄수나 여행과 탐험을 하다가 식량 부족으로 고생하는 사람들을 관찰하면, 이와 같은 조건 아래서라면 거의가 식욕을 채우는 꿈을 꾼다는 것을 알 수 있다. 1904년에 출판된 스웨덴의 지리학자인 오토 노르덴스콜드의 《남극》이라는 책에 그와 함께 극지에서 겨울을 보낸 승무원의 이야기가 실려 있다.

꿈은 마음속 깊이 숨어 있는 의식을 뚜렷이 나타내고 있었다. 우리의 평생을 통해서 현재만큼 꿈이 선명하고 그 수가 많았던 일을 알지 못한다. 평소에는 아주 드물게 꿈을 꾸는 승무원들조차 매일 아침이면 서로 공상 세계에서 조금 전에 본 경험을 들려 주는 것이었다. 승무원의 꿈은 극지에서 멀리 떨어진 본국의 세계에 관한 것이었으며, 흔히 현재의 처지에 들어맞는 것이었다. 그 중에서도 마시는 것과 먹는 것은, 우리 꿈의 가장 중심이 되는 주제였다. 밤이면 반드시 성대한 만찬회에 갈 수 있는 것을 자랑으로 삼았던 어떤 승무원이 아침에 눈을 뜨고, "간밤에 나는 세 접시나 나오는 식사를 했지." 하고 동료들에게 보고할 때, 무척 기뻐하는 모습이다. 어떤 승무원은 담배가 산더미처럼 쌓인 꿈을 꾸었으며, 또 어떤 승무원은 배가 돛을 높이 올리고 대양을 건너 극지를 향해서 오는 꿈을 꾸었다. 그리고 다음의 이야기는 보고할 만한 가치가 있는 꿈이다. 우편집배원이 우편물을 들고 와서 어떤 까닭으로 이 우편이 이렇게 늦었는가 지루하게 설명하는데, 그는 잘못 배달해서 되찾는 데 많은 애를 썼다고 말했다.

대개 수면 중에는 실제로 있을 듯하지 않은 꿈을 꾸는 법인데, 여기서는 나 자신의 꿈이거나 남에게서 들은 꿈이거나 거의 모두 공상이 결여되어 있는 점이 두드러지게 나타났다. 그런 꿈을 일일이 기록해 두면, 아마 심리학적으로 크게 흥미가 있었을 것이다. 몹시 갖고 싶어하는 것은 무엇이든지 꿈이 제공해 주므로, 우리가 얼마나 잠을 열망했는지 독자는 쉽게 짐작할 수 있을 것이다.

저녁 식사 때 짠 음식을 먹고 밤중에 갈증을 느끼는 사람은 무언가를 마시는 꿈을 꾸는 수가 많다. 물론 꿈을 꾸었다고 해서 음식에의 강한 욕구가 없어지지는 않는다. 이런 경우에는 목마름 때문에 꿈에서 깨어 실제로 물을 마시게 될 것이다. 그러므로 이 경우 꿈의 효용은 그다지 없으나, 잠자는 사람을 깨워서 행동시키고자 하는 자극에 대해서, 잠을 자게 하기 위해 꿈이 동원되었다고 생각하지 못할 것도 없다. 그런 욕구가 그다지 강한 것이 아닐 때는 소망 충족의 꿈에 의해 대개 이 욕구를 벗어날 수 있는 것이다.

똑같은 방식으로 성적 자극을 받았을 때도 꿈으로 소망이 채워지는데, 이런 종류의 꿈에는 특기할 만한 특징이 있다. 이 경우는 굶주림이나 갈증에 비하면 대상에 의존하는 정도가 한층 낮기 때문에 그 욕망은 몽정(夢精)에 의해 충족된다. 유정몽(遺精夢)에 이와 같은 특색이 있는 것은 오토 랑크가 말한 것처럼 꿈의 왜곡을 연구하는 데 더없이 좋은 재료가 된다. 또 어른에게 나타나는 소망 충족의 꿈은 욕구를 채우는 것 이외에 심리적 자극에서 나온 다른 것을 포함하고 있으므로, 그 꿈을 이해하려면 마땅히 해석의 힘을 빌려야만 한다.

또한 유아성(幼兒性)이라는 형태를 가진 어른의 소망 충족의 꿈은 심리적 자극에서 나오는 꿈도 있으며, 어떤 지배적인 것에 영향을 받아서 만들어진 선명하고 짧은 꿈이 있다는 것도 우리는 알고 있다. 여행이라든가, 특히 흥미 있는 연극, 연설, 방문 등을 성급하게 기다리고 있을 때, 그 예상이 재빨리 꿈으로 실현되면서 실제 체험에 앞서서 연극을 보고 있기도 하며, 찾아간 집의 사람과 이야기를 하고 있는 수가 있다. 그리고 또 쾌적한 꿈이라고 부를 수 있는 꿈이 있다. 더 자고 싶어 못 견딜 때, 꿈속에선 벌써 일어나서 얼굴을 씻기도 하고 학교에 가 있기도 하는데, 현실에서는 아직 잠자고 있는 것이다. 즉 현실에서가 아니라 꿈속에서 깨어나 있는 것이다. 우리가 꿈의 형성에 늘 관여하고 있다는 걸 발견한, 그 잠자고자 하는 소망은 뚜렷이 이들 꿈에 나타나 있어서 이 소망은 꿈의 형성자(形成者, Traumbildner)로서 중요한 역할을 하고 있다. 수면의 욕구는 바로 커다란 육체적인 다른 욕구와 같은 것이다.

이 점과 관련해서, 나는 여러분에게 뮌헨의 샤크 화랑에 있는 슈빈트[1]가 그린 명화의 복제를 소개하기로 한다. 제목은 〈죄수의 꿈〉이라고 했다. 도망이 그 내용이다. 죄수가 창문으로 달아나려고 한다는 것은 좋은 착안이다. 왜냐

---

1 1804~1871년, 오스트리아 태생의 낭만파 화가.

하면 그 창문에서 광선의 자극이 들어와 죄수의 잠을 깨우려 하기 때문이다. 어깨에 올라선 난쟁이들은 죄수가 창문까지 기어오를 때, 차례로 취해야 하는 행동을 나타내고 있다. 그리고 내 생각이 맞고, 또 이 화가에게 그런 그림의 의도가 없다면, 창살을 톱으로 자르고 있는, 제일 위에 있는 난쟁이는 죄수가 하고 싶어하는 일을 하고 있어서, 이 난쟁이야말로 죄수 자신의 모습일 것이다.

어린이의 꿈과 유아성의 꿈에 속하지 않는 다른 꿈에는 이미 앞에서 말한 것처럼 모두 꿈의 왜곡이 있으므로 우리의 진행은 방해된다. 그 왜곡도 소망충족이 아니냐고 추측하고 싶지만, 이에 대해서는 아직 아무 말도 할 수 없으며, 또한 어떤 심리적 자극으로 왜곡된 꿈이 일어나는지는 현재내용으로는 모르는 것이다. 또 왜곡이 있는 꿈은 자극을 해소하려 하고 있다고 입증할 수도 없다. 왜곡은 해석되어서는 안 되며 번역되어야 하는 것이다. 현재내용을 잠재의식으로 대치한 다음에야 비로소 우리가 어린이의 꿈에서 발견한 것이 모든 꿈에 똑같이 적용된다는 것을 판단할 수 있는 것이다.

아홉 번째 강의

꿈의 검열

어린이의 꿈에 관한 연구로, 우리는 꿈의 발생과 본질 및 기능을 배웠다. 꿈이란 환각적인 경험으로 수면을 방해하는 심리적 자극을 만족시켜서 그 자극을 제거하는 역할을 한다. 우리는 어른의 꿈에서 유아성의 꿈이라고 하는 꿈의 일부분만을 설명할 수 있었는데, 한편 다른 종류의 꿈은 어떤 것인지 아직 모를 뿐 아니라 이해하지도 못하는 것이다. 우리가 얻은 하나의 결과, 즉 어떤 꿈을 완전히 이해할 수 있었을 때는, 언제나 그 꿈은 환각적인 소망 충족이라는 사실을 경시하고 싶지 않은 것이다. 이것은 우연의 일치가 아니라 중요한 일이다.

다음과 같이 가정해 보자. 즉 그와 같은 꿈은 어떤 미지의 내용이 왜곡된 대용물이며, 이 꿈을 이해하려면 먼저 미지의 내용을 추구해야 한다는 것이다.

우리에게 꿈을 기괴하고 이해하기 어려운 것처럼 생각하도록 만드는 것은 바로 꿈의 왜곡 때문이다. 우리가 알고 싶은 것은 여러 가지 꿈의 왜곡에 대해서이다. 첫째, 왜곡은 무엇에서 기인하는가? 바꾸어 말하면 왜곡의 역학이다. 둘째, 왜곡이 하는 일은 무엇인가? 셋째, 그 왜곡은 어째서 그와 같은 형태를 갖는가 하는 것들이다.

그러면 나는 다음과 같은 꿈을 이야기하겠다. 이 꿈은 정신분석가의 동료로서 유명한 어느 여성이 보고한 것이며, 꿈을 꾼 사람은 교양 있는 노부인이다. 이 꿈은 분석되지 않았다. 이 꿈의 보고자는, 이 꿈은 정신분석가의 해석을 기다릴 필요가 없는 것이라고 말하고 있다.

이 꿈을 꾼 부인 자신도 이 꿈을 해석하지는 않았으나, 비평을 하고는 마치 이 꿈이 무엇을 의미하는지 알고 있는 것처럼 "군에 간 아들 생각으로 하루 하루를 보내는 쉰이나 먹은 여자가, 이런 어리석고 무의미한 꿈을 꾸었다니." 하고 불쾌해 했기 때문이다.

그 꿈은 '사랑의 봉사'에 관한 꿈이었다. "그녀는 제1육군병원으로 갔다. 그리고 그 문 앞에 서 있는 하사관에게 '병원장님을 뵈려고 왔습니다.' 하고 말했다. 그녀는 이때 '봉사'라는 말을 강하게 발음했으므로 그 말을 들은 하사관은 '사랑의 봉사'를 말하는구나 하고 금방 깨달았으나, 그녀가 나이를 먹었으므로 하사관은 좀 주저하다가 겨우 들어가게 해 주었다. 그런데 그녀는 원장실에는 가지 않고 어둠침침한 큰 방으로 들어갔다. 방 안에는 많은 장교와 군의관들이 긴 탁자를 둘러싸고 서 있거나 앉아 있었다. 선임 군의관에게 용건을 말하자, 군의관은 그녀의 말을 금방 알아들었다. 꿈속에서 그녀가 한 말은 '저뿐만 아니라 빈에 살고 있는 주부들이나 처녀들은 언제라도 기꺼이 장교든 병사든 그 누구든 상관없이……'라는 것이었다. 그러자 주위에서 소란한 웅성거림이 일었다. 그녀가 한 말을 사람들이 제대로 이해해 준 증거로 장교들은 이 말을 듣는 순간 당황한 듯, 좀 놀라는 듯한 표정을 지었다. 그녀는 이야기를 계속했다. '우리의 결심을 이상하게 생각하겠지만, 우리는 진심입니다. 싸움터에 나가는 병사들은 목숨이 아깝다든가, 아깝지 않다든가 말할 수 없지 않겠어요.' 그리고 잠시 동안 숨막히는 침묵이 계속되었다. 선임 군의관은 그녀의 허리에 팔을 두르며 말했다. '부인, 사실 이렇게 할 수 있다면……(소음)' 그 여자는 모두 다 똑같구나,라고 생각하면서 남자의 팔을 풀며 말했다. '저는 나이 먹은 여자입니다. 저에게는 그런 일이 적당치 않습니다. 한 가지 조건을 생각해 봐야겠습니다. 나이라는 것을 생각해 보면, 나이 먹은 여자와 젊은 청년이……(소음) 아아, 있을 수 없는 일입니다.' 군의관은 '부인 말씀을 잘 알았습니다.' 하고 말했다. 몇 사람의 장교들—그들 중에는 처녀 시절의 그녀에게 구혼을 했던 남자의 모습도 보였다—이 한꺼번에 소리내어 웃었다. 그리고 여자는 만사가 잘 처리되도록 자기가 아는 병원장에게 안내해 달라고 애원했지만, 자기가 그 병원장의 이름을 모른다는 것에 당황했다. 그럼에도 불구하고 군의관은 그녀에게 아주 정중하게 그 방에서 똑바로 나 있는 긴 철제 나선형 계단을 올라가서 2층으로 가도록 손가락으로 가리켰다. 층계를 올라가면서 그녀는 한 장교의 말소리를 들었다. '참으로 훌륭한 결심이군. 젊든 늙었든 그건 상관없어. 대견스런 마음씨를 가진 여자잖아.' 자기의 의무를 재빨리 완수하려는 마음에서 부인은 계단을 올라갔다."

꿈을 꾼 부인의 말을 들어 보면—이것과 같은 꿈이 2~3주일 동안에 두 번이나 비슷한 줄거리로 되풀이되었다고 한다.

이 꿈의 진행은 백일몽과 비슷하다. 이 꿈에는 군데군데 탈락된 부분이 있고, 그 내용에 포함되는 각각의 사소한 점은 물어보면 분명해졌겠지만, 묻지 않았다. 그러나 우리의 흥미를 끄는 점은 꿈이 몇 군데서 탈락, 그것도 기억의 탈락이 아니라 내용의 탈락이 있다는 것이다. 말하자면 세 군데서 꿈의 내용이 사라졌다. 사라진 대화는 소음으로 중단되어 있다.

우리는 아무 분석도 하지 않았으니, 엄밀히 말하면 이 꿈의 뜻에 대해서 무어라고 말할 권리는 없다. 그러나 이 꿈에서 '사랑의 봉사'라는 말은 그 무엇으로 짐작해도 좋은 암시가 된다. 더욱이 소음의 바로 앞에 사라진 대화 부분을 보충해 보면 그 의미는 분명해진다. 삽입해 살펴보면, 결국 꿈을 꾼 여자는 장교, 하사관, 병사의 애욕을 채워 주기 위해서 마치 애국심을 발휘하듯 자기 몸을 바쳐도 좋다는 내용이 뚜렷해진다. 이것은 확실히 망측스럽고 대담하기 짝이 없는 성적 공상의 전형이라 할 수 있다. 이야기의 순서로서, 이런 것을 고백해야 하는 바로 그 대목에서 소란스러움이 일어나서 어떤 것이 사라지거나 혹은 억제되어 버렸다.

사라진 대목에 나타나 있는 이 망측스러움이야말로 그 부분을 억제하는 동기였다고 생각할 수 있을 것이다. 현재 이와 비슷한 일을 찾으려면 굳이 먼 곳을 찾을 필요 없이 시험적으로 아무 정치신문이나 들여다보라. 신문의 군데군데에 원문이 삭제되어 백지인 채로 되어 있을 것이다. 이 공백은 검열기관의 노여움을 산 내용이 기재되어 있어서 삭제된 것이다.

완성된 문장에 검열관이 간섭하지 않은 경우도 있다. 신문기자는 미리 검열에 저촉될 것을 예상하고 그 부분을 부드럽게 다듬어 검열에 대비하거나, 조금 수정하고, 어떤 때는 정말 쓰고 싶은 바를 막연히 암시만 하거나 약간 건드리는 정도로 만족한다. 그러므로 신문에 공백은 없지만, 문장에 어떤 함축이 있거나 내용이 모호한 데서 신문기자가 검열을 의식했다는 것을 짐작하게 된다.

이 유사점을 염두에 두고, 아까 그 꿈속에서 사라졌거나 소란스러움으로 감추어진 말은 검열에서 지운 것이라고 할 수 있다. 이처럼 꿈을 일부 왜곡시키는 것을 우리는 '꿈의 검열(Traumzensur)'이라고 부르는데, 현재내용에 사라진 부분은 항상 이 검열 탓이다. 다시 말해 뚜렷이 생각나는 어떤 꿈의 요소 속에 특별히 약하거나 흐릿하거나, 미심쩍은 경우에는 꿈의 검열관이 간섭한 것이라고 인정해야 한다.

그러나 위의 이야기 '사랑의 봉사'에서처럼, 극히 드물지만 때로는 검열이 매우 공공연하고 노골적으로 나타나는 때가 있다. 그러나 대개의 경우는 앞에서 말한 제2형의 검열 편이 많아 본래의 뜻을 약하게 만들거나 둘러대거나 암시한다. 제3형에 대해서는 신문 검열의 세계에서 적절한 비교를 빌릴 수 없지만, 지금까지 분석한 꿈에서 이 제3의 형을 제시해 보기로 한다.

여러분은 앞에서 살펴본 '좌석이 나쁜 입장권 석 장에 1플로린 반이라는 꿈'이 생각날 것이다. 이 꿈의 잠재의식에는 '서둘러서, 너무나 빨리'라는 요소가 있다. 즉 그렇게 빨리 결혼한 것과 그렇게 서둘러 입장권 걱정을 한 것, 또한 시누이가 장식품을 사려고 그렇게 빨리 돈을 써 버린 것은 바보짓이었다는 것이 된다.

그러나 꿈의 의식의 중심적 요소는 현재몽에 흔적도 나타나 있지 않고, 현재몽에서는 단지 연극 구경을 간다는 것과 입장권을 사는 것이 중심으로 이루어져 있었다. 이와 같이 강조점을 이행시키고 꿈의 내용 요소의 배열을 고침으로써, 현재몽은 잠재의식과 다른 것이 되고, 그 때문에 아무도 현재내용 뒤에 있는 잠재의식을 짐작할 수 없게 된다. 이 강조점의 이행은 꿈에 왜곡을 일으키는 방법이며, 이 이행으로 꿈은 기괴한 것이 되고, 꿈을 꾼 당사자조차도 자기가 만든 것인 줄 모르게 된다.

그러므로 이와 같이 재료를 생략하고 변형하고 고치는 일이 꿈의 검열 의무이며, 꿈에 왜곡을 일으키는 수단이다. 사실 꿈의 검열이야말로 꿈의 왜곡을 일으키는 장본인의 하나인 것이다. 우리는 이런 수정과 배열 고치기를 '대치(代置, Verschiebung)'라는 이름으로 총괄한다.

지금부터는 검열의 역학으로 이야기를 돌려 보자. 우선 검열관이라는 술어는 단지 역학적인 관계를 나타내기 위해 편의상 붙인 것에 불과하다. 물론 검열이라는 말을 듣고, 어떤 의도에 의해서 그와 같은 검열이 행사되며, 또 어떤 의도에 대해서 검열이 가해지는지 의문을 갖는 것은 당연하다.

실제로 그 이야기를 한 적이 있었다. 즉 꿈의 요소에서 그 대용물인 무의식적인 요소에 도달하려고 했을 때, 하나의 '저항'에 부딪치고 있는 것을 느꼈다. 이 저항의 크기는 여러 가지여서, 클 수도 있고 보잘것없이 작을 수도 있다고 말했다. 저항이 보잘것없이 작을 때의 해석 작업은 다만 두세 개의 사슬만 지나면 충분했다. 그러나 저항이 클 때는 꿈의 요소에서 출발하여 긴 연상의 사슬을 더듬어, 요소에서 멀리 떨어진 곳으로 끌려가서 떠오른 연상에 대한 비판적 항의로 나타나는 온갖 장애물을 극복해야만 했다.

해석 작업에 있어서 저항으로 나타나는 것이야말로 꿈의 작업 속에서 우리가 검열이라고 부른 바로 그것이다. 해석할 때의 저항이란 꿈의 검열을 객체화한 것에 불과하다. 이것으로 검열의 힘은 꿈의 왜곡을 일으키기 위해 소모되며, 그 이후에 없어지는 것이 아니라 왜곡을 끝까지 유지하는 의도를 가진 영속적(永續的)인 제도로서 그 존재를 계속하고 있다. 그리고 해석할 때 부딪히는 저항이 각 요소마다 크기가 다르듯이 검열에 의해서 야기된 왜곡은 하나의 꿈속에서도 요소마다 각기 크기가 다르다. 현재몽과 잠재몽을 비교해 보면 어떤 잠재요소는 완전히 사라지고, 어떤 요소는 조금 변형되며, 다른 요소는 변형되지 않은 채 과장되어 꿈의 내용 속에 나타나 있음을 알 수 있다.

다음은 어떤 의도가 다른 어떤 의도에 대해서 검열을 행하는가에 대해 연구해 보자. 검열을 하는 의도는 꿈을 꾼 사람이 잠에서 깼을 때의 판단으로 그 자신도 이 판단이 이 의도와 일치하고 있음을 인정하는 것이다. 앞서 말한 쉰 살 된 부인의 꿈을 생각해 보라. 그 부인은 꿈을 해석해 주지 않았는데도 부끄러워했다. 그 부인의 꿈에서 가장 부끄러운 대목이 소음으로 대치된 것은 부인 스스로가 내린 비난적인 판단 때문이다.

그런데 검열의 대상이 되는 의도들은 내적인 입장에서도 설명이 되어야 한다. 이 의도는 어디까지나 비난할 만한 성질의 것으로 윤리적, 미적, 사회적 관점에서 혐오스러운 것이며, 사람들이 의도적으로 생각지 않으려 한다거나 혐오하는 마음이 생기도록 만드는 것들이다. 특히 검열을 당하기 때문에 꿈 속에 왜곡되어 나타나는 소망은 방종하고 체면도 없는 이기주의의 표현이라 하겠다.

모든 윤리적 구속에서 벗어난 자아는 성 본능(性本能)의 모든 욕구와 일치 한다. 그런데 성 본능은 미적 교육에 의해서 오랫동안 비난을 받던 것이고, 도덕적으로도 자제되었던 것이다. 쾌락의 추구, 즉 리비도(Libido)는 그 대상 을 자유로이 선택한다. 더욱이 리비도는 금지된 것을 즐겨 선택한다. 남의 아 내뿐 아니라, 인류의 도덕에 의해 신성시되고 있는 근친의 대상, 남성에게는 어머니나 자매, 여성에게는 아버지나 형제(앞의 쉰 살 된 부인의 꿈도 근친상간 적인 내용이며, 자기의 리비도를 자기 아들에게 돌리고 있는 것이다)를 선택하는 것이다. 인간성과는 관계가 없다고 생각한 이 정욕은 꿈을 일으키기에는 족 하다. 그리고 또 혐오도 제멋대로 광란하여 울분을 토하게 된다.

그러나 꿈의 내용이 악랄한 것이라고 해도 꿈 자체를 비난해서는 안 된다. 꿈은 해롭지 않은 기능, 아니 오히려 수면이 방해되지 않도록 하는 유익한 기 능이 있음을 여러분은 기억할 것이다. 꿈 내용의 흉악성은 결코 꿈의 본질이 아니다. 사실 정당한 소망이나 절실한 육체적 욕구를 채우는 꿈이 있음을 알 고 있을 것이다. 물론 이때는 꿈의 왜곡은 나타나지 않는다. 이런 꿈은 윤리 적, 미적 의도를 침해하지 않고도 그 기능을 완수한다.

검열되는 소망이 혐오스러울수록 꿈의 왜곡은 그만큼 크고, 검열의 요구가 엄할수록 꿈의 왜곡은 더욱 커진다. 그러므로 엄격한 가정에서 자란 수줍은 처녀는 우리들 의사는 온당하고 해롭지 않은 리비도적 소망이라고 인정해야 하는, 그리고 처녀 자신도 10년쯤 세월이 지나면 우리와 마찬가지로 온당하 다고 판단을 내릴 꿈의 충동조차 그리 심하게 검열하지는 않을 것이다.

그러므로 우리가 얻은 해석의 결과가 매우 불쾌하며, 망측하다는 것은 그다지 중요하지 않다. 그보다는 오히려 꿈을 해석하여 이와 같은 소망이 꿈에 포함되어 있다고 했을 때, 꿈을 꾼 본인이 애써 내 결론을 부인하는 태도가 더 논할 가치가 있다.

나의 이 말에 대해 어떤 사람은 이렇게 반박할 것이다.

'내 꿈을 해석한 결과, 내가 누이의 지참금과 동생의 교육비로 쓴 돈을 지금까지도 아까워하고 있단 말입니까? 천만에요. 나는 장남으로서 돌아가신 어머니께 맹세한, 누이와 동생을 위해 의무를 다하는 것 외에 내 인생에 즐거움은 없습니다.'

또 한 여성은 이렇게 말한다.

'내가 남편이 죽기를 바라고 있다구요? 터무니없는 얘기예요. 우리의 결혼 생활은 정말 행복한걸요. 남편이 만일 죽기라도 한다면, 이 세상에서 내가 가진 행복은 모두 잃게 돼요.'

또 어떤 사람은 이렇게 반박할 것이다.

'내가 내 누이동생에게 성욕을 느끼고 있다구요? 말도 안 되는 얘깁니다. 누이동생과 나는 사이가 좋지 않습니다. 몇 해 동안이나 말도 한 적이 없다구요.'

자신들에게 간직되어 있다고 지적된 의도를 그들이 부정할 때, 그 말을 그대로 믿는 것은 속단이다. 그런데 우리가 해석한 소망에 정반대되는 것을 그들이 생각하고 있거나, 또 그 정반대의 소망이 그들의 마음에 가득하다는 것을 증명한다면 우리 역시 당황하지 않을 수 없다.

그러나 우리가 비판적으로 논박하면 그 강경한 증명도 무너뜨릴 수 있다. 정신 생활에는 무의식적인 경향이 있다는 가설 아래, 의식 생활에는 의식이 우세하다는 것을 증명했다고 해서 여러분의 증명력이 향상되었다고는 말할 수 없다. 실제로 한 충동이 우세하다는 것이야말로 그에 대립하는 활동이 무의식적이기 위한 조건이 되는 것이다.

그러므로 꿈의 해석 결과가 간단하지 않으며 매우 불쾌하다는 사실에 제일 먼저 반항하게 되는 것이다. 첫째로 분명히 해 두고 싶은 것은 여러분이 그 결과를 간단히 하려고 해도 꿈의 문제는 하나도 해결되지 않는다는 것이다. 둘째로, 여러분의 마음에 들지 않거나, 또는 혐오감을 일으키는 것 등을 과학적 판단의 동기로 삼는 것은 옳지 못하다.

내가 젊은 의사였을 때, 나의 은사 샤르코 선생이 지금과 같은 경우에 "그렇다고 해도 사실이 그런 것을 어찌 하겠나?"라고 말씀하시는 것을 들은 적이 있다. 이것은 이 세상의 현상을 알고자 한다면 보다 겸허한 자세로 자기의 동감과 반감을 제거해야 한다는 뜻이다.

만일 한 물리학자가 이 지구상의 생물은 얼마 되지 않아 전멸한다고 증명했을 때, 여러분은 그에게 '그런 일은 있을 수 없다. 그 예측은 너무 불쾌하다.' 라고 반대할 것인가? 다른 물리학자가 나타나서 그 가설이나 예상의 잘못을 증명해 줄 때까지 여러분은 이러니저러니 말하지 않을 줄 안다. 여러분이 불쾌하다고 부인한다면, 꿈을 형성하는 메커니즘을 이해하여 극복하기는 커녕 그것을 되풀이하는 셈이 된다.

한편 개인한테서 눈을 돌려, 유럽을 황폐화시켰던 제1차 세계대전을 회상하면 수없는 야만과 잔혹, 혹은 기만이 문명국에 만연하고 있음을 깨달을 것이다. 명령에 의해 움직이고 있는 그 많은 사람들이 모두 같은 죄를 범하고 있지는 않겠지만 약간의 양심조차도 없는 야심가나 선동가들이 사악한 정신을 풀어놓는 데 성공했다고 여러분은 믿지 않는가? 이런 현상을 눈앞에서 보는 여러분은 인간의 정신 구조에서 악을 추방하기 위해 기꺼이 나설 용기가 있는가?

여러분은 전쟁이 인류의 가장 아름답고 숭고한 것, 그리고 인류의 희생 정신과 사회적 연대감을 불러일으키는 것이라고 생각할지 모르므로 내가 전쟁을 일방적으로 비판한다고 비난할 것이다. 그러나 여러분은 여기서 정신분석이 한 설을 주장하기 위해 다른 설을 부정한다고, 부당하게도 흔히 정신분석을 오해하는 자들에 동조해서는 안 된다. 인간성에 잠겨 있는 고상한 노력을 우리는 조금도 부정할 생각이 없고, 그 노력의 가치를 경시하는 짓도 한 적이 없다. 나는 검열을 받는 꿈의 악한 소망을 여러분에게 보여 주었을 뿐 아니라, 그 악을 억제하여 구별할 수 없게 만들고 있는 검열까지도 보여 주었던 것이다.

인간의 내면에 있는 악에 대해서 상당히 길게 논하는 까닭은 다른 사람들이 그것을 믿으려 하지 않기 때문이다. 그것을 부인함으로써 인간의 정신 생활은 물론 개선될 리 없으며, 또한 이해할 수도 없게 된다. 우리가 일방적인 윤리 평가를 버릴 때야말로 인간성에 있어서의 선과 악의 관계에 대한 올바른 공식을 얻을 수 있을 것이다.

그렇다면 꿈의 해석에 대한 우리의 연구 결과가 비록 이상한 느낌을 준다 하더라도 굳이 버릴 것은 없다. 나중에 다른 방법으로 꿈을 더 잘 이해할 수 있게 되겠지만, 우선은 꿈의 왜곡이란 잠잘 때 우리의 마음속에 있는 어떤 좋지 않은 소망 충동을 자아의 인정된 세 경향이 검열한 결과라고 단정해 보자. 그러나 왜 이 비난받을 소망은 꼭 밤에만 나타나는가, 또 그것은 어디서 오는 것인가 하는 문제는 더 연구해야 할 것으로 남는다.

그러나 우리가 지금 이 연구의 다른 결과를 논하지 않는다면 잘못을 저지르게 될 것이다. 우리의 잠을 방해하려는 꿈의 소망은 우리가 깨닫지 못하는 것이며, 꿈의 해석으로 비로소 그 존재를 알 수 있는 것이다. 즉 꿈의 소망은 '그때는 무의식의 것'이었다고 할 수 있다. 그런데 이 꿈의 소망은 그때 무의식 이상의 것이라고 말하지 않으면 안 된다. 왜냐하면 많은 실례로 알았듯이, 꿈을 꾼 사람이 그 꿈의 해석에 의해 그 소망의 실체를 알게 된 후에도 그것을 부정하기 때문이다.

우리가 처음 '구토를 한다(aufstossen)'는 잘못 말하기를 해석했을 때, 연사 자신은 은사를 경멸하는 감정을 그때도, 그 전에도 의식한 적이 없다고 강력히 주장했는데, 그와 같은 사례가 꿈의 해석에서도 되풀이된다. 우리는 이미 그때 그와 같은 단어의 가치를 의심하고, 이 연사는 자기 마음속에 있는 기분을 줄곧 깨닫지 못하고 있다는 가설로 그 단정에 대치했었다. 그와 같은 반대의 소리는 몹시 왜곡된 꿈의 해석에 있어서도 반드시 반복되므로, 우리의 견해에 관하여 한층 중요한 의의를 가진다.

정신 생활에는 전혀 의식되지 않은, 아마 한번도 의식하지 않았던 과정, 곧 그러한 의도가 있다고 가정할 수가 있다. 그러므로 무의식이라는 말은 하나의 새로운 의미를 갖게 된다. '그때'나 '일시적'이라는 것은 무의식의 본질에서 사라져 버린다. 무의식이라는 말은 단순히 '그때 잠재해 있었다'는 뜻이 아니라, '영구히' 무의식적이라는 의미를 갖게 된다. 그러나 이 무의식에 대해서는 후일 다시 이야기하기로 하자.

열 번째 강의

꿈에 있어서의 상징성

우리는 꿈의 이해를 방해하는 꿈의 왜곡성이란 좋지 않은 무의식적 소망 충동을 검열하는 과정에서 발생한다는 것을 알았다. 꿈을 좀 더 연구해 보면, 이 검열 작용 이외에 다른 인자가 관여하고 있다는 것을 알 수 있기 때문에, 우리는 검열이 꿈의 왜곡을 일으키는 유일한 인자라고 주장하지는 않았다. 이것은 검열이 없어지더라도 역시 이해하기 어렵고, 현재몽은 잠재의식과 같지 않다고 말하는 것과 같다.

꿈을 불투명하게 만드는 다른 인자, 즉 꿈의 왜곡을 일으키는 다른 인자를 발견하기 위해서 우리는 정신분석 기법이 가진 어떤 결함에 주의해야 한다. 피분석자가 꿈의 각 요소에 대해서 아무 연상도 하지 못하는 때가 있다. 그러나 실제로 그런 예는 대개의 경우, 끈기 있게 강요하면 결국 무엇이든 연상시키는 수가 있는데, 전혀 떠오르지 않는 경우나 아무리 강요해도 우리가 예상하는 것을 얻을 수 없는 경우가 있다.

만일 정신분석의 치료 중에 이런 일이 발생하면 거기에는 어떤 특수한 의미가 존재한다. 그런데 그러한 일은 정상인 또는 자기 자신의 꿈을 해석하는 경우에도 일어난다. 그런 경우 초조해 하더라도 아무 소용이 없다는 것을 확인하면, 우연이 꿈의 특정한 요소 사이에 언제나 나타난다는 것을 발견한다.

그리고 기법이 실패하는 예외의 경우에 부닥쳤다고 생각될 때는 무언가 새로운 법칙이 거기에 작용하고 있음을 깨닫기 시작한다.

그래서 우리는 꿈의 이 '침묵하고 있는' 요소를 해석하고, 그 요소를 특이한 방법으로 번역해 보고 싶은 생각이 든다. 만일 여러분이 내가 지금부터 말하는 대치를 믿고 행한다면 납득할 만한 의미를 얻게 되겠지만, 그렇지 않으면 꿈은 영원히 의미 없는, 재미 없는 상태로 남을 것이다.

나는 교수하기에 편리하기 때문에 모든 것을 좀 도식적(圖式的)으로 이야기하려고 한다.

그렇게 하면, 사람들이 통속적인 해몽서와 대조하여 꿈에서 본 모든 일을 번역하듯이 일정 불변한 것으로 번역할 수 있다. 그러나 연상법으로는 꿈의 요소들이 결코 일정 불변한 것으로 대리되는 적이 없다는 것을 기억해야 한다.

그러면 여러분은 해석의 이와 같은 방법은 자유 연상에 의한 방법보다 훨씬 부정확하고, 또한 난점이 많다고 말할 것이다. 그러나 일률적으로 비난할 수는 없다. 왜냐하면 이와 같은 일정 불변한 대용물이 많으면, 꿈 해석의 이 부분은 실제로 우리 자신의 지식으로 메우기가 가능하다거나, 꿈을 꾼 사람의 연상을 빌리지 않더라도 이 부분은 실제로 이해할 수 있었던 것이라고 나중에 말할 것이기 때문이다. 그러면 우리가 어디서 그 의미를 알게 되는가는 이 강의의 후반에서 설명하기로 하겠다.

'상징적' 관계란 꿈의 요소와 그 번역 사이의 일정 불변한 관계를 말한다. 즉 꿈의 요소 그 자체가 꿈의 무의식적인 관념의 상징이다. 앞에서 내가 꿈의 요소와 그 본래의 것과의 관계를 연구할 때, 다음의 세 가지 관계, 즉 첫째는 전체를 부분으로 대리하는 관계, 둘째는 암시하는 관계, 셋째는 형상화하는 관계로 구별한 것을 기억하고 있을 것이다. 그때, 넷째의 관계가 있다고 언급은 했으나 이름은 붙이지 않았었다. 이 넷째의 관계야말로 방금 말한 상징인 것이다. 상징을 특별히 관찰하기 전에 우선 그 논의를 다루어 보자. 그러면 상징과 관련해서 매우 재미있는 논의가 일어난다. 아마도 상징은 꿈의 학설 중에서 가장 주목할 만한 장일 것이다.

우선 먼저, 상징은 일정 불변한 번역이므로 우리의 기법과는 좀 다르지만, 한편으로는 고대의 해몽이나 통속적인 꿈 점의 이상을 어느 정도 실현시킨다. 꿈을 꾼 사람에게 질문을 하지 않더라도, 어떤 경우 상징을 빌려서 꿈을 해석할 수도 있다. 일반적으로 사용되고 있는 꿈의 상징과 거기에 덧붙여서 꿈을 꾼 사람의 인품, 그의 생활 환경, 꿈을 꾸게 된 계기가 되었던 인상 등을 안다면 금방 해석할 수 있다.

꿈을 꾼 사람에게 일일이 질문을 해야 하는 방법에 비하면 이것은 즐거운 일이 아닐 수 없다. 그러나 이런 식의 재주를 부리는 것은 우리의 목적이 아니다. 상징의 지식에 입각한 해석은 자유 연상의 보조이며, 상징에서 끌어낸 결과는 자유 연상과 병용했을 때만 비로소 유효해지는 것이다. 그러나 꿈을 꾼 사람의 심리 상태를 알고 싶으면, 자기가 잘 알고 있는 사람의 꿈만을 해석의 대상으로 삼고 있지 않다는 것, 꿈을 꾸게 된 계기가 낮에 있었던 사건이라는 것을 모르고 있다는 것, 피분석자의 연상이야말로 심리 상태를 은근히 가르쳐 준다는 점 등을 고려하는 것이 좋을 것이다.

그리고 꿈과 무의식 사이에 관계가 있다는 문제에 대해서 심한 비난을 받는다는 것은 놀라운 일이지만, 이것은 나중에 말하는 사항과 관련하여 주목해 두기 바란다. 왜냐하면 지금까지 오랫동안 정신분석과 함께 걸어온, 유력한 호의를 가진 비평가들조차 이 상징이라는 문제에 이르는 것을 싫어했기 때문이다. 그러나 상징은 꿈에서만 볼 수 있는 것이 아니고, 꿈의 특징도 아니며, 꿈에 나타나는 상징은 정신분석이 발견한 것이 아니라는 점을 아울러 생각하면 이 태도는 매우 기묘하다. 만일 꿈의 상징 표현이 근대에 와서 일어났다면, 꿈의 상징을 발견한 사람은 철학자 셰르너(K.A. Schrner)일 것이다. 정신분석은 셰르너의 발견을 인정하고 동시에 이 발견을 더 철저하게 수정한 것이다.

그런데 여러분은 꿈의 상징의 본질과 그 실례에 대해서 무엇인가 알고 싶을 것이다. 솔직히 말해 나 역시 그것에 대해 잘 알지 못한다.

상징 관계의 본질은 비유이다. 한편 꿈은 아무것이나 임의의 것을 상징화하지 않고, 단순히 꿈의 잠재의식의 어떤 특정한 요소만을 상징화하려고 한다. 다시 말하면 제약이 있는 것이다. 아직은 상징의 정의를 똑똑히 말할 수 없지만 그것은 대용물이나 묘사 등과 혼동되고 암시에 가깝다고 할 수 있다.

어떤 종류의 상징에서는 그 저변에 있는 비유가 뚜렷하게 보일 때가 있다. 그러나 다른 종류의 상징에서는 이 추정된 비유의 공통점, 즉 비유상의 제3의 입장으로 어디에서 찾아야 하는 것일까? 이 경우, 잘 생각해 보면 그 비유를 발견할 수 있을지 모르지만, 어떤 때는 영원히 감추어져 있을 수도 있다. 따라서 상징 관계는 아주 특수한 비유이며, 그 본질이 아직까지도 전혀 밝혀지지 않았다는 것을 알 수 있을 것이다.

꿈속에서 상징적으로 묘사되는 것은 그다지 많지 않다. 신체의 모든 부분, 부모, 자식, 형제, 자매, 분만, 죽음, 나체—이밖에 또 하나가 있다. 집은 전신을 묘사하는 유일한 전형적이고 통례적인 것이다. 이것은 이미 셰르너도 인정한 것인데, 그는 이 상징에 부당하다고 인정될 정도의 의미를 부여하고 과장했다.

꿈속에서 어떤 쾌감을 느끼고 어떤 때는 공포에 사로잡혀 집 벽을 타고 내려온다. 벽이 아주 매끄러운 집이면 남자를 상징하고, 손으로 잡을 수 있는

툭 튀어나온 것이나 발코니가 있으면 여자의 상징이다. 부모는 꿈속에서 황제나 여왕, 그밖의 높은 사람으로 나타난다. 자식이나 형제 자매는 정답게 다루어지지 않고, 조그만 동물이나 벌레처럼 상징된다. 분만은 물 속에 뛰어들거나 물 속에서 솟아오르거나 사람을 구하거나 구조를 받는 등 항상 물과 관련되어 어머니와 아이의 관계를 상징화하고 있다. 죽음은 여행을 떠나거나 철도 여행 등으로 나타나며, 또한 어둡고 무서운 암시로 나타난다. 나체는 옷이나 제복으로 나타난다. 이와 같이 앞에서 든 예는 상징적 묘사와 암시적 묘사의 한계가 애매하다는 것을 나타낸다.

방금 하나씩 든 예가 빈약한 데 비하면, 다른 영역의 사물이나 내용이 매우 풍부한 상징에 의하여 표현되는 것에 여러분은 놀랄 것이다. 그것은 성 생활, 즉 성기, 생식 현상, 성교의 세계이다. 꿈에 나타나는 많은 상징은 성의 상징이다. 이 때문에 이상한 불균형이 생기게 되는데 표현되는 내용은 극히 적지만, 그 내용을 나타내는 상징은 매우 많아서, 그 결과 이러한 사물이 저마다 거의 가치가 비슷한 상징으로 표현되기 때문이다. 상징을 해석하면 그 결과는 사람들의 감정을 해치게 된다. 상징의 해석은 꿈의 왜곡에 비해서 지극히 단조롭기 때문이다.

성 생활에 대해 언급하는 것은 처음이므로 이 기회에 이 주제를 어떻게 다룰 생각인가 한마디해 둘 필요가 있다. 과학이라는 것은 적당하게(in usum delphini) 말해서는 안 되며, 또 해야 할 말을 안 해서도 안 된다. 이 강의는 남녀 동등을 전제로 생각한 것이다.

꿈에서는 남성의 성기가 무수한 상징으로 나타나며, 그 비유 이면에 있는 성의 공통점은 대개 뚜렷하다. 남성 성기 전체는 특히 신성한 숫자 '3'으로 상징된다. 남녀 모두 다 흥미를 가지고 있고, 또 여러모로 주목이 되는 부분, 즉 음경은 첫째로 그것과 비슷한 모양의 지팡이, 우산, 막대기, 나무 등 길고 돌출된 것으로 상징된다.

그리고 몸에 상처를 입힐 수 있는 물건, 즉 단도, 창, 칼과 같은 끝이 뾰족한 무기로 나타나고, 또한 화기(火器), 즉 대포, 피스톨, 음경과 모양이 비슷한 연발식 권총 등으로도 나타난다. 처녀들이 칼이나 총을 든 사내에게 쫓기는 꿈을 꾸는 것이 그 좋은 예이다. 또 음경이 물을 뿜는 물건으로 상징되는 것도 곧 이해할 수 있을 것이다. 즉 수도꼭지, 물뿌리개, 분수 등으로 나타난다. 또 길게 뻗은 물건으로 등불이나 샤프펜슬 등으로도 상징된다. 연필, 펜대, 손톱 다듬는 줄, 망치나 그밖의 도구도 성적인 것의 상징이며, 이런 것들은 이 기관의 통속적인 개념이 있다.

중력의 반대 방향으로 직립하는 음경의 특징인 발기 현상은 경기구(輕氣球), 비행기, 비행선 등으로 표현되기도 한다. 그러나 꿈은 발기를 상징화하는 훨씬 인상 깊은 방법을 가지고 있다. 꿈은 음경을 인간의 본질적인 부분으로 생각하고, 이것을 날아가는 것으로 나타낸다. 우리가 흔히 꾸는 멋있는 비행의 꿈은 일반적으로 성 충동의 꿈, 발기의 꿈으로 해석되어야 한다. 정신분석자 중에서 페데른은 모든 의혹에도 불구하고 이 해석이 옳다는 것을 확신시켰다.

페데른 이외에도 냉정한 비판으로 이름 높고, 팔이나 다리의 위치를 인공적으로 바꾸어 그 꿈을 실험한 모울리 볼트도 연구 결과 정신분석과 같은 결론에 도달했다. 여성도 이 소망을 남성과 같은 감각으로 충족시킬 수 있다는 점은 너무도 당연한 사실이다. 여성도 성기에 남성과 비슷한 조그만 음핵을 갖고 있다. 이 음핵은 어린 시절이나 성 경험 전에 남성의 커다란 음경과 같은 역할을 한다.

쉽게 이해되지 않지만, 어떤 파충류나 어류도 남성 성기의 상징이다. 특히 뱀은 유명한 상징이며, 모자와 외투 또한 같은 상징이다. 그렇다면 남성 성기를 발이나 손 등으로 나타내는 것도 상징으로 풀이하면 되는지 의문이 생긴다. 나는 전체적인 맥락에 의하여, 여성측의 대응물이 있는 경우에는 상징으로 결론을 내리지 않으면 안 된다고 생각한다.

여성의 성기는 그 중심이 비어 있거나 안에 뭔가를 넣을 수 있는 물건으로 표현된다. 예컨대 구멍, 웅덩이, 동굴, 항아리, 병, 깡통, 종이상자, 통, 트렁크, 궤짝, 호주머니, 배(船) 등으로 상징된다. 여성의 상징은 대부분 성기보다는 자궁과 관계가 있다. 장롱이나 난로, 특히 방은 그 대표적인 것이다. 방의 상징은 집의 상징과 결부되어 있는데, 문이나 문간은 생식구의 상징이다. 또 목재나 종이 같은 원료도 여성의 상징이며, 그런 원료로 만든 물건, 예컨대 테이블이나 책도 여성의 상징이다. 동물 중에서 달팽이와 조개는 대표적인 여성의 상징이라고 할 수 있다. 신체의 모든 부분 중에서 입은 생식구의 대표이며, 건물 중에서 교회와 사원은 여성의 상징이다.

유방도 성기로 간주되는데, 그것은 여성의 하반신과 마찬가지로 사과, 복숭아 등 일반적으로 과일에 의해 표현된다. 남녀의 음모는 꿈 속에서 숲이나 풀숲으로 나타난다. 여성 음부의 복잡한 구조는 바위, 숲, 물 등이 있는 풍경으로 묘사되며, 한편 남성 성기는 복잡한 기계로 상징된다.

특히 말해 두고 싶은 여성 성기의 상징은 보석상자이다. 꿈속에서도 보석이나 보물이 애인을 나타낸다. 미식(美食)은 흔히 성적 향락을 나타내는 일이 많다. 자기 성기로 만족을 얻는 것은 피아노 연주를 포함한 여러 가지 종류의 악기 연주로 암시된다. 자위의 묘사는 미끄러지거나 나무를 뽑는 일이다. 특히 놀라운 상징은 이가 빠지거나 이를 뽑는 것인데 이것은 자위에 대한 벌로서 거세(去勢)를 뜻하기 때문일 것이다. 성교의 특별한 묘사는 리드미컬한 활동, 즉 댄스나 승마, 등산 등이며, 또한 자동차에 받히는 등의 난폭한 행위의 경험도 포함한다.

예를 들면 이와 같은 상징적인 묘사에서는 성별이 뚜렷하지 않을 때가 많다. 어떤 상징, 곧 어린아이, 어린 아들, 어린 딸은 남녀의 구별 없이 일반적인 성기를 의미한다. 또 어떤 경우에는 남성의 상징이 여성 성기를 나타내는 데 사용되고, 반대로 여성의 상징이 남성 성기를 나타내는 데 사용되는 일도 있다. 이러한 점들은 성 관념의 발달을 이해하기 전에는 알 수가 없다. 대개의 경우 상징이 이처럼 모호한 것은 외관뿐이며, 그런 상징 중에서도 가장 뚜렷한 것, 즉 무기, 호주머니, 상자는 결코 양성적으로 사용될 수 없다.

한마디 언급해 두고 싶은 것은 상징된 물건보다 상징 그 자체에 대해서이다. 그리고 이 성적 상징의 대부분이 대체 어디서 오는가 이야기하고, 아울러 쉽게 이해할 수 없는 공통점을 가진 상징을 고려하면서 두세 가지 덧붙여 두고 싶다. 이런 모호한 상징은 일반적으로 머리에 쓰는 모자 같은 것들이다.

대개의 경우 모자는 남성을 뜻하지만, 여성을 뜻하는 경우도 있다. 마찬가지로 외투는 남성을 나타내지만 반드시 성기와 관계 있는 것은 아니다. 여성이 결코 매지 않는 넥타이는 분명히 남성의 상징이다. 흰 셔츠와 리넨은 대개 여성을 상징한다. 옷이나 제복은 나체나 인체를 나타내며, 구두나 슬리퍼는 여성 성기를 나타낸다. 좀 이상한 일이지만 테이블과 목재는 틀림없이 여성의 상징이며, 사닥다리, 언덕길, 계단, 그리고 이를 올라가는 것은 확실히 성교를 상징한다.

풍경이 여성 성기의 묘사라는 것은 이미 말했고, 산과 바위는 음경의 상징이며, 마당은 흔히 여성 성기의 상징이다. 과일은 어린이의 상징이 아니라 유방을 뜻한다. 야수는 성욕에 고민하는 인간 또는 그 이상의 본능이나 정열을 의미하고, 꽃은 여성 성기, 특히 처녀성을 나타낸다. 여러분은 꽃이 식물의 성기라는 것을 알고 있을 것이다.

방을 여닫는 것도 하나의 상징이며, 방문을 여는 열쇠는 확실히 남성의 상징이다.

셰르너는 "인체는 꿈속에서 흔히 집의 상징이다."라고 말한 바 있다. 이 상징을 확대하면 창문, 문, 문간은 체강(體腔)의 입구를 의미하게 된다. 집의 전면은 매끄러울 수도 있고, 발코니 또는 돌출물이 있을 때도 있다. 집의 뾰족한 돌출부를 손으로 잡는 것으로 이용하는 것은 유방이 큰 여자에게 '잡을 곳이 있다' 고 하는 독일인의 말투를 연상시킨다.

꿈속에서 부모가 황제 부부로 나타난다는 것은 좀 뜻밖이다. 그러나 동화 속에서 이와 같은 일을 발견할 수 있다. 많은 동화는 "옛날 옛적 어느 곳에 임금님과 왕비님이 살았습니다."로 시작되는데, 이것은 '옛날 옛적에 아버지와 어머니가 살았습니다.' 라는 것과 마찬가지 아닌가! 가정에서 부모는 아들을 왕자라는 애칭으로 부르고 장남을 황태자라 부르며, 아버지는 스스로를 국부(國父)라고 말한다. 우리는 어린아이를 농담으로 '구더기' 라고 부르고, 동정적으로 '가엾은 구더기' 라고 말한다. 이와 같이 관용어에서도 같은 상징을 발견할 수 있는 것이다.

재목이 어찌하여 어머니나 여성을 나타내게 되었는지는 모르겠지만, 비교 언어학은 이에 도움이 될 것이다. 독일어로 재목을 나타내는 홀츠(Holz)는 그리스 어의 재료, 원료를 뜻하는 유레(υλη)와 같은 어원이라고 한다. 대서양의 마데이라(Madeira)라는 섬은 포르투갈 사람이 처음 발견했는데 발견 당시 곳곳에 수목이 무성하여 붙여진 이름이다. 마데이라는 포르투갈 어로 재목이라는 뜻이다. 이 마데이라는 일반적으로 원료를 뜻하는 라틴 어의 마테리아(materia)와 같다. 그런데 마테리아는 마터(mater), 즉 어머니의 파생어이다. 하나의 물건을 만들기 위해서는 원료가 있어야 하는데, 물건의 입장에서 보았을 때 원료는 어머니와 같은 관계에 있는 것이다. 재목으로 여성이나 어머니를 상징적으로 나타내는 것은 이와 같이 오랜 관념의 유물이라 하겠다.

꿈속에서 물과 관련하여 나타나는 것은 분만을 상징한다. 물에 뛰어들거나 물에서 솟아오르는 것은 아이를 낳거나 태어나는 것을 뜻한다. 이 상징은 두 가지 점에서 진화론(進化論)의 진리에 입각해 있다. 즉 물에 사는 모든 포유동물과 인류의 조상이 수서동물(水棲動物)에서 진화했다는 것이 그 첫째이며, 인간을 비롯한 모든 포유동물은 생존의 제1기를 물 속, 즉 태아로서 모체의 양수 속에서 보냈으며, 분만으로 물에서 나왔다는 이론이 그 둘째이다. 꿈을 꾸는 사람이 이것을 알고 있다고 주장할 생각은 없다. 이와 반대로 나는 꿈을 꾸는 사람은 그런 것을 알 필요가 없다고 생각한다.

내 환자 중 백작의 아들이었던 한 사람은 황새가 호수나 연못에서 아기를 데리고 왔다는 이야기를 어렸을 때 들었는데, 이 이야기를 들은 날 오후에 홀연히 사라져 버렸다. 사람들은 사방으로 찾아다니다가 성의 안쪽에 있는 연못가에서 수면에 얼굴을 대고 물 밑에서 아기가 나타나는지 열심히 지켜보고 있는 그를 발견했다.

랑크가 비교 연구한 영웅의 탄생에 관한 신화에서는 물 속에 버려져 있는 사르곤 왕을 건져낸다는 것이 주제이다. 랑크는 탄생에 대한 이 묘사가 꿈에서의 묘사와 같다는 것을 발견했다. 꿈속에서 물에 빠진 사람을 건져 올릴 때, 건진 사람이 자기 어머니이거나 아니면 단순히 모성으로 간주된다. 신화에서는 아이를 물 속에서 건져내는 사람은 그 아이의 생모가 된다.

꿈속에서 여행을 떠나는 것은 죽음을 의미한다. 이와 같은 경우는 어린아이를 대하는 습관에도 있다. 어린아이가 죽은 사람을 찾으면, 어른들은 그 사람은 여행을 떠났다고 말한다. 그러나 나는 여행을 떠난다는 꿈의 상징이 어린아이에 대한 이런 구실에서 왔다고는 생각지 않는다. 시인도 같은 상징을 사용하고 있지 않은가! 그들은 저승을 "한번 발을 들여놓으면 어떤 나그네라도 다시 돌아올 수 없는 어둠의 나라"라고 읊는다. 이와 같은 비유로는 일상 생활에서도 죽음을 '마지막 나그넷 길'이라고 표현하고 있다.

성의 상징은 결코 꿈의 특산물은 아니다. 여러분은 여자를 'alte Schachtel(낡은 상자)'라고 한 적이 있을 것이다. 그러나 이때 성기의 상징을 사용하고 있다고는 깨닫지 못했을 것이다. 《신약성서》에는 "여자는 연약한 그릇이니라."라는 문구가 있다. 《구약성서》에는 시에 가까운 문체로 성의 상징이 많이 표현되어 있는데, 그것이 어느 경우에나 올바르게 해석되어 있지는 않다.

이를테면 솔로몬의 〈아가(雅歌)〉의 주석에는 엉뚱한 해석들이 내려져 있다. 후기의 히브리 문학에서는 여자를 집으로 묘사하고, 그 집의 문간을 생식구의 상징으로, 그것도 넓게 열려진 음문을 나타낸다. 신랑은 신부가 처녀가 아니라는 것을 알았을 때, '문이 열려 있었다'고 호소한다. 테이블을 여성의 상징으로 하는 용법도 히브리 문학의 문헌에 나타나 있다. 아내는 자기 남편에 대해서, "나는 남편을 위해서 테이블을 차려 놓았는데, 남편은 그것을 뒤엎어 버렸다."고 말한다. 남편이 테이블을 뒤집어 엎은 뒤에 태어난 아이는 불구가 된다고 한다. 나는 이와 같은 연구를 부르노의 레비가 쓴 《성서 및 유대 율법에 나타난 성적 상징(Die sexual symbolik der Bible und des Tamads)》에서 인용하였다.

아궁이가 여성과 모체의 상징이라는 것은 그리스 신화에서 코린트 섬의 페리안도로스와 그의 아내 메리사의 이야기를 보면 알 수 있다. 헤로도토스의 저서인 《역사》에 따르면, 폭군 페리안도로스는 진심으로 사랑했지만, 질투 때문에 참살한 아내 메리사의 망령을 불러내어 그녀의 소식을 들었다고 한다. 그때 죽은 아내는 어느 누구에게도 고백할 수 없는 사건을 감추기 위해서, 페리안도로스가 불기 없는 아궁이에 자기 빵을 쑤셔 넣었음을 상기시켜서 자기라는 것을 알린 것이다. 불길은 남성 성기의 상징이며 불이 타는 아궁이는 자궁을 상징한다.

꿈속의 경치가 왜 여성의 성기를 상징하는 것일까? 어머니인 대지가 고대의 사상과 제사에서 매우 중요시되고 있었다는 것, 경작이라는 개념이 이 상징으로 표현되어 있었다는 것을 신학자로부터 배우게 될 것이다. 꿈속의 방이 여자를 상징한다는 것은 독일어로 여자 대신 'Frauenzimmer'[1]라고 말하는 것을 알고 있을 것이다. 이와 같이 우리는 Hohen Pforte[2]라는 말을 사용하는데, 이것은 터키 황제와 그 통치를 의미한다.

고대 이집트의 군주에 대한 칭호 파라오(Pharaoh)는 '큰 안마당'이라는 뜻이다. 그러나 이런 유도법은 너무 피상적으로, 방은 사람이 들어가는 곳으로서 여성의 상징이 되었다고 말하는 편이 훨씬 나을 것이다. 신화와 시문(詩文)에 있어서 도시, 성, 저택, 성채를 통틀어 여성의 상징이라고 하는 것도 틀린 생각은 아니다. 나는 요즈음 외국인 환자를 치료하고 있는데, 그 외국인의 꿈속에서 방이 여성의 상징이라는 것을 깨달았다. 이미 1862년에 꿈 연구가 슈베르트가 주장한 대로 상징은 말의 국경을 넘는 것이다.

남성 성기의 상징 중에서 우스갯소리, 속어, 속요, 특히 고전 시가에 나타나지 않는 것은 없다. 그러나 이와 같은 상징은 꿈속에 나타나는 것만이 문제되는 것이 아니라, 여러 가지 작업에 사용되는 연장, 그 중에서도 가래가 문제시된다.

잠시 '3'이라는 숫자의 상징에 대해서 몇 가지 말하고 싶다. 3이라는 숫자가 그 상징적인 뜻 때문에 신성시되고 있는지는 아직 단정짓지 않았지만, 아

---

1 원뜻은 '여자의 방'으로, 여자를 낮추어 칭한 말.
2 '높은 문'으로 제왕에 해당됨.

무튼 자연계에 존재하는 세 부분을 가진 것은 대개 이와 같은 상징적 의미에 입각해서 문장(紋章)이나 기장(記章)에 쓰여지고 있는 것은 확실하다. 세 잎 클로버는 그 대표적인 예이다.

세 개의 꽃잎을 가진 프랑스 백합은 남성 성기를 묘사한 것이다. 고대에는 음경의 모형이 악마를 물리치는 강력한 부적(符籍, Apotropaea)으로 사용되었다. 이것과 관련하여 행운을 가져다준다는 현대의 부적은 성기 혹은 성적 상징인 것이다. 조그마한 은제 장식 모양의 수집물, 이를테면 네잎 클로버, 돼지, 송이버섯, 말발굽, 사닥다리, 굴뚝 청소부 등을 보라. 네잎 클로버는 상징에 적합한 그 세 잎의 대신이다. 돼지는 고대에서부터 다산(多産)의 상징이었다. 송이버섯은 누가 보아도 음경의 상징이다. 말발굽은 여성 성기의 윤곽과 비슷하고 사닥다리를 들고 있는 굴뚝 청소부도 이 부류에 속하는데, 굴뚝 청소부는 통속적으로 말해서 성교에 비교되는 일을 하기 때문이다.

나무를 뽑는 것은 자위의 상징적 묘사인데, 이것은 자위라는 행위의 속어적인 명명과 일치하며, 신화에서도 비슷한 예를 볼 수 있다. 여기서 특히 주목할 만한 것은 자위에 대한 형벌로서의 거세를 이가 빠지는 것, 이를 뽑는 것으로 상징하고 있는 일이다. 이 표현을 꿈을 꾸는 사람이 알고 있는 것은 극히 드물지만, 민속학에서는 이와 대응하는 것을 볼 수 있다. 많은 민족의 할례(割禮)는 거세와 상통하는 것이며, 거세의 대신이라는 것을 나는 주장할 수 있다. 최근의 보고에 의하면, 오스트레일리아의 한 미개 종족은 성년식 때 할례를 행하는데, 그 이웃에 있는 다른 종족은 할례 대신 이를 뽑는다.

이제 이것으로써 정신분석의 전체적인 성격을 대강은 파악할 수 있었으리라 본다. 정신분석은 그 연구하는 작업으로 인하여 영향을 받을 신화학, 인류학, 언어학, 민속학의 전문가들과 밀접한 관계를 가지는 것이다. 이상의 연구에서 두세 가지 결론을 얻었다.

첫째로, 꿈을 꾸는 사람은 깨어 있을 때는 알지도 못하는 상징을 그 꿈속에서 자유롭게 표현할 수 있다는 것을 알았다. 우리의 심리학적 견해로 이 사실을 다 설명한다는 것은 쉬운 일이 아니다. 그러나 우리는 상징의 지식은 꿈을 꾼 사람에게는 무의식이며, 상징은 그 사람의 무의식의 정신 생활에 속한다는 것만은 주장할 수 있다. 그러나 지금까지 우리는 사람들이 일시적으로나 혹은 영구히 깨닫지 못하는 무의식적인 의향이 있다고 가정해야 하는데, 이제 이 문제는 확대된다. 무의식적인 지식, 즉 서로 다른 대상 사이의 사상 관계와의 비유가 문제시된다. 이런 비유는 필요에 따라 새로 만들어지는 것이 아니라, 이미 다 완성되어 있으므로 확고부동한 것이다. 왜냐하면 인종을 다르든 언어가 다르든 일치하기 때문이다.

둘째로, 이런 상징 관계는 꿈을 꾼 사람 또는 상징 관계를 표현시키는 꿈의 작업에 한정된 것은 아니다. 우리는 같은 상징이 신화, 동화, 격언, 가요, 속어나 시적 공상에 사용되어 왔다는 것을 알았다. 상징의 세계는 넓으며, 꿈의 상징은 그 세계의 조그마한 일부분일 뿐이다. 따라서 꿈에서 이 문제를 규명하고자 하는 것은 무모한 일이다. 다른 부문에서 사용되고 있는 상징의 대부분은 꿈속에 나타나지 않거나, 나타난다 해도 극히 드물다.

한편 꿈의 상징은 다른 모든 부문에서 발견되지 않고 흩어져 있을 뿐이다. 한 정신병 환자는 재미있는 공상을 했다. 이 사나이는 하나의 '원시 언어(Grundsprache)'를 공상했는데, 그 원시 언어 속에는 이러한 상징 관계가 모두 유물처럼 나타나 있었던 것이다.

셋째로, 지금까지 말한 다른 부문에서는 상징이 성의 상징에 한정되지 않았는데, 꿈에서는 그 상징의 거의 모두가 성적인 사물이나 성적인 관계를 나타내는 데 사용되고 있다는 점이 우리의 주의를 끌었다. 물론 이것도 설명이 쉽지 않다. 본래는 성적인 뜻을 가지고 있던 상징이 나중에는 다른 것에 사용된 것은 아닐까? 또 상징적 묘사가 약해져 다른 종류의 묘사로 옮겨진 것은 이것과 관계가 있는 것일까? 우리가 꿈의 상징에 범위를 한정하여 연구하고 있는 이상 이와 같은 문제에 정확한 대답을 할 수는 없다. 다만 본래의 상징과 성의 상징 사이에는 특히 밀접한 관계가 있다는 것만은 확실히 알고 있을 뿐이다.

최근 이 문제에 대해서 중대한 단서가 잡혔다. 스웨덴의 언어학자 슈페르버는 정신분석과는 관계 없이 성욕은 언어의 기원과 그후의 발달에 크게 공헌했다는 학설을 발표했다. 그에 의하면, 최초의 발성(發聲)은 전달과 성의 상대를 불러내는 것을 목적으로 하고 있었으며, 이 최초의 말은 원시인의 노동과 더불어 더욱 발달되었다. 그 노동은 공동 작업이며, 리드미컬하게 발성을 되풀이하여 행해지면서 성적인 관심은 노동으로 옮겨 갔다.

원시인은 노동을 성 활동과 같은 가치의 것, 성 활동의 대용으로 다루었다. 즉 노동을 유쾌한 것으로 삼았던 것이다. 세월이 흐름에 따라 이 말에서 성적인 의미는 상실되고 노동적 의미만 남게 되었다. 그후의 세대에서도 처음에는 성적인 의미를 가지고 있던 것이 새로운 종류의 노동을 가리키는 데 사용되어 그 성적인 의미가 상실되었던 것이다. 이렇게 하여 많은 원시적인 말이 만들어졌지만, 그것은 모두 성에서 비롯되어 나중에는 그 성적인 의미를 잃어버렸다.

만일 지금 말한 의견이 옳다면, 꿈의 상징을 이해할 가능성은 좀 더 많아질 것이다. 왜 이 원시적인 특징을 가진 꿈에 성의 상징이 많으며, 왜 무기나 도구가 항상 남성의 상징이며, 재료나 가공품이 여성의 상징인지를 이해할 수 있을 것이다. 상징 관계는 어원이 그 옛날에는 동일했다는 것을 말한다. 일찍이 성기와 같이 불렸던 것이 지금 꿈속에서 성기의 상징이 되어 나타나는 것이다.

이제 여러분은 정신분석의 특징을 꿈의 상징적 표현에 대응하는 것에서 알 수 있을 것이다. 이 특징이야말로 심리학도 정신의학도 아직 도달하지 못한 정신분석을 일반적인 관심의 초점으로 만드는 것이다. 정신분석은 다른 모든 정신 과학과 관계를 가지고 있으며, 이 연구는 신화학, 언어학, 민속학, 민족 심리학, 종교학 등에 귀중한 설명을 해 주었다. 이 모든 부문에서, 정신분석은 영향을 받은 것보다는 영향을 준 것이 더 많았다. 정신분석의 이러한 성과가 다른 학문의 영역에서 확인되었다는 점에서는 정신분석이 이익을 얻었지만, 전체로 보아 기술상의 방법과 착안점을 제공한 것은 정신분석 쪽이다. 그리고 다른 학문이 이를 응용하면 많은 수확을 얻을 수 있다는 것을 알았다. 개개인의 정신 생활은 정신분석으로 설명되는데, 그 설명으로 우리는 집단 생활의 많은 수수께끼를 풀고, 또 어느 정도 올바른 자세를 취할 수도 있게 되는 것이다.

우리는 어떤 조건하에서 방금 가정한 그 '원시 언어'를 더 잘 알 수 있으며, 또한 어떤 영역에서 다수의 원시 언어가 지금까지 보존되어 있는지는 아직 한번도 다루지 않았다. 그러나 이 영역은 노이로제 환자의 세계이므로 이 주제의 의의는 평가할 수 없다. 노이로제 환자가 나타내는 증상이나 표현이야말로 그 자료의 보고(寶庫)이기 때문에 노이로제 환자를 연구하고 치료하기 위해서 정신분석이 만들어진 것이다.

넷째 견지는, 우리의 첫 출발점으로 돌아가서 목표하는 길을 살펴보는 것이다. 꿈의 이해란 매우 어려운 것임을 앞에서도 말했다. 왜냐하면 우리는 꿈의 상징 언어를 깨어 있을 때의 사고 언어로 번역해야 하기 때문이다. 그러므로 상징은 꿈의 검열과 함께 꿈 왜곡의 제2의 독립된 인자인 것이다. 그러나 상징의 이용이 꿈의 검열에 매우 편리하다는 것은 극히 자연스런 일이다. 왜냐하면 상징은 검열과 같은 목적, 즉 꿈을 기괴하게 만들고 이해하기 어렵게 만들기 때문이다.

꿈을 깊이 연구해 나가면 그것을 왜곡시키는 다른 새로운 인자가 있다는 것을 알게 된다. 그러나 상징이 신화, 종교, 예술, 언어에 널리 퍼져 있는 것이 사실인데도 왜 교양 있다는 사람들 사이에서 꿈의 상징이 저항을 받고 있는 것일까? 그 이유는 성적인 것에 관계가 있기 때문이 아닌가 생각된다.

열한 번째 강의

꿈의 작업

이제 여러분은 현재몽과 잠재몽을 혼동하지 않기 바란다. 이것을 정확히 구별할 줄 안다면 여러분은 나의 저서 《꿈의 해석》을 읽은 것보다 훨씬 더 꿈을 이해한 것이라고 말할 수 있다. 잠재몽을 현재몽으로 바꾸는 일을 '꿈의 작업' 이라고 이름지은 것을 확실히 기억하기 바란다. 그리고 '꿈의 작업' 과 반대 방향으로 현재몽에서 잠재몽에 도달하려고 하는 작업이 바로 우리가 하고 있는 '해석 작업' 이다.

'해석 작업' 은 '꿈의 작업' 을 해소시키는 일이다. 소망 충족이 분명하게 나타나 있는 유치한 꿈에서도 이미 꿈의 작업이 시작되었던 것이다. 소망은 현실로 변형되었고, 관념은 시각적 형상으로 변형되어 있기 때문이다. 이 경우에는 어떠한 해석도 필요치 않으며, 이들 변형을 반대로 행하기만 하면 된다. 다른 꿈에도 꿈의 작업이 관계하고 있는데, 이것을 우리는 꿈의 왜곡이라고 부른다. 그리고 이것은 우리의 해석 작업으로 본래의 모습대로 돌릴 수 있는 것이다.

꿈의 작업이 가진 제1의 작용은 '압축(Verdichtung)' 이다. 압축이란 현재몽이 잠재몽에 비해서 그 내용이 적다는 것으로서, 이것은 잠재몽의 생략이나 번역을 뜻한다. 어떤 경우에는 압축이 결여되어 있지만, 대개의 경우 압축은 존재하며, 너무 지나치게 압축되기도 한다. 압축은 현재몽이 잠재몽에 비해 지나치게 그 규모가 크거나 그 내용이 풍부한 적은 결코 없다.

압축은 다음과 같이 이루어진다. 첫째, 어떤 종류의 잠재요소가 완전히 생략되며, 둘째 잠재몽의 많은 콤플렉스 중에서 어느 일부분만이 현재몽으로 옮겨가기 때문이며, 셋째 어떤 공통점을 가진 잠재요소가 현재몽으로서 그것이 모여 하나로 나타나기 때문이다.

이때, 셋째 과정만을 '압축'이라고 불러도 괜찮다. 여러분 자신의 꿈을 생각해 보면, 온갖 인물이 하나의 인물로 압축되어 있다는 것을 쉽게 상기할 수 있을 것이다. 이와 같은 합성 인물을 살펴보면 표정은 A 같지만, B 같은 옷을 입고, C를 연상시키는 일을 하고 있다. 그러면서도 그 사람은 실은 D인 것이다. 물론 이 합성 인물 속에는 네 사람의 공통점이 특히 눈에 띈다.

사람에 대한 것과 마찬가지로, 물품이나 장소도 합성물을 만든다. 그러나 각각의 물품이나 장소가 현재몽이 강조하는 어떤 것을 서로 공유한다는 조건일 때만 이와 같은 합성물이 만들어진다. 그것은 이 공통점을 중심으로 삼아서 어떤 새로운 일시적 개념이 만들어지는 것과 비슷한 현상이다. 서로 압축된 각 부분이 다시 중복됨으로써 윤곽이 뚜렷하지 않은 흐릿한 강이 만들어진다.

이와 같이 꿈의 작업은 합성물을 만든다는 점에서 특히 중요하다. 합성물에 필요한 공통점이 처음엔 발견되지 않아도 일부러 만들어진다는 것을 증명할 수 있기 때문이다. 즉 어떤 관념을 나타내는 언어 표현을 선택함으로써 만들어진다. 우리는 이런 종류의 압축과 합성을 이미 알고 있다. 그것은 말을 잘못하도록 야기시키는 데 큰 역할을 한다. 또 말을 잘못한 것 이외의 기지가 있는데, 이것은 결국 압축으로 일어난다. 이 압축은 정말 이상하고 기괴한 것이다. 꿈속의 합성 인물의 모습과 같은 것이 우리의 공상의 창조물에서 많이 발견된다. '창조적' 공상이라고는 하지만, 새로운 것을 발명한 것이 아니라 전혀 관계가 없는 각 부분을 연결했을 뿐이다.

그러나 꿈의 작업이 하는 방법에서 특수한 점은 다음과 같다. 꿈의 작업에 사용되는 원료는 관념인데, 그 관념의 몇몇은 불쾌한 것일지도 모르지만, 그런 관념도 형성과 표현은 실로 정확하다. 이 관념은 꿈의 작업에 의해 다른 모습으로 바꾸어지는데, 이 번역, 대치에 있어서 다른 글자나 말로 번역하는 경우와 마찬가지로 융합이나 결합과 같은 수단이 이용되는 것은 쉽게 이해할 수 없는 부분이다.

일반적으로 언어의 번역에서는 원서 속의 구별을 존중하고 비슷한 것은 엄밀히 구별하도록 노력해야 하는데, 꿈의 작업은 이와는 전혀 반대이며, 마치 기지처럼 두 가지 관념을 암시하는 모호한 말을 선택해 두 가지 서로 다른 관념을 압축하려고 한다. 이 특징을 이해하는 것은 쉬운 일이 아니지만, 꿈의 작업을 이해하는 데는 중요한 역할을 할 것이다.

압축이 꿈을 불투명하게 만드는데도 불구하고 일반적으로 그것이 꿈의 검열의 결과라는 인상은 받지 않는다. 오히려 기계적 혹은 경제적 이유로 돌리고 싶다. 그러나 검열은 거기서 이익을 얻고 있는 것이다.

압축의 작용은 대단히 엄청난 것일 때가 있으므로, 그 작용의 도움을 빌리면 전혀 다른 두 가지 잠재의식의 흐름이 때로는 하나의 현재몽으로 결합되기도 한다. 그 결과 여러분이 하나의 꿈을 훌륭히 해석했다고 생각하더라도 그것은 단지 표면에 불과하다.

압축은 잠재몽과 현재몽의 관계에도 영향을 미치기 때문에 양쪽의 꿈이 가진 요소 사이의 관계는 우리가 생각하는 것처럼 결코 단순하지 않다. 마치 서로 얽혀 있는 것처럼 하나의 현재 요소는 동시에 많은 잠재요소에 대응하고 있으며, 또 반대로 하나의 잠재요소는 많은 현재 요소와 관계한다. 그러므로 꿈의 작업은 꿈의 관념을 바꾸어 놓기 위해서 매우 복잡한 방법을 사용한다.

꿈의 작업의 제2의 작용은 '대치(Verschiebung)'이다. 대치는 두 가지 형식을 취한다. 첫째는, 잠재요소가 그 자신의 구성요소로가 아니라 그것과는 동떨어진 하나의 비유에 의해서 대용되는 경우이다. 둘째는, 심리적인 강조점이 중대한 요소에서 그렇지 않은 요소로 옮겨진 결과, 꿈의 중심이 변화하여 기괴한 형태를 취하게 되는 경우이다.

비유로 대용하는 것은 우리가 깨어 있을 때의 사고에도 존재하지만, 이들은 약간의 차이가 있다. 눈을 뜨고 있을 때의 사고에서 비유는 금방 알 수 있고, 대용된 사물은 그 본래의 내용과 어떤 관계가 있다. 기지도 이를 이용하는데, 기지의 경우는 내용상의 연상이라는 조건은 없으며, 발음이 비슷하다거나 낱말의 의미가 여러 가지 있다는, 평소에는 볼 수 없는 표면적인 연합이 사용된다. 그러나 기지에서는 쉽게 이해된다는 조건이 필요하다. 비유에서 그 본래의 것으로 쉽게 돌아갈 수 없다면 기지의 효과는 상실되는 것이다. 이에 반해서 꿈의 대치에서 사용되는 비유는 제약이 없다. 꿈의 비유는 가장 표면적이고 본래의 요소와 가장 소원한 관계로 결합되어 있다. 그러므로 꿈의 비유는 이해하기 어려우며, 설령 본래의 사물로 돌아갈 수 있었다고 하더라도 그 해석은 서툰 기지라는 인상을 준다. 꿈의 검열 목적은 비유에서 본래의 뜻을 찾지 못했을 때만 이루어지는 것이다.

강조점의 이동은 관념을 나타내는 수단으로서는 합법적이 아니다. 깨어 있을 때의 사고에서는 흔히 희극적 효과를 얻기 위해서 이 강조점의 이동이 사용된다. 다음과 같은 이야기에서 여러분은 이 강조점의 이동에서 생긴 당혹감을 환기시킬 수 있을 것이다.

"어느 마을에 사는 한 대장장이가 사형에 해당하는 죄를 저질렀다. 재판장은 그의 죄상이 명백하다고 판결을 내렸는데, 그 마을에는 대장장이가 이 사람뿐이었으므로, 그는 이 마을에 꼭 있어야만 했다. 이에 반해서 그 마을에는 재단사가 세 명이나 있었다. 그래서 그 세 사람 가운데 하나가 대장장이 대신 교수대에 서는 궁지에 빠졌다."

꿈의 작업이 하는 제3의 작용은 심리학적으로 매우 흥미롭다. 이 작용의 본질은 관념을 시각적 형상으로 바꾸는 일이다. 꿈의 관념이 모두 다 대치되지는 않으며, 그 중에 대부분은 그 원형을 간직하고 있어서, 관념 또는 지식의 형태로 현재몽 속에도 나타난다. 시각 형상은 결코 관념이 전환되는 유일한 방법이 아니지만, 꿈을 만드는 데는 본질적인 것이다. 이미 알고 있는 것처럼 꿈의 작업의 이 부분은 가장 변화하기 힘든 것이다. 그리고 우리는 이미 꿈의 낱말의 요소에 대한 '조형적 언어 묘사(造形的言語描寫, plastische Wortdarstellung)'를 인지하고 있다.

이 제3의 작용이 쉬운 것이 아니라는 점은 분명하다. 그것의 어려움을 이해하기 위해, 여러분은 신문의 정치면을 삽화로 바꾸라는 명령을 받았다고 가정해 보라. 즉 여러분은 알파벳을 상형문자(象形文字)로 바꾸어야 한다. 이면에 나오는 인물이나 구체적인 사건은 쉽게, 아마도 알파벳보다 더 훌륭하게 그림으로 바꿔 놓을 수 있겠지만, 추상적인 말이나 전치사나 접속사 등과 같은 품사를 그림으로 표현하는 것은 여간 어려운 일이 아닐 것이다.

여러분은 아마 신문의 정치면 속 기사들을 신기하지만 더 구체적인, 즉 그림으로 그리는 데 알맞은 구성 요소를 가진 다른 말로 바꾸려고 할 것이다. 그리고 그때 추상적인 말은 대개 처음에는 구체적인 말이었지만, 그 구체적인 의미가 바뀐다는 것을 알게 될 것이다. 그 결과 여러분은 이런 추상적인 말의 기원에 해당되는 구체적인 의미로 거슬러 올라가 파악하게 된다.

꿈의 작업도 이와 같다. 이런 상태 아래서는 묘사의 정밀성을 요구할 수 없다.

사고의 상호 관계를 나타내는 품사, 즉 '왜냐하면', '그러므로', '그러나'와 같은 말을 그림으로 그릴 경우, 여러분은 방금 말한 보조 수단을 갖고 있지 않다. 그러므로 원문의 이러한 구성 요소는 그림으로 바꿀 때 상실되는 것이다. 이와 마찬가지로, 꿈의 관념이 가진 내용은 꿈의 작업으로 대상이나 활동이라는 원료로 분해되어 버린다. 그림으로 그릴 수 없는 상호 관계를 그림의 미묘한 농담(濃淡)으로 대충 암시할 수 있는 가능성이 있다면, 여러분은 그것으로 만족해야 할 것이다.

꿈의 작업은 꿈의 잠재의식의 많은 내용을 현재몽의 명암으로, 또 여러 가지 부분으로서의 분할 등 형태상의 특징으로 나타낸다. 부분몽(部分夢)의 수효는 잠재몽에 있는 관념의 계열의 수, 즉 주제의 수와 일치한다. 이를테면 짧은 서몽(序夢)은 뒤이어서 나타나는 주된 꿈에 대해서 대개 머리말이나 유인(誘因)의 관계를 갖는다.

꿈의 관념 속에 있는 부문장(副文章)은 마치 장면이 바뀌는 것처럼 삽입되어 현재몽 속에 나타난다. 그러므로 꿈의 형태는 충분한 의미를 갖고 있으며, 그 형태도 해석할 필요가 있다. 하룻밤에 꾼 많은 꿈은 흔히 동일한 뜻을 갖고 있으며, 다가오는 하나의 자극을 어떻게든 잘 처리하려는 노력을 말해 준다. 각각의 꿈속에서조차 특별히 표현이 어려운 요소는 '중복(重複)', 다시 말해서 다양한 상징으로 표현된다.

꿈의 관념과 현재몽을 계속 비교해 보면, 지금까지 우리가 예상도 하지 않았던 일, 이를테면 꿈의 덧없음이나 꿈의 불합리함에도 의미가 있다는 것을 알게 된다. 이 점에서 꿈에 대한 의학의 견해와 정신분석의 견해는 유례없이 날카롭게 대립하는 듯하다. 의학의 견해에 의하면, 꿈을 꿀 때의 정신 활동은 모든 비판이 결여되어 있기 때문에 꿈은 덧없는 것이다. 이에 반해서 우리의 정신분석의 견해에 따르면, 꿈의 관념에 포함되어 있는 비판, 즉 '이것은 덧

없다' 는 판단을 표현하려 할 때야말로 비로소 꿈은 덧없는 것이 된다. 여러분이 이미 알고 있는 저 연극 구경을 가는 꿈(C석 입장권 석 장에 1플로린 반)이 그 좋은 예이며, 그와 같이 표현된 판단은 '그렇게 빨리 결혼한 것은 바보짓이었다' 라는 것을 의미하고 있다.

이와 마찬가지로 어떤 요소가 과연 꿈속에 나타나 있었던가, 이 요소는 사실 이런 것이 아니라 저런 것이었던 게 아닌가 하고 꿈을 꾼 사람이 흔히 제기하는 의문이나 의혹은 잠재의식과는 관계 없이 그것들은 모두 꿈의 검열 작용인 것이다. 우리는 그와 같은 의문이나 의혹은 검열의 결과로서, 완전히 성공하지 못한 삭제에 비유할 수 있다.

꿈의 작업이 잠재몽 속에서 대립점을 어떻게 다루는가 연구하다 보면 새로운 것을 발견하게 된다. 우리는 잠재 재료에 포함되어 있는 공통점이 현재몽 속에서는 압축에 의해 표현된다는 것을 이미 알았다. 그런데 대립점도 공통점과 같은 식으로 다루어지며, 특히 즐겨 동일한 현재 요소로 표현된다. 그러므로 정반대라고 추정할 수 있는 현재몽의 어떤 요소는 나타난 형태 그대로이지만 나타나 있는 요소의 정반대, 또는 그 양쪽을 동시에 의미하기도 한다. 번역함에 있어서 어느 쪽을 택하는가는 꿈의 의미가 결정해 준다. 꿈속에 부정의 묘사가 없다는 것, 적어도 명백한 부정의 표현이 없다는 것은 이것과 관련이 있다.

언어의 진화는 꿈의 작업의 이 이상한 태도를 설명하는 데 편리한 자료를 부여한다. 많은 언어학자들은 원시 언어에서는 '강하다—약하다', '밝다—어둡다', '크다—작다' 라는 대립되는 개념의 반의어(反義語)가 동일한 어원으로 표현되어 있었다고 주장하고 있다(원시어의 대립적 의미). 이를테면, 고대 이집트에서는 'ken' 이라는 말이, 처음에는 '강하다' 와 '약하다' 의 두 가지 의미를 가지고 있었다. 문자로 나타낼 때는 이른바 한정어, 즉 그 자신은 발음할 수 없는 것으로 되어 있던 그림을 글자에 덧붙였다. 그러므로 ken이 강하다는 뜻일 때는, 그 글자 뒤에 똑바로 서 있는 남자의 그림을 작게 그려 넣고, 약하다는 뜻일 때는 그 뒤에 힘없이 쭈그리고 앉아 있는 남자의 그림을 그려넣었다. 후대에 이르러서야 비로소 같은 발음을 가진 원시어가 조금씩 변화하여 그 중에 포함되어 있는 대립적 의미가 두 개의 기호로 표현되었던 것이다. 나는 이에 대해 아벨(C. Abel)의 저서에서 몇 가지 증거를 인용해 보기로 하겠다.

• 라틴 어에서는 두 가지 대립적 의미를 가진 것이 있다.
altus(높다—깊다)와 sacer(신성한—무엄한).

• 같은 어원을 변형한 것
clamare(외치다)와 clam(조용히, 잠자코, 살며시).
siccus(마른)와 succus(액즙).

• 독일어의 예
stimme(소리)와 stumm(소리 없는).

• 같은 계통의 언어를 대조해 보면 많은 예가 있다.
영어의 lock(잠그다)과 독일어의 loch(구멍)나 lucke(틈).
영어의 cleave(찢다)와 독일어의 kleben(붙이다).

영어의 without은 본래 '……와 함께'와 '……없이'라는 두 가지 뜻을 가지고 있었는데, 오늘날에는 '……없이'만 사용되고 있다. 그러나

withdraw(철회하다), withhold(차압하다)와 같은 합성어를 볼 때, with에는 '덧붙이다'는 뜻 이외에 '빼앗다'는 뜻도 있었음이 분명하다. 독일어의 wieder도 이와 마찬가지이다.

꿈의 작업의 다른 특징은 언어가 진화되는 과정에서 그 대응물이 발견된다. 고대 이집트 어에서나 다른 나라의 근대어에서처럼 똑같은 의미를 나타내기 위해서 발음의 순서를 바꾸어 다른 말을 만들기도 했다. 영어와 독일어를 비교해 보면 다음과 같다.

  topf(항아리)—pot(항아리)

  boat(작은 배)—tub(작은 배)

  hurry(서두르다)—ruhe(휴식)

  balken(서까래)—kloben(통나무)—club(곤봉)

  wait(기다리다)—tauwen(기다리다)

• 라틴 어와 독일어 사이의 예는 다음과 같다.

  capere(붙잡다)—packen(붙잡다)

  ren〔신장(腎臟)〕—niere(신장)

여기서 각각의 단어에 일어난 전도(轉倒, Umkehrung)가 꿈의 작업에 의해서 여러 가지 방법으로 재생되고 있다. 의미의 전도, 즉 그 반대의 것으로 대용한다는 것은 이미 말했으며, 이밖에 꿈속에서 상황의 전도나 두 사람 사이의 관계의 전도가 나타난다. 즉 '반대의 세계'에 있는 것과 같다. 전도가 시간의 순서에도 일어나서 그 결과 꿈속에서는 인과관계가 뒤바뀌어 결과에서 원인이 일어나는 것이다. 어떤 때는 각 요소의 순서가 모두 뒤바뀌는 꿈을 꾼

다. 그 결과 하나의 뜻을 끌어내기 위해서 마지막 요소를 처음에, 처음의 요소를 마지막으로 뒤집어 해석해야 그 의미를 찾아낼 수 있는 것이다.

꿈의 작업의 이 특징을 '태고적(太古的, rchaisch)'이라고 불러도 괜찮다. 이 태고적 특징은 고대의 표현 양식, 즉 언어나 문자에서 발견할 수 있는 것이며, 해석할 때 꿈의 경우처럼 곤란이 따르지만 어떤 곤란이 있는가는 나중에 설명하기로 하겠다.

꿈의 작업에서는 말로 표현되는 잠재의식을 감각상으로, 대개는 시각상으로 바꾸는 일이 중심이 된다. 그런데 관념이라는 것은 이와 같은 지각상(知覺像)에서 생긴 것으로 관념의 첫 재료와 그 발달의 전단계는 감각인상(感覺印象), 다시 말해서 감각인상의 기억상이었다. 이것에 나중에야 언어가 붙고, 그 언어에 관념이 결합된 것이다. 그러므로 꿈의 작업은 어떤 퇴행 과정을 갖게 하여 사상의 진화를 바꾸는 것으로서, 이 퇴행에서는 기억상이 발전하며 사상이 될 때 새로운 획득물로 부가되었던 것은 모두 떨쳐 버려야 하는 것이다.

당연한 일이지만, 현재몽은 이제 우리에게는 의미가 없는 것이 되었다. 현재몽이 훌륭히 구성되어 있다거나 서로 아무 연관도 없이 따로따로 몇 개의 상으로 분해될 수 있다는 것은 그리 큰 문제가 아니다. 비록 꿈이 겉으로는 뜻깊게 보이더라도 그 외관은 꿈의 왜곡으로 생긴 것이며, 꿈의 외관도 꿈 그 자체의 내용과 전혀 관계가 없다. 그러나 때로 이 꿈의 외관에 독특한 의미가 부여되는데, 그것은 꿈의 잠재의식의 중요한 부분이 어떤 때는 왜곡되고, 어떤 때는 조금도 왜곡되지 않은 채 재현되기 때문이다. 그러나 판단을 내리기 전에는 우리가 꿈을 해석해서 어느 정도의 왜곡이 일어났나를 알 수 없다.

현재몽 속의 두 가지 요소가 밀접한 관계가 있는 것처럼 여겨지는 경우에도 이것과 같은 의문이 생긴다. 이와 같은 현재몽의 요소 사이에 있는 밀접한 관계에서 잠재몽 속에도 이 요소에 대응하는 것이 밀접하게 관계하는 것이 아닌가 하는 시사를 얻게 되는데, 때에 따라서는 반대로 꿈의 잠재의식으로 면밀히 연결되어 있는 것이 현재몽에서는 산재하고 있다고 믿어지는 경우도 있다.

일반적으로 말해서, 여러분은 꿈을 마치 합리적이며 실용적인 표현인 것처럼 생각하여 현재몽의 한 부분을 현재몽의 다른 부분으로 설명하려고 해서는 안 된다. 오히려 대개의 경우, 꿈은 각력암(角礫岩)에 비교가 된다. 각력암이란 여러 종류의 다른 돌조각으로 구성된 것이며, 그 외관은 거기에 포함되어 있는 원래의 돌조각과는 전혀 다른 것이 된다. 꿈의 작업의 일부에 이른바 '2차적 가공(二次的加工, sekundare bearbeitung)'이라고 부르는 것이 있다. 이 작용은 꿈의 작업의 1차적인 결과를 재료로 성의 있게 종합하여 만드는 것이다. 이 2차적 가공 때 재료, 즉 1차적인 결과는 전체의 뜻이 흔히 오해되기 쉬운 식으로 배열되고, 필요할 때는 다른 것이 삽입되기까지 한다.

한편 꿈의 작업을 과대평가하여 그것으로 무슨 일이든 할 수 있다고 생각해서는 안 된다. 여기서 든 것만으로 꿈의 활동은 국한되어 있다. 압축, 대치, 조형 묘사, 그리고 꿈 전체의 2차적 가공—꿈의 작업은 이 네 가지만이 가능한 것이다. 꿈속에 판단, 비판, 경악, 추리가 나타나는 일이 있다. 그러나 이것들은 꿈의 작업이 아니라 눈을 뜨고 난 뒤 꾼 꿈을 생각했을 때 덧붙여진 것인데, 대개의 경우는 잠재의식의 일부가 다소의 변형을 받아 꼭 알맞게 연결되어 현재몽으로 재현된 것이다. 그리고 꿈속의 회화(會話)도 꿈의 작업으로서는 할 수 없는 일이다. 다소의 예외는 있지만, 그것은 본인이 전날에 행한 회화를 흉내낸 것이거나 그런 회화를 개작한 것이며, 꿈의 재료로서 혹은 꿈을 자극하는 것으로서 잠재의식 속에 포함된 것이다.

또한 꿈의 작업은 수의 계산도 하지 못한다. 만일 현재몽에 계산 같은 것이 나타나 있을 때는 대개 그것은 숫자의 나열이며, 계산상으로도 엉터리이고, 잠재의식에 있는 계산의 단순한 복사에 불과하므로, 현재몽에 의해 다소 왜곡된 모습을 보여주는 잠재의식을 연구하는 것은 조금도 이상할 것이 없다. 우리는 '꿈'이라는 말을 꿈의 작업의 결과, 요컨대 잠재의식이 꿈의 작용을 받아서 된 형식에만 국한하여 사용해야 하는 것이다.

꿈의 작업은 실로 특이한 과정으로서 이것과 비슷한 것이 아직 정신 생활에서는 발견되지 않았다. 이런 종류의 압축, 대치, 관념에서 상으로의 퇴행적 전환 등은 실로 정신분석의 새로운 발견이다. 또 꿈의 작업을 다른 것과 비교해 보면, 정신분석의 연구가 다른 영역, 특히 언어와 관념의 발달에 관한 영역과 얼마나 밀접한 관계가 있는지 알 수 있을 것이다. 또 꿈 형성의 메커니즘이 곧 노이로제 증상의 발생 과정의 본보기라는 것을 알게 되면, 이러한 통찰의 중요성을 약간은 인정하게 될 것이다.

이와 같은 연구가 심리학에 얼마만큼 새로운 이익을 주었는지를 개괄할 수 있는 데까지는 아직 이르지 못했다는 것을 나도 알고 있다. 그러나 이것으로 무의식적인 정신 작용, 즉 꿈의 잠재의식이 있다는 새로운 증거를 주었다는 것과 무의식적인 정신 생활을 아는 데 꿈의 해석이 얼마나 많은 시사를 하는지 주장하고 싶다.

(이 페이지를 교정하고 있을 때, 한 신문기사가 우연히 내 눈에 띄었다. 이 기사가 뜻밖에도 내 말을 증명해 주었으므로 그 전문을 여기에 전재하기로 한다.)

천벌(天罰)

〈이혼, 곧 팔의 골절〉

재향군인의 아내 안나 M이 클레멘티네 K라는 여자를 간통 혐의로 고소했다. 원고의 진술에 의하면, 이 K라는 여자는 출정 중인 남편으로부터 매달 70크로네씩 송금을 받고 있는 처지인데도, 칼 M(안나의 남편)과 정을 통하고 있었다. 게다가 K는 원고 안나의 남편에게서 이미 많은 돈을 받고 있었기 때문에 안나는 아이들과 함께 굶주림과 추위에 떨어야 했다. 안나의 남편 칼 M의 친구들은 K와 칼 M이 함께 술집에서 밤늦게까지 술을 마시는 것을 보았다고 진술했다. 피고 K는 여러 친구가 있는 자리에서 안나의 남편에게, 당장 부인과 헤어지고 자기와 결혼해 달라고 말한 일까지 있었다.

K가 살고 있는 주인집 여자도, K의 방에서 잠옷바람의 칼 M을 여러 번 보았다고 말하고 있다. K는 어제 레오폴트슈타트 시의 판사 앞에서, M이라는 사나이는 만난 적도 없으며, 정을 통하고 있다는 이야기는 모두가 거짓이라고 원고의 고소를 부인했다. 증인 알베르티네 M은 자기가 K와 안나의 남편이 키스하고 있는 장면을 목격하자, 그들이 몹시 당황했었다고 진술했다.

이미 1차 심리 때 증인으로 소환된 M은 피고와 정을 통한 사이라는 것을 부인했었다. 그런데 어제, 이 사나이로부터 한 통의 편지가 재판소에 날아왔다. 편지에서 그는 1차 심리에서 대답한 진술은 모두 거짓이며, 사실은 작년 6월까지 K와 관계를 맺고 있었다고 고백했다. 그가 1차 심리에서 피고와의 관계를 부인한 것은, 재판소 출두 전에 그녀가 자기를 찾아와, 제발 자기를 생각해서 아무 말도 하지 말라고 애원했기 때문이었다. 증인은 편지에 이렇게 계속하고 있다.ㅡ"오늘 재판소에 나가서 사실을 고백하고 싶습니다. 저의 왼팔이 부러졌기 때문입니다. 이것은 제가 저지른 죄에 대한 천벌이 아닌가 하는 생각이 들었습니다."

판사는 이 사건은 이미 시효가 지났으므로 원고는 고소를 취하하고, 피고는 무죄로 방면한다고 판정했다.

열두 번째 강의

꿈의 실례와 그 분석

내가 대규모의 재미있는 꿈을 여러분과 함께 해석하려고 하는 대신, 다시 한 번 단편적인 꿈의 해석을 한다고 해서 의아하게 생각하면 안 된다. 여러분은 '이미 많은 준비를 했으므로 우리에게는 큰 꿈을 해석할 자격이 있다.' 라고 말할 것이다. 또 그렇듯 많은 꿈의 해석이 성공한 이상, 꿈의 작업과 꿈의 관념에 관한 정신분석의 주장을 증명할 수 있는 훌륭한 예를 오래 전에 모을 수 있었을 것이라고 확신을 가지고 말할지도 모른다. 그러나 여러분의 욕구를 충족시키기에는 아직도 많은 난관이 있다.

우선 첫째, 꿈의 해석을 본업이라고 생각하고 있는 사람은 한 사람도 없음을 고백한다. 그렇다면 사람들은 어느 때 왜 꿈을 해석하는 것일까? 우리는 이따금 이렇다 할 목적도 없이 친구의 꿈을 연구하거나, 정신분석 연구의 연습으로 한동안 자기 꿈을 연구하기도 하지만, 대개는 분석 치료를 받고 있는 노이로제 환자의 꿈을 연구의 대상으로 삼는다. 그런 꿈은 훌륭한 재료이며, 어떤 점으로 보나 건강인의 꿈에 뒤지지 않는다.

그러나 치료의 기법을 제1의 목표로 삼고 꿈의 해석을 둘째로 하기 때문에, 우리는 치료에 필요하다고 여겨지는 것만을 뽑아내는 것이다. 또 치료 중에 나타난 많은 꿈도 충분한 해석을 내리지 않고 지나치는 것이 있다. 그러한 꿈은 우리들에게 아직 알려지지 않은 많은 정신적 재료로 만들어졌으므로 치료가 끝나야 비로소 이해할 수 있는 것이다. 치료 중에 나타나는 그런 꿈을 논하는 것은 필연적으로 노이로제의 정체를 폭로하는 결과도 되지만, 노이로제 연구의 준비로서 꿈을 다루는 우리는 그렇게 할 수가 없다.

그러면 여러분은 즉시 그와 같은 노이로제 환자의 꿈이라는 재료를 다루기를 단념하고 오히려 건강한 사람이나 자기 자신의 꿈의 해명을 듣고 싶다고 말하겠지만, 이것은 꿈의 내용상 할 수 없는 일이다. 대개 사람들은 자기 자신이나 자기를 믿고 있는 남을 가차없이—이것은 꿈을 철저하게 해석할 때 필연적으로 따르는 것인데—폭로하지는 못하는 법이다. 모두가 아는 것처럼 꿈은 인격의 가장 비밀스러운 것에 관한 것이기 때문이다.

이와 같은 재료를 입수하기가 어려운 점 외에도 보고할 때 다른 것까지 고려하지 않으면 안 된다. 꿈을 꾼 본인에게조차 그것은 기묘한 모습을 보이는데, 하물며 꿈을 꾼 사람의 인품을 모르는 다른 사람의 눈에는 더 기묘하게 보일 것이 당연한 일이다.

오토 랑크는 한 처녀가 꾼 서로 관련이 있는 두 가지 꿈을 발표했는데, 이것은 가장 훌륭한 실례일 것이다. 그 꿈을 인쇄한 것은 2페이지에 불과했지만, 그 분석은 76페이지나 되었다. 이와 같이 방대한 꿈의 분석을 여러분에게 들려주기 위해서는 아마도 한 학기 전부가 다 필요할지도 모른다. 그러므로 이 부분과 저 부분이 개별적으로 분리되어 인식하기 쉬운 노이로제 환자의 꿈에서 단편적인 짧은 부분을 보고하기로 하겠다. 가장 쉽게 증명할 수 있는 것은 꿈의 상징이며, 다음은 꿈의 퇴행 묘사의 특징들이다. 지금부터 말하는 꿈에 대하여 이것의 가치를 먼저 설명하기로 한다.

1) 다음의 꿈은 두 개의 짤막한 장면으로 되어 있다. 숙부가 토요일인데도 불구하고 담배를 피우고 있다—한 여자가 자기 아이처럼 숙부를 애무하고

있다. 첫번째 장면에 대해서 이 꿈을 꾼 유대인은 자기 숙부가 믿음이 깊은 사람이며, 토요일[1]에 담배 피우는 죄를 지은 적이 없으며, 앞으로도 없을 것이라고 말했다. 두 번째 장면에 나타난 여자는 그의 어머니라고밖에는 생각되지 않았다.

이 두 장면과 관념은 분명히 서로 관계가 있는 것 같다. 이유를 알아보면 숙부가 현실적으로 그런 행위는 하지 않는다고 단호히 부인했으므로, '만일'이라는 가정을 넣으면 이 사실은 자연스러울 것이다. 만일 믿음이 깊은 내 숙부가 토요일에 담배를 피운다면 나도 어머니에게 애무를 받아도 좋을 것이다.

이것은 신앙 깊은 유대인에게는 토요일에 담배를 피우는 것과 마찬가지로 어머니의 애무가 허용되지 않는다는 것을 이 꿈은 뚜렷이 나타내고 있다. 꿈의 작업으로, 꿈의 관념 사이에 있는 관계는 전부 빠져 버리고 꿈의 관념은 그 소재로 분해된다는 것을 여러분은 기억할 것이다. 그러므로 해석의 사명은 이 탈락된 여러 관계를 본래대로 해 주는 일이다.

2) 꿈에 관한 나의 저술을 출판한 이래, 나는 몇 년 전부터 내게 꿈을 보고하거나 내 비판을 요구하는 편지를 여러 사람들한테서 받아 왔다. 물론 그 모든 편지들에 대해 감사하고 있지만, 거기에는 해석이 가능할 만큼 많은 자료를 첨부하여 보내준 사람도 있고, 자기 스스로 꿈에 어떤 해석을 내리고 있는 사람도 있다. 1910년 뮌헨의 어느 의사가 보내준 다음과 같은 꿈은 이 부류에 속하는 것이다.

내가 이 꿈을 발표하는 이유는 꿈을 꾼 사람이 그에 관한 정보를 제공하지 않는 한 이해하기가 아주 힘들다는 것을 증시해 주는 것이기 때문이다.

---

[1] 유대인에게는 토요일이 안식일이다.

"1910년 7월 13일 새벽에 꾼 꿈이다. 내가 자전거를 타고 튀빙겐 거리를 지나가는데, 갈색 사냥개가 맹렬히 쫓아와서 내 발뒤꿈치를 물었다. 나는 좀 더 달린 후에 자전거에서 내린 다음 돌층계에 앉아, 발꿈치를 꽉 물고 놓지 않는 개를 떼어내려고 안간힘을 썼다. 그런데 개가 물었다는 사실과 장면 전체가 조금도 불쾌하지 않았다. 마침 맞은편에 두 명의 중년 부인이 앉아 있었는데, 나를 바라보며 웃는 것이었다. 그때 나는 눈을 떴다. 그리고 전에도 자주 경험한 것처럼 잠에서 깨려고 하는 순간, 여태까지의 꿈 전부가 또렷해지는 것이었다."

이 꿈에는 상징이 거의 없는데, 꿈을 꾼 사람은 내게 이렇게 말했다.

"나는 최근 한 여성이 좋아졌으나 거리에서 거니는 것을 바라만 볼 뿐 접근할 방도가 없었다. 그래서 그 여성이 데리고 있는 사냥개를 매개로 해서 접근하는 것이 가장 바람직할 것이라고 생각했다. 실제로 나는 개를 매우 좋아했고, 그 여성도 역시 개를 좋아하는 것같이 보였기 때문이다."

그리고 그는 평소에 구경꾼이 깜짝 놀랄 만큼 개싸움을 잘 말렸다고 덧붙였다. 즉 그가 반한 처녀가 언제나 이 특이한 사냥개를 데리고 다녔음을 알 수 있다. 그런데 처녀는 현재몽에서 말살되고, 다만 처녀를 연상시키는 사냥개만이 현재몽에 남아 있다. 꿈속에서 그를 바라보며 웃어 보인 중년 부인은 아마 처녀를 나타낼 것이다. 꿈속에서 자전거로 달리고 있는 것은 그의 경험의 직접적인 되풀이로서 그가 자전거를 타고 있을 때만 개를 데리고 있는 그 처녀를 만났기 때문이다.

3) 친한 사람과 사별하고 나면 몇 해 동안 특수한 꿈을 꾸게 된다. 꿈속에 그 사람의 죽음에 대한 인식과 죽은 그 사람을 소생시키고 싶다는 욕구가 교묘하게 타협하여 나타난다. 어떤 때는 그 사람이 분명 죽었음에도 불구하고 자기가 그 사람이 죽은 것을 모르기 때문에 아직도 살아 있는 것처럼 보이며,

혹은 그 사람이 죽은 것을 자기가 알았을 때 비로소 그가 죽었다는 식으로 꿈속에 표현된다. 어떤 때는 그 사람이 사경을 헤매는 것처럼 꿈에 나타나는데, 이와 같은 상태는 모두 현저한 특징을 갖고 있다.

나는 이런 꿈을 분석했던 경험에 의하여, 죽은 사람의 부활에 합리적인 설명을 할 수 있다는 것, 죽은 사람을 되살리고 싶다는 소망은 더 기묘한 방법으로 표현된다는 것을 알았다. 이는 아무리 생각해 봐도 기괴하고 터무니없이 보이지만, 이미 우리가 이론적으로 상세하게 설명하여 알게 된 많은 것을 다시 한 번 가르쳐 줄 것이다. 다음의 꿈은 몇 해 전에 아버지를 잃은 어떤 남자가 들려준 것이다.

"아버지는 돌아가셨는데, 그 시신을 다시 발굴했다. 안색이 몹시 안 좋아 보였다. 아버지는 줄곧 살아 계셨던 것이다. 나는 아버지께서 이 꿈을 아실까 봐 전전긍긍했다(그리고 이 꿈은 전혀 다른 꿈으로 옮겨갔다)."

아버지가 죽었다는 것은 우리도 인정할 수 있다. 그러나 그 시체가 무덤에서 발굴되었다는 것은 현실과 맞지 않는다. 이에 계속되는 다른 일도 결코 현실에는 있을 수 없는 일이다. 그러나 꿈을 꾸고 나서 그는 다음과 같은 이야기를 들려주었다. 아버지를 매장하고 돌아온 후, 갑자기 이가 아프기 시작했다. 그는 "아픈 이는 뽑느니만 못하다."라는 유대인의 율법대로 이를 뽑기 위해 의사를 찾아갔다. 그런데 의사는 "아프다고 당장 이를 빼면 큰일납니다. 좀더 참아야 합니다. 아픈 이의 신경을 죽이기 위해서 뭘 좀 넣어 드리지요. 사흘 후에 다시 오십시오. 그 죽은 이를 뽑아 드리겠습니다."라고 말했다.

"이를 뽑는다는 것은 발굴을 뜻하는 것입니다!" 하고 꿈을 꾼 사람은 갑자기 소리쳤다.

그의 말은 완전히 일치하지는 않았지만, 대강 비슷한 것은 뽑히는 것은 생니가 아니라 죽어 버린 이이기 때문이다. 그러나 다른 경험으로 미루어 꿈의 작업에는 이런 종류의 부정확성이 있을 수 있는 일이다. 꿈을 꾼 이 사람은 죽은 아버지와 신경을 죽인 채로 아직 뽑지 않은 이를 압축하여 하나로 융합시킨 것이다.

현재몽에 어이없는 일이 나타난다는 것은 그리 놀라운 일이 아니다. 왜냐하면 이에 대해서 들은 말이 모두 아버지에게 그대로 적용된다고는 할 수가 없기 때문이다. 그렇다면 이와 같은 압축을 가능하게 만든 아버지와 이와의 'Tertium Comparationis(제3의 입장, 즉 공통점)'는 대체 어디에 있는 것일까?

여기에 공통점이 있었던 것은 틀림없다. "이가 빠지는 꿈을 꾸면 가족 중의 누군가가 죽는다."는 속설을 알고 있었다고 꿈을 꾼 사람이 말해 주었기 때문이다.

이런 통속적인 해석은 옳지 않거나 혹은 어떤 우스꽝스런 의미에서만 옳다는 것은 우리도 알고 있다. 이처럼 우연히 언급하게 된 주제를 꿈의 내용의 다른 부분 속에서도 발견할 수 있다면, 우리는 굉장히 기뻐할 것이다.

그런데 내가 그 이상 추궁하기 전에 그는 아버지의 병으로 인한 죽음과 아버지와의 관계를 이야기하기 시작했다. 아버지가 오랫동안 병을 앓았으므로 거액의 병원비가 들었다고 했다. 그는 아버지의 병간호가 한 번도 귀찮다고 생각지 않았다. 오히려 아버지가 유대인다운 효성을 가지고 유대의 율법을 엄하게 지키고 있는 것이 자랑스러웠다. 이런 점에서 꿈의 관념 속에 어떤 모순이 있음을 우리는 알 수 있다. 그는 이〔齒〕와 아버지를 동일시했다. 그는 유대의 율법에 따라 이가 아파서 고통을 받자 이를 뽑으려고 했다. 아버지에 대해서도 그는 율법에 따라 행동했다. 하지만 아버지의 경우, 유대의 율법은 어떤 경제적 부담에도 조금도 불평하지 않고 온갖 희생을 감수하면서 고통을 주는 것에 대해 적의를 가져서는 안 되는 것으로 되어 있다. 만일 그가 아픈

이에 대해서 품고 있던 것과 같은 감정을 병환으로 누워 있는 아버지에게 품고 있었다면, 이와 아버지의 일치는 조금도 이상한 일이 아니다.

이 소망이 실제로 오랫동안 병석에 누워 있는 아버지에 대한 그의 태도로 나타났다는 점과 그가 자신의 극진한 효성을 자랑으로 생각했다는 점이야말로 자기의 그런 부당한 소망을 생각지 않으려는 속셈이었다는 것은 당연하다. 이러한 조건 아래서 친아버지에 대한 죽음의 소망은 쉽게 생겨난다. 그런데 여러분은 내가 여기서 꿈의 잠재의식에서 한발 더 나아간 점에 주의해 주기 바란다. 이 잠재의식의 최초의 관심은 확실히 한때, 다시 말해서 꿈이 만들어지고 있는 동안만 무의식적이었겠지만, 아버지에 대한 적의의 충동은 줄곧 무의식적이었을 것이다. 그것은 아마도 어릴 때 시작되어 아버지의 병환 중에도 이따금 꾸며진 모습으로 의식 속에 스며들었는지도 모른다.

우리는 이 꿈의 내용에 뚜렷이 공헌하고 있는 다른 잠재의식에 대해서 더욱 큰 확신을 가지고 이것을 주장할 수 있다. 확실히 아버지에 대한 적의의 충동은 꿈속에서 조금도 발견되지 않는다. 그렇다면 아버지에 대한 이와 같은 적의의 근원을 어린 시절 속에서 찾아보자. 대개 아버지에 대해 공포심이 생기는 것은 대부분의 아버지가 사춘기 전후의 나이 때 사회적 동기(動機)들로 인하여 아들의 성적 활동을 살펴보게 되는데, 유년기 때부터 그런 감시적 태도를 취하기 때문임을 알 수 있다. 아버지와의 이런 관계는 이 사람에게도 적용될 것이다. 아버지에게 품는 사랑 속에는 어릴 때의 성적 위협에 근원을 두고 있는 외경(畏敬)과 공포가 혼합되어 있는 것이다.

현재몽의 다음과 같은 부분은 '자위 콤플렉스(Onaniekomplex)'로 설명이 된다. '아버지의 안색이 나쁘다'는 것은 "이를 뽑아 버리면 안색이 변합니다."라는 치과 의사의 말을 암시하고 있는 것이다. 사춘기의 청년이 지나치게 자위행위에 몰두하면 안색이 나빠져 자위가 폭로될까 봐 걱정하는데, 치과 의사의 말은 이것과도 관련이 있다. 꿈을 꾼 사람이 현재몽 속에서 이 나쁜 안색을 자기에게서 아버지에게로 옮겼다는 것은 마음의 부담을 가볍게 하기 위해서이므로, 이것은 꿈 작업의 전도(轉倒)의 하나이다. '아버지는 줄곧 살아 계셨던 것이다'라는 것은 아버지의 소생을 바라는 소망과 동시에 이를 빼지 않고 그대로 둔다는 치과 의사의 약속과도 일치하고 있다.

그런데 "나는 아버지가 그것을 깨닫지 못하도록 모든 수단을 다하고 있다."는 글은 훨씬 더 교묘하다. 이 글은 우리에게 '아버지는 죽었다는 것을' 이라는 말을 더 보충하고 싶게 한다. 결론으로서 이른바 치통의 꿈이 언제나 자위와 그 행위에 대한 벌의 공포를 나타내고 있음을 기억해 주기 바란다.

여러분은 이제야 이와 같이 이해하기 어려운 꿈이 어떻게 해서 생겨났는가를 알게 되었을 것이다. 꿈은 기묘한 압축의 힘을 빌리고, 또 잠재적인 사고 과정의 중심에서 갖가지 관념이 탈락하고, 다시 이러한 관념 중에서 가장 깊고, 시간적으로 멀리 떨어져 있어 의미가 애매한 대용물로 대치함으로써 완성된 것이다.

4) 여기서 나는 다음과 같은 종류의 새로운 예를 이야기하겠다. 내가 말하는 꿈은 어느 젊은 여성이 하룻밤 사이에 본, 서로 관련이 있는 세 가지 꿈이다.

① "그녀는 자기 집의 거실을 걸어가다가 나지막이 매달려 있는 샹들리에에 머리를 부딪쳐 피가 났다."

이 꿈에 대해서 아무것도 생각이 나지 않았다. 실제로는 이런 일이 한번도 없었다. 그녀의 이야기는 이 꿈과는 오히려 아주 다른 것이다.

"저는 요즈음 머리칼이 빠져서 걱정이랍니다. 어제도 어머님이 말씀하셨어요. '애, 이제 머리가 더 빠지면 네 머리가 한 올도 남지 않겠구나.' 라고요."

그러므로 머리는 이 꿈에서는 신체의 다른 끝을 대신하는 것이다. 우리가 샹들리에를 상징적으로 해석하는 데는 어떤 도움도 필요 없다. 즉 길게 늘일 수 있는 음경의 상징이다. 그렇다면 음경과의 충돌에 의해서 야기된 신체 하반부의 출혈이 문제가 된다. 이것으로는 아직 이해가 안 될지 모르지만 이 여성에게 다시 더 연상시켜 본 결과, 이 꿈이 월경은 남성과의 성교 때문에 일어난다는 믿음과 관계가 있다는 것을 알았다. 이러한 생각은 미숙한 많은 소녀들이 믿고 있는 성에 대한 생각의 한 단편인 것이다.

② "그녀는 포도밭에 깊은 도랑이 패어 있는 것을 보았다. 그녀는 포도나무를 한 그루 뽑았기 때문에 생긴 것이라는 것을 알고 있다."

이 꿈에 대한 그녀의 보고는 '내게는 그런 나무가 없다' 는 것이었다. 그녀는 꿈속에서는 나무를 보지 못했다고 말하지만, 이 말은 다른 관념을 나타내고 있다. 이 꿈은, 여자 아이는 태어날 때 남자 아이와 같은 성기를 가지고 태어났는데, 그후 거세, 즉 나무를 뽑는 일에 의해서 지금과 같은 모양이 되었다는 생각이다.

③ "그녀는 책상 앞에 앉아 있다. 그 서랍 속은 누군가가 건드리면 금방 알아차릴 수 있도록 가지런히 정돈되어 있다."

서랍은 장롱, 궤짝, 종이상자와 마찬가지로 여성 성기의 상징이다. 그녀는 성교를 한 증거가 성기에 나타난다는 것을 알고 있었으며, 이러한 증거가 지워지지 않는다는 것을 줄곧 두려워했던 것이다.

이 세 가지 꿈에는 '안다' 는 것이 특히 강조되어 있다. 그녀는 어린이다운 성적 호기심의 시절, 자기의 독특한 발견을 자랑으로 생각하던 시절을 상기하고 있는 것이다.

5) 다시 한 번 상징의 다른 예를 살펴보기로 하겠다. 그러나 이번에는 꿈이 나타난 당시의 심리 상태를 대강 미리 말해 두어야겠다. 한 여성과 하룻밤을 보낸 남성에 의하면, 그 여자는 남자와의 사랑의 보금자리 속에서도 아이를

원하는 모성적인 성격의 여자였다. 그러나 두 사람은 밀회를 해도 수태가 되지 않도록 주의해야 할 입장이었다. 날이 새어 잠에서 깨어났을 때, 여자는 다음과 같은 꿈을 이야기했다.

"빨간 모자를 쓴 한 장교가 거리에서 나를 따라왔다. 나는 그에게서 달아나려고 층계를 달려 올라갔다. 그러나 장교는 여전히 뒤를 따라왔다. 나는 급히 내 방으로 뛰어들어가 문을 닫아 걸었다. 장교는 문 밖에 있는 것 같았다. 나는 열쇠 구멍으로 밖을 내다보았는데, 남자는 벤치에 앉아 울고 있었다."

빨간 모자를 쓴 장교에게 쫓겨서 헐레벌떡 층계를 올라가는 것은 성교의 표현이다. 꿈을 꾼 여자가 쫓아온 남자를 받아들이지 않고 문을 닫은 것은 꿈에서 흔히 사용되는 전도의 예이다. 실제로는 수태가 되지 않도록 사랑의 행위가 끝나기 전에 남자가 조심했다는 뜻이다. 마찬가지로 여자의 슬픔은 남자와 대치되어 있다. 꿈속에서 울고 있는 것은 남자이며, 또 눈물은 정액을 암시하는 것이다.

6) 꿈에 상징이 이용되고 있는 예를 여러 가지 들어 보이는 것은 특별한 이유가 있기 때문이다. 나는 여러분에게 이미 어딘가에서 설명한 적이 있는 꿈 이야기를 되풀이해 주고 싶다. 그것은 남편이 경비원인 어느 서민층 여자의 꿈이다. 이 여성은 꿈의 상징이나 정신분석에 대해 전혀 아는 바가 없었다.

"……그리고 누군가가 문을 부수고 들어왔다. 그녀는 공포를 느끼며 남편을 불렀다. 그러나 경비원은 두 악한과 짜고 교회로 가고 없었다. 교회에 가려면 몇 개의 돌계단을 올라가야만 했으며, 교회 뒤에는 산이 있고, 산 위에는 울창한 숲이 있었다. 남편은 철모와 외투로 무장하고, 갈색 수염을 더부룩하게 기르고 있었다. 얌전하게 경비원을 따라가는 악한들은 허리 부분에 바람이 들어간 부대 모양의 앞치마를 두르고 있었다. 교회에서 산까지는 하나의 길이 나 있었다. 이 길 양쪽은 풀이 무성했는데, 산꼭대기로 올라갈수록 더욱 짙은 숲으로 변해가고 있었다."

여기에 나타난 상징이 무엇인가를 여러분도 쉽게 알 수 있을 것이다. 남성 성기는 세 사람의 인물로서 나타나 있으며, 여성 성기는 교회와 산과 숲이 있는 하나의 풍경으로 나타나 있고, 계단은 성교의 상징이라 할 수 있다.

꿈에서 산이라고 하는 것은 해부학에서도 'Mons veneris(비너스의 산)', 곧 음부라고 부르고 있다.

7) 또 다른 하나의 상징으로 풀 수 있는 꿈을 이야기하겠다.

"나는 아버지와 함께 어떤 곳을 거닐고 있었다. 그곳은 플라테르 공원이 분명했는데, 멀리 둥근 지붕의 건물이 보였기 때문이다. 그 둥근 지붕 앞에 하나의 조그만 건물이 있고, 그 건물에 애드벌룬이 떠 있었다. 그런데 그 애드벌룬은 약간 바람이 빠진 것처럼 보였다. 아버지가 나에게 저런 건 무엇 때문에 있느냐고 묻자, 나는 얼떨떨했지만 간단히 그 이유를 설명하고 함께 안마당으로 들어갔다. 거기에는 큼직한 함석이 깔려 있었다. 아버지는 그 함석을 서슴지 않고 떼내어 버렸다. 안마당에서 아래쪽으로 사닥다리가 수직 갱까지 걸려 있었다. 수직 갱의 벽은 마치 가죽을 씌운 안락의자처럼 푹신하고 부드러웠다."

그 사람은 이 꿈을 스스로 해석했다.

"둥근 지붕은 내 성기이다. 둥근 지붕 앞의 애드벌룬은 내 페니스인데, 나는 불능증(不能症) 때문에 고민하고 있었다."

좀더 자세히 번역해 보면, 둥근 지붕의 건물은 둔부이며(어린아이들은 둔부를 항상 성기의 일부로 간주한다), 그 앞의 조그만 건물은 음낭이다. 꿈속에서 아버지는 아들에게 "저런 건 무엇 때문에 있는가?"라고 물었다. 성기의 목적과 기능에 대해서 질문한 것이다. 이 상황은 아들이 질문하는 것으로 바꾸어 생각해도 좋다.

함석이 깔린 안마당은 좀처럼 상징적으로 해석되지 않는다. 이것은 아버지의 일자리에서 온 것이다. 꿈을 꾼 사람은 아버지의 장사를 거들어 주었는데, 그는 막대한 이윤의 대부분을 부정에 가까운 술책으로 벌었기 때문에 이에 대해 분개하고 있었다. 이러한 장사의 부정을 나타내기 위해 사용된 '떼어 낸다' 라는 것에 대해서는 꿈꾼 사람 자신이 제2의 설명으로서 자위를 뜻한다고 말했다.

또한 그는 수직 갱의 벽이 푹신하고 부드러웠기 때문에 금방 질이라는 해석을 내릴 수 있었다.

8) 다음의 두 가지 꿈은 일부다처의 경향이 뚜렷한 어느 외국인의 꿈인데, 내가 이 꿈을 거론하는 것은 현재몽에서 감추어져 있더라도 자아는 어떤 꿈에든 나타난다는 것을 보여 주고 싶기 때문이다. 꿈속의 트렁크는 여성의 상징이다.

① "그는 여행을 떠나려 하고 있고, 짐은 그보다 먼저 차에 실려 역으로 보내진다. 차에는 많은 트렁크가 실려 있는데, 그 중에는 크고 검은 트렁크가 두 개 있다. 그는 위로하듯 누군가에게 말했다. '지금 저 트렁크는 역까지 함께 운반될 뿐이야.' 라고"

그는 실제로 많은 짐을 갖고 여행했는데, 치료하는 동안 내게 많은 여자 이야기를 털어놓았다. 두 개의 검은 트렁크는 현재 그의 생활에서 가장 중요한 위치에 있는 두 흑인 여자이다.

② "세관의 한 광경이다. 여행자가 자기 트렁크를 연 다음 태연하게 담배를 피우면서 '신고할 만한 것은 들어 있지 않습니다.' 하고 말했다. 세관 관리는 미심쩍은 듯이 트렁크 안을 뒤져서 신고할 만한 물건을 하나 발견했다. 여행자는 단념한 듯이 '하는 수 없군.' 하고 말했다."

이 여행자는 그 자신이다. 그리고 내가 그 세관 관리가 되어 있다. 그는 나에게 거의 모든 것을 솔직하게 고백했는데, 최근에 맺은 어느 여자와의 관계에 대해서는 말하지 않으려고 했다. 그것은 자기가 말하지 않더라도 내가 그 여자에 대해 눈치채고 있다고 예상했기 때문이다. 그는 발각되어 당황하게 되는 역할을 미지의 사람으로 대치했다. 그러므로 자신은 꿈속에 나타나 있지 않은 것이다.

9) 다음은 아직 이야기하지 않았던 어떤 상징의 실례이다.

"나는 두 명의 여자 친구와 걷고 있는 누이동생을 만났다. 그 두 여자 친구는 자매였다. 그는 이 두 사람에게 악수를 청했으나 누이동생에게만은 청하지 않았다."

이 꿈은 현실의 사건과 아무런 관계가 없다. 그의 생각은 오히려 과거로 되돌아간다. 그 무렵 그는 누이동생의 유방이 왜 저렇듯 늦게 발육할까 하고 걱정하고 있었다. 그러므로 두 자매는 유방인 셈이다. 만일 자기 누이동생의 것이 아니었다면 그는 틀림없이 그 유방을 만져보고 싶어했을 것이다.

10) 여기서 꿈 속의 '죽음의 상징'의 예를 보여 주겠다.

"나는 경사가 급한 매우 높은 철교를 두 사람과 함께—그들의 이름은 알고 있었으나 잠이 깼을 때 잊어버렸다—건너갔다. 그런데 갑자기 두 사람의 모습이 사라지고, 그는 모자를 쓰고 리넨 옷을 걸친 귀신 같은 사람을 보았다. 그는 그 귀신 같은 사람에게 '당신은 전보 배달부요?' 하고 물었다. '……아니오.', '그러면 마차를 모는 마부요?', '……아니오.' 그는 다른쪽으로 걸어갔지만, 매우 무서웠다. 잠을 깬 뒤에도 이 꿈은 별안간 철교가 끊어지며 자기가 깊은 곳으로 떨어지는 상상으로 이어졌다."

꿈을 꾼 사람이 자기가 모르는 사람이어서 이름을 잊어버렸다고 말하는 경우야말로 대개는 매우 친근한 사람이다. 이 꿈을 꾼 사람에게는 두 명의 형제가 있었다. 만일 그가 두 사람의 죽음을 바라고 있었다면, 그 벌로서 그가 죽음의 불안에 빠질 것은 당연하다.

그는 전보 배달부에 대해서 언제나 나쁜 소식을 가져오는 사람이라는 편견을 가지고 있었다.

마부에 대해서, 그는 우란트가 쓴 〈칼 왕의 항해〉라는 시를 연상하여 두 친구와의 위험한 항해를 생각했다. 그는 시에 등장하는 칼 왕의 역할을 한 것이다. 철교의 붕괴는 최근에 일어난 사고와 '생명이란 달아 놓은 다리 같은 것'이라는 어리석은 속담을 연상시켰다.

11) 다음의 꿈은 죽음의 묘사에 대한 또 하나의 예이다.

"미지의 신사로부터 검은 테를 두른 명함을 받았다."

12) 다음의 꿈은 여러 면에서 여러분에게 흥미를 줄 것이다. 그것은 바로 다름 아닌 노이로제 상태를 말하는 것이다.

"나는 여행을 하는 중이었는데, 기차가 넓은 들판에서 서 버렸다. 나는 무슨 사고가 일어날 것 같아 달아나야겠다고 생각하고 만나는 사람들을 모조리 때려 죽이면서 연이어진 찻간을 빠져 나갔다."

이 꿈은 한 친구의 이야기를 생각나게 했다. 이탈리아의 어느 선로에서의 일인데, 한 미치광이가 조그마한 찻간에 실려 호송되고 있는데, 한 손님이 잘못하여 그 찻간을 열었다. 미치광이는 즉시 달려 나와 그 손님을 죽였다. 꿈을 꾼 사람은 자기를 그 미치광이와 동일시하고 있는 것이다. 이것은 자기를 잘 알고 있는 사람은 모두 쫓아 버려야 한다는, 그를 이따금 괴롭히는 강박관념에서 나오는 것이다.

그러나 그는 그런 꿈을 꾸게 된 더 좋은 동기로, 그 전날 극장에서 한 처녀와 재회했던 사실을 발견했다. 그는 전에 그 처녀와 결혼할 생각이었는데, 여자가 그에게 질투를 불러일으키는 짓을 했으므로 단념했다. 만일 그가 그 여자와 결혼했다면 질투가 차츰 더 심해져서 정말 미쳐 버렸을지도 모른다. 그는 그 여자와 관계 있는 사나이들을 질투 끝에 모조리 죽여 버려야 하지 않을까 하고 생각했을 정도로 그 처녀를 사모하고 있었던 것이다. 달아나기 위해 연이어진 찻간을 빠져나가는 것을 우리는 결혼하고 있다는 것(일부일처제의 반대)의 상징으로 해석하고 있다.

기차가 넓은 들판에 정지하고, 사고가 일어날 듯한 공포를 느낀 점에 대해서 그는 이렇게 설명했다. 전에 그가 철도 여행을 했을 때, 역이 아닌 곳에서 갑자기 열차가 서 버렸다. 그때 "아마 열차가 충돌했나 봐요. 이런 때는 두 다리를 높이 쳐드는 것이 가장 안전해요." 하고 같은 찻간에 있던 젊은 여자가 말했다는 것이다.

그런데 이 '다리를 높이 쳐든다' 는 말은 그가 그 처녀와의 행복한 첫사랑 시절에 즐긴 산책과 소풍을 연상시켰으며, 이것은 그 여자와 결혼했더라면 아마 미쳤을 것이 틀림없다는 것을 입증하는 새로운 설명이다.

그럼에도 불구하고 그에게는 그와 같은 미치광이가 되고 싶다는 소망이 지금도 있다는 것을, 그의 심리 상태를 잘 알고 있는 나는 확신할 수 있었다.

열세 번째 강의

꿈의 태고성과 유아성

꿈의 작업이란 검열의 영향을 받아 꿈의 잠재의식을 어떤 다른 표현 양식으로 바꾸는 일이라는 결론을 다시 문제 삼기로 하자. 이들 잠재의식은 눈을 뜨고 있을 때의 우리가 잘 알고 있는 의식적인 관념과 같은데, 새로운 표현 양식은 여러 가지 특징을 가지므로 이해하기 어렵다.

이미 말한 것처럼 이 표현 양식은 인류가 오래 전에 극복한 지적 발달의 한 단계, 다시 말해서 상형문자 상징 관계의 시대, 아마도 우리의 사고 언어(思考言語)가 아직 발달하지 않았던 시대에 사용되었던 것에서 유래하고 있다. 그러므로 우리는 꿈의 작업의 이와 같은 표현 양식을 태고적, 또는 퇴행적이라고 부른다.

꿈의 작업을 한층 깊이 연구하면 아직도 알려지지 않은 인류의 지적 발달의 기원에 관해서 귀중한 자료를 얻을 수 있을 것이라고 여러분은 추측하겠지만, 아직까지 이 연구는 아무도 하고 있지 않다. 꿈의 작업에 의하여 우리가 거슬러 올라가는 원초 시대(原初時代)는 두 가지가 있는데, 하나는 '개체'의 원초 시대, 즉 유아기이며, 또 하나는 '계통 발생적' 원초 시대이다. 나는 잠재하는 심적 과정들의 어느 부분이 개체의 원초 시대에 유래하며, 또 어느 부분의 계통 발생적 원초 시대에 유래하는지를 과연 구별할 수 있을까 하는 문제에 대해 가능하다고 생각하는데, 개체가 한번도 배운 적이 없는 상징 관계는 분명히 계통 발생적 유산으로 계승됐다고 생각해도 좋은 것이다.

그러나 상징이 꿈의 유일한 태고성은 아니다. 여러분은 모두 유아기의 뚜렷한 '기억 상실(유아기의 건망)'을 경험을 통해 알고 있을 것이다. 내가 말하는 뜻은 한 살부터 대여섯 살 혹은 여덟 살까지의 경험을 후일의 경험처럼 뚜렷이 기억할 수 없다는 사실이다.

간혹 유아기에서 현재까지의 기억이 모두 연결되어 있다고 자랑하는 사람도 있지만, 그렇지 않은 쪽이 비교도 안 될 만큼 많다. 어린아이는 두 살에 말을 하고, 곧 복잡한 심적 상황에 잘 적용할 수 있는 능력이 생기며, 몇 년 후에 남이 얘기해 주어도 전혀 기억해 내지 못하는 것을 그 당시에는 이미 지껄이고 있었던 것이다.

그리고 후년에 비해서 정신적 부담이 가볍기 때문에 유아기의 기억은 능률적이다. 기억 기능을 특별히 고도의, 또는 어려운 정신적 행위로 간주할 근거는 조금도 없다. 그 까닭은 명석한 기억력은 지적 능력이 낮은 사람들에게서도 발견되는 것이기 때문이다.

그러나 이 제1의 특징에 대해서 나는 제2의 특징을 들지 않을 수 없다. 제2의 특징이란, 유아기의 초기를 둘러싸고 있는 기억의 탈락에서부터 모든 기억이 잘 보존되어, 대개는 조형적 모양으로 선명하게 떠오르지만, 그렇다고 그 보존을 정당화시키는 것은 아니라는 점이다. 훗날 경험하는 인상의 재료에 대해서 우리의 기억은 마치 선택하는 듯하다.

요컨대 기억은 중요한 것은 보존하고 중요하지 않은 것은 떨쳐 버린다. 그러나 보존되어 온 유아기의 기억은 이런 선택을 받지 않는다. 유아기의 기억이 반드시 유아기의 중요한 체험은 아니고, 중요하다고 여겨질 만한 체험도 아니다. 오히려 그것은 너무 평범하고 무의미하여 어쩌면 이런 하찮은 것을 지금까지 잊어버리지도 않고 있었을까 하고 놀랄 만한 정도의 것들이다.

전에 나는 유아기의 기억 상실의 수수께끼와 잊혀지지 않고 남은 기억의 단편에 관한 수수께끼를 분석이라는 도움을 빌려 규명하려고 시도한 적이 있다. 그 결과, 어린아이라도 중요한 인상만이 기억 속에 남는다는 결론을 얻었다.

이 중요한 인상은 여러분이 이미 알고 있는 압축 작용, 특히 대치 작용으로 겉보기엔 별로 중요하지 않은 것같이 나타날 뿐이다. 그래서 나는 이와 같은 유아기의 기억을 '은폐 기억(隱蔽記憶, Deckerinnerungen)'이라 부른다. 만일 철저하게 분석한다면 이 은폐 기억에서 잊어버린 것을 모두 생각해 낼 수 있을 것이다.

정신분석 요법에서는 유아기의 기억 결손을 메우는 것을 제1의 목적으로 삼는다. 만일 분석요법이 어느 정도 성공한다면(대개 성공하게 마련이지만) 잊혀진 유아기의 내용을 다시 생각해 낼 수 있을 것이다. 이 유아기의 인상들은 실제로는 잊혀진 것이 아니라 잠재하고 있는, 즉 무의식의 세계였던 것이다. 때에 따라서는 이 잠재한 기억이 저절로 무의식 속에서 떠오르는 수도 있는데, 그것은 꿈과 결부되어 떠오른다. 그렇다면 꿈의 생활 속에서 이 잠재적 유아기 경험에 이르는 길을 발견할 수 있음을 알 수 있다.

전에 나는 어떤 일과 관련하여 틀림없이 신세진 일이 있는 한 사람의 꿈을 꾸었는데, 그는 꿈속에서 매우 선명한 모습으로 나타났다. 그는 애꾸눈에 몸집이 작고 뚱뚱했으며, 목이 짧은 사나이였다. 나는 꿈의 앞뒤 관계로 보아 그 사나이가 의사라고 생각했다. 다행히도 나는 그 당시 아직 살아 계시던 어머니에게 내가 세 살 때까지 살았던 고향의 의사가 어떤 용모를 가진 사람인지 물어보았는데, 어머니는 그 의사가 애꾸눈에 몸집이 작고 뚱뚱하며 목이 짧은 사람이라고 가르쳐 주었다. 나는 잊고 있었지만, 그 의사가 나의 상처를 치료해 주었다는 것을 알았다. 즉 유아기 초기의 잊혀졌던 기억이 이렇듯 꿈으로 다시 나타나는 것이 또 하나의 태고성인 것이다.

우리는 이 소망의 유래를 지적하기에 주저하지 않아도 된다. 이 나쁜 소망의 충동은 과거, 흔히 그다지 멀지 않은 과거에 유래하고 있다. 이 소망 충동이 있다는 것을 현재는 알지도 의식하지도 않지만, 전에는 그런 소망이 있다는 것을 알았고 의식했었다는 것이 증명된다.

어떤 부인이 현재 열일곱 살 난 외동딸이 죽어 버리기를 기원하는 꿈을 꾸었다. 그 꿈을 분석한 결과 그녀는 한때 자기 딸이 죽었으면 좋겠다고 생각했던 적이 있었음을 밝혀냈다. 그 딸은 이혼한 전남편의 아이였다. 딸이 아직 뱃속에 있을 때 남편과의 심한 말다툼 끝에 뱃속의 아이 같은 것은 죽어 버렸으면 좋겠다고 주먹으로 힘껏 자기 배를 때린 적이 있었다. 요즘에 자기 아이에게 온갖 애정을 쏟으며 너무 지나칠 정도로 사랑을 베푸는 어머니들 중에도 내키지 않는 마음으로 임신을 했고, 또 그 당시 뱃속의 생명이 자라지 않기를 바란 예가 많지 않은가. 하지만 어머니들은 그와 같은 소망을 다행히도 그다지 해가 되지 않는 여러 가지 다른 행동으로 바꾸고 있다.

그러므로 사랑하는 사람에 대한 죽음의 소망은 불가사의하다고 느껴지지만, 그 사람과의 초기의 관계에서 유래하는 것이다.

한 아버지의 꿈을 해석한 결과 특별히 귀여워하고 있는 장남의 죽음을 바라고 있었다는 결론이 나왔을 때, 이 아버지는 그 어머니와 마찬가지로 그러한 소망이 마음속에 있었음을 상기할 것이다. 현재의 아내를 선택한 데 대해 불만을 품고 있던 한 사나이가 그 아내와의 사이에서 태어난 아이가 아직 젖먹이였을 때, 그 아이가 죽어야 아내와 헤어질 수 있을 거라고 생각한 적이 있었다.

미움의 충동의 대부분은 이와 같은 원인에서 생긴다는 것을 증명할 수 있다. 이런 증오심의 충동은 과거에 속한, 언젠가 한번은 의식되어 정신 생활 속에서 작용한 일이 있는 사건의 추억이다. 이런 것 때문에 만일 어떤 사람과의 관계에 이런 종류의 변화가 일어나지 않았을 경우에는, 즉 처음부터 그 관계가 냉담한 것이었을 경우에는 그와 같은 소망이나 그러한 꿈은 나타날 까닭이 없다고 여러분은 결론을 내릴 것이다.

이미 나는 그것이 옳다고 말한 바 있지만, 한 가지 경고해 두고 싶은 것은 꿈은 예전의 소망 그대로가 아니라 해석 후 꿈 전체의 의미를 생각해야 한다는 것이다. 사랑하는 사람이 죽었다는 현재몽은 단지 무서운 가면에 지나지 않고, 실제로는 전혀 다른 사실을 뜻하거나 혹은 사랑하는 사람이 다른 사람의 대신이라는 사실을 우리가 모르고 있을 수도 있는 것이다.

이런 경우에 부딪치면 여러분의 마음속에 더 진지한 다른 의문이 솟아나, 다음과 같이 말할지도 모른다.

'설령 그 죽음의 소망이 전에는 존재해서 기억으로 그 존재가 증명되었다 하더라도, 그것만으로는 아무런 설명도 되지 않습니다. 그 소망은 훨씬 오래 전에 억압되어 지금은 무의식 속에 단지 무력한 기억으로 남아 있을 뿐이니까요. 강한 충동으로서 그것이 존재한다는 증거는 없습니다. 그런데 어떻게 그런 소망이 일반적으로 꿈속에서 상기될 수 있습니까?'

이 의문은 지극히 당연하다. 그러나 나는 부득이 이 의문을 당분간 보류하기로 하겠다. 여기서 우리는 억눌린 충동이야말로 꿈을 야기시키는 것이라는 입증으로 만족하고, 다른 비뚤어진 악한 소망도 역시 과거에서 유래하는지 어떤지의 연구를 계속하기로 하자.

나는 계속해서 배척 소망(排斥所望, Beseitigungswunsch)[1]을 문제 삼아 그

---

1 타인의 죽음을 바라는 소망.

에 대해 설명하기로 하겠다. 우리는 이 소망을 대개의 경우, 꿈을 꾼 사람의 끝없는 이기심 탓이라고 생각해도 좋다. 이 배척 소망이 바로 꿈의 형성자라는 사실은 잘 알려져 있다. 누군가가 우리 인생을 막는다면—이것은 인간 관계가 복잡해지면 많아지는데—꿈은 그 방해자가 아버지건 어머니건, 가령 형제자매이건 부부건 그 사람을 죽이려고 생각할 수 있다. 지금까지는 인간의 본성이 이처럼 악한 것일 수 없다는 생각에서 이런 식으로 꿈을 해석하지 않았던 것에 불과하다.

그러나 이와 같은 소망의 기원을 과거에서 찾게 되면 이와 같은 이기심이나 소망 충동이 근친자에게 향해지더라도 조금은 이상하지 않은, 개인의 과거의 한 시기를 알 수 있게 된다. 이 어느 시기란 바로 유아기의 초기이다. 대개의 경우는 현저한 이기주의의 소질, 즉 이 소질의 흔적을 발견할 수 있다. 어린아이는 우선 자기 자신을 사랑하고, 얼마 지나서야 비로소 남을 사랑하며 자아의 일부를 남을 위해 희생할 줄 알게 된다. 어린아이가 처음부터 사랑을 기울이는 것처럼 보이더라도 실은 이기적인 동기로 그 사람을 사랑하는 것이다. 이것은 세월이 흐른 후에야 비로소 이기심과 관계가 없어진다.

자기의 형제자매에 대한 어린이의 태도와 부모에 대한 태도를 비교해 보면, 이 이기심에 대해서 시사하는 바가 크다. 어린이는 자기의 형제자매를 한결같이 사랑만 하는 것이 아니며, 곧잘 싫다고 말한다. 어린이가 마음속으로 경쟁자를 미워하고 있다는 것은 의심할 바 없으며, 이런 태도는 성인이 될 때까지, 아니 그후까지 줄곧 계속된다.

증오의 감정은 흔히 애정과 대치되므로, 우리는 오히려 증오 위에 애정이 성립한다고 말한다. 그러나 적의의 감정은 일반적으로 애정보다 빨리 발생한다. 적대심은 두 살 반에서 4~5세까지의 어린이에게 동생이 생겼을 때 제일 관찰하기 쉽다. 어린아이는 대개 갓난아이를 좋아하지 않는다.

두 아이의 나이 차가 적을 때는 정신 활동이 더 활발해질수록 어린이는 경쟁심을 일으켜서 상대방에게 대비한다. 나이 차가 클 경우에는 갓난아이를 살아 움직이는 재미있는 인형으로 생각하여 일종의 동정심을 느낄 수도 있다. 갓난아이와 어린이의 나이 차가 여덟 살 또는 그 이상일 때, 특히 여자 아이의 경우는 갓난아이에 대해서 어머니 같은 충동이 나타난다. 그러나 꿈속에서 형제자매에 대한 죽음의 솔직한 소망을 발견했을 때 놀랄 필요는 없다. 그 까닭은 배척 소망의 원형은 유아기의 초기에서, 아니 때로는 서로가 함께 살던 후년의 생활 속에서 쉽게 증명할 수 있기 때문이다.

저희들끼리 심하게 싸우지 않는 어린이는 거의 없을 것이다. 싸움의 동기는 부모의 사랑을 서로 독차지하려 하거나 장난감을 서로 빼앗으려 한다거나, 집안의 자리를 서로 빼앗으려 하는 일 등이다. 이 적의는 형제자매 중 누구에게나 향할 수 있다. 형제자매의 증오와 경쟁심은 어느 정도 이해가 된다 하더라도 딸과 어머니, 부모와 자식 사이의 관계에 증오의 감정이 싹트는 것은 좀 이해하기 힘들다.

부모와의 관계는 아이 쪽에서 보아도 형제자매에 대한 관계에 비하여 훨씬 더 사이가 좋은 것이며, 또 당연히 그래야 한다고 생각한다. 우리는 부모와 자식 사이에 애정이 없을 때가 형제자매의 경우보다도 더 옳지 않다고 생각한다. 우리는 형제자매 사이의 사랑은 세속적인 것으로 생각하고, 부모 자식 간의 사랑은 신성하다고 본다.

그럼에도 불구하고 평소의 관찰에 의하면 부모와 성장한 자식들 사이의 감정 관계가 사회에 의해서 세워진 이상과 얼마나 동떨어져 있으며, 그 감정 관계에 얼마나 많은 적의가 작용하는지, 그 감정에 효성이나 사랑을 덧붙여 억누르지 않는다면 적의가 얼마나 나타나기 쉬운지 알 수 있다. 이 적의의 동기가 무엇인가는 잘 알려져 있는데, 아버지와 아들, 어머니와 딸이라는 동성이 서로 반발하려고 하는 것이 바로 그것이다.

딸은 어머니를 자기의 의지를 속박하고 성적 자유를 억압하는, 사회의 요구를 지키게 하는 사명을 지닌 권위로 인정한다. 경우에 따라서는 어머니를 경쟁자로 여기고 경쟁에서 지지 않으려고 한다. 한편, 아버지와 아들 사이에서는 이와 같은 일이 한층 더 뚜렷하게 나타난다. 아들 입장에서 아버지는 어쩔 수 없이 참아야 하는 사회적 구속의 화신(化身)이다. 아버지란 아들의 자유로운 의지 활동과 어릴 때의 성적 향락 및 돈의 사용 등을 방해하는 존재일 뿐이다. 이에 반해서 아버지와 딸, 어머니와 아들의 관계는 그다지 위험하지 않다. 어머니와 아들의 관계는 이기심으로 조금도 더럽혀지지 않으며, 영구히 변하지 않는 사랑의 전형인 것이다.

그러므로 많은 사람의 꿈속에서 부모, 특히 동성의 부모를 배척하려고 하는 소망을 발견했다고 해도 이상할 것은 없다. 이 소망은 깨어 있을 때도 존재해서 어떤 다른 동기에 의해 가장되며 의식되기조차 한다고 해도 괜찮다.

이 경우 꿈이 적의를 격려할 때까지 적의는 기다리고 있어야 한다. 이와 같은 격려 때문에 꿈이 우리 눈에 거대한 것으로 보이더라도 해석을 하여 꿈을 꾼 사람의 실생활과 연관시켜 끼워 넣으면 본래대로 작아진다.

이 죽음의 소망은 실생활에서는 그것이 존재할 근거를 갖고 있지 않으며, 또 성인이면 깨어 있을 때는 그와 같이 온당치 않은 소망을 품고 있다고는 결코 인정하지 않는다 해도 꿈속에서는 발견될 수 있다. 이것은 특히 동성의 부모와 자식 사이를 이간하려고 하는, 누구에게서나 볼 수 있는 뿌리 깊은 동기가 유아기에 이미 싹트고 있었기 때문이다.

내가 말하려 하는 것은, 이러한 애정의 경쟁은 성적인 색채를 강하게 띠고 있다는 점이다. 아들은 어릴 때부터 이미 어머니에 대해서 특별한 애정을 보이기 시작한다. 또 아들은 어머니를 독점하려고 아버지를 경쟁자로 느끼기 시작한다. 이와 비슷한 현상이 딸과 어머니 사이에서도 나타난다. 이 태도를 오이디푸스 콤플렉스(Ödipus komlex)라고 부르는데, 괜찮해 보면 이 태도의 기원이 얼마나 오래 전의 것인지 알 수 있다. 왜냐하면 아버지를 죽이고 어머니를 아들인 자신의 아내로 삼으려는 오이디푸스의 신화에서 나온 이 두 가지 극단적인 소망이 약화된 형태로 실현되고 있기 때문이다.

나는 오이디푸스 콤플렉스가 자식과 부모의 관계를 모두 다 완전히 표현하고 있다고 주장하는 것은 아니다. 자식과 부모의 관계는 확실히 이보다 훨씬 더 복잡하기 때문이다. 이 오이디푸스 콤플렉스는 강하게 더 발달하는 수도 있고, 또 그 반대로 약해지는 수도 있으나, 이것은 자식의 정신 생활에서 일반적으로 볼 수 있는 매우 중요한 요인을 이루고 있다. 우리는 이 콤플렉스의 영향과 그 결과로 생기는 발전의 영향을 과소평가할 위험이 있다.

생각해 보면, 오히려 부모 쪽에서 오이디푸스적 태도로 반응하도록 자식을 자극하는 일이 많은데, 자식의 성별에 따라 귀여워하는 방법이 다르기 때문이다. 그 결과 아버지는 딸을, 어머니는 아들을 더 귀여워하며, 또 결혼 생활이 권태로울 때 자식을 매력을 잃은 사랑의 대상으로 삼는 경우가 있기 때문이다.

오이디푸스 콤플렉스

정신분석 용어로, 그리스 신화에서 유래하는 오이디푸스 왕의 비극적 운명에 견주어서 만들어졌다. 신화에 오이디푸스 왕이 아버지를 살해하고 어머니와 결혼한다는 운명을 가지고 있다는 것에 근거한 것으로, 남자 아이는 특히 3살에서 5살까지 오이디푸스 왕과 마찬가지로 아버지에게 적의를 품고, 어머니에게는 애정을 구하고자 하는 성적 욕망을 가지고 있다고 한다. 이러한 성적 욕망은 근친상간을 뜻하는 까닭에 금지당하게 된다. 이 욕망이 일어나는 시기를 발달적으로는 오이디푸스기 또는 남근기(男根期)라고 한다. 아버지에게 적의를 품기 때문에 남자 아이는 그 보복으로 거세되는 게 아닌가 하는 공포를 갖게 된다. 이 공포가 계기가 되어 아버지처럼 되려고 하는 동일자각으로 오이디푸스 콤플렉스는 극복되고 청산되며, 점차 잠재기로 이행되어 간다. 또한 사춘기에 이르면 성적 충동이 강하게 되고 오이디푸스적 욕망은 되살아나는데, 이 욕망은 다른 이성에게로 옮겨져 극복된다.

이 오이디푸스 콤플렉스의 발견에 대해서 세상 사람들은 정신분석 연구에 감사하는 마음을 갖지 않았다. 오히려 이 발견에 대해서 심한 반발이 일어났다. 한편 금기로 되어 있는 이 감정의 존재를 부정하는 데 가담하지 않은 사람들도 오이디푸스 콤플렉스에 새로운 해석을 내리고, 그 본래의 가치를 빼앗아 늦게나마 자기의 잘못을 인정했다. 나는 지금도 내 신념을 바꿀 생각은 없으며, 부정하거나 변명해야 할 것도 없다. 한 가지 재미있는 것은 실생활에서 추방된 오이디푸스 콤플렉스가 문학 작품 속에 남아 마치 문학의 세계에 안주의 땅을 찾은 것처럼 보인다.

오토 랑크는 그의 연구 속에서 이 콤플렉스가 극시(劇詩) 속에 변형되고 완화된 모습으로, 혹은 가장하여, 즉 우리가 이미 검열의 작용으로 알고 있는 그 왜곡된 형태로 얼마나 풍부한 소재가 되었는지 증명해 주었다.

그러므로 이 오이디푸스 콤플렉스가 후년에 부모와의 충돌 없이 행복하게 살고 있는 어른의 꿈에 나타나도 상관이 없으며, 또 그 거세 콤플렉스(Kastrationskomplex), 즉 아버지가 행하는 성 생활에 대한 위협 혹은 자식이 일찍부터 성 활동을 하는 데 대한 반대도 이 오이디푸스 콤플렉스와 밀접한 관계가 있다는 것을 알 수 있다.

지금까지 발견한 사실에서 어린이의 심리 생활의 연구에도 주의해야 할 만한 것이 있음을 알았다. 이제는 어린이의 성 생활의 발달에 대해서 연구해 보자. 그리고 우리는 많은 근거에서 다음과 같은 것을 알 수 있었다. 우선 먼저 어린이에게는 성 생활이 없다거나, 성욕은 사춘기에 성기가 성숙해야 비로소 나타난다는 주장은 잘못이라는 점이다. 그 성 생활은 어른으로서 정상으로 간주되는 것과는 여러 가지 점에서 다르다. 그런데 우리가 어른으로서 '도착(倒錯, pervers)'이라고 부르는 것은 정상인의 성 생활과 다르다. 첫째 종(種)의 한계를 무시하는 것, 둘째 불결이라는 제한에 무감각하다는 것, 셋째 근친상간이라는 제한을 깨뜨린다는 것, 넷째 동성애를 보통으로 생각하는 것, 다섯째 성기에 의해서 행해지는 역할이 다른 기관이나 신체의 다른 부위에 대치되는 것 등이다.

이와 같은 제한은 탄생한 날부터 시작되는 것이 아니고, 발육과 교육 과정 중에 서서히 구축된다. 어린이에게는 이와 같은 제한이 없다. 어린이는 아직도 인간과 동물의 격차를 모른다. 어린이는 배설물에 대해서 혐오감을 나타내지 않으며, 이 혐오감은 교육으로 인해 서서히 깨우치게 되는 것이다. 어린이는 성의 구별에 무관심하고 남녀 똑같은 모양의 성기를 가졌다고 상상한다. 어린이는 그 최초의 성적 욕망과 호기심을 자기와 가장 친근한, 그리고 성적이 아닌 다른 이유로 가장 사랑하고 있는 사람, 즉 부모, 형제, 자매, 유모에게로 돌린다.

마지막으로 후년에 애정 관계가 높아짐에 따라 다시 나타나는 특징이지만, 어린이는 성기에서만 쾌감을 느끼는 것이 아니라 몸의 다른 여러 부위에서 쾌감을 얻을 수 있다. 따라서 그 부위가 성기의 역할을 할 수 있다는 사실을 알아 낸다. 그러므로 어린이는 '다형성 도착(多形性倒錯, polymorphpervers)'이라고 할 수 있는데, 어린이가 이 모든 충동 중에서 아주 조금 나타내는 까닭은 후년에 비해서 이와 같은 충동의 강도가 약한 때문이며, 또 교육이 어린이의 성적 표현을 강하게 억제하기 때문이다.

이 억제는 이론화되어 있어, 어른들은 어린이의 성적 표현의 어느 부분을 너그럽게 보며, 다른 부분에는 새로운 해석을 내려 성적인 성질이 없다고 여기게 된다. 이를테면 어린이의 방에 들어가면 그 아이의 성적인 장난을 꾸짖으면서도 대외적인 이론에서는 어린이의 성적 순결을 변호하는 사람이 많다.

어린이는 자유로이 방임되어 있을 때나 유혹당했을 때, 사람의 눈을 끄는 도착된 성 활동을 잘 나타낸다. 물론 어른은 이것을 '어린이다운 짓'이나 '장난이다' 하고 대수롭지 않게 생각한다.

왜냐하면 어린이는 도덕이나 법률에 대해서 책임이 없기 때문이다. 그러나 역시 성욕은 있으며, 타고난 체질의 징후로서도, 또 이후의 발달의 추진력으로서도 의미를 가지는 것이다. 따라서 어린이의 성욕으로 어린이의 성 생활과 함께 일반적인 성 생활을 설명할 수 있다. 그러므로 왜곡된 꿈 뒤에 이 모든 도착된 소망 충동이 나타났을 경우에는, 이 점에서도 꿈이 완전히 유아적 상태로 되돌아간 것을 의미하고 있다.

금지된 소망 중에서 가장 두드러진 것은 근친상간의 소망이다. 바로 부모, 형제자매와 성교하고자 하는 소망이다. 인간 사회에서 이와 같은 성교가 얼마나 혐오감을 불러일으키는가, 또 얼마나 강력하게 금지되었는지는 이미 잘 알고 있다. 근친상간의 공포를 설명하기 위해서 지금까지 많은 노력을 해 왔다. 어떤 사람은, 근친상간은 종족의 질적(質的) 저하를 가져오기 때문에 근친상간의 금제라는 형태를 빌려 심적으로 나타나는 것이라고 설명한다. 또 다른 사람은 어릴 때부터 가족과 공동생활을 하고 있기 때문에 성적인 호기심이 그 가족에게 돌려진 것이라고 주장한다.

정신분석 연구 결과, 근친상간적인 애정의 선택은 누구에게나 처음에는 있다는 것, 그리고 후년에 이르러서야 비로소 이에 대해 저항이 나타나는데, 그 저항이 어디서 유래하는지는 개인 심리학으로 설명할 수 없다는 것을 알게 되었다.

아동 심리학을 연구한 결과, 우리는 꿈을 한층 더 잘 이해할 수 있게 되었다. 그것을 종합해 보면 잊어버린 유아기의 경험이 꿈에 나타난다는 것, 또한 어린이의 정신 생활은 그 특징, 즉 이기심과 근친상간적인 애정의 선택 등은 꿈에 있어서는, 다시 말해 무의식 속에서는 계속 존재하고 있다는 것, 꿈에 의해서 우리는 밤마다 어린 시절로 되돌아갈 수 있다는 것을 알았다.

이 일로 해서 '정신 생활에 있어서 무의식적인 것이란 유아적인 것'이라는 걸 알게 되었다. 그런 무서운 악은 정신 생활에 있어서의 원초적인 것, 원시적인 것, 유아적인 것에 지나지 않는다. 그리고 그것은 모두 어린이에게서나 찾아볼 수 있음을 알았다. 그 일부는 어린이의 활동 범위가 좁기 때문에 문제시되지 않으며, 일부는 어린아이에게는 별다른 윤리적인 기준이 없기 때문에 중시되지 않는 것이다.

꿈은 이 어린이의 단계로 퇴행하기 때문에, 우리 마음속에 숨은 악을 출현시킨 듯한 외관을 갖는 것이다. 그러나 우리를 당황하게 하는 이 외관은 사람을 속이는 가면에 불과하다. 그것은 꿈의 해석으로 상상되는 것만큼 인간은 악하지 않기 때문이다.

우리는 이와 같은 꿈을 꿈의 검열에 맡기는데, 드물게 나타나는 현상이지만, 만일 이 소망이 왜곡되지 않는 노골적인 형태로 의식 속에 침입해 올 때 부끄러워하거나 분개하게 된다. 아니, 우리는 왜곡된 꿈에 대해서도 그 꿈의 뜻을 알고 있는 것처럼 얼굴을 붉히는 수가 있다. 여러분은 그 '사랑의 봉사'의 꿈에 대해서, 본인에게는 해석해 주지 않았지만, 그 고상한 노부인이 스스로 판단을 내리고 분개한 것이 생각날 것이다. 이것만으로 이 문제가 끝났다고 생각하는 것은 잘못이다. 만일 우리가 꿈에 나타나는 악을 더 깊이 연구한다면 인간성에 대해서 다른 판단을 얻을 수 있을 것이다.

연구 결과 우리는 두 가지 견해를 얻었다.

첫째, 꿈이 하는 일의 퇴행성은 형식적인 동시에 실질적이기도 하다. 이 퇴행성에 의하여 우리의 관념은 원시적인 표현 양식으로 번역됨은 물론 원시적인 정신 생활의 모든 특징, 즉 자아의 그 예전의 강대성과 성 생활의 원초적 충동들이 다시 소생되며, 만일 상징 관계를 태고적인 것으로 생각해도 좋다면 인류 태고의 지적 소산(知的所産)도 다시 눈뜨게 한다.

둘째, 오늘날의 우리는 일찍이 우리의 지배적이고 독재적이었던 옛 유아적 특징을 모두 무의식 속에 넣어 무의식에 대한 우리의 생각을 고쳐서 확대해야 한다. 무의식은 독자적인 소망 충동, 독자적인 실현 양식, 보통의 발동하지 않는 독자적인 심적 메커니즘을 가진 특수한 심적 영역을 말하는 것이다. 그러나 우리의 해석으로 뚜렷이 밝혀진 꿈의 잠재의식은 이 영역에 속해 있는 것은 아니다. 잠재의식이란 오히려 우리가 깨어 있을 때 가지고 있는 관념의 일종인 것이다. 그럼에도 불구하고 잠재의식 역시 무의식이다.

우리의 의식 생활에서 유래하고, 의식 생활의 성격을 가지고 있는 그 무엇—우리는 이것을 '낮의 잔재(Tagesreste)'라 부른다—과 무의식의 영역으로부터 나오고 그 무엇이 결부되어 꿈이 되는 것이며, 이 둘 사이에서 꿈의 작업이 행하여진다. 낮의 잔재가 나중에 덧붙여지는 무의식에 의하여 어느 정도 영향을 받는가가 퇴행의 조건이 될 것이다.

이것이 꿈의 본질에 대한 심오한 견해인데, 우리가 다시 깊이 심적 영역을 규명한 뒤에야 그 진상을 뚜렷이 밝힐 수 있을 것이다. 그러나 곧 꿈의 잠재의식의 무의식적 특징과 유아성 영역에 유래하는 그 무의식을 구별하기 위해서 다른 이름으로 부를 수 있을 때가 올 것이다.

열네 번째 강의

소망 충족

어린이의 꿈에서 꿈의 본질을 똑똑히 알고 싶은 마음이
생각이 생겼다. 아울러 우리는 그 연구의 결과로 꿈의 왜곡을 직접 공격하여
한 걸음 한 걸음 정복할 수 있었으면 좋겠다고 생각했다. 그러나 우리는 이
두 가지 방법에서 따로따로 발전한 것이 반드시 합치하지는 않는다는 것을
고백할 수밖에 없다. 이제 우리는 이 두 가지 결과를 결부시켜서 비교해 보도
록 하자.

두 가지 연구에서 밝혀진 것은 꿈의 작업의 본질이 관념을 환각적인 경험
으로 바꾸는 일이라는 것이다. 어떤 방법으로 이것이 이루어지는지 알 수 없
지만, 이것은 일반 심리학의 문제이지 여기서 논할 문제가 아니다. 어린이의
꿈에서 우리는 꿈의 작업의 목적은, 잠을 방해하는 심리적 작용을 소망 충족
으로 제거하는 일이라는 것을 알았다.

왜곡된 꿈은 그 꿈을 해석하기 전에는 어린이의 꿈과 같다고 말할 수 없었
으나, 우리의 예상은 처음부터 왜곡된 꿈이라 하더라도 어린이의 꿈과 같은
견지에서 설명할 수 있다는 것이었다. 모든 꿈은 실제로 어린이의 꿈이며, 어
느 꿈이나 유아성의 재료를 다루며, 어린이다운 심적 충동과 메커니즘을 가
지고 활동하고 있다는 견해는 바로 적중했다. 꿈의 왜곡에 정통했다고 간주

되므로, 이제는 소망 충족이라는 개념이 왜곡된 꿈에도 적용되는지의 여부를 알아보기로 하자.

우리는 이미 여러 개의 꿈을 분석했는데, 그때는 소망 충족의 문제에 대해서 조금도 언급하지 않았다. 그러나 한창 그 해석을 하고 있을 때 '꿈의 작업의 목적이라는 그 소망 충족은 대체 어떻게 되는 것일까?' 하는 의문이 생겼다. 이 의문은 중요하다. 그러한 의문은 아마추어 비평가에게는 흔히 생기는 것이기 때문이다. 인간은 새로운 지식에 대해서 본능적으로 반감을 품는다는 것은 누구나 다 아는 사실이다. 이와 같은 새로운 지식을 금방 최소한으로 줄이고 하나의 표어로 만들어 버리는 것이 그 반감의 표현이다. 새로운 꿈의 학설에 대해서는 이 '소망 충족'이라는 말이 표어가 되었다.

꿈이 소망 충족이라고 말하면 사람들은 즉각 '소망 충족은 없는 게 아닙니까?' 하고 조롱할 것이다. 대개 사람들은 불안을 불러일으킬 만큼 불쾌감을 주는 자기의 무수한 꿈을 생각하고는 정신분석이 주장하는 꿈의 학설은 모두 엉터리라고 의심한다. 우리는 그런 사람들에게 즉각 '왜곡된 꿈에는 소망 충족이 공공연히 나타날 까닭이 없다. 그것은 찾아내야 하므로 꿈을 해석하기 전에는 그것이 사람의 눈에 보이지 않는다.'라고 대답할 것이다. 우리는 왜곡된 이런 꿈에 포함된 소망은 검열에 의하여 기각된 금제의 소망이며, 이 소망의 존재야말로 꿈의 왜곡의 원인이 된 것이고, 검열이 간섭하는 동기가 된 것임을 알고 있기 때문이다.

그렇지만 아마추어 비평가에게, 꿈의 해석을 하기 전에 그 꿈의 소망 충족에 대해서 질문해서는 안 된다는 것을 이해시키기란 어려운 일이다. 소망 충족의 학설을 부정하는 태도는 분명히 꿈의 검열의 결과에 지나지 않는다. 즉 검열을 받은 이 소망을 부정하는 태도의 대상적(代償的) 발로인 것이다.

아마추어 비평가들은 만일 꿈이 소망 충족이라면 꿈속에 고통스러운 감정이 있다는 것은 이해할 수 없는 일이라고 항의할 것이다. 그러나 여기에는 이들 아마추어 비평가가 생각할 수 없는 세 가지 복잡한 문제가 있다.

첫째, 꿈의 작업이 소망 충족을 이루는 데 완전히 성공하지 못한 결과, 꿈의 잠재의식의 고통스러운 감정 일부가 현재몽에 남는 경우이다. 이러한 경우 꿈을 분석해 보면, 이와 같은 꿈의 잠재의식은 그것에서 만들어진 꿈보다 훨씬 고통스러웠을 것이라는 점을 알게 될 것이다. 갈증을 느낄 때 물을 마시는 꿈을 꾸더라도 실제로는 갈증을 해소하지 못하듯이, 꿈의 작업도 자기의 목적을 완전히 달성하지는 못했다는 것을 인정하는 것이다.

꿈의 작업은 꿈의 관념에 포함되어 있는 고통스러운 내용을 소망 충족의 모습으로 바꾸는 것이 훨씬 힘들다. 이에 대해서 아마추어 비평가는 꿈은 본래 소망 충족이 아니므로 꿈속에서는 무해한 내용조차 고통스럽게 느껴진다고 말할지 모른다. 그러나 꿈의 작업의 소망 충족 경향은 이런 꿈에서야말로 내용과 감정이 격리되어 있기 때문에 가장 뚜렷이 나타난다. 노이로제에 대해 잘 알지 못하는 사람은 내용과 감정의 결합을 하나로 생각하고, 내용은 변하더라도 그것에 따르는 감정은 변하지 않는다는 사실을 모르는 것이다.

둘째, 소망 충족은 분명히 쾌감을 가져다줄 것이지만, 누구에게 가져다 주느냐 하는 것이다. 물론 그 소망을 품고 있는 사람에게 가져다주는 것인데, 꿈을 꾼 사람은 자기의 소망에 대해서 아주 특별한 관계를 가지고 있다. 꿈을 꾼 사람은 자기의 소망을 비난하고 검열한다. 즉 꿈을 꾼 사람은 그 소망을 인정하지 않는다. 또한 소망의 충족은 꿈을 꾼 사람에게 아무런 쾌감도 가져다주지 않고, 도리어 불쾌감을 느끼게 해 준다.

친절한 마법사가 가난한 부부에게 세 가지 소망을 들어 주겠다고 약속했다. 부부는 매우 기뻐하며 신중히 세 가지 소망을 생각했다. 그때 아내가 이

웃집에서 풍겨오는 소시지 냄새에 현혹되어 '아, 저런 소시지가 두 개만 있었으면…….' 하고 생각했다. 그러자 금방 소시지가 눈앞에 나타났다. 이것으로 첫째 소망이 이루어진 것이다. 이것을 보고 남편은 화가 나서 분한 김에 "제기랄, 이까짓 소시지, 여편네 코끝에 매달려 버려라." 하고 말했다. 그러자 소시지는 즉시 아내의 코끝에 매달렸는데 아무리 잡아당겨도 떨어지지 않았다. 이것이 두 번째 소망 충족이었으며, 남편의 소망이었다. 이 소망의 충족이 아내 입장에서는 매우 불쾌한 일이었다. 결국 두 사람은 일심동체로 세 번째 소망은 소시지가 아내의 코끝에서 떨어지도록 바랐을 것이 틀림없다.

우리는 이 동화를 여러 다른 의미로 해석하겠지만, 여기서 말하고자 하는 것은 양쪽의 의견이 서로 일치하지 않으면 한쪽의 소망 충족은 다른 쪽의 사람에게는 불쾌한 것이 된다는 것이다. 이것이 불안한 꿈을 이해하는 데 도움이 됐을 것이다.

불안한 꿈은 흔히 가장되지 않은 소망의 충족, 물론 꿈을 꾼 사람이 인정하려 들지 않는 소망의 충족이다. 곧 검열 대신 불안이 나타난 것이다. 어린이의 꿈은 꿈을 꾼 본인이 인정하는 소망의 공공연한 충족이며, 보통의 왜곡된 꿈은 억압된 소망의 가장된 충족이다. 여기서 '불안한 꿈은 억압된 소망의 공공연한 충족이다'라는 공식이 성립된다. 요컨대 불안은 억압된 소망이 검열에 대항해서 그 소망 충족을 관철하려고 한 증거이다. 억압된 소망 충족은 검열을 하는 우리 입장에서 보면 고통스러운 감정을 느끼게 되는 원인이며, 방어가 개시되는 원인이다. 그때 꿈에 나타난 불안은 평소에 억눌려 있던 소망들의 강대성에 대한 불안이라고 할 수 있다. 어째서 이 강대한 소망에 대한 방어가 불안이라는 형태를 갖는지는 다른 곳에서 연구해야 한다.

왜곡되지 않은 불안한 꿈에 적용되는 이 가설은, 부분적으로 왜곡된 꿈이나 고통스러운 감정이 거의 불안에 가까운 다른 불쾌한 꿈에도 적용된다. 대개 불안한 꿈을 꾸면 잠이 깬다. 곧 꿈의 억압된 소망이 검열에 대항해서 완전히 충족되기 전에 잠이 깨는 것이다. 이 경우 꿈은 그 목적을 달성하는 데 실패했다고는 하지만, 그 때문에 꿈의 본질이 변하지는 않는다. 우리는 이미 앞에서 꿈을 안면에 방해되지 않도록 감시하는 야경꾼, 즉 수면의 파수꾼에 비유했었다. 야경꾼이라도 자기 혼자서 방해나 위험을 쫓아버릴 수 없다고 느꼈을 때는 자고 있는 사람을 깨우게 된다. 그러나 꿈이 위험한 빛을 띠고, 불안으로 향하기 시작했을 때라도 우리는 계속 잠들어 있는 수가 있다. 잠결에 "꿈이었구나." 중얼거리고는 다시 잠들어 버리는 것이 바로 그것이다.

　꿈의 소망이 검열을 압도할 사태는 언제 일어나는 것일까? 양쪽 다 조건은 꿈의 소망과 꿈의 검열에 있다. 소망은 어떤 뚜렷하지 않은 원인으로 언제 강해질지 모르지만, 우리는 흔히 검열의 방법 쪽이 이 힘의 균형의 이동에 의해서인 듯한 인상을 받는다. 우리는 앞에서 이미 검열의 강도는 꿈마다 다르다는 것, 또 꿈의 요소마다 그 엄격함의 정도가 다르다는 점을 발견했다. 검열의 힘은 일반적으로 매우 다양하며, 같은 불온한 요소에 대해서도 언제나 같은 엄격으로써 임하지는 않는다. 검열은 자기를 기습하려고 위협하는 어떤 소망에 대해서 자기의 무력을 깨닫는 사태에 이르면, 왜곡 대신 불안을 깨워 수면을 방해하는 것이다.

　그런데 여기서 중요한 것은, 왜 나쁜 소망이 꼭 밤에만 일어나서 우리의 수면을 방해하느냐 하는 것이다. 이에 대한 대답으로는, 그것은 수면 상태의 본성 때문이라는 가설을 세울 수밖에 없을 것이다. 낮 동안은 검열관의 무거운 압력이 이들 소망을 억누르고 있어, 일반적으로 소망은 그 작용을 발휘하지 못한다. 그러나 밤에 금지되어 있는 소망이 활동하는 것은 검열의 간섭력이 저하되기 때문이다. 불면증 노이로제 환자 중에는 불면이 처음에는 바라던 것이었다고 고백하는 사람이 있다. 이와 같은 환자는 꿈꾸는 것을 두려워하기 때문에, 다시 말해서 검열의 간섭력 저하의 결과를 두려워하여 안심하고 잠들지 못하는 것이다. 그러므로 검열의 간섭력 저하가 큰 부주의를 뜻하는 것이 아니라는 사실을 여러분도 쉽게 알 수 있을 것이다.

수면 상태는 우리의 운동 기능을 마비시킨다. 그러므로 설령 나쁜 의도가 마음속에서 움직이기 시작하더라도 실제로는 아무런 해도 없는, 꿈을 만드는 일밖에 하지 못한다. 그리고 '꿈이었구나' 하는 가장 이성적인 말은 사태가 평온하다는 것을 말해 준다.

셋째, 자기의 소망에 반항하는 꿈을 꾸고 있는 사람이 분리되어 있으면서도 무언가로 단단히 결합되어 있는 두 인물의 합체에 비유될 수 있다는 견해를 상기한다면, 왜 소망 충족에 의해 매우 불쾌한 징벌이 행해지는지 그 이유를 이해할 수 있을 것이다. 이와 같은 징벌적인 의도는 우리의 정신 생활 중에도 수없이 많다. 이는 매우 강한 의도로서 고통스러운 꿈의 책임이 이 의도에 있다고 해도 과언이 아니다. 소망 충족, 불안 실현, 징벌 실현이라는 세 가지에 더 덧붙여 두고 싶은 것은, 불안이란 소망과는 대립물이며, 이 대립은 연상에서는 서로 특별히 밀접한 관계가 있어 이미 말한 것처럼 무의식 속에서 합치한다는 점이다. 그리고 징벌도 사실상 소망 충족이며, 이것은 검열을 하는 사람의 소망 충족인 것이다.

우리의 연구가 숨겨진 소망 충족을 입증하는 가장 이상적인 것이라고는 할 수 없다. 그러나 나는 꿈의 이론의 이 부분에 대해 좀더 연구하고 싶다. 내 경험에 의하면, 이 점은 꿈의 학설 전체 중에서 가장 위험한 부분의 하나이며, 더 많은 반대와 오해를 받는 부분이기도 하다. 또한 여러분은 꿈은 충족된 소망, 혹은 그것과 정반대의 것, 즉 현실화된 불안이나 징벌이라고 말함으로써 내가 이미 내 주장의 일부를 철회했다고 생각할 것이며, 또한 여러분은 지금

이야말로 그 주장을 더욱 축소시키는 절호의 기회라고 생각할는지 모른다. 나는 그것을 너무나 간단하게, 따라서 상대편이 납득할 수 없도록 지껄인다는 비난을 받는다는 사실도 알고 있다.

우리와 함께 꿈의 해석을 세밀히 연구하고, 꿈의 해석이 여태까지 가져다준 모든 성과를 인정한 사람도, 대개 소망 충족의 문제에 이르면 다음과 같은 질문을 하는 것이 보통이다. "꿈이 언제나 의미를 가지고 있어서, 이 의미가 정신분석의 기법으로 밝혀질 수 있음은 인정하더라도, 왜 이 꿈은 뚜렷한 증거가 있는데도 언제나 소망 충족이라는 공식에 끼워 맞추어야 하고, 어째서 밤의 사고(思考)는 낮의 그것만큼 여러 가지 의미를 가져서는 안 되는 것입니까? 다시 말해서 어떤 때는 충족된 소망과 일치하고, 어떤 때는 그것과는 정반대의 것, 즉 현실화된 공포와 일치할 수 없는 것입니까? 왜 의도, 경고, 찬반에 대한 숙고, 비난, 양심의 가책, 눈앞에 다가온 일을 준비하는 노력 등을 표현할 수 없는 것입니까? 왜 언제나 소망이나, 기껏해야 그것과 정반대의 것만을 표현해야 하는 것입니까?"

다른 점에서 일치한다면 이 한 문제의 견해 차이는 별문제가 안 된다고 해도 좋을 것이다. 꿈의 의미와 그 의미를 아는 방법을 발견한 것만으로 충분하지 않은가? 만일 우리가 꿈의 의미를 너무 좁게 한정했다면, 전진은커녕 오히려 후퇴했을 것이다. 하지만 그런 일은 없다. 이 점에 대한 오해는 우리의 인식의 본질에 저촉되며, 노이로제를 이해하는 데 필요한 꿈의 가치를 손상하는 것이다. 상인의 세계에서 '약삭빠름'으로 존중되는 그런 종류의 영합적인 태도는 학문의 세계에서는 해롭다.

'왜 꿈에는 많은 의미가 있어서는 안 됩니까?'라는 질문에 대해 나는 먼저 '왜 안 되는지 나도 모른다.'라고 할 수밖에 없다. 나는 꿈이 여러 가지 의미를 갖는다는 것에 이의가 없다. 다만 어떤 사소한 일이 꿈의 이 견해, 실제로는 꿈의 의미가 매우 다의적(多義的)이라는 견해에 저촉될 뿐이다. 그런 다음 내 대답은, 꿈은 여러 가지의 사고 형식과 지적 조작(知的操作)에 필적한다는 가설은 내게 있어 조금도 새삼스러운 것이 아니다. 나는 앞에서 어느 환자의 병력(病歷)에, 사흘 밤 연거푸 나타났다가 그후 나타나지 않았던 한 꿈을 보고한 적이 있다. 나는 이 현상에 대해 꿈이 이런 식으로 나타난 까닭은 이 꿈이 하나의 의도나 결의에 대응하는 것이며, 의도가 이루어진 이상 두 번 다시 나타날 필요가 없는 것이라고 설명했다. 그후 나는 고백에 합치하는 꿈을 공표했다. 그런데도 어떻게 나는 꿈은 항상 채워진 소망에 지나지 않는다고 주장하는 것일까?

그 까닭은, 꿈에 대해서 우리가 애써 얻은 성과를 잃게 할지도 모르는 단순한 오해, 꿈과 잠재의식을 혼동하고, 잠재의식에만 적용되는 것을 꿈에까지 적용시키려 하는 오해가 생기는 것을 방지하고 싶기 때문이다. 꿈이 우리가 앞에서 열거한 의도, 경고, 숙고, 준비, 또는 어떤 과제를 해결하는 시도 등을 대리할 수 있으며, 또 그것들에 의하여 대리될 수 있다는 것은 분명한 사실이다. 그러나 이러한 것들은 모두 꿈의 원천이 되는 잠재의식에만 적용된다는 것을 인정해야 된다.

여러분은 꿈의 해석에서 인간의 무의식적인 사고는 이와 같은 의도, 준비, 숙고 등을 다루며, 꿈은 이런 것을 원료로 하여 꿈의 작업으로 형성된다는 사실을 잘 알고 있을 것이다. 만일 여러분이 꿈의 작업에는 흥미가 없고 무의식적인 사고에 관심이 있다면, 꿈의 작업은 젖혀 놓고, 꿈은 경고나 의도 등에 해당한다는 정확한 판단을 내리게 될 것이다. 정신분석을 연구하다 보면 이런 경우가 흔히 일어난다. 우리는 대개 꿈을 해부해서 그 꿈의 원료가 되는 잠재의식을 꿈 대신 서로 맞추어 연결지으려고 한다.

그러므로 여러분은 꿈의 잠재의식에 관한 평가에서 우리가 열거한 매우 복잡한 정신적 행위는 모두 무의식적으로 일어날 수 있다는 것을 우연히 알게 된 것이다.

그러나 이야기를 되돌려서, 여러분은 자신이 간략한 표현을 사용했다는 것을 생각하고 있으며, 또한 여러분이 앞에서 든 꿈의 온갖 성질이 꿈의 본질과 관계가 없다는 것을 믿고 있다면 여러분이 한 말은 옳다. 여러분이 '꿈'이라고 말할 때, 그 '꿈'이라는 말을 현재몽, 이를테면 꿈의 작업의 산물을 의미하거나, 또는 꿈의 작업 자체인 꿈의 잠재의식에서 현재몽이 만들어진 심리 과정을 의미하거나 그 둘 중의 하나여야 한다. 만일 여러분이 말하는 꿈이 꿈속에 있는 잠재의식만을 가리킨다면, 여러분은 솔직히 그렇다고 인정해야 한다. 꿈의 잠재의식이란 꿈의 원료이며, 이것이 꿈의 작업에 의해서 현재몽으로 바꾸는 것이다.

꿈에서 본질적이라고 할 수 있는 것은 단 하나, 관념이라는 원료를 가공하는 꿈의 작업이다. 어떤 경우의 실제적 상황에 있어서는 꿈의 작업을 등한시해도 무방하지만 이론에 있는 그것을 무시해서는 안 된다. 정신분석적으로 관찰하면 꿈의 작업은 여러분이 이미 배운 태고적 혹은 퇴행적 표현 양식으로 잠재의식을 번역하는 일에만 한정되어 있는 것이 아님을 알 수 있다. 그뿐 아니라, 꿈의 작업은 낮의 잠재의식에 속하지 않지만 꿈 형성의 원동력인 그 무엇을 항상 그 위에 덧붙인다. 꿈을 만드는 데 없어서는 안 될 이 부가물은 무의식적인 소망이며, 이 소망을 채우기 위해 꿈의 내용이 변형되는 것이다.

그러므로 여러분이 꿈속에 나타난 관념만을 고려한다면 꿈은 경고, 의도, 준비 등 무슨 일이나 할 수 있다. 또 꿈은 이것을 꿈의 작업의 결과로 인정할 때는 언제나 무의식적인 소망의 충족이기도 하다. 따라서 꿈은 단순히 의도나 경고가 아니라, 항상 어떤 무의식적인 소망의 힘을 빌려 의도나 경고 등을 태고적인 표현 양식으로 번역해 이 소망을 채우도록 그것의 형태를 변형시킨 것이다. 소망 충족이라는 이 하나의 성격은 반드시 존재하는 것이지만, 다른 성격들은 바뀔지도 모른다. 그러나 이것도 소망일 수 있다. 이때 꿈은 무의식적인 소망의 힘을 빌려서 낮의 잠재적 소망을 충족된 모습으로 표현하는 것이다.

앞에서 여러 번 언급한, 그 1플로린 반으로 석 장의 입장권을 산 꿈을 한번 더 예로 들어 보자. 여러분은 이미 이 꿈의 잠재의식을 알고 있을 것이다. 예컨대 자기의 여자 친구가 이제야 약혼했다는 소식을 듣고 마음에 생긴, 너무 서둘러 결혼해 버렸다는 후회와 남편에 대한 경멸감, 즉 좀더 기다렸더라면 더 좋은 남성을 만날 수 있었을 텐데 하는 생각이다. 이와 같은 관념을 바탕으로 해서 하나의 꿈을 만든 소망도 우리는 이미 알고 있다. 그것은 연극을 보러 가고 싶다는 호기심, 즉 극장에 갈 수 있게 되었으면 하는 소망이다. 이 소망은 결혼하면 무슨 일이 일어나는가 경험해 보고 싶다는, 옛날에 품었던 호기심과 같은 유형인 것이다. 어린이의 경우, 이 호기심은 언제나 부모의 성생활로 향해 있으므로 유아형(幼兒型)이며, 후일까지 여전히 이 호기심이 존재한다면 그 소망은 유아적인 것에 깊은 뿌리를 박은 본능적 흥분이다.

그러나 전날에 들은 소식이 부인으로 하여금 보고 싶다는 소망을 불러일으킨 매개체가 된 것은 아니며, 단지 억울함과 후회를 불러일으킨 데 불과한 것이다. 이 보고 싶다는 소망 충동은 처음에는 꿈의 잠재의식에 속해 있지 않았고, 또 그런 소망을 생각하지 않더라도 우리는 꿈의 해석 결과를 분석 속에 배열할 수 있었다. '그렇게 서둘러서 결혼한 것은 바보짓이었다.'라는 관념만으로는 결코 꿈이 만들어지지 않는다. 이 관념에서, 결혼하면 어떤 일이 일어나는가 하는 오래된 소망이 일깨워져서 비로소 이 꿈이 만들어진 것이다. 이어 이 일깨워진 오래된 소망은 결혼을 연극 구경으로 대치하여 꿈을 만들었으며, 거기에 '나는 이제 극장에 가서 여태까지 보지 못한 것을 무엇이든다 볼 수 있지만, 너는 아직 안 돼. 나는 결혼했지만 너는 더 참아야 하는 거야.' 라는 소망 충족의 형식을 주었던 것이다. 이렇게 해서 현재의 상황이 정반대의 상황으로 바뀌어서 현재의 패배가 전날의 승리와 대치되었다.

그리고 그밖에 이 호기심의 만족은 이기적인 경쟁심의 만족과 합치되어 있다. 그리하여 이기적인 경쟁심의 만족이 꿈의 잠재내용을 결정하고 있는 것이다. 즉 현재내용 속에서 그녀는 극장에 앉아 있고, 그 여자 친구는 극장에 들어갈 수 없는 것으로 되어 있다. 호기심과 경쟁심의 만족을 가져다 주는 이 장면에는 꿈의 잠재의식을 아직 포함하고 있는 꿈의 내용들이 부적당한, 이해할 수 없는 수식으로 되어 쌓여 있다. 꿈의 해석이란 소망 충족을 나타내는 점을 무시하고 은근히 암시된 조짐으로 고통스러운 꿈의 잠재의식을 재구성하는 일이다.

내가 지금부터 하고자 하는 고찰은 여러분의 주의를 이제 명백하게 드러난 꿈의 잠재의식으로 돌리는 데 목적이 있다. 첫째 이 잠재의식은 꿈을 꾼 당사자에게는 의식되지 않으며, 둘째 이 잠재의식은 완전히 합리적인 것이므로 꿈을 일으키는 자극에는 명백한 반응으로서 이해될 수 있고, 셋째 이 잠재의식은 어떤 심리적 충동, 또는 지적 조작으로서 가치를 가질 수 있다는 점이다. 나는 지금 이 관념을 전보다 엄밀한 의미에서 '낮의 잔재' 라고 부르고 싶다. 이제부터는 이 낮의 잔재와 잠재의식을 뚜렷이 구별해서 사용하기로 하겠다. 곧 지금까지의 용어법에 일치시켜서 꿈을 해석할 때 알게 될 모든 것을 꿈의 잠재의식이라고 부른다는 것인데, 한편 낮의 잔재는 꿈의 잠재의식의 일부분을 형성할 뿐이다.

그러면 우리의 주장은 다음과 같은 것이 된다. 낮의 잔재 위에 무의식에 속해 있던 것, 강력하긴 하지만 억압된 어떤 소망 충동이 첨부된다. 그리하여 이 소망 충동만이 꿈을 만들 수 있는 것이다. 낮의 잔재에 소망 충동이 작용하여 꿈의 잠재의식의 다른 부분이 형성된다.

무의식적인 소망과 낮의 잔재의 관계를 표시하기 위해서 이 경우에 가장 적절하다고 여겨지는 하나의 비유를 들어 보자. 어떤 기업이나 자본가와 계획으로써 그것을 실행에 옮길 수 있는 기업가가 필요하다. 꿈의 형성에 있어서 자본가의 역할을 맡고 있는 것은 무의식적인 소망인데, 그것은 꿈의 형성에 필요한 정신적 에너지를 제공한다. 기업가의 역할을 하는 것은 낮의 잔재이며, 자본가가 제공한 자본을 어떻게 이용할 것인가를 결정한다. 이 비유는 실제의 사태를 간결하게 설명하지만, 이 비유로부터 이론을 설명한다는 것은 매우 어려운 일이다.

경제학에서는 언제나 한 인간을 자본가와 기업가의 두 가지 면으로 나누어서 생각한다. 꿈의 형성에서도 이것과 같은 변이가 나타난다. 그 이상의 것을 추구하는 일은 여러분에게 맡기기로 하겠다.

이 문제에 대해서 우리는 이제 더 이상 전진할 수 없다. 왜냐하면 이미 오래 전부터 여러분은 어떤 의혹으로 마음이 혼란스러울 것이기 때문이다. '낮의 잔재는 꿈을 만들기 위해서 반드시 부가되어야 하는 그런 무의식적인 소망처럼 무의식적입니까?' 여러분의 이 의문은 당연하다. 여기에 문제 전체의 핵심이 있다. 이 둘은 같은 의미로서의 무의식이 아니다. 꿈의 소망은 우리가 특별한 메커니즘을 갖춘 유아적 유래(由來)의 것으로 인정한 그 무의식에 속한다.

나는 여기서 일단 설명을 마치기로 하겠다. 지금까지 여러분이 들은 것은 불완전한 것에 불과했지만, 이 지식의 계속이 우리들 자신이나 우리 뒤를 따르는 사람들에 의해서 밝혀질 것이라고 생각한다.

열다섯 번째 강의

의문점과 비판

우리가 지금까지 설명해 온 새로운 개념과 새로운 견해에 대한 일반적인 의문점과 불확실한 점을 이야기해야겠다. 여러분 중에 내 강의를 열심히 들은 사람은 이와 같은 재료를 두세 가지 모았을 것이다.

1) 꿈의 해석 작업의 여러 결과는 분석 기법을 아무리 정확히 지킨다 하더라도 불확실한 것이 많으므로, 여러분은 아마 현재몽을 잠재의식으로 번역하려는 시도는 실패로 끝나지 않을까 생각했을 것이다. 여러분은 그에 대해서 다음과 같은 점을 지적할 것이다.

첫째, 꿈의 어떤 요소를 본래의 의미로 해석해야 할지 아니면 상징으로 해석해야 할지 종잡을 수가 없다. 그것은 상징으로서 사용된 사물도 그 자체의 의미만은 아니기 때문이다. 그러나 그 어느 쪽인가를 결정하는 객관적인 증거가 없으므로 이 점을 어떻게 해석하느냐는 오로지 해석자의 의지에 맡길 수밖에 없다.

둘째, 꿈의 작업에서는 상반되는 것이 도리어 일치되는 것이므로 어떤 꿈의 요소를 그대로의 의미로 풀이할 것인가, 아니면 그 반대의 의미로 풀이할 것인가가 해결되지 않은 채로 남아 있는 것이다.

셋째, 꿈에서는 여러 가지 전도가 사용되어 있으므로 해석자는 자기 마음대로 그와 같은 전도를 억지로 적용시킬지도 모른다. 그러므로 여러분이 이미 들은 적이 있는 것, 즉 어떤 꿈에 대해서 발견된 해석이 유일하게 가능한 해석이라고 확신되는 일은 드물다. 또 '똑같은 꿈을 여러 가지 의미로 해석할 수 있다는 것을 간과할 위험이 있는 것은 아닐까?' 하는 점을 질문할 것이다.

여러분이 의문으로 삼은 재료는 모두 당연한 것이다. 그러나 우리가 하는 식의 꿈 해석은 해석자의 의도에 맡겨져 있다는 의견과 해석의 결과에 잘못이 있을 경우 우리의 방법이 잘못 되어 있었던 탓이 아닌가 하는 것은 그릇된 생각이다. 만일 여러분이 해석자의 의도를 배척하고 그 대신 해석자의 기능, 경험, 이해력을 든다면 나는 여러분의 말에 찬성할 것이다. 이와 같은 개인적인 요소는 결코 무시할 수 없는 것이며, 더구나 꿈의 해석이 매우 어려울 경우에는 특히 그러하다. 그러나 이 점에서는 다른 학문의 경우도 특별히 다를 것이 없다.

한 사람이 다른 사람보다 어떤 기법의 조작을 능숙하게 하거나 혹은 그렇게 하지 못하게 하는 방법은 없다. 상징을 해석하는 경우 꿈의 사상 상호간의 관계, 꿈과 꿈꾸는 사람의 생활과의 관계, 그리고 꿈이 나타난 심리 상태 전체를 고려하여 생각할 수 있는 해석 중에서 하나를 선택할 때, 비로소 임의적 해석을 제거할 수 있는 것이다.

꿈의 작업이란 꿈의 관념을 상형문자와 비슷한 원시적인 표현 양식으로 번역하는 일이라는 말을 기억할 것이다. 꿈의 작업에서는 상반되는 것이 오히려 일치하는데, 이것은 이른바 '원시어의 대립적 의미'와 유사하다는 것을 알고 있을 것이다.

언어학자 아벨은 한 사람이 다른 사람에게 이와 같은 두 가지 의미를 가진 단어를 사용하여, 그 때문에 전달이 모호했다고 생각해서는 안 된다고 우리에게 경고한다. 오히려 어조나 몸짓은 이야기의 줄거리와 함께 말하는 사람이 두 가지 대립되는 의미 중 어느 쪽을 전하려 하고 있는지 의심의 여지가 없을 만큼 분명했던 것이다.

태고어의 문자와 같이 태고어의 표현 체계에는 현대어에서는 허용되지 않을 것 같은 많은 애매함이 발견된다. 예를 들면, 셈 족의 문자는 자음만 표시되어 있는 것이 많았다. 읽는 사람은 자기의 지식과 전후 관계를 근거로 생략된 모음을 보충해야 했다. 대개의 상형문자는 이와 비슷한 원칙을 따르고 있었다. 그 때문에 고대 이집트 어의 발음은 우리들에게 오래도록 알려지지 않았던 것이다. 이집트의 신성한 문자에도 또 다른 애매함이 있었다.

예를 들면 덧붙이는 그림을 오른쪽에서 왼쪽으로 늘어놓느냐, 왼쪽에서 오른쪽으로 늘어놓느냐 하는 것은 오로지 쓰는 사람 마음대로인 것이다. 그러므로 이것을 읽으려면 사람, 새 등의 얼굴의 방향을 목표로 읽어야 한다.

그러나 문자를 쓰는 사람은 상형문자를 수직 방향으로 늘어놓아도 되었으므로 아주 작은 물건에 새겨넣을 때는 모양과 글자의 배열 등을 고려한 결과, 문자의 배열은 다시 다른 식으로 변화했다.

상형문자로서 가장 곤란했던 점은 단어와 단어를 떼어놓을 줄 몰랐다는 점일 것이다. 그래서 어떤 문자가 앞 말에 속하는지, 다음 말의 시작인지 알 수 없었다. 이에 반해서 페르시아 어의 설형문자에서는 각 낱말을 떼어놓기 위해서 사선의 쐐기를 사용하고 있다.

가장 오래 되고, 오늘날까지도 4억의 사람들이 사용하고 있는 언어와 문자는 중국어이다. 나는 중국어 속에서 꿈의 부정확함과 유사한 점을 발견하고 싶어 중국어를 좀 공부했다. 나의 기대는 들어맞아, 중국어는 우리를 깜짝 놀라게 할 만큼 애매한 부분이 많았다. 잘 알려져 있듯이 중국어는 많은 음절음으로 되어 있으며, 이와 같은 음절음은 하나나 둘이 결합하여 발음된다. 주요

사투리의 하나는 약 400개의 음절음을 가지고 있다. 그런데 이 사투리의 어휘는 약 4천이므로, 각 음절음은 평균하여 10개의 다른 뜻을 가진 셈이 된다. 따라서 이 뜻의 불명료함을 피하기 위해 많은 수단이 사용되고 있다. 그것은 단지 글의 앞뒤 관계만으로는 말하는 사람이 듣는 사람에게 그 음절음 열 가지 뜻 중에서 어느 것을 말하려는 것인지 짐작할 수 없기 때문이다.

이러한 수단 중에 두 가지 음절음을 결합시켜 하나의 단어를 만드는 법과, 다른 네 가지 '음조'를 이용하여 몇 가지 음절음을 발음하는 방법이 있다. 한 음절의 말의 어느 것이나 그것이 명사인지 형용사인지 동사인지 알 수 없다. 성(性), 수(數), 격(格), 시제, 화법을 아는 표지가 되는 낱말의 변화가 전혀 없다. 그러므로 중국어는 말하자면 원료만으로 되어 있다고 할 수 있다. 중국어에서 의미가 모호한 경우에는 모든 결정이 듣는 사람의 이해에 맡겨지는데, 이 경우 듣는 사람은 문맥으로 판단을 내린다.

나는 중국 속담 하나를 노트에 적어 두었다. "보는 것이 적은 사람일수록 더욱 많은 일에 놀란다."이다. 이것은 "보는 것이 적은 사람에게는 놀라운 일이 많다."라는 뜻이다. 물론 문법상으로만 이 두 가지 번역 가운데 어느 쪽을 택하는가는 문제가 되지 않는다. 이와 같은 불확실함이 있음에도 불구하고, 중국어는 관념을 나타내는 데 뛰어난 수단이라고 확신한다. 그러므로 불명료함으로 인해 뜻이 모호해지지는 않는 것이다.

그러나 꿈의 표현 체계는 이들 고대 문자보다 매우 불리한 입장에 있다. 왜냐하면 고대어나 고대 문자는 하나의 전달 수단으로서 만들어진 것이기 때문이다.

다시 말해서 어떤 방법, 어떤 보조 수단을 사용하면 더 잘 이해시킬 수 있는가 하는 점을 고려해서 만들어진 것이다. 그런데 꿈에는 이런 것이 없다. 꿈은 누군가에게 무엇을 알리려고 하는 것이 아니다. 꿈은 전달의 수단이 아니고, 오히려 반대로 이해되지 않는 데에 꿈의 본질이 있다. 그러므로 비록 꿈에 모호하고 불확실한 점이 많아서 그 의미를 결정할 수 없다는 점을 알았더라도 새삼 놀라거나 당황할 필요는 없다. 사람들이 우리의 꿈에 관한 해석의 정당성을 공격하는 무기로서 이용하고 있는 이와 같은 불명료함이야말로, 오히려 모든 원시적인 표현 체계의 공통적인 특징인 것이다.

실제로 어느 정도까지 꿈을 이해할 수 있는가는 숙련과 경험에 의해서 결정되지만, 나는 상당한 정도까지 할 수 있다고 생각한다. 정식 훈련을 받은 분석자에게 얻은 결과를 비교해 보면 내 견해의 정당성이 입증된다. 많은 아마추어들은, 아니 학문계의 아마추어들조차도 학문상의 어떤 어려운 점과 의심스러운 점에 직면하면 생각이 깊은 듯이 회의적인 태도를 보이는데, 이것은 잘못이라고 생각한다. 이러한 상황은 바빌론과 아시리아 문자 해독의 역사에도 있었다.

설형문자를 해독하는 사람은 '공상가' 이며, 그런 연구는 모두 '엉터리' 라는 여론이 들끓던 시대가 있었다. 그런데 1857년 왕립 아시아 협회가 한 가지 실험을 했다. 그 협회는 4명의 유명한 설형문자 연구가에게 새로 발굴된 비문을 독립적으로 번역 의뢰하고, 그 결과를 밀봉하여 보내라고 지시했다. 그리하여 그 4명의 번역을 비교해 본 결과, 그들의 번역은 일치하는 점이 많을 뿐만 아니라 지금까지 밝혀진 것이 믿을 만한 것임이 입증되었고, 또한 미래의 진보를 기대할 수 있다는 것이 인정되었다. 그후로는 사람들의 조소도 차츰 사라졌고, 설형문자 문헌을 해독하는 방법도 정확해져서 이 방면이 매우 발달했던 것이다.

2) 제2의 의문점은 다음과 같다. 우리의 꿈의 해석술로 풀이한 결과는 부자연스럽고 어색하며 억지스럽고, 무리하고 우스꽝스럽고 장난 같은 인상을 준다는 점이다. 이와 같은 비평이 매우 빈번하므로, 최근의 보고들 중에서 취

급해 보기로 하겠다. 다음과 같은 이야기가 있다. 자유의 나라라고 자칭하는 스위스에서 최근 어느 사범학교 교장이 정신분석을 연구했다는 이유로 파면되었다. 그는 끝까지 항의했기 때문에, 베른의 한 신문이 판결에 대한 문교당국의 견해를 게재했다. 그 기사 중에서 정신분석과 관계 있는 몇 줄을 인용해 보겠다.

취리히의 피스터 박사의 책도 보았는데, 그 책 속의 많은 실례가 고의적이며 부자연스러운 것임에 놀랐다. 적어도 사범학교 교장쯤 되는 사람이 정신분석의 모든 주장과 그 엉터리 증명을 저항 없이 받아들였다는 것은 매우 놀라운 일이다.

이 글은 '냉정한 판단자'가 내린 판결이라고 하여 신문 지상에 발표된 것이다. 그러나 나는 오히려 그 냉정이라는 말을 '조작된 것'이라고 생각하고 있다. 어느 정도의 고찰과 전문 지식은 냉정한 판단을 내리는 데 결코 해가 되지 않는다는 전제하에 이 말을 좀더 상세히 검토해 보겠다.

누군가가 심층심리학의 미묘한 문제에, 그 사람의 첫인상으로 재빨리, 그리고 단호하게 판단 내리는 것을 보면 확실히 통쾌할 것이다. 그의 눈에는 모든 해석이 고의적인 억지로 보일 것이다. 대부분의 해석이 그의 마음에 들지 않기 때문에 모두 거짓이며, 아무런 도움도 되지 않는다고 비평가는 생각할 것이다. 그런데 그는 이런 해석이 자기 눈에 억지로 보이는 것은 그럴 만한 이유가 있기 때문이 아닐까,라고는 생각조차 못할 것이다.

이와 같은 비판을 초래한 사정은 꿈의 검열의 가장 강한 무기인 대치작용과 본질적으로 관계가 있다. 꿈의 검열은 대치작용의 힘을 빌려 우리가 비유라고 부르는 대응물을 만드는데, 그 중에도 알기 어려운 비유가 있다. 비유로부터 그 본래의 것으로 역행하는 길은 쉽게 발견되지 않으며, 또한 매우 기괴하여 보통은 사용되지 않는 외면적인 연상에 의해서 본래의 것과 결부되어 있다. 이런 경우에는 모두 감추어야 하는 것, 숨기게 되어 있는 것이 대치의 대상이 된다. 실로 꿈의 검열은 이런 숨기는 일을 하고 있는 것이다.

꿈의 잠재의식과 그 현재적인 대용물과의 관계는 가장 거리가 멀고 기괴하며, 때로는 우스꽝스럽고 익살스러운 면을 띠는 수가 있다는 것을 인정한다면, 우리가 혼자 힘으로 해결할 수 없었던 예에서 풍부한 경험을 얻을 수 있다. 이와 같은 해석을 혼자 힘으로 끌어내는 것은 물론 불가능하다. 아무리 유능한 사람이라도 이 둘의 연관을 추측할 수는 없다. 꿈을 꾼 사람이 그 직접적인 연상으로 단숨에 꿈의 의미를 해석해 주든가, 또는 꿈을 꾼 사람이 우리에게 많은 재료를 주어 특별한 통찰력 없이도 자연스럽게 해결되는 것이다. 꿈을 꾼 사람이 이 두 가지 방법으로 우리를 도와준다면, 문제의 현재요소(顯在要素)는 쉽게 이해할 수 있겠지만 반대로 그렇지 않을 경우에는 영원히 이해할 수 없을 것이다.

최근에 경험한 한 가지 예를 여러분에게 이야기해 주겠다. 내가 맡고 있던 여환자가 치료 중에 아버지를 잃었다. 그후 그녀는 모든 기회를 포착하여 꿈속에서 부친을 소생시키려고 했다. 그러던 중 한번은 꿈에 돌아가신 아버지가 나타나 "11시 15분이다. 11시 반이다. 12시 15분 전이다."라고 말했다는 것이다.

이 기괴한 꿈의 해석은 생전에 아버지가 자식들이 모두 모여 시간을 지켜서 밥 먹는 것을 몹시 좋아했다는 연상만이 일치되었다. 확실히 이 연상도 꿈의 요소와 관계가 있지만, 이것만으로는 이 꿈의 유래를 설명할 수 없었다. 그런데 그때의 치료 상황으로 보아, 이 꿈과 어떤 관계가 있지 않을까 의심되는 근거가 나타났다. 그것은 그녀가 사랑하고 존경하는 아버지에 대해서 품은 비판적인 반항심을 조심스레 억제하고 있다는 점이었다.

꿈과는 아무 관계가 없는 것처럼 하고 그를 계속 유도해 보았는데, 그 결과 그녀는 다음과 같은 이야기를 했다. 어제 자기 집에서 심리학 문제에 대해 토론을 했는데, 그때 친척 한 사람이 "원시인(Urmensch)은 우리 모두의 마음속에 살아 있다."고 말했다는 것이다. 나는 이 이야기에서 금방 해결의 실마리를 발견했다. 이것은 그녀에게 돌아가신 아버지를 다시 살아나게 하는 둘도 없는 빌미가 되었다. 그녀는 꿈속에서 아버지에게 12시 15분 전이라는 말을 하게 함으로써 아버지를 시계 인간(時計人間, Uhrmensch)으로 만들었던 것이다.

여러분은 아마 이런 예는 기지와 비슷하다고 말할 것이다. 실제로 꿈을 꾼 사람의 기지가 해석자의 기지로 간주되는 경우가 흔히 있다. 더욱이 기지를 문제로 삼고 있는지 꿈을 문제로 삼고 있는지를 결정하기 어려운 경우도 많다. 잘못 말하기의 많은 예에서 같은 의문이 생겼다는 것을 여러분들은 기억할 것이다.

어떤 남자가 숙부와 함께 숙부의 자동차(Auto)를 타고 있을 때, 숙부가 그에게 키스한 꿈을 꾸었다. 그는 자기 꿈을 이렇게 해석했다. "꿈의 뜻은 자기 성애(自己性愛, Autoeroticism)입니다."

그는 자기 마음에 떠오른 기지를 꿈이라고 말한 것일까? 나는 그렇게 생각하지 않는다. 그는 실제로 그런 꿈을 꾼 것이다. 그러나 꿈과 이 기지의 사이에 있는, 사람을 깜짝 놀라게 하는 유사함은 어디서 오는 것일까? 나는 연구 결과 기지는 다음과 같이 발생한다는 것을 알았다. 즉 전의식적(前意識的)인 사고의 흐름이 한순간 무의식적인 가공(加工)을 받는다. 이 가공 때문에 전의식은 기지의 형태로 떠오르는 것이다. 무의식의 영향 아래, 전의식적인 사고의 흐름은 무의식을 지배하는 메커니즘, 즉 압축과 대치(代置)의 두 작용을 받는다. 곧 꿈의 작업에 관여하는 것 같은 과정의 영향을 받는 것이다. 기지와 꿈이 비슷한 것은 이러한 공통점이 있기 때문이다. 이처럼 의도적이 아닌 '꿈의 기지'는 보통의 기지와 같은 쾌감을 주지 않는다. 그 이유는 무엇일까? 그 대답은 여러분이 기지를 깊이 연구하면 알게 될 것이다.

그러면 여기서 고대의 꿈 해석에 관한 발자취를 더듬어 보기로 하자. 고대의 해몽은 쓸모없는 것이 많지만, 우리들 자신의 예를 훨씬 능가할 훌륭한 실례도 많이 남아 있다.

역사적으로 유명한 꿈을 하나 이야기하겠다. 알렉산더 대왕이 난공불락의 티로스 시를 포위하고 있던 어느 날, 대왕은 사티로스 신이 미친 듯이 춤을 추는 꿈을 꾸었다. 대왕의 군대에는 해몽가 아리스탄드로스가 있었는데 그가 이 꿈을 해몽하여 '사티로스(Satyros)'라는 말을 $\sigma\alpha\ T\upsilon\rho o\delta$(티로스는 그대의 것이다)로 해석, 티로스 시가 곧 함락될 것이라고 예언했다. 알렉산더 대왕은 이 해몽에 따라 포위를 계속하여 마침내 티로스 시를 손아귀에 넣을 수 있었다. 이 해몽은 억지처럼 보이지만 실제로는 옳았던 것이다.

3) 오랜 세월 동안 꿈의 해석에 전념해 온 정신분석가들 중에 꿈에 대한 우리의 견해에 항의하는 사람이 있다면, 여러분은 어떤 특별한 인상을 받을 것이다. 이처럼 풍부한 선동적인 말이 새로운 잘못을 저지르는 데 이용된 것은 당연한 일이었다. 이 주장은 개념의 혼동과 옳지 않은 일반화의 결과로서, 꿈의 의학적 견해와 별 차이가 없는 그릇된 여러 주장이 생겼다. 여러분은 그 주장의 하나를 이미 알고 있을 것이다. 그것은 다음과 같은 것이다.

꿈은 현재에 적용하고자 하는 시도와 장래의 과제를 해결하고자 하는 시도를 다스린다. 즉 '예상 경향(豫想傾向, prospektive tendenz)'을 추구하고 있다. 이 주장은 이미 이야기한 것처럼 꿈과 그 꿈의 잠재의식을 혼동했기 때문에 생긴 것으로 '꿈의 작업'의 무시를 전제로 하고 있다. 무의식적인 정신 활동의 특징으로서의 예상 경향은 조금도 새로운 것이 아니고, 또 그것으로 다 설명되는 것도 아니다. 왜냐하면 무의식적인 정신 활동은 미래의 준비 말고도 많은 것을 다스리기 때문이다. 그리고 '사자의 서'가 모든 꿈에서 발견된다는 신념의 기초에는 더욱 심한 혼동이 있는 것처럼 여겨진다. 이 공식은 대체 무엇을 말하려는 것일까?

소수의 편리한 예만을 근거로 부당한 일반화를 시도한 것으로, 다음과 같은 주장이 있다. 즉 어느 꿈이라도 두 가지로 해석할 수 있다. 그 하나는 우리의 견해처럼 이른바 정신분석적 해석이며, 또 하나는 이른바 본능적 경향을 무시하고 정신 작용의 표현을 목표로 하는 신비적 해석이다. 하긴 후자의 꿈도 있기는 하지만, 여러분이 이 견해를 다른 많은 꿈에 적용시키려는 것은 어리석은 짓이다.

여러분이 들은 것 가운데서 석연찮은 주장은, 모든 꿈을 남녀 양성적으로 해석해야 한다는 주장일 것이다. 그것은 남성적 또는 여성적이라고 불러야 할 두 가지 경향의 합체를 꿈으로 보아야 한다는 것이다. 물론 이런 꿈도 있기는 하다. 이와 같은 꿈이 히스테리 증상의 어떤 것과 같은 구조를 가지고 있음을 알게 될 것이다. 내가 이와 같은 꿈의 일반적인 특징에 대한 주장을 모두 이야기하는 것은 여러분이 이런 주장을 경계해 주기를 바라기 때문이며, 또 내가 이런 주장에 어떤 의견을 갖고 있는가 하는 점에 대해서 의문을 남기지 않기 위해서이다.

4) 정신분석 치료를 받는 환자가 자기를 치료하는 의사의 학설에 자기 꿈의 내용을 맞추려고 했기 때문에 꿈 연구의 객관적 가치가 의심을 받던 때가 있었다. 어떤 사람은 언제나 성적인 충동이 일어나는 꿈을 꾸고, 다른 사람은 권력 추구의 꿈을 꾸며, 또 다른 사람은 다시 이 세상에 태어나는 꿈을 꾸었기 때문이다. 그러나 꿈을 좌우한다는 정신분석 요법이 존재하기 전부터 인

간은 꿈을 꾸었고, 현재 치료를 받고 있는 사람이 그 전에도 꿈을 꾸고 있었다는 것을 생각하면, 이 주장이 차지하는 비중은 그다지 크지 않다. 꿈을 일으키는 기연(機緣)이 되는 낮의 잔재는 깨어 있을 때 강하게 흥미를 끈 것의 나머지이다.

만일 의사의 이야기나 의사가 준 자극이 환자에게 중요하게 인식되었다면, 그런 것들은 낮의 잔재 속에 침입하여 마치 강한 감정을 가진, 아직 소멸하지 않은 전날의 다른 흥미와 마찬가지로 꿈을 만드는 심리적 자극이 될 수 있을 것이다. 그리고 그것은 자고 있는 사람에게 작용하는 육체적 자극과 동일한 작용을 할지도 모른다. 꿈을 유발하는 다른 요인과 마찬가지로, 의사에 의해서 자극될 사고 과정 또한 꿈의 현재내용에 나타나거나 혹은 잠재내용 속에 있음이 증명될 것이다. 사람은 꿈을 실험적으로 만든다. 아니, 더 정확히 말해서 꿈의 원료의 일부를 꿈속에 넣을 수 있다는 것을 우리는 알고 있다.

어떤 사람이 '무엇에 관해서' 꿈을 꾸느냐 하는 점에서는 그 사람에게 영향을 줄 수도 있지만, 그 사람이 '무엇을' 꿈꾸느냐 하는 점에서는 그 사람에게 아무런 영향도 줄 수 없다. 꿈의 작업의 메커니즘과 꿈의 무의식적인 소망은 어떤 외부의 영향에도 반응을 나타내지 않는다. 우리가 앞에서 육체적인 자극몽을 고찰했을 때, 꿈속 생활의 특색과 자주성은 잠자고 있는 사람에게 가해진 육체적 또는 심리적 자극에 대한 반응 가운데 표시된다는 점을 인식했다. 따라서 꿈 연구의 객관성을 의심하는 주장은 꿈과 꿈의 재료를 혼동하는 데 원인이 있다.

내가 여러분에게 꿈에 관해서 말하고자 한 것은 이상이다. 여러분은 내가 많은 부분을 생략했다는 것을 아마 짐작하고 있을 것이다. 또 거의 모든 관점에서 설명이 불완전했다는 것도 느꼈을 것이다. 그러나 꿈의 현상과 노이로제 현상이 깊은 관계가 있는 한, 나는 완전하게 이야기할 수가 없었다. 우리는 꿈을 노이로제 연구의 입문으로서 고찰한 것이다. 노이로제 연구에서 꿈으로 들어가는 것보다 꿈에서 노이로제 연구로 들어가는 편이 훨씬 좋은 방법이다. 그러나 꿈이 노이로제를 이해할 준비를 갖추고 있는 것처럼, 노이로제라는 현상을 안 다음에야 비로소 꿈을 정확히 이해할 수 있을 것이다.

여러분이 이 문제를 어떻게 생각하고 있는지는 알 수 없다. 그러나 내가 여러분의 관심을 꿈의 문제로 돌렸다는 것, 우리의 소중한 시간을 이 문제에 많이 소비한 것은 썩 잘한 일이라고 생각한다. 정신분석의 기초가 되어 있는 이 주장의 정당성을 꿈 이외의 것에서 이토록 빨리 확신할 수는 없기 때문이다.

노이로제 증상이 독자적인 의미를 가지며, 어떤 의도에 소용되고, 또한 환자의 운명에서 비롯된다는 것을 증명하려면 오랜 시간 동안 꾸준히 연구할 필요가 있다. 이에 반해서 이것과 동일한 상태를 꿈의 작용으로 증명하고, 이 길을 더듬어 정신분석학의 모든 전제, 즉 정신 과정의 무의식성, 그것이 따르고 있는 메커니즘과 거기에 나타나는 본능력을 입증한다면, 불과 몇 시간의 노력으로도 훌륭히 성공할 수 있는 것이다.

그리고 꿈의 구조와 노이로제 증상의 구조에 있어서의 철저한 유사성을 꿈꾸고 있는 사람이 잠에서 깨어 이성적인 사람으로 재빨리 바뀐다는 점과 비교해 보면, 노이로제 또한 정신 생활에 작용하는 여러 가지 힘의 균형의 변화에 입각한 것일 뿐이라는 사실을 확신하게 되리라.

노이로제의 일반 이론 제3부

열여섯 번째 강의

정신분석과 정신의학

이제 나는 노이로제라는 현상에 대한 정신분석 견해를 여러분에게 이야기해야겠다. 이 경우, 유추하고 비교하기 위해서, 이미 앞에서 다룬 현상과 결부시켜 이야기하는 것이 가장 좋은 방법일 것이다. 그러면 내 진찰실에서 많은 사람들이 저지르는 징후행동(徵候行動)을 한 가지 예로 들어 보겠다.

인생의 고민을 단 15분 만에 고백하기 위해 의사를 찾는 사람을 정신분석가는 어떻게 다루는지 나는 잘 모르겠다. 보통 의사들은 '나쁜 곳이 없군요.' 하고 진단을 내리거나, '글쎄요, 물리치료를 좀 해보십시오.' 하고 제안하겠지만, 정신분석의는 그렇게 말할 수 없다. 우리 동료 중 한 사람이 "대체 자네는 외래 환자를 어떻게 다루는가?"라는 질문을 받았을 때, 그는 "나는 환자에게 몇만 크로네의 부당한 벌금을 부과해 줄 뿐이야." 하고 익살스럽게 대답했다고 한다. 그러므로 제일 바쁘다는 정신분석의조차 그 치료 시간이 그다지 길지 않다는 말을 들어도 여러분은 놀라지 않을 것이다.

나는 대기실과 진찰실 사이에 있는 단순한 문을 이중으로 하여 거기에 펠트를 씌워 두었다. 그런데 내가 대기실의 환자를 부르면 대부분의 환자는 문 닫는 것을 잊고 들어온다. 더구나 거의 이 이중문을 열어둔 채 들어오는 것이다. 나는 그 즉시 환자에게 가서 문을 닫고 오라고 명령한다. 나의 이 방법은 괴팍스럽고 퍽 까다로운 인상을 준다. 그러나 대개의 경우 나의 방법은 옳았다. 대기실과 진찰실 사이의 문을 열어둔 채 들어오는 사람은 하층 사회에 속하는 사람이며, 그와 같은 사람들은 냉대를 받아도 할 수 없다.

환자의 이와 같은 부주의한 행동은 그가 대기실에서 혼자 기다리고 있다가 자기 이름이 불린 뒤 진찰실로 들어올 경우에만 나타난다. 그는 자기와 의사와의 면담 내용을 누가 엿들으면 곤란하다는 것을 잘 알고 있다. 그래서 대기실에 다른 사람이 있을 때는 이중문을 주의 깊게 닫는 것을 결코 잊지 않는다.

그러므로 환자의 부주의는 결코 우연도, 무의미하지도 않다. 중요한 것이다. 이 부주의로 의사를 대하는 환자의 태도를 알 수 있다. 환자는 세계적인 대가의 명성을 동경하고, 대가의 이름에 현혹되며, 대가에게 주목받고 싶은 평범한 사람이다. 환자는 아마 미리 전화로 몇 시에 찾아가면 좋을지 약속하고, 전시의 식료품 가게 앞과 같이 수많은 환자가 대기하고 있으리라 생각했을 것이다. 그런데 막상 찾아와 보니, 기다리는 사람이 하나도 없을 뿐만 아니라 초라한 대기실을 보고는 실망한다.

환자는 의사에게 존경심을 품고 있었으므로 의사에게 분풀이를 하지 않고는 직성이 풀리지 않는다. 그래서 이때, 그는 대기실과 진찰실 사이의 문을 닫는 것을 게을리하는 것이다. 만일 의사가 이때 심한 질책으로 환자의 불손한 태도를 지적해 두지 않으면, 환자는 틀림없이 이야기하는 동안에도 무례하고 오만하게 행동하게 될 것이다.

이런 하찮은 징후행동의 분석에서는 여러분이 이미 알고 있는 것밖에는 발견하지 못한다. 징후행동은 하나의 동기, 이를테면 하나의 의미와 목적을 가지며, 또 그것은 그 어떤 정신 연쇄에 속하고, 또 그것은 중요한 정신 과정의 조그마한 표시로서 결코 우연이 아니라는 것이다. 그러나 특히 이와 같이 표면에 나타난 과정은 그것을 행한 당사자의 의식에는 없다는 것을 보여 주고 있다. 왜냐하면 이중 도어를 열어둔 채 들어온 환자는 누구나 이 부주의로써 나에게 경멸을 나타내려고 했다는 것을 스스로 인정할 수 없을 것이기 때문이다. 그들 중 대부분의 사람들은 대기실에 들어왔을 때 느낀 실망의 감정은 생각나겠지만, 그 인상에 이어 일어난 징후행동과의 연결은 기억할 수 없을 것이다.

그런데 여기서 이 사소한 징후행동의 분석을 환자의 관찰에 이용해 보겠다. 지금까지도 생생한 기억으로 남아 있는 관찰을 하나 택했는데, 그 이유는 이 실례를 비교적 짧게 묘사할 수 있기 때문이다.

며칠 동안 휴가를 얻어 고향에 돌아온 젊은 장교가 내게 장모의 치료를 부탁했다. 그 장모는 매우 행복하게 살고 있었는데, 하나의 엉뚱한 관념 때문에 자기와 자기의 가정을 저주하기 시작했다. 그녀는 53세의 점잖은 부인이었으며, 상냥해 보이고 소박한 성품인 것 같았다. 그녀는 서슴지 않고 다음과 같은 이야기를 들려 주었다. 그녀는 시골에서 남편과 함께 매우 행복한 나날을 보내고 있었으며, 그녀의 남편은 큰 공장을 경영하고 있었다. 두 사람은 30년 전에 연애 결혼을 했으며, 그후 별다른 문제 없이 행복하기만 했고, 두 자녀도 행복한 결혼 생활을 했다. 그런데 1년 전에 하나의 사건이 일어났다. 전적으로 믿었던 남편에게 젊은 애인이 있다는 익명의 편지를 받았던 것이다. 그녀는 그 편지의 내용을 그대로 믿었으며, 그후부터 그녀의 행복은 깨지고 말았다.

자세한 사정은 다음과 같다. 그녀의 집에는 하녀가 한 명 있었다. 그녀는 이 하녀와 자주 집안 이야기를 나누었다. 그 하녀는 한 여자를 증오하고 있었는데, 그녀가 집안이 좋지 않은데도 자기보다 훨씬 성공했다는 것이 그 이유였다. 실제로 그 여자는 하녀라는 길을 택하지 않고 실업 교육을 받아 공장에 취직했는데, 사원들이 전쟁에 나가는 바람에 일손이 부족해져서 좋은 지위를 얻을 수 있었다. 그리하여 지금은 공장 안에 살면서 신사와 교제하고, 사람들에게 존경까지 받고 있었다. 출세하지 못한 이 하녀가 지난날의 동창을 뒤에서 험담을 하는 것은 어쩌면 당연한 일인지도 모른다.

어느 날, 부인은 하녀와 함께 이 집에 손님으로 왔던 노신사의 이야기를 했다. 그 노신사는 아내와 별거하고 다른 여자와 살고 있었다. 이 부인은 갑자기 "만일 우리 남편에게 젊은 애인이 있다는 말을 듣는다면, 얼마나 불행한 일일까!" 하고 자신도 알 수 없는 말을 했던 것이다.

그 다음 날, 부인은 익명의 편지 한 통을 받았다. 거기에는 그녀가 어제 한 말과 같은 내용이 씌여 있었다. 그녀는 이 편지가 짓궂은 하녀의 짓이라는 것을 어렴풋이 짐작할 수 있었다. 왜냐하면 남편의 애인은 바로 하녀가 무척 미워하고 있는 그 여자였기 때문이다. 그녀는 음모를 즉각 간파하고, 이런 비겁한 밀고가 아무 근거도 없다는 것을 주위의 여러 사정으로 충분히 알고 있었으나, 그러면서도 한순간에 질투심에 사로잡히고 말았다. 부인은 극도로 흥분해서 남편에게 따졌다. 남편은 이 밀고를 일소에 붙였으며 오해를 풀기 위해 노력했다. 의사 또한 부인을 진정시키기 위해서 온갖 노력을 다했다. 두 사람이 취한 그후의 조치는 매우 합당한 것이었다. 하녀는 당연히 파면되었다. 그후 환자는 그 편지를 더 이상 믿지 않는다고 여러 번 말했지만, 진정으로 냉정을 되찾은 것은 아니었다. 남이 그 여자의 이름을 운운하거나 길거리에서 그 여자만 보면, 새로운 의구심과 번민에 시달리는 것이었다.

이상이 그 부인의 병력(病歷)이다. 그녀가 다른 노이로제 환자에 비해서 자기의 문제점을 너무나 간단히 묘사했다는 것, 즉 병력을 속이고 있다는 것, 그녀가 익명의 편지에 씌여 있는 내용을 무의식중에 여전히 믿고 있으며, 그 생각을 떨쳐 버릴 수 없다는 것, 이러한 것들을 이해하는 데는 그다지 정신의학의 경험이 필요한 것은 아니었다.

그러면 정신과 의사는 이같은 증상의 환자를 대했을 때 어떤 태도를 취해야 하는가? 대기실의 문을 닫지 않은 환자의 징후행동에 대해 정신과 의사가 어떤 태도를 취해야 하는지 우리는 이미 알고 있다. 그는 심리학적인 관심이 없으며, 그 환자와는 전혀 관계가 없는 하나의 우연이라고 설명한다. 그러나 이 태도를 질투심에 사로잡혀 있는 부인에게까지 그대로 적용시키지는 못한다. 징후행동은 중요하지 않은 것 같지만, 이 증상은 중요한 의미로서 우리에게 부딪쳐 온다. 증상은 심한 자각적인 고뇌를 수반하고 있으며, 객관적으로는 가정의 공동 생활을 위협한다. 그러므로 증상은 정신의학적인 관심의 좋은 대상이다.

정신과 의사는 먼저, 증상을 본질적인 특징에 의해 분류하려고 한다. 그 부인을 괴롭히고 있는 관념 그 자체를 어이없는 일이라고 할 수는 없다. 나이든 남편이 젊은 여자와 연애하는 일은 흔히 볼 수 있는 일이다. 그러나 그것에 부수되어 일어난 어처구니없는 일은 쉽게 이해할 수 없다. 환자가 품행이 단정하고 상냥한 남편을 세상에 흔히 있는 남편의 한 사람이라고 믿는 데는, 그 익명의 편지 이외에는 아무 증거가 없다. 그녀는 자기가 질투하는 데 대한 뚜렷한 이유가 없다고 말하지 않을 수 없다. 그럼에도 불구하고 부인은 이 질투를 근거가 있는 것처럼 생각하여 고민하는 것이다. 사실에서 얻은 논리적인 증명과는 거리가 먼, 이런 종류의 관념을 망상이라고 부른다. 그러므로 그 부인은 이 증상의 예의 근본적인 특징인 질투 망상에 사로잡혀 있는 것이다.

먼저 이 점이 뚜렷해지면 정신 의학의 관심은 더욱 커진다. 망상이 현실과는 관계가 결여되어 있다면, 그 망상은 현실에서 만들어진 것이 아닐 것이다. 그렇다면 망상은 어디서 생겨났을까? 이럴 경우 정신과 의사는 부인의 가족

사항을 조사해 보고, 그녀의 가계에서 이와 비슷한, 혹은 다른 정신 질환자를 발견했다고 대답할 것이다. 다시 말해서, 그 부인이 망상을 일으킨 것은 그녀가 그와 같은 망상에 사로잡힐 유전적인 소인이 있기 때문이라는 것이다. 확실히 그럴 수도 있겠지만, 그럼에도 불구하고 우리가 알고 싶어하는 건 그것이 전부가 아니다.

그러면 정신분석은 이 이상의 것을 할 수 있는가? 정신분석은 확실히 할 수 있으며, 더 상세한 이해를 가능케 한다는 것을 발견할 수 있음을 여러분에게 보여 주고 싶다. 우선 여러분은 별로 두드러지지 않은 점, 즉 지금 망상의 토대가 되어 있는 그 익명의 편지는 바로 환자 자신이 선동해서 만들게 한 것이라는 점, 다시 말하면 그녀가 사건 전날 하녀에게, 만일 우리 남편이 젊은 애인이 있다는 말을 듣는다면 얼마나 불행한 일일까 하고 말한 사실에 주목해 주기 바란다. 이것은 그녀 자신이 익명의 편지를 보내는 착상을 하녀에게 준 것이다. 그러므로 그녀의 망상은 어떤 점에서는 이 편지와 관계가 없다고 할 수 있다. 망상은 전부터 이미 기우로, 또는 소망으로서 그녀의 마음속에 들어 있었던 것이다.

그리고 이밖에 불과 두 시간의 분석으로 밝혀진 약간의 징후를 여러분에게 이야기하고 싶다. 환자가 자기의 신상 이야기를 한 뒤에, 내가 그밖의 관념, 연상, 기억 등을 말해 달라고 하자, 그녀는 매우 냉담한 태도를 보였다. "아무 연상도 떠오르지 않아요. 나는 할 말을 다했습니다." 하고 주장했다. 그리고 두 시간 후, 실제로 나는 부인에 대한 분석을 중지해야만 했다. 그녀가 "나는 이제 완전히 건강을 되찾은 듯한 기분이에요. 그런 병적인 생각은 이제 두 번 다시 하지 않을 거예요." 하고 말했기 때문이다. 물론 그녀는 나한테 저항하기 위해서, 그리고 분석을 더 계속하지 않을까 하는 불안감에서 이렇게 말했다.

그런데 이 두 시간 동안에 그녀는 어떤 해석의 실마리가 될 만한, 혹은 반드시 어떤 해석을 내려야만 될 몇 마디를 말해 버렸다. 그 몇 마디를 해석해 보면, 그녀의 질투 망상이 발생한 원인에 어떤 해결의 실마리를 발견할 수 있다. 부인은 자신을 환자로서 나에게 데려온 사위에게 깊은 연정을 느끼고 있었던 것이다. 그녀는 이 사랑을 거의 의식하지 않았다. 그것은 쉽게 친족간의 순수한 애정으로 혈연관계라는 가면을 쓰고 있었던 것이다.

이러한 사실들을 안 우리는, 좋은 아내이며 훌륭한 어머니인 부인의 생각을 쉽게 알 수 있었다. 말하자면 연애는 무서운 것, 있을 수 없는 것으로서 의식의 표면에 나타날 수는 없었지만, 줄곧 무의식으로 존재하여 무거운 압력을 가했던 것이다. 그 결과 당연히 그녀의 마음이 동요되지 않을 수 없었다. 그리하여 가장 쉬운 완화책으로서, 대치의 메커니즘이 이용된 것이다.

대치는 항상 망상적 질투의 발생에 관여한다. 나이 먹은 여자인 자기가 젊은 남자를 사랑하고 있다 하더라도, 자기의 늙은 남편이 젊은 여자와 연애 관계를 맺고 있다면 그녀 자신의 부정적인 양심의 가책은 분명히 가벼워질 것이다. 따라서 남편의 부정이 주축이 된 공상은 그녀의 마음의 괴로움을 약화시키는 약이 되었던 것이다. 그녀는 자기 자신의 사랑은 의식하지 않았지만, 이 사랑의 영상, 즉 남편의 부부정에 대한 망상은 이제 강박관념으로 망상적이고 의식적인 것이 된 것이다. 이 연정을 부정하는 어떠한 증명도 아무 소용이 없다. 왜냐하면 그런 증명은 그 영상에만 향하고 영상을 짙게 하는 데는 도움이 되지만, 그 힘이 무의식에 묻혀 있기 때문에 도달할 수 없는 근원적인 것에 대한 것은 아니기 때문이다.

짧은 시간이었지만 어려웠던 정신분석의 노력으로, 이 증상의 예를 보고 어떤 것을 알 수 있었는지 종합해 보기로 하자. 첫째, 망상은 이제 무의미한 것, 혹은 이해할 수 없는 것이 아니라 의미심장하고 훌륭한 동기를 가진 것이며, 환자가 겪은 강한 감동의 체험과 인과관계를 가진 것이다. 둘째, 망상은 반드시 다른 징후로 추측되는 어떤 무의식적인 정신 과정의 반응으로서 나타난 것이며, 망상이 망상적인 성격이나 논리적이고 현실적인 공격에 끝내 저항하려고 하는 성질을 갖고 있는 것은 바로 위와 같은 관계 때문이다. 망상은 그 자체가 원했던 것이며, 일종의 위안이다. 셋째로, 이 망상은 바로 질투 망상이며, 질병 속에 숨어 있는 체험 때문이다.

그러나 우리가 이 증상의 예를 접함으로써 모든 의문이 해결된 것은 아니다. 이 증상의 예는 오히려 잇따라 의문을 낳는다. 의문 중의 어떤 것은 아직은 해결될 수 있는 단계까지 이르지 못했고, 또 다른 문제들도 특수한 사정이라는 불편 때문에 해결되지 않았다. 이를테면 어째서 행복한 부부 생활을 보내고 있던 부인이 사위에게 연정을 느꼈으며, 다른 방법으로도 괴로움을 완화할 수 있었을 텐데 군이 그런 영상의 형태로, 즉 자기 마음의 상태를 자기 남편에게 투사(投射)한다는 형태로 완화하려 했을까? 이 질문에 대답이 될 만한 자료를 우리는 많이 준비해 놓고 있다.

우선 이 부인은 갱년기였다. 갱년기에는 여성의 성욕이 본의 아니게 갑자기 왕성해진다. 이것만으로도 충분한 대답이 될 수 있다. 혹은 그녀의 선량하고 성실한 남편은 몇 해 전부터 이미 아내의 욕구를 채워 줄 만한 정력을 상실했는지도 모른다. 그녀의 남편은 그때 분명히 품행이 방정했고, 이런 남편이야말로 아내를 특별히 정답게 다루고, 아내가 겪는 노이로제의 괴로움을 남달리 걱정한다는 것을 우리는 알고 있다.

또 병의 원인이 된 연정의 대상이 딸의 남편이라는 것은 아무래도 심각한 일이 아닐 수 없다. 딸에 대한 심한 에로틱한 애착(이것은 모친의 성 체질에 기인한다)은 흔히 이런 형태로 변형되어 영속한다. 이와 관련해서 한 가지 기억해야 할 것은, 장모와 사위의 관계는 예로부터 인간 사회에서는 특별히 민감한 것으로 간주되어 왔으며, 이 관계는 원시인에게 매우 강력한 터부, 즉 '금기'를 만드는 동기가 되었다는 것이다. 두 사람의 관계는 자칫하면 적극적인 면에서나 소극적인 면에서 도덕적인 범위를 벗어나기 쉽다. 부인의 증상의 예에서는 이 세 가지 요소 중 어느 하나가 작용했는지, 아니면 이 요소 중 두 가지 혹은 세 가지가 모두 작용했는지는 물론 알 수 없다.

그것은 증상의 예의 분석을 두 시간 이상 계속하지 못한 이유 때문만은 아니다. 지금 깨달았는데, 내가 여태까지 말한 사항을 여러분은 아직 쉽게 이해할 수는 없을 것이다. 나는 정신의학과 정신분석을 비교해 보고자 위의 이야기를 한 것이다.

한 가지만 질문하자. 여러분은 정신의학과 정신분석학 사이에 모순이 있다는 것을 깨달았는가. 정신의학은 정신분석의 기법을 응용하려고 하지 않으며, 또한 망상의 내용에 어떤 것을 결부시키려고 하지 않는다. 정신의학은 우리에게 특수한 원인을 제시하는 대신 유전이라는 것을 꺼내어, 아주 일반적이고 멀리 있는 병의 원인을 강조한다.

그러므로 정신의학적 연구의 본질에는 정신분석의 결과로서 거부할 만한 것이 없다는 나의 의견에 여러분은 동의해야 한다. 정신분석학에 반항하는 것은 오직 정신과 의사뿐이라는 것이다.

정신분석학과 정신의학과의 관계는 마치 조직학과 해부학과의 관계와 같다. 해부학은 기관의 외부 형태를 연구하고, 조직학은 조직과 세포로 구성된 기관의 구조를 연구한다. 한쪽의 연구는 다른 쪽 연구의 연속이므로, 이 두 연구 방법에 모순이 있다고는 할 수 없다. 오늘날 해부학이 과학적 의학의 기초로 여겨지고 있다는 것은 여러분도 아는 사실이지만, 한때는 몸의 내부 구조를 해부하는 것이 금지되어 있었다.

이것은 오늘날 정신 생활의 심층을 연구하는 데 정신분석의 사용이 금지되어 있는 것과 마찬가지이다. 앞으로는 정신 생활의 심층에 존재하는 무의식 과정에 대한 지식이 없다면 과학적이고 심원한 정신의학은 불가능하다는 의견이 나올 것이다.

여러분 중에는 여러 분야에서 공격받고 있는 정신분석학에 두터운 우정을 느끼는 사람도 있을 것이다. 그런 사람은 정신분석학이 다른 측면, 즉 치료의 방면에서도 옳다고 인정될 것이라고 예상할지 모른다.

여러분도 알다시피 종래의 정신의학에 의한 치료법으로는 망상 같은 질환을 다룰 수가 없었다. 그렇다면 정신분석은 망상이라는 증상의 메커니즘에 대해서 독특한 견해를 갖고 있으므로 망상을 치료할 수 있겠는가? 아니다, 그것은 불가능하다. 사실 정신분석학에 의해 환자의 마음속에 무슨 일이 일어나고 있는가를 감지할 수는 있지만, 그것을 환자 자신에게 이해시킬 방법은 없다. 그렇다면 이와 같은 예의 분석은 그 결과가 아무것도 얻은 것이 없으니 비난받아야 한다고 여러분은 주장할 생각인가? 나는 그렇지 않으리라고 믿는다. 우리는 이해 관계를 떠나서 학문을 연구할 권리와 의무가 있다.

언제 어디서인지는 모르지만, 지식의 한 조각 한 조각이 쌓여서 최후에는 하나의 힘, 즉 치료의 힘으로 바뀌는 시대가 올 것이다. 망상의 경우와 같이 정신분석이 다른 형태의 신경질환이나 정신질환에 아무 효과가 없음을 알았다 하더라도, 과학 연구의 둘도 없는 무기로서 그 정당성은 길이 보존될 것이다.

이 세상에는 여러 종류의 신경 장해가 있는데, 그 부문에 대한 지식이 깊어지면 그것은 치료의 힘으로 바뀔 수가 있다. 또 우리는 이렇듯 접근하기 어려운 병이 일정한 조건하에서는 어떤 내과적 치료법으로도 얻을 수 없는 효과를 나타낼 수 있으리라고 확신하는 것이다.

열일곱 번째 강의

증상의 의미

지난번 강의에서, 임상 정신의학(臨床精神醫學)은 개개의 증상이 나타나는 형식과 그것이 가진 내용에는 거의 무관심하지만, 정신분석학은 바로 이 점에서 출발하여, 증상은 의미심장하고 환자의 체험과도 관련이 있다는 정리를 제일 먼저 세웠다고 말했었다. 노이로제 증상이 뜻을 갖고 있다는 것은 생리학자이자 의사인 브로이어가 히스테리의 증상을 고치는 데 성공했을 때 비로소 발견된 것이다.

노이로제 증상은 잘못(실착 행위)이나 꿈과 같이 뜻을 갖고 있으며, 또 그 증상에 시달리는 사람의 생활과 관계가 있다. 그러면 이 중대한 견해를 두세 가지 실례를 들어서 상세히 설명해 보겠다. 그러나 어떤 경우에도 항상 뜻을 가지고 있다는 것이 입증된다고는 주장할 수 없다. 나는 어떤 동기로 인해 히스테리에서 실례를 찾지 않고, 히스테리와 매우 가까운, 아주 주목할 만한 다른 노이로제를 예로 들겠다. 내가 예로 들 노이로제는 강박 노이로제이다.

강박 노이로제는 잘 알려진 히스테리만큼 일반적인 것은 아니다. 이것은 집요하고 소란스러운 것이 아니라, 오히려 환자의 사사로운 일 같은 형태를 가지며, 그 모든 증상이 정신의 영역에서 만들어진다. 강박 노이로제와 히스테리는 그 연구 결과를 기초로 했을 때 정신분석이 구축되고, 그 치료에 있어서도 정신분석 요법이 개가를 올린 노이로제 중의 두 가지 형태이다. 강박 노이로제는 정신분석의 노력으로 우리에게는 히스테리 증상보다 더 뚜렷하고 친근한 것이 되었다. 또 이것은 히스테리 환자의 어떤 극단적인 특징을 자세히 나타내고 있음을 알았다.

강박 노이로제는 다음과 같은 형태를 갖는다. 환자의 마음은 관심이 없는 생각들로 점유되어 있고, 스스로 용납할 수 없는 충동에 의해 그대로 행동하지만 그 행동에서 기쁨을 느낄 수 없다. 그뿐만 아니라 그러한 행위를 그만둘 용기도 없는 것이다. 이 관념(강박관념)은 그 자체로는 무의미하고, 환자 입장에서도 흥미 없는 것이다. 환자는 자기의 의지와는 반대로 그것이 가장 중대한 인생 문제인 것처럼 생각하게 되어 고민한다. 환자가 마음속에 느끼는 충동 또한 철없고 어처구니없다는 인상을 주지만, 대개는 중범죄에 대한 유혹처럼 무서운 내용으로 점철되어 있으므로 환자는 그 생각을 짐작도 못할 일이라고 부정한다. 게다가 그 관념으로부터 달아나려고 애쓰며, 혹시 그 관념을 실행에 옮기지 않을까 하여 자신의 자유를 억압하고, 포기하고, 제한하며, 자신의 몸을 지킨다. 그러나 그 충동은 한번도 실행에 옮겨지지 않으므로 결과적으로 언제나 도피와 경계가 승리를 차지한다.

환자가 실제로 행하는 일—이른바 강박행위—은 전혀 해가 없는 아주 하찮은 것이며, 대개 일상생활에서 하는 동작의 반복과 그 의례적인 수식에 불과하다. 그렇기 때문에 취침, 세면, 화장, 산책 같은 꼭 필요한 동작이 지루하고 몹시 힘든 과제처럼 생각된다. 이 병적인 관념과 충동과 행동이 강박 노이로제의 각각의 형태나 증상의 예의 경우, 비율이 같은 것은 아니다. 오히려 보통 이들 요소의 어느 것인가가 그 병을 지배하며, 그에 따라 이 병에 이름이 붙여진다. 그러나 그 모든 형태는 광기어린 병이라는 공통점을 갖고 있다. 아무리 극단적인 정신병적 공상이라도, 그와 같은 것을 만들지는 못한다고 나는 믿고 있다. 하지만 우리가 매일 눈앞에서 그런 광경을 볼 수 없다면 그것을 믿으려고 하지 않을 것이다.

강박 노이로제의 경우, 행동으로까지 발전되지 않는 것은 하나의 에너지에 의해서이다. 이 에너지에 대응할 만한 것이 정상적인 정신 생활에는 없다. 하나의 어이없는 관념을 약화된 다른 관념으로 대치할 수 있고, 하나의 조심이나 금지에서 다른 조심이나 금지로 옮길 수 있다. 다시 말해서 하나의 의례 대신 다른 의례를 할 수 있다는 것이다.

환자는 강박관념을 대치할 수는 있지만, 결코 그것을 제거하지는 못한다. 모든 증상을 그 원래의 형태에서 멀리 떨어진 것으로 대치할 수 있는 것은 실로 이 병의 중요한 특징이다. 또 정신 생활을 일관하고 있는 여러 대립성이 이 상태에서 특히 뚜렷이 나타난다. 다시 말해 양성과 음성의 내용을 가진 강박관념과 함께 지적인 면에서도 의혹을 일으켜, 이 의혹은 점차로 확고한 생각으로까지 좀먹어 들어간다. 그리하여 마침내 모든 것은 더욱 결단력이 없어지고 무기력해지며, 스스로를 구속하고 만다.

그러나 강박 노이로제 환자는 원래 매우 정력적인 성품을 가졌거나 남달리 완고하고, 일반적인 평균치보다 지적이다. 그들은 대개 뛰어나게 높은 도덕적인 수준에 도달해 있으며, 양심적이고 매우 단정하다. 성격상의 특징과 병의 증상이 이처럼 모순되기 짝이 없는 가운데 양자와의 올바른 관련을 발견하려면 열심히 연구해야 한다.

아마 여러분은 우리가 지난번에 했던 토론을 생각하고, 현대의 정신의학이 강박 노이로제에 대해 어떤 태도를 취하고 있는지 알고 싶을 것이다. 그런데 그것은 정신의학의 빈약한 한 부분이다. 정신의학은 여러 가지 강박관념에 이름을 붙였을 뿐, 그 이상은 아무 말도 하지 않고, 그 대신 그런 증상을 가진 사람을 '변질자(變質者, Degenerierte)'라고 강조한다. 이 말은 그다지 만족할 만한 설명이 아니고, 실제로 변질자란 하나의 가치 판단이며 편견인 것이다.

우리는 그런 증상을 나타내는 사람은 태어날 때부터 일반 사람과 좀 다르다고 믿고 있다. 이런 사람은 다른 노이로제 환자, 히스테리나 정신병 환자이상으로 '변질자'인가 하고 반문하고 싶다. 강박 노이로제의 특질을 묘사한다는 것은 극히 일반적이다. 사회에 뛰어난 공적을 남긴 이름 있는 사람들에게서도 이런 증상이 나타난다는 것을 안다면, 이런 특징으로 규정해 버리는것은 정당하지 않다. 그 사람의 사생활에 대해서 우리는 거의 아는 바가 없지만, 그 중에는 에밀 졸라 같은 진리의 광신자도 있다. 졸라가 한평생 많은 기괴한 강박벽(强迫癖) 때문에 괴로워했다는 말을 들은 적이 있을 것이다.

정신의학은 이런 사람을 우수변질자(優秀變質者, Dégenerés superieurs)라고 불러서 도피구를 만들었다. 그러나 정신분석에 의해서 우리는 이 기괴한강박 증상을 다른 병과 같이, 또 변질적이 아닌 사람과 마찬가지로 영구히 제거할 수 있다는 것을 경험했다.

그럼 지금부터 강박 증상의 분석 예를 두 가지 들어 보겠다. 이와 같은 실례를 다루다 보면, 지나치게 넓은 범위까지 확대되는 경우가 있기 때문에 제한을 두어야 할 필요가 있다.

환자는 30세쯤 된 부인인데, 매우 완고한 강박관념 증세에 괴로워하고 있었다. 부인은 하루에 몇 번이나 다음과 같은 기괴한 강박행위를 했다. 부인은자기 방에서 옆방으로 달려간다. 그리고 그 방에 들어가면 한가운데 놓여 있는 테이블 곁에서 일정한 자세를 취한다. 그러고는 하녀를 불러 극히 사소한일을 시키거나, 어떤 때는 아무 일도 시키지 않고 돌려 보낸다. 그런 다음 부인은 다시 자기 방으로 돌아온다.

이러한 행동은 결코 심한 증상은 아니었지만, 우리의 호기심을 끌기에는충분했다. 그리고 의사로서 내가 손을 쓰기 전에 환자 자신이 아주 재빨리,

꽤 명료하게 설명해 주었다. 어째서 내가 이 강박행위의 뜻을 짐작하게 되었는지, 어째서 그런 해석을 내리게 되었는지는 알 수 없다. 나는 환자에게 "왜 그런 행동을 하십니까? 거기에 무슨 뜻이 있습니까?" 하고 여러 번 물어보았다. 그때마다 그녀는 "난 모르겠어요." 하고 대답할 뿐이었다. 그런데 어느 날, 내가 그녀의 뿌리 깊은 망설임을 한순간에 굴복시키자, 그녀는 갑자기 어떤 사실을 깨닫고 자신의 강박행위에 연관된 이야기를 했다.

그녀는 10년 전에 나이 많은 남자와 결혼했다. 그런데 신혼 첫날밤, 그 남자가 성 불구임을 알았다. 그는 그날 밤 관계를 갖기 위해 몇 번이나 자기 방에서 신부의 방으로 뛰어들어 왔지만 번번이 실패했다. 아침이 되자 남편은, 잠자리를 치우러 오는 하녀에게 창피를 당하겠다면서 그 방에 있던 붉은 잉크병을 집어 시트에 끼얹었다. 그런데 붉은 잉크의 얼룩은 마땅히 묻어야 할 자리에 묻지 않았다. 나는 처음 이 기억과 현재의 강박행위에 어떤 관계가 있는지 알지 못했다. 그리고 자기 방에서 다른 방으로 몇 번이나 달려가는 것과 하녀를 부르는 것 사이에 어떤 연관성이 있다는 것만을 깨달았을 뿐이다.

그때 환자는 나를 옆방의 테이블로 데리고 갔다. 나는 그 테이블 위에 큼직한 얼룩이 있는 것을 발견했다. 부인은 "나는 하녀가 저 얼룩을 발견하도록 테이블 옆에 서는 거예요." 하고 설명했다. 신혼 초야의 그 광경과 그녀의 현재의 강박관념 사이의 밀접한 관계를 이제 의심할 여지가 없게 되었고, 나는 이 강박행위에서 더욱 많은 것을 배울 수 있었다.

첫째, 이 환자는 자기를 남편과 동일시(同一視, Idenzifierung)하고 있다. 그녀는 남편이 한 방에서 다른 방으로 달려가는 흉내를 내는 것으로 남편의 역할을 하는 것이다. 그때의 상황을 재현하기 위해서 침대와 시트가 테이블과 테이블보로 대치되었다고 가정해야 한다. 꿈에서 흔히 테이블이 나타나는데, 테이블은 침대로 해석할 수 있다. 테이블과 침대는 짝이 되어 결혼을 의미하므로, 테이블은 쉽게 침대를 대신한다.

　강박행위가 뜻을 갖고 있다는 증명은 이것으로 충분하다. 강박행위는 그 중대한 광경의 묘사이자 반복이다. 그러나 우리는 이 겉모습만으로 만족할 수는 없다. 만일 이 둘 사이의 관계를 더 연구한다면, 우리는 더 깊은 어떤 것, 즉 강박행위의 목적에 대해 설명을 얻을 수 있을 것이다. 이 부인의 강박행위의 핵심은 분명히 하녀를 불러다가 얼룩을 보이고, 자기 남편이 그녀에게 창피를 당하지 않게 하는 데 있다. 그러므로 남편—그녀는 남편의 역할을 맡고 있다—이 하녀 앞에서 창피를 당하지 않도록 얼룩은 제자리에 묻어 있다. 따라서 그녀는 그 광경을 단순히 되풀이한 것이 아니라, 그 광경을 계속 정정하고, 결국 정상적인 방향으로 돌린 것이다. 동시에 이것으로 그녀는 그날 밤에 일어난 매우 안타까운 일—붉은 잉크까지 필요로 한 그 일—즉 남편의 성 불능까지도 수정한 셈이 된다.

　이 강박행위는 곧 '아니에요. 어째서 내 남편이 하녀 앞에서 창피를 당하겠어요? 남편은 성 불구가 아닌걸요.' 하고 말하고 있는 셈이다. 그녀는 이 소망을 꿈의 방식과 마찬가지로 현재의 행동 속에서 실현된 것으로 묘사하고 있다. 이 행동은 그날 밤의 불행에서 남편을 구해내려는 목적을 위해 노력하고 있는 것이라 할 수 있다.

　이 부인은 몇 해 전에 남편과 별거한 상태이다. 그리고 남편과 정식으로 이혼해야 할 것인가를 망설이고 있다. 그렇다고 그녀가 남편한테서 해방된 것은 아니다. 그녀는 남편에게 정숙해야 하고, 유혹에 빠지지 않도록 세상으로부터 은거하고 있다. 그녀는 자기의 공상 속에서 남편의 활력을 과장해서 그의 인격을 이상화하고 있다. 그녀의 병의 가장 깊은 비밀은 그녀가 자기 병으로써 세상의 온갖 험담으로부터 남편을 보호하고, 남편과의 이혼을 합법적인 것으로 만들며, 그가 마음 편한 생활을 보낼 수 있도록 해 주는 데 있다. 그러므로 겉으로는 아무 해도 없는 강박행위의 분석은 한 질환의 핵심을 적중시킨 셈이 된다. 동시에 강박 노이로제 일반의 비밀도 드러낸 것이다.

나는 여러분이 이 실례를 깊이 연구하기를 바란다. 왜냐하면 이 실례는 어떤 예도 가질 수 없는 여러 가지 조건을 모두 갖추고 있기 때문이다. 분석가의 안내나 간섭 없이, 지금의 경우는 증상의 해석을 환자 쪽에서 돌연 발견했다. 그리고 증상의 해석은 다른 때처럼 기억 속에서 잊고 있던 유아기 속에 있지 않고, 환자의 성숙한 생활에서 발생하여 그녀로서는 결코 잊지 못할 체험과 관련되어 있기 때문이다.

다시 또 하나의 실례를 들기로 한다. 이 두 번째 예는 방금 말한 것과는 전혀 다른 종류이며, 흔히 볼 수 있는 종류의 전형인 취침 의례(就寢儀禮, Schlafzeremoniell)의 예이다.

환자는 열아홉 살 먹은 풍족한 집안의 외동딸이다. 그녀는 교양, 지식욕이 부모보다 뛰어났다. 어릴 때는 말괄량이었고 명랑했지만, 최근에는 이렇다 할 원인도 없이 신경질적이 되어 버렸다. 어머니에게 말대답을 하고, 늘 불만이었으며, 우울하고 우유부단할 뿐 아니라 시기심이 강해졌다. 그리하여 마침내 자기 혼자서는 광장을 다닐 수 없다고 호소하기 시작했다. 우리는 이와 같은 복잡한 증상에 적어도 두 가지 진단, 즉 광장공포(廣場恐怖)와 강박 노이로제라는 진단을 내렸다. 그녀는 취침 의례를 나타내기 시작하여 부모를 당황하게 만든 일이 있다.

어떤 의미에서는 정상적인 사람에게도 누구나 취침 의례가 있다. 자기의 취침을 방해받지 않도록 어떤 조건을 만드는 것이다. 사람은 일정한 형식으로 각성 생활(覺醒生活)에서 수면 상태로 옮기며, 이 형식은 밤마다 똑같이 되풀이된다. 그런데 정상인이 취침하는 데 필요한 조건은 모두 합리적으로 이해할 수 있는 것들이다. 설령 외부의 사정 때문에 변경해야 할 때라도 사람은 쉽게 또 금방 거기에 적응한다. 그런데 병적인 취침 의례는 매우 완고해서 어떤 경우에도 반드시 실행되어야 하며, 동시에 정상인처럼 합리적인 동기가 있는 것 같아서 표면적인 관찰로는 지나치게 꼼꼼한 점만이 정상인과 좀 다르다.

그런데 더 자세히 관찰해 보면, 그 행위는 좀 불충분해서 합리적인 동기로는 설명할 수 없는 규정을 포함하고 있고, 더구나 합리적인 동기와는 전혀 모순된 다른 것을 갖고 있다는 것을 알 수 있다. 그녀는 밤마다 되풀이하는 조심의 동기로서, 조용해야만 잠들 수 있다는 것, 소음의 모든 근원을 제거해야 한다는 점을 들었다. 이 때문에 그녀는 이중 동작을 한다. 첫째, 자기 방에 있는 큰 시계를 멎게 하고, 다른 시계는 모두 방 밖에 내놓으며, 서랍 속에 넣어 둔 손목시계까지 밖에 내놓는다. 둘째, 화분이나 꽃병이 밤중에 쓰러지거나 부서져서 잠이 깨지 않도록 그것을 책상 위에 조심스레 늘어놓는다.

조용하게 하기 위해서 이와 같이 하는 것은 겉으로 보기에는 합리적이다. 그러나 손목시계는 머리맡 책상 위에 두어도 아무런 소리도 나지 않는다. 우리는 모두 경험으로 벽시계의 규칙적인 똑딱거림은 수면을 방해하기는커녕 잠을 재촉한다는 것을 알고 있다. 또 그녀는 화분이나 꽃병에 다리가 생겨서 밤중에 저절로 굴러떨어지거나 부서질지도 모른다는 걱정이 쓸데없다는 것을 알고 있다.

그리고 취침 의례의 이밖의 규정을 조사해 보면, 조용하게 만든다는 구실은 희미해져 버린다. 이를테면 자기 방과 부모의 방 사이에 있는 문을 절반쯤 열어놓아 달라고 요구하고는 열어둔 문에 여러 가지 물건을 끼워 닫히지 않도록 하는데, 이러한 요구는 오히려 잡음의 원천이 된다.

그런데 제일 중요한 규정은 침대 자체에 관한 것이다. 침대 머리맡에 놓아 두는 베개 받침은 나무 침대의 테두리에 닿아서는 안 된다. 작은 베개는 커다란 쿠션 위에, 반드시 마름모꼴이 되게 놓는다. 새털 이불은 덮기 전에 털지 않으면 마음이 놓이지 않는다. 그러면 속의 깃털이 다리 쪽으로 모두 몰리게 되는데, 그녀는 이 새털 이불을 눌러서 반드시 다시 한 번 편편하게 만든다.

그밖의 자질구레한 점에 관한 설명은 그만두기로 하고, 다만 그녀는 이 모든 일을 결코 순조롭게 하지 않는다. 모든 것이 정확하고 깨끗한지에 대한 염려가 항상 뒤따랐다. 그래서 모든 것을 끝낸 뒤에는 확인해 보고 마음에 걸리는 점이 있으면 되풀이해야만 했다. 어떤 때는 A에, 어떤 때는 B에 의혹이 생겨 일일이 그것을 확인하러 다니느라 2시간이나 소비한 적도 있었다. 그동안 그녀도 잠을 자지 못하고, 부모 또한 잠을 잘 수 없다는 것이다.

나는 그녀에게 여러 암시를 주어 해석의 힌트를 얻으려고 했다. 그런데 그녀는 이 힌트나 실마리를 부정하거나 혹은 경멸하는 태도로 의심하기도 했다. 최초의 거부 반응 기간이 지나자 내가 암시한 여러 가지 가능성에 대해서 곰곰이 생각하고, 그에 대한 연상을 수집하고 기억을 일깨워서 연결하더니, 마침내 모든 해석을 혼자 힘으로 해내게 되었다. 이와 같은 상태로 발전됨에 따라 그녀는 그 강박적인 의례를 하지 않게 되었으며, 치료가 끝나기 전에 그것을 모두 그만두었다.

그러므로 여러분은 분석이라는 작업이 우리가 지금 하고 있는 것처럼, 각각의 증상이 확실하게 밝혀질 때까지 철저히 추구할 일이 아니라는 것을 알아야만 한다. 그렇지 않으면 제시된 주제를 부득이 여러 번 버려야 한다. 그러면 다른 여러 연관에서 앞의 주제로 새로 되돌아올 수 있는 자신이 생긴다. 즉 내가 지금 여러분에게 이야기하는 증상의 해석은 결과의 종합이다. 그러나 다른 작업으로 중단되어 이러한 결과를 이루기까지 몇 달이나 걸렸던 것이다.

이 환자는 시계가 그 장치상 여성 성기의 상징이며, 그 때문에 모두 침실에서 추방했다는 것을 차츰 깨닫게 되었다. 여성은 자기의 월경이 시계 장치처럼 규칙적인 것을 자랑스레 생각하는 법이다. 그런데 이 환자의 불안은 시계의 똑딱거리는 소리 때문에 잠이 방해되는 데로 향하고 있었다. 시계의 똑딱거리는 소리는 성적인 흥분 때의 음핵의 꿈틀거림에 비유할 수 있는데, 사실그녀는 이 괴로운 감각 때문에 몇 번이나 잠을 깼으며, 그 결과 자기의 음핵발기를 야기시키는 시계를 밤이면 곁에서 멀리하라는 스스로의 명령을 받게되었다.

또 화분과 꽃병도 모든 용기와 마찬가지로 여성의 상징이다. 그러므로 화분이나 꽃병이 밤중에 떨어지거나 부서지면 안 된다는 조심성에는 훌륭한 뜻이 있는 것이다. 우리는 약혼 때 용기나 쟁반을 깨는 풍습이 있다는 것을 알고 있다. 이 관습을 신랑은 신부에게 청구권을 내세우지 않겠다는 서약의 상징으로 풀이해도 좋다. 그녀는 자기가 한 의례의 이 부분에 대해서 또 하나의기억을 불러일으켰으며, 그 기억으로부터 여러 가지 연상을 끌어냈다.

그녀는 어렸을 때 유리병이나 찻잔을 떨어뜨려 깨진 조각에 손가락을 베어서 몹시 피를 흘린 적이 있었다. 어른이 되어 성교에 관한 것을 알았을 때, 그녀는 만일 신혼 초야에 출혈하지 않아서 의심받게 되면 어떻게 하나 하는 불안을 느꼈다. 그러므로 꽃병을 깨지 않도록 하는 그녀의 조심은 처녀성과 첫성교 때의 출혈과 관련된 불안의 거부로 나타나는 것이다. 그것은 출혈한다는 불안과 동시에 만일 출혈하지 않으면 어떻게 하나 하는 불안감의 거부도 뜻하고 있다. 그리고 이 조심과 그녀가 이러한 의례를 행할 때 소리를 내지 않도록 주의했다는 것과는 사소하지만 관련이 있다.

그녀는 어느 날 자기가 행하는 취침 의례의 핵심적인 뜻을 발견했는데, 그것은 그녀가 쿠션과 베개 받침이 침대의 테두리에 닿아서는 안 된다는 명령의 의미를 갑자기 깨달았을 때였다. 그녀는 "쿠션은 나에게 있어 여성이며,

똑바로 서 있는 나무로 된 침대 테두리는 남성입니다." 하고 말했다. 그녀는 남성과 여성을 떼어놓고 싶었던 것이다. 다시 말해서 부모를 떼어놓으려 한 것이다.

그녀는 어렸을 때 의례를 하지 않고 좀더 직접적인 행동으로 이와 똑같은 목적을 달성하려고 했다. 그녀는 무섭다는 기분을 구실로 부모의 침실과 자기 침실 사이의 문을 열어놓도록 했다. 그리하여 그녀는 부모의 동정을 엿들을 수 있었는데, 어떤 때는 엿들으려다가 몇 달 동안 불면증에 걸리기도 했다. 이와 같이 부모를 방해하는 것에만 만족하지 않고, 가끔 부모의 침대로 가서 두 사람 사이에 끼여 자기도 했다. 그 결과, 실제로 '쿠션'과 '침대 테두리'는 접촉할 수 없었다. 그러다가 그녀가 성장하자, 이제는 부모의 침대에서 편히 잘 수 없게 되었다. 그래서 그녀는 불안하다는 이유로 모친과 자는 장소를 바꿔 아버지 옆에서 자게 되었다. 이 상황은 확실히 여러 가지 공상의 출발점이 되었다. 그 공상의 결과는 이 의례 속에서 발견할 수 있다.

'쿠션'이 여성이었는데, 새털 이불을 흔들어서 속의 털을 모두 아래로 모아 불룩하게 만드는 것도 하나의 의미를 갖고 있다. 이것은 여성을 임신시킨다는 뜻이다. 그런데 그녀는 이 임신의 상징인 불룩해진 것을 다시 펴곤 했다. 그것은 곧 부모의 성교 결과 임신이 되어 자기의 경쟁자가 태어나지 않을까 하는 공포 때문이다.

한편 큰 쿠션이 여성, 즉 어머니라면, 작은 베개는 딸을 표시한 것이다. 왜 이 작은 베개를 밑받침 쿠션 위에 마름모꼴로 놓고, 다시 자기의 머리를 정확히 이 마름모꼴의 중앙선에 얹지 않으면 안 되는가? 이 경우 그녀는 남성, 즉 아버지의 역할을 하여 자기의 머리로써 음경을 대용하고 있었던 것이다.

처녀가 그런 망측한 생각을 하다니 하고 여러분은 말할 것이다. 나는 그것을 인정하지만, 여러분은 내가 이와 같은 생각을 꾸민 것이 아니라 사실을 폭로했다는 것을 잊지 말아 주기 바란다. 이와 같은 취침 의례는 어디로 보나 기괴하다. 그리고 여러분은 공상과 이 의례의 일치—이 의례는 해석에 의해서 분명해진 것이지만—를 간과해서는 안 된다. 그러나 나에게 더 중요한 것은 다음과 같은 것이다. 의례 속에는 단지 하나의 공상이 침전된 것이 아니라, 어느 한 점과 연결되어 있는 몇 개의 공상이 침전되어 있다는 점을 주목해야 한다. 또 하나는, 의례의 명령은 성적 소망을 어떤 때는 적극적으로, 어떤 때는 소극적으로 반영하고, 일부는 그 소망의 대리가 되고 일부는 방위가 되어 있다는 점이다.

만일 여러분이 환자의 이 의례와 다른 증상을 옳게 결부시킨다면, 이 의례의 습관에서 많은 것을 배울 수 있을 것이다. 그러나 이것은 지금 우리의 목적이 아니다. 그러므로 여러분은 이 처녀가 아버지에게 성적인 애착을 품고 있었다는 것과, 그 애착은 유아기 초기에 시작되었다는 것만으로 만족해 주기 바란다. 노이로제 증상의 뜻과 목적을 규명하는 일이 많아지면 많아질수록 우리는 그것을 당연하게 생각할 수 있을 것이다.

결국 나는 두 가지 예로서, 노이로제의 증상은 잘못이나 꿈과 같이 어떤 뜻을 갖고 있다는 것과, 그 증상은 환자의 체험과 밀접한 관계가 있다는 것을 여러분에게 보여 준 것이다. 이 두 가지 예에서 끌어낸 이 중대한 명제를 여러분이 금방 믿을 것이라고 생각하지는 않는다. 또 여러분은 충분히 이해가 될 때까지 여러 가지 많은 예를 이야기해 달라고 나한테 요구할 수도 없을 것이다. 만일 내가 각각의 증상 예에 관한 자료를 자세히 말하게 되면, 노이로제론의 여러 점을 해결하는 데만도 한 주에 다섯 시간을 강의해야 하기 때문이다. 그러므로 내 주장의 증거로서, 위의 두 예를 드는 데 그치기로 한다.

테이블 옆에 서서 하녀를 부르는 그 여환자의 강박행위는 '정형적(定型的, typisch)'인 증상이라고 불러야 한다. 그리고 이 정형적인 증상은 대개의 경우 모두 같으며, 개인차 또한 거의 없다. 그렇기 때문에 증상을 환자의 개인적인 체험과 연결하거나 개인이 체험한 사태에 연관시키는 것은 매우 어려운 일이다.

다시 강박 노이로제를 살펴보자. 두 번째 예의 여환자가 한 취침 의례에는, 역사적 해석을 할 수 있을 만큼 개인적인 특질을 가지고 있으면서도, 한편으로는 정형적인 증상도 많이 나타나 있다. 이와 같은 강박 노이로제 환자에게는 반복해서 하는 경향, 동작을 부드럽게 하는 경향, 하나의 동작을 분리해서 하는 경향 등이 있다. 그들의 대부분은 손을 너무 자주 씻는다. 광장 공포에 괴로워하는, 다시 말해 불안 히스테리에 속하는 경우는 지쳐 버린 단조로움으로 같은 증상을 계속하는 일이 많다. 이런 환자는 밀폐된 공간와 넓은 장소, 긴 외길이나 가로수 길을 무서워 하지만, 동반자가 있으면 안심하고 갈 수 있다.

이런 기본적인 증상은 다른 환자의 증상과 서로 모순되는 점이 있다. 어떤 환자는 좁은 길만 무서워하지만, 어떤 환자는 넓은 길만 무서워한다. 또 어떤 환자는 인적이 드문 길만 걸을 수 있지만, 어떤 환자는 복잡한 길밖에 걷지 못한다. 이와 마찬가지로, 히스테리라도 많은 개인적인 특징 외에 유래를 쉽게 알 수 없는 공통의 정형적인 증상이 많이 있다. 그리고 우리가 진단의 방침을 세울 수 있는 것은 이와 같은 정형적인 증상에 의한다는 것이다.

그런데 히스테리의 한 증상에 있어서 하나의 정형적인 증상을, 일종의 체험이나 혹은 그와 비슷한 체험의 연쇄에 결부시켰다고 하자. 예를 들어 히스테리성 구토를 구토하게 만드는 어떤 인상 탓으로 돌렸다고 하자. 그런데 히스테리성이 아닌 구토의 증상 예를 분석한 결과, 생각했던 것과는 전혀 다른 종류의 체험을 발견했을 때 우리는 당황한다. 그러나 곧 이 히스테리 환자는 어떤 뚜렷하지 않은 이유로 구토를 한다는 것과, 분석으로 안 어떤 역사적인 유인은 기회 있을 때마다 내부의 요구에 이용된 구실에 불과하다는 것을 알 수 있다.

이상의 이야기에서 과연 개인적인 노이로제 증상은 환자의 체험과의 관계에서 설명할 수 있지만, 정신분석의 기법은 그 증상의 예로 훨씬 자주 나타나는 정형적인 증상을 설명하는 데는 아무 소용이 없다는 결론에 도달하게 된다.

나는 지금까지 얻은 것을 토대로 아직도 알려지지 않은 것을 하나씩 밝혀내고자 한다. 그러므로 정형적인 증상과 개인적인 증상 사이의 근본적인 차이를 결국 인정할 수 없는 것이다. 개인적인 증상이 분명히 환자의 체험과 관계가 있다면, 정형적인 증상은 그 자체가 정형적인, 모든 인간에게 공통되어 있는 어떤 경험 탓으로 돌릴 수 있을지도 모른다.

노이로제에서 언제나 볼 수 있는 특징, 강박 노이로제 환자의 반복과 회의는 병적 변화라는 일반적인 반응인지도 모른다. 그렇다고 절망할 이유는 없다. 이제부터 앞으로 일어날 일을 보기로 하자.

우리는 꿈의 이론에서도 이와 비슷한 곤란에 직면한 적이 있었는데, 그에 대해서는 아직까지 설명하지 못했다. 꿈의 현재내용은 매우 다양하며 개인차가 크다. 그리고 우리는 분석에 의해 꿈의 현재내용에서 얻은 것을 여러분에게 상세히 이야기했다.

그런데 이밖에 '정형적'이라고 불러도 좋은, 누구에게나 똑같은 모습으로 나타나는 꿈이 있다. 이런 꿈의 내용은 언제나 같은 형태를 가지고 있으며, 그 해석에도 똑같은 곤란이 따른다.

그것은 추락하는 꿈, 날고 있는 꿈, 떠 있는 꿈, 헤엄치는 꿈, 방해받는 꿈, 발가벗은 꿈 등으로, 일종의 악몽이다.

이와 같은 꿈들은 개인에 따라 다른 해석이 내려지고 있지만, 어째서 이런 꿈들은 모두 같으며, 또 왜 정형적으로 나타나는지는 설명할 수 없다. 그런데 우리는 이러한 꿈에서도 어떤 공통적인 토대가 개인마다 다른 어떤 부가물 때문에 수식된다는 것을 관찰하고 있다.

열여덟 번째 강의

외상에의 고착

지난번에는 우리가 발견한 결과와 결부시켜, 두 가지 전형적인 예의 분석에서 끌어낸 가장 흥미있는 두 가지 결론에 대해서 아직 토의하지 않았다.

첫째, 두 여환자는 마치 그녀들의 과거의 한 부분에 고착되어, 거기서 벗어날 수 있는 길을 모르기 때문에 현재와 미래가 단절되어 있는 듯한 인상을 준다. 그들은 중세의 수도사들이 수도원에 은둔하여 거기서 고뇌에 찬 인생의 운명을 참아냈듯이, 그녀들은 자기의 병 속에 숨어 살고 있다고 할 수 있다.

첫번째 여환자의 경우, 그녀에게 이 고착이라는 운명을 준 것은 현실적으로 이미 단념해 버린 결혼이었다. 그녀는 자기의 증상을 통해서 남편과의 관계를 계속하고 있는 것이다. 우리는 그 증상 속에서 남편을 위해 변호하고 용서하며 존경하고, 또한 남편의 불행을 안타까워하는 소리를 들을 수 있었다. 그녀는 아직 젊고 다른 남자의 눈길을 끌 만한 매력이 있음에도 불구하고, 정절을 지키기 위해 현실적으로나 공상적으로나 조심을 게을리하지 않았다.

두 번째 그 젊은 처녀 환자의 경우, 그녀를 고착시킨 것은 사춘기 이전에 아버지에 대해서 나타난 성적인 애착이었다. 그녀는 '나는 이렇게 병들어 있는 한 결혼할 수 없다'고 스스로 결론지었다. 그녀는 결혼을 하지 않고 부친 곁에 있고 싶어서 그런 병에 걸린 것이다.

그런데 우리는 어떻게 해서, 어떤 길을 걸어서, 또 어떤 동기로 그런 놀랍고 불리한 태도를 일생을 통해서 갖게 되는가를 이해할 수 있어야 한다. 그런 태도는 노이로제의 일반적인 특징이며, 결코 이 두 환자에게만 특별히 있는 특징이 아니다. 그것은 실제로 모든 노이로제에서 공통으로 발견할 수 있으며, 또 매우 중요한 특징이다. 우리는 분석을 통해서, 어느 환자나 증상과 그 증상의 결과에 의해 과거의 어떤 시기로 되돌아가 있다는 것을 알았다. 많은 증상의 예에서 환자는 초기의 인생 단계, 즉 소아기나, 심하면 유아기에까지 고착되어 있었다.

전쟁으로 특별히 잘 생기는 병, 이른바 외상성(外傷性) 노이로제는 우리가 지금 취급한 노이로제 환자의 경우와 매우 비슷하다. 외상성 노이로제는 물론 전쟁 전에도, 열차 충돌 사고 후나 그밖에 생명을 위협받는 무서운 사건 뒤에 일어났다. 이것은 근본적으로는 우리가 분석을 시도하고 치료하려 하고 있는 노이로제와 같지 않다. 우리는 외상성 노이로제를 정신분석의 견지에서 설명하는 데 아직 성공하지 못했지만, 어떤 점이 우리의 견해로는 모자라는가를 나중에 여러분에게 밝힐 수 있을 것이다. 그러나 어느 한 점에서 양자는 완전히 일치한다고 강조할 수 있다.

외상성 노이로제에서는 외상을 일으킨 사고의 순간에 대한 고착이 분명히 그 병의 바탕을 이루고 있다. 환자는 꿈속에서 반드시 외상의 상황을 되풀이한다. 반면에 히스테리성 발작의 경우는 그 발작은 그 외상의 상황을 재현한 것이다. 환자는 외상의 상황을 적절히 처리할 능력이 없기 때문에 아직 극복되지 않은 긴박한 작업으로서 눈앞에 가로 놓여 있는 것처럼 보인다. 우리는 진심으로 이렇게 생각하고 있다. 또 그것은, 우리가 정신 과정의 경제적인 견해라고 부르는 것에 대한 길을 제시해 준다. 외상적이라는 표현은 이와 같은 경제적인 의미를 가지는 것이다. 짧은 시간에 정신 생활의 자극이 극도로 증가하여, 이 자극을 정상적인 방법으로 처리하고 극복할 수 없어, 에너지 활동에 생기는 장해를 우리는 외상적이라고 부른다.

이 유추로 앞에서 말한 노이로제 환자가 고착되어 있는 것처럼 여겨지는 체험 역시 외상적이라고 이름지어도 괜찮을 것 같은 생각이 든다. 이렇게 하면, 노이로제 질환이라는 병의 단순한 조건이 한 가지 주어질 것이다. 노이로제는 외상적인 병과 비유할 수 있고, 또 심한 감정과 함께 체험을 처리할 수 없기 때문에 발생한 것일 것이다.

첫번째 환자, 즉 남편과 별거하고 있는 젊은 부인의 증상 예는, 이 견해를 훌륭히 입증해 준다. 부인은 결혼 생활의 파탄을 견뎌내지 못하고 줄곧 이 외상에 매달려 있다. 그런데 두 번째의 예, 즉 아버지에게 고착한 딸의 예에서는 이 공식이 충분하지 않음을 알 수 있다. 어린 딸이 이와 같이 아버지에게 반하는 것은 보통 일어날 수 있는 일이고, 또 흔히 극복되기 때문이다.

한편 환자의 병력을 보면, 이 최초의 성적인 고착은 처음에는 외관상 아무렇지도 않으나, 몇 해가 지나서 비로소 강박 노이로제의 증상이 되어 재발한다는 것을 알게 된다. 그러므로 우리는 노이로제가 되는 조건이 복잡하며, 또 그 조건은 다양하다고 예상한다. 그러나 외상설은 어떤 다른 관점에 끼워 맞춰지는 것이며, 또 포함되어 버리는 것임에 틀림없으므로, 우리는 이를 잘못되었다고 단정해 버릴 수 없다.

모든 노이로제에는 이와 같은 고착이 포함되어 있지만, 고착이 있다고 해서 반드시 노이로제가 된다고는 할 수 없다. 과거 어떤 일에 대한 감정적인 고착의 전형은 슬픔이다. 슬픔에 빠지면 현재와 미래에서 완전히 격리된 상태에 있는 것이다. 그러나 아마추어의 판단으로도 슬픔과 노이로제는 명확히 구별된다.

우리는 '첫번째 예'의 부인 환자에 대해서, 그녀가 얼마나 무의미한 강박
행위를 했는가, 그리고 숨겨진 인생의 추억이 그 강박행위와 얼마나 밀접한
관계가 있는가를 살펴보았다. 다음에 우리는 강박행위와 기억 사이의 관계를
연구하여, 기억과 행위와의 관계에서 강박행위의 목적을 추측했다. 그런데
특히 주목할 만한 한 가지 요소가 있다. 이 부인 환자는 강박행위를 계속하고
있는 동안에는 그 행위가 그 체험과 결부된다는 사실을 깨닫지 못했다. 양자
사이의 관련은 그녀에게 감추어져 있어서, 자기가 어떤 충동으로 이런 강박
행위를 하고 있는지 모른다고 솔직히 대답해야만 했다. 그러다가 치료 작용
으로 별안간 그녀는 양자 사이의 관련을 발견하고 보고할 수 있게 되었다.

그러나 환자는 자기가 그 강박행위를 하고 있는 목적, 즉 과거의 안타까운
사건을 수정하고 사랑하는 남편을 높이 평가하려는 목적에 대해서는 여전히
알지 못했다. 이러한 동기가 강박행위의 원동력이었다는 사실을 깨닫고 내게
고백하기까지는 상당한 시일과 많은 노고가 필요했다.

그 불행한 첫날밤 뒤에 일어난 광경이 환자가 남편에게 품고 있던 사랑의
동기와 관련되어 만들어졌다는 것은, 우리가 강박행위의 '의미'라고 부르는
것을 분명히 해 준다. 그러나 그러한 강박행위를 하고 있는 동안 그녀 자신은
이 의미의 두 가지 방향, 즉 '유래'와 '목적'을 알지 못했다. 그리하여 어떤
심적 과정이 그녀의 마음속에 작용할 수 있었고, 강박행위는 그 심적 과정의
산물이었다. 그녀는 정상적인 심리 상태에서는 이 산물을 인정했지만, 그 심
적인 내력에 대해서는 조금도 의식하지 못했다.

또 그녀는 베른하임이 최면을 걸어 깨고 나서 5분 뒤에 우산을 펴라고 하
자 그대로 하긴 했지만, 자기가 왜 그런 행동을 했는지는 모른다고 했다. 우
리가 무의식적인 심적 과정이 존재한다고 말하는 것은 이와 같은 상태를 가
리키는 것이다. 그 상태에 대해서 이 이상 더 정확하게 과학적으로 설명할 수

는 없다. 그리고 만일 누가 학문적인 의미로는 무의식이 실재하지 않는다거나 단순한 임시 방편에 지나지 않는다고 이의를 제기한다면, 우리는 이해가 되지 않는다고 단념하듯 그런 주장을 거부하지 않으면 안 된다. 존재하지 않는 것에서 어떻게 강박행위처럼 현실적으로 분명히 존재하는 결과가 나타나겠는가!

'두 번째 예'의 여환자의 경우에도 우리는 근본적으로 같은 문제에 부딪친다. 그녀는 쿠션이 침대의 테두리에 닿아서는 안 된다는 규칙을 만들고 그것을 준수했다. 그러나 그녀는 이 규칙이 어디서 유래하고 있는지, 무엇을 의미하는지, 그것을 수행시키는 힘이 어디서 오는지를 알지 못한다. 그녀 자신이 이 규칙을 아무래도 좋다고 생각하고 있는가, 아니면 그것에 반항하고 있는가 하는 것 등은 그것을 실행하는 것과는 전혀 관계가 없다.

그럼에도 불구하고 강박 노이로제의 이 증상, 즉 관념과 충동은 어디서 유래하는지 모르게 나타나서 정상적인 생활의 모든 영향을 굳게 저항하고, 또 낯선 곳에서 온 강한 권력을 가진 사람처럼, 또는 죽어야 하는 자의 소용돌이 속에 섞인 불사신(不死神)과 같은 인상을 주며, 다른 것에서 격리된 정신 생활의 특수 지역이 있다는 것을 뚜렷이 보여 주고 있음을 사람들은 알고 있다.

강박 노이로제의 증상, 관념 및 충동에서, 정신에는 무의식이 존재한다고 확신할 수 있는 넓은 길이 펼쳐진다. 그리고 다름 아닌 이 이유로 말미암아, 오직 의식 심리학만 아는 임상 정신의학은 이와 같은 병에 특수한 변질의 표지라는 낙인을 찍는 것밖에 하지 못한다. 강박관념이나 강박충동은 당연히 그 자체는 무의식이 아니다. 그러니 강박행위의 수행에 의식적인 지각이 결여되어 있을 까닭이 있겠는가. 그러나 우리가 분석으로 추론한 그런 심리적 내력이나, 우리가 해석으로써 그것들을 끼워 맞추는 연쇄는 분석이라는 작업으로 그것을 환자의 의식에 올려줄 때까지는 아직 무의식인 것이다.

그런데 그 두 가지 실례로써 확실히 밝혀진 이 사실이 모든 노이로제의 각 증상으로 입증될 수 있으며, 언제 어떤 경우에나 그 증상의 뜻은 환자에게 알려지지 않는다는 것, 그리고 그 증상은 무의식적인 과정의 유도체이며, 또한 이 무의식적인 과정은 갖가지 편리한 조건 아래 의식에 올릴 수 있다는 것 등을 분석으로 배울 수 있다고 덧붙인다면, 정신분석에서는 무의식적인 정신 요소가 있어야만 모든 것을 처리할 수 있으며, 그것을 다루는 데 익숙해진다는 것 등을 알게 될 것이다.

그러나 무의식을 단순히 개념으로 생각하고 있는 사람, 분석을 해 본 적도 없고 꿈을 해석했다거나 노이로제 증상을 뜻이나 목적으로 번역한 적이 한번도 없는 사람은 모두 이 문제를 비판할 자격이 없다는 것을 알아야 한다. 분석적 해석에 의해 노이로제 증상에 어떤 뜻을 부여할 수 있다는 것은, 즉 무의식적인 정신 과정이 존재한다는 것에는 반발의 여지가 없는 훌륭한 증명인 것이다.

그러나 이것이 전부는 아니다. 브로이어의 제2의 발견으로, 무의식과 노이로제 증상과의 관계에 대해서 우리는 더 많은 것을 배웠다. 증상의 뜻은 언제나 무의식이며, 실로 이 무의식성과 증상의 존재 가능성 사이에는 대리 관계도 있다는 것을 알았다. 여러분은 곧 내 말을 이해하게 될 것이다. 나는 브로이어와 더불어 이렇게 주장하고 싶다. 즉 우리가 어떤 증상에 부딪쳤을 때는 언제나 그 환자의 마음속에 특징의 무의식 과정이 존재하고 있다. 그러나 동시에 증상이 성립되기 위해서는 그것은 반드시 무의식이어야 한다. 그 무의식적인 과정이 의식적으로 됨과 동시에 그 증상은 사라져 버린다. 여러분은 여기에 치료에 대한 열쇠, 즉 증상을 소멸시키는 길이 있다는 것을 곧 깨달을 것이다. 브로이어는 이렇게 해서 히스테리 환자를 치료했다. 히스테리 환자를 그 증상에서 자유롭게 해 준 것이다.

브로이어의 이 발견은, 사변의 결과가 아니라 환자의 협력에 의해 성취된 행운의 관찰 결과였다. 여러분은 이 새로운 사실을 여러분이 이미 알고 있는 무언가 다른 일에 환원시켜 이해하려고 해서는 안 되며, 오히려 여러분은 이 새로운 사실 속에 있는 하나의 새로운 근본적인 사실을 알아야 한다.

증상은 밖에 나타나지 않는 어떤 다른 것의 대상물이다. 어떤 종류의 과정은, 정상적인 상태에서 의식이 이 정신 과정의 존재를 알고 있을수록 강하게 발달한다. 그런데 실제는 그렇게 되지 않았다. 그 대신 방해되고, 저지되고, 무의식에 머물러 있어야만 했던 과정에서 증상이 나타난 것이다. 그리하여 교환이라는 것이 일어났다.

만일 이 과정을 거슬러 올라가는 데 성공한다면, 노이로제 증상의 치료는 그 임무를 다한 것이 된다.

브로이어의 발견은 오늘날에도 정신분석 요법의 바탕이 되고 있다. 증상의 무의식적 조건이 의식화하면 증상이 사라진다는 명제는 시험해 보면 가장 터무니없고 놀라운 복잡성을 띠지만, 그후의 광범위한 연구로 실증되었다. 정신분석 요법은 무의식을 의식으로 바꿈으로써 그 효과를 발휘하고, 이 변화를 수행할 수 있을 때만 이 치료법은 유효한 것이다.

그런데 이 치료 작업이 경시되는 경향이 종종 있다. 그것은 노이로제가 어떤 종류의 무지의 결과, 즉 사람이 당연히 알아야 할 정신 과정을 모르기 때문에 생긴 결과였다. 이 사고방식은 소크라테스의 설과 아주 비슷하다. 소크라테스의 말에 의하면, 부덕도 무지의 결과에서 온다는 것이다. 그런데 분석에 숙련된 의사가 환자 개개인의 마음에 어떤 심적인 움직임이 무의식적인 형태로 머물러 있는가를 추측하는 것은 쉬운 일이다. 그러므로 환자가 알고 있는 것을 고백하게 하여 그 자신의 무지에서 환자를 자유롭게 해 주는 것은 의사로서는 용이한 일이다. 이 방법에 의해서 무의식적 의미가 있는 증상의 한 부분이 쉽게 해결된다.

　그러나 증상과 환자의 과거의 체험이 어떻게 관련이 있는가에 대해서는, 실제로 의사는 많은 것을 추측할 수 없다. 의사는 환자가 자기 체험을 이야기할 때까지 기다리고 있을 수밖에 없다. 그러나 동시에 그 체험 대신 그것에 대한 대용물을 발견하는 경우도 있는데, 그것은 환자의 가족에게 환자의 체험을 물어보는 것이다. 흔히 가족들은 환자의 체험 중 외상적으로 작용한 것을 분별할 수 있을 것이고, 또 아주 어릴 때 일어났기 때문에 환자가 모르는 체험까지도 이야기할 수 있는 입장에 있는 것이다. 그러므로 이 두 가지 방법을 종합하면, 환자의 병인이 된 무지를 단시간에 제거할 가능성도 있다.

　그런데 여기서 나는 처음에 생각지도 않았던 것을 깨달았다. 지식이라 해도 언제나 같지는 않다. 심리학적으로는 같은 가치를 가지고 있는 것이 아닌 여러 종류의 지식이 있다.

　"같은 듯해도 갖가지로 다르다."라고 몰리에르도 말하고 있다. 의사의 지식은 환자의 지식과 같지 않으며, 같은 작용을 발휘할 수도 없다. 의사가 말로써 자기의 지식을 환자에게 전해 줘도 그런 지식은 전혀 효과가 없다. 그것은 증상을 제거하는 작용은 갖고 있지 않지만 다른 작용, 즉 분석을 진행시키는 작용을 갖고 있다. 그때 환자는 자기가 지금까지 의식하지 못했던 것, 곧 자기 증상의 의미를 알게 된다. 그러나 그는 그 증상이 갖는 의미를 전과 같은 정도로만 알 뿐이다.

　이렇게 하여 우리는 무지의 종류도 몇 가지 있다는 사실을 알았다. 여러분에게 그 차이가 어디에 있는가를 설명하려면, 우리의 심리학적 지식을 깊게 만들어야 한다. 그러나 '증상의 의미를 아는 동시에 증상은 없어진다'라는 명제는 옳다. 다만 이 지식은 환자의 내부 변화에 입각해야 한다는 것이 필수 조건이며, 이 내부의 변화는 일정한 목적을 가진 심적 작업에 의해서만 일어나는 것이다. 여기서 우리는, 이제 곧 증상 형성의 '역학'이라는 개념에 총괄되는 여러 가지 문제에 직면한 셈이 된다.

내가 몇 번이나 앞의 말을 취소하고 한정하며, 사고의 흐름을 끼워 맞추기도 하고, 도중에서 잘라 버림으로써 여러분의 머리를 혼란시켰다면 참으로 미안한 일이다. 그러나 진리를 희생하면서까지 이 일을 단순화하는 것은 바람직한 일이 아니다. 설령 여러분이, 대상이 여러 가지로 서로 얽혀 있다는 인상을 받았더라도 나는 괜찮다. 그리고 여러분의 소화 능력 이상으로 많은 이야기를 했다 하더라도 별로 해가 되지는 않을 줄 안다. 그러나 나는 청강자 여러분과 독자 여러분이 내가 한 이야기를 머리 속에서 정리, 생략하고, 간략하게 만들어서 기억해 두고 싶은 것만 발췌하리라 생각한다.

앞으로 우리의 노력은 다음 두 가지 방향으로 향하고 있다는 것을 여러분도 알 수 있을 것이다. 첫째 왜 인간은 병에 걸리는가. 다시 말해서 왜 노이로제라는 생활 태도를 취하게 되는가 하는 것인데, 이것은 임상의 문제이다. 둘째 노이로제라는 조건에서 어떻게 증상이 발전하는가 하는 것 역시 정신역학의 문제이다. 이 두 문제는 마땅히 어디에선가 서로 만나야 하는 점이 있어야 할 것이다.

여기서 나는 여러분의 주의를 그 두 가지 증상의 예의 분석에 관한 다른 특징인 기억의 결손, 즉 건망증으로 돌리고 싶다. 이미 말한 대로 정신분석 요법의 사명은 모든 병원적(病原的)인 무의식으로 바꾸는 일이라는 공식으로 요약될 수 있다. 그런데 이 공식이 다른 공식으로 대치될 수 있다는 건 놀라운 일이다. 그것은 환자의 기억의 결손을 메워 그의 건망증을 제거한다는 공식이다. 그러나 결국 노이로제 증상의 발생에 중요한 관계를 갖고 있는 것은 노이로제 환자의 건망증이다.

그러나 여러분이 그 '첫번째 예'의 증상 분석을 고찰한다면, 건망증을 이렇게 평가하는 것이 옳지 않다는 것을 깨달을 것이다. 그 부인 환자는 자기의 강박행위와 관련되어 있는 그 광경을 잊어버리기는커녕 생생하게 기억하고 있었다. '두 번째 예', 강박의례를 행한 처녀의 경우는 '첫번째 예'에 비하면 사태가 그다지 뚜렷하지 않지만 대개는 비슷하다. 그녀 또한 어렸을 때 자신이 한 행위인 부모와 자기 침실 사이의 문을 굳이 열어놓으려고 했던 사실과, 어머니를 아버지 곁에서 쫓아낸 사실을 결코 잊어버리지 않고 있었다.

　이 점에 대해서 주목할 만한 것은 '첫번째 예'의 부인 환자이다. 그녀는 그 강박행위를 몇 백 번이나 되풀이해 왔으면서도 단 한 번도 그 강박행위가 신혼 초야의 나중의 체험과 비슷하다는 것을 깨닫지 못했고, 또 강박행위의 동기를 연구하기 위해서 그녀에게 직접 질문했을 때도 이 회상은 단한 번도 떠오르지 않았다. 같은 일이 의례뿐만 아니라 그 의례를 하는 동기까지 밤마다 똑같았던 그 처녀에게도 적용된다. 두 사람의 경우, 본래의 의미의 건망증, 즉 기억의 탈락은 없었지만 기억의 재생, 기억을 상기시키는 연결이 끊어져 있다.

　강박 노이로제의 경우는 이런 종류의 기억 장해로 충분하지만, 히스테리의 경우에는 그렇지가 못하다. 히스테리라는 노이로제의 특징은 대개 대규모의 건망증이다. 히스테리의 각각의 증상을 분석해 보면 반드시 과거 체험 인상의 연결에 부딪친다. 그리고 그 인상이 되돌아왔을 때까지는 그 인상이 까맣게 잊혀져 있었던 것이라고 할 수 있다. 이 잊혀진 하나의 인상은 한편으로는 아주 어릴 때까지 소급되므로, 히스테리성 건망증은 정신 생활의 시작을 우리 정상인에게 숨기고 있는 유아형 건망증의 계속이라고 할 수 있을 것이다.

　또 한편, 환자는 극히 최근의 체험마저도 잊어버릴 수 있고, 병을 일으키거나 악화시키는 계기가 건망증에 의해서 일부가 침식된다는 것은 놀라운 일이다. 이와 같은 새로운 기억의 전체상에서 중요한 세부가 소멸되어 있다든가,

잘못된 기억에 의해서 대치되는 일은 비일비재하다. 또는 분석이 다 끝나기 직전, 오랫동안 억제되어 있던 연관에 뚜렷한 공백이 남아 있던 생생한 체험이 어느 정도 기억에 떠오르는 일도 흔히 일어난다.

상기 능력이 이렇게 침범된다는 것이 히스테리의 특징이라는 것은 이미 말했다. 히스테리의 경우, 기억 속에 아무런 흔적도 남기지 않는 상태가 증상으로 나타난다. 강박 노이로제의 경우에는 이것과는 다르기 때문에 이들 건망증은 히스테리성 변화의 심리학적 특징이지 노이로제의 일반적인 특징은 아닐 것이라고 여러분은 추론할지도 모른다. 그러나 이 다른 점의 의의도 다음과 같은 것을 생각하면 무색해진다. 우리는 두 가지 것을 모아 하나의 증상의 '의미'를 만들었다. 이 두 가지란 증상의 유래(어디서)와 증상의 목적(무엇 때문에)이다. 다시 말하면, 첫째는 증상을 발생시킨 인상과 체험, 둘째는 증상이 목표하고 있는 목적이다. 증상의 유래란 결국 외계에서 와서 반드시 한 번은 의식되고, 그런 다음 잊혀져서 무의식이 된 인상을 말하는 것이다.

그런데 증상의 목적, 증상의 의향은 처음부터 의식되었는지도 모르지만, 한 번도 의식에 떠오르지 않은 것과 같은 과정, 이를테면 발단에서부터 무의식에 머물러 있는 내부 심적인 과정이 보통이다. 그러므로 히스테리의 경우에 일어나듯이 유래, 곧 증상을 지탱하고 있는 체험까지도 건망증이 침식했는지의 여부는 그다지 중요하지 않다. 실로 증상의 목적, 즉 처음부터 무의식적이었는지도 모르는 의향이야말로 증상이 무의식적인 것에 좌우되고 있다는 근거인 것이다. 또한 강박 노이로제에서의 증상은 히스테리의 경우처럼 무의식에 연결되어 있지 않다.

그러나 정신 생활에서의 무의식을 이와 같이 강조했으므로, 우리는 정신분석 비판 중에서도 가장 사악한 망령을 일깨워 놓았다. 또 정신분석에 대한 항변의 원인은 단지 무의식을 포착하기가 어렵다거나 혹은 무의식을 입증할 경험에 접근하기 어렵다는 점에 있을 뿐이라고 생각해서는 안 된다. 그 이유는, 항변의 소리는 더 깊은 곳에서 오기 때문이다.

인간은 그 역사의 과정에서 과학 때문에 두 번 그 소박한 자기애에 모욕을 당했다. 최초의 모욕은 지구는 우주의 중심이 아니라 그 크기를 상상할 수 없을 만큼 큰 우주계의 아주 작은 한 조각에 지나지 않는다는 사실을 알았을 때였다. 이미 알렉산드리아의 학문이 이와 같은 말을 했었다고는 해도, 이런 주장의 확립은 저 코페르니쿠스에 의해서였다.

그 두 번째는 생물학의 연구로 인간이 자칭하는 창조의 특권이 무효가 되어, 인간은 동물계에서 진화한 것이며, 그 동물적인 본성을 억제하기 어렵다는 사실이 밝혀졌을 때이다. 이 가치의 전도는 현대에 와서는 다윈과 월리스 및 그 선구자의 영향으로 같은 시대 사람들의 격렬한 저항을 받으면서 성취된 것이다.

그러나 인간의 과대망상은 현대의 심리학적 연구에 의해서 세 번째의 가장 심한 모욕을 받게 될 것이다. 즉 현대의 심리학은 자아는 자기 집의 주인이면서도 자기의 정신 생활에서 무의식적으로 일어나고 있는 일에 대해서는 극히 적은 보고를 받는 정도로 만족하고 있다는 것을 증명하려 하고 있다. 인간의 반성을 촉구하는 이 경고도 정신분석가가 최초의, 또 유일한 경고자는 아니지만 이 경고를 가장 강력히 주장하고 만인의 가슴에 감동을 줄 경험 재료로 그것을 증명하는 것은 우리에게 주어진 사명인 것이다.

여기에 우리의 학문에 대해서 반대하는 원인이 있고, 아카데믹한 품위 있는 자세를 찾아볼 수 없는 원인이 있으며, 항변으로 이 공평한 논리를 모두 무시해 버린 원인이 있는 것이다. 이밖에도 우리는 이 세계의 평화를 다른 방법으로 교란하지 않으면 안 되었는데, 이에 대해서는 다음에 설명하기로 하겠다.

열아홉 번째 강의

저항과 억압

노이로제에 대해 더 깊이 이해하기 위해서는 새로운 경험이 필요한데, 거기에는 두 가지가 있다. 이 두 가지에 대해 이야기해 보기로 하자.

첫째, 우리가 환자의 병을 고쳐서 그 괴로운 증상으로부터 자유롭게 해 주려고 하면, 환자는 의사에게 집요하게 저항한다. 환자의 병으로 말미암아 환자 자신은 물론 주위 사람들까지 괴롭히며, 그 괴로움에서 벗어나기 위해 시간, 돈, 노력, 자제를 과감히 희생하면서도 자기가 병들어 있는 편이 나을 것 같아서 의사에게 적극 반항한다는 것이다. 전혀 터무니없는 일이라고 할지 모르나 이것은 사실이다. 예를 들어 치통으로 치과의사를 찾은 사람이라도 의사가 충치에 핀셋을 갖다 대려고 하면 무의식 중에 피하는 법이다.

환자의 저항은 다양하고 매우 미묘해서 구별하기 어려울 때가 있으며, 그 모습을 여러 가지로 바꿈으로 의사는 끊임없이 이에 대해서 주의를 가지고 다가가지 않으면 안 된다. 정신분석 요법에서도 이미 꿈의 해석에서 여러분에게 말한 그 기법을 응용한다.

우리는 환자에게 다른 생각은 하지 말게 하고 조용히 자기 관찰의 상태에 두어 그때 내부 지각에 저촉해 오는, 마음에 떠오르는 감정, 사념, 기억 등을 떠오르는 대로 말해 줘야 한다고 명령한다. 그때 우리는 환자에게, 그것을 입 밖에 내기에 너무나 불쾌하다, 점잖지 못하다, 별로 중요하지 않다, 방향이 다르다, 엉뚱하여 말할 필요가 없다는 등의 이유로 떠오르는 연상을 선택하 거나 버리려는 어떠한 동기에 구애되지 말고 자유롭게 이야기할 수 있도록 주의시켜야 한다.

환자는 언제나 자기 의식의 표면에 떠오르는 것만 따라가며, 떠오른 연상 에 대해서는 어떤 비판도 내리지 말라는 점을 명심시킨다. 치료의 효과, 특히 치료 기간의 길고 짧음은 환자가 양심적으로 이 근본 규칙을 지키느냐 안 지 키느냐에 달려 있다. 우리는 꿈의 해석에 관한 기법으로, 무수한 두려움과 반 항을 수반하는 연상이야말로 언제나 무의식을 발견시켜 주는 재료를 포함하 고 있다는 것을 알고 있다.

이 기법상의 근본 규칙을 세움으로써, 우선 그 근본 규칙이 저항을 받게 된 다. 환자는 어떤 때는 연상 같은 것은 전혀 떠오르지 않는다고 주장하기도 하 고, 어떤 때는 너무 여러 가지 생각이 밀어닥쳐 무엇이 무엇인지 모르겠다고 말하기도 한다. 다시 말해서 환자는 긴 침묵으로써 굴복해 버렸다는 자기의 마음을 우리에게 보여 준다. 그런 다음 실제로 그런 것은 말할 수 없다든가 입 밖에 내기가 부끄럽다고 고백하여, 이 동기에 굴복하고 처음의 약속을 어 기는 것이다. 이처럼 많은 변화를 보이면서 일이 진행되어 가는 것이다.

우리들이 만나는 환자 중에 치료를 함에 따라 자신의 비밀이 드러나는 것 을 두려워하여 자기 생각의 일부를 숨기지 않는 사람은 거의 없다. 최고의 지 식 계급이라고 생각되는 한 사람이 어떤 은밀한 연애 관계에 대해서 몇 주간 이나 침묵하고 있었다. 내가 어째서 신성한 규칙을 어기느냐고 항의했더니, 그는 그것이 자기의 사사로운 일이기 때문이라고 변명했다.

분석요법이 이와 같은 성역의 특권을 절대 인정할 수 없는 것은 당연하다.

빈에 사는 사람들은 호엘 마르크트 광장이나 성 스테판 교회 같은 장소에서의 범인 체포가 허용되지 않는 예외를 인정하려 하고 있다. 그래서 범인을 체포하기가 힘이 든다. 범인이 이 성역에 숨어 있을 것은 당연하다. 전에 나는 일하는 능력을 높이 평가받고 있는 어떤 사람에게 이러한 예외권을 허용해 준 적이 있었다. 왜냐하면 그는 일정한 사항에 대해서 제3자에게 비밀을 엄수하겠다는 약속을 했기 때문이다. 환자는 물론 치료의 효과에 만족하고 있었지만, 나는 불만이었으므로 앞으로는 이와 같은 조건으로는 결코 분석을 하지 않겠다고 결심했다.

강박 노이로제 환자는 그 과도의 양심과 의혹을 오로지 이 기법상의 법칙에 맞춤으로써 교묘히 이 기법의 규칙을 무효화해 버리는 경우가 있다. 불안 히스테리 환자는 이쪽이 찾고자 하는 것과 완전히 동떨어지고 분석에도 도움이 되지 않는 연상만을 제시함으로써, 이 규칙을 불합리한 것같이 만들어 버리는 경우가 간혹 있다.

그러나 지적 저항이 제일 다루기 어려운 것은 아니다. 의사는 언제나 이를 완화시킬 수 있지만, 환자도 분석이라는 범위 안에서 어떻게 저항하면 되는가를 알고 있다. 그리고 이 저항을 극복하는 것이 기법상의 과제의 하나이다. 환자는 연상을 생각해내는 대신 이른바 감정의 '전이(Übertragung)'에 의해서, 의사나 치료에 저항하는 데 사용하는 태도와 감정을 실생활 속에서 계속한다.

환자가 남성이라면, 그는 틀림없이 이 재료를 자기와 아버지와의 관계에서 취하며, 의사를 아버지의 지위에 놓는다. 그리고 인격의 독립과 판단의 독립을 얻고자 하는 노력과, 그의 첫째 목적인 아버지와 동등해지고 싶다거나 아버지를 압도하고자 하는 공명심과, 감수해야 할 무거운 짐을 인생에서 두 번이나 져야 한다는 불쾌한 감정에서 저항을 만들어 낸다. 이러한 환자의 마음속에는 병을 고치고 싶다는 훌륭한 의도가 의사에게 잘못을 저지르게 하고, 또한 과오를 인정하게 하며 무력감을 느끼게 하여, 의사에 대해 개가를 올리고자 하는 의도에 완전히 대치되어 버린 것 같은 인상을 주는 때가 있다.

여성은 저항을 위해서, 의사에 대한 상냥하고 성적인 색채를 띤 전이법을 천재적으로 터득하고 있다. 의사에 대한 이 애착이 어느 정도에 이르면, 현재의 치료 상황에 대한 어떤 관심도, 환자가 분석요법을 받을 때 약속한 어떠한 의무도 사라져 버린다. 그리고 환자의 불타는 질투심과 의사의 부득이한 거절의 말로 상처받은 감정은 의사와의 개인적인 친밀감을 손상시켜, 분석의 가장 강력한 원동력이 작용하지 않게 된다.

그러나 이런 것을 일방적으로 비난해서는 안 된다. 그것은 환자의 과거 생활의 가장 중요한 재료를 많이 포함하고 있어서 그것을 납득할 수 있도록 재현하므로, 우리가 이 저항을 바른 방향으로 돌리는 방법을 알고만 있다면, 이 저항이야말로 분석의 가장 뛰어난 발판이 되기 때문이다. 저항은 강요된 변화에 반항하기 위해서 동원된 그 사람의 성격적 특성이며, 자아의 태도라고 해도 틀린 말은 아니다. 그때 성격적 특성들이 노이로제라는 조건에 결부되어 어떻게 형성되었는지, 또 노이로제의 요구에 반응하여 어떻게 발전했는지를 알게 될 것이고, 또 평소에는 전혀 나타나지 않거나 또는 뚜렷이 나타나지 않는, 이를테면 잠재성이라 할 수 있는 성격적 특성의 특징들을 알 수 있을 것이다. 만일 우리가 저항을 뚜렷하게 일으킬 수는 없고, 저항을 환자에게 뚜렷이 인정시킬 수도 없다면 그것은 매우 불만스러운 일이다.

더욱이 치료 중에 나타나는 모든 우연적인 일, 즉 그의 마음을 다른 데로 돌리게 하는 외부적인 사건이나 환자의 주위 사람들의 여러 가지 이야기, 또 어떤 우연의 질환이나 노이로제에 병발하고 있는 기질적 질환 등을 환자는 분석을 방해하기 위해서 이용한다는 것, 그리고 환자는 병이 낫는 것조차도 노력을 포기하는 동기로 삼는다는 것을 생각한다면, 여러분은 어떠한 분석에서도 반드시 일어나고 또 극복해야만 하는 저항의 여러 가지 형태와 방식에 대해서 대강 알 수 있을 것이다. 내가 이 점을 상세하게 다룬 까닭은 증상을 치료하는 데 나타나는 노이로제 환자의 저항에 대해서 얻은 우리의 이 경험이야말로 노이로제에 대한 정신분석의 역학적인 견해의 기초가 되는 것이기 때문이다.

그러나 저항을 확인하는 것이 중대한 문제가 되므로 우리는 저항이라는 것을 가정하는 데 경솔해서는 안 된다. 다른 이유로 연상이 떠오르지 않는 노이로제 증상의 예가 존재할지도 모르고, 우리의 가설에 반대하는 의논이 실제로 음미할 만한 가치가 있을지도 모르며, 또 분석받은 사람의 지적인 비판을 간단히 저항이라고 처리해 버리는 것은 잘못일지도 모르기 때문이다.

그러나 우리들은 그렇게 간단히 환자의 지적 비판을 저항이라고 판단한 것은 아니다. 관찰 결과 저항은 치료를 행하고 있는 사이에 부단히 그 강도를 바꾼다는 것을 알았다. 우리가 새로운 주제에 접근하려고 하면 반드시 저항이 커지고, 그 주제를 진행시키고 있을 때 저항이 제일 강해지는데, 이 주제가 처리되면 다시 없어져 버린다.

우리는 한 환자가 분석하고 있는 동안에 몇 번이나 비판적 태도를 버렸다가 다시 갖는다는 것을 확인했다. 환자에게는 고통스러울 새로운 무의식적 재료를 우리가 의식에 올리려고 하면 심하게 저항하는 자세를 보인다. 비록 전에는 여러 가지를 이해하고 받아들였던 환자라도 이런 경우에 직면하면 지금까지의 모든 노력과 수확이 수포로 돌아가고 만다. 환자는 모든 희생을 치르더라도 반항하려 할 것이며, 감정을 완전히 억제할 수 없는 모습을 띠는 일도 있다. 환자를 도와서 이 새로운 저항을 굴복시키는 데 성공하면, 환자는 다시 본래의 분별과 이해력을 되찾는다. 그러므로 그의 비판은, 그 자체가 존중할 만한 독립된 기능이 아니라 그 사람의 감정적인 태도에 굴복하여 저항의 뜻대로 움직이는 것이다. 무엇인가 자기의 마음에 들지 않으면 그는 매우 비판적인 태도를 보인다. 그러나 무슨 일이든 마음에 들면 아주 쉽게 믿어 버린다.

그러므로 증상이 존재한다는 것은, 그 전제로 어떤 심적 과정이 정상적인 방법으로 완료될 수 없었기 때문에 그것이 의식에 나타났음을 말하는 것이다. 다시 말해서, 증상은 거기서 멎어 버린 어떤 것의 대용물인 셈이다.

저항으로 우리들에게 제시되어 이 병원적(病原的)인 과정을 우리는 억압(Verdrängung)이라 부른다. 그러면 이제 억압 과정의 개념에 대해서 알아보기로 하자.

그런데 우리는 이 억압이라는 과정에 대해서 좀더 확실한 개념을 가져야 한다. 억압은 증상 형성의 전제조건이지만 동시에 유례 없는 술어이다. 하나의 충동(Impuls)을 어떤 행동에 옮기려 하는 하나의 심적 과정을 그 예로서 생각해 보자. 충동이 때로 격퇴되는 것을 알 수 있는데, 우리는 그것을 기피 또는 부인이라고 부르고 있다. 그런데 이 충동에서 활동력이 없어져 버리면 그것은 무력화한다. 그러나 그것은 기억으로 되어 존속할 수는 없다. 그런데 이 충동이 억압을 받을 때는 양상이 다르다. 억압받은 충동은 그 에너지를 여전히 갖고 있으며, 그 충동에 대한 기억은 사라지고 없다. 또 억압 과정은 자아에 인식되지 않고 행하여진다.

이 억압이라는 개념을 좀더 분명히 하기 위해서 어떤 이론적 관념이 소용되는지를 여러분에게 설명하기로 한다. 우선 '무의식적'이라는 말의 기술적인 의미에서 이 말의 체계적인 의미로 나아갈 필요가 있다. 즉 우리는 심적 과정의 의식성, 또는 무의식성은 그 뚜렷한 속성이 아니라 과정의 속성에 지나지 않는다고 분명히 말한다. 이와 같은 과정이 줄곧 무의식에 머물러 있었다고 하더라도, 의식으로부터 이렇게 차단되어 있는 것은 이 과정이 받은 운명의 한 표시에 지나지 않는다.

이 운명을 알기 쉽게 하기 위해서 어떠한 심적 과정—하나의 예외가 있지만 나중에 설명하기로 한다—도 처음엔 무의식적 단계 혹은 무의식적인 위상(位相)에 존재하고 있으며, 이 위상에서 비로소 의식적인 위상으로 옮겨 간다고 가정하자. 이를테면 사진의 상은 처음에는 음화이지만, 인화에 의해 양화로 되는 것과 같다. 그러나 어느 음화나 모두 양화이어야 할 이유가 없듯이 무의식적인 심적 과정이 모두 의식적인 심적 과정이 될 필요는 없다. 개개의 과정은 처음에는 무의식이라는 심적 체계에 속해 있으며, 경우에 따라 의식이라는 체계로 옮겨 갈 수 있다고 말하는 것이 편리하다.

이 체계에 대해 공간적으로 생각하는 것이 우리들에게는 편리하다. 무의식체계를 하나의 큰 대기실에 비유해 보자. 이 대기실 안에는 많은 심적인 움직임이 마치 개개의 인간처럼 소용돌이치고 있다. 대기실에는 제2의 좁은 방, 일종의 살롱 같은 것이 붙어 있는데, 그곳에는 의식이 도사리고 있다. 그런데 두 방 사이에 한 사람의 문지기가 버티고 서서 개개의 심적인 움직임을 검열하며, 그것이 마음에 안 들 때는 살롱에 들어가는 것을 방해한다. 여러분도 곧 깨닫겠지만, 문지기가 개개의 심적인 움직임을 문 밖에서 쫓아버리건 일단 살롱에 들어온 뒤에 나가라고 명령하건 별 차이는 없다. 오직 문지기의 경계의 정도와 간파하는 속도만이 문제가 된다.

그런데 이와 같은 비유를 똑똑히 머리 속에 넣어두면 우리의 술어를 만드는 데 도움이 될 것이다. 무의식이라는 대기실 안에서의 모든 심적 움직임은 다른 방에 있는 의식의 눈에는 띄지 않는다. 즉 그 움직임은 처음에는 무의식적인 움직임에 머무르지 않을 수 없다. 우리는 이것을 '억압되었다'고 한다. 그 심적인 움직임이 이미 문 앞에까지 다가온 것을 문지기가 밀어낸 경우에도 반드시 의식적이 되는 것은 아니고, 그 움직임이 용케 의식의 눈에 띄었을 때만 의식적이 된다. 그래서 이 제2의 방을 전의식 체계(前意識體系)라고 부르는 것이다. 그렇다면 의식적이 된다는 것은 완전히 기술적인 뜻을 갖고 있는 셈이 된다. 그런데 개개의 심적 움직임에 있어서의 억압의 운명이란, 그것들이 무의식 체계에서 전의식 체계로 들어가는 것을 문지기가 허용하지 않는 데에 있다.

나는 이와 같은 표현 방법이 조잡한 것임을 충분히 알고 있다. 아니, 그뿐 아니라 이것이 옳지 않다는 것도 알고 있다. 이러한 표현 방법이 아직도 여러분의 눈에 공상적으로 비치는지 어떤지는 알 수 없지만, 당분간은 그것이 보조 개념인 것이다. 그리고 관찰을 이해하는 데 도움이 되는 이상, 이와 같은 표현 방법을 경멸해서는 안 된다. '두 개의 방과, 그 경계선 앞에 있는 문지기, 그리고 제2의 방 구석에 있는 구경꾼으로서의 의식'이라는 이 가설은 실제의 상황에 매우 가깝다고 나는 장담한다. 그리고 우리가 붙인 무의식, 전의식(前意識), 의식이라는 이름은 여태까지 제창되었거나 혹은 현재 사용되고 있는 다른 이름, 즉 하의식(下意識), 부의식(副意識), 내의식(內意識) 등과 같은 것보다는 훨씬 편견이 적고 시인하기 쉽다는 것을 인정해 주기 바란다.

이제 여러분은 무의식 및 전의식의 두 체계, 그 체계들 사이의 관계에 대한 우리의 주장이 무엇에 입각해 있는지 깨닫게 될 것이다. 무의식과 전의식 사이에 있는 문지기는 현재몽의 형성에서 간섭한 바로 그 검열인 것이다. 우리들이 꿈을 일으키는 것으로 인정한 '낮의 잔재'는 전의식적인 원료였다. 이 전의식적인 원료는 밤의 수면 상태에서 억압된 무의식적인 소망 충동의 영향을 받아, 다시 그 소망 충동과 함께 그 충동이 가지는 에너지로 잠재몽을 만들 수 있었다. 무의식 체계의 지배하에서 이 원료는 하나의 가공인 압축과 대치를 받았다. 그러나 이 가공은 전의식 체계에서는 알려져 있지 않거나 예외적으로밖에 허용되어 있지 않다.

우리는 이와 같은 것으로 두 체계를 구별하고 있다. 어떤 과정이 전의식과 무의식의 체계에 속하느냐는 의식과의 관계로써 알 수 있다. 왜냐하면 의식은 전의식에 속하기 때문이다.

이번에는 억압에 대해 많은 것을 이야기하고 싶다. 그러나 억압이란 증상 형성의 전제 조건에 지나지 않는다. 증상이 억압에 의해서 방해된 어떤 것의 대용물인 것이다. 그러나 억압에서 이 대용 형성을 이해하려면 아직도 많은 노력이 필요하다. 억압이라는 문제와 관련하여 다른 측면에서 의문이 일어난다. 어떤 종류의 심적인 움직임이 억압에 굴복하는가, 또 어떠한 힘에 의해 어떠한 동기에서 억압이 관철되는가 하는 것이다. 이 의문에 대해서는 저항을 연구했을 때, 저항은 자아의 힘, 곧 우리가 잘 알고 있으면서도 잠재하고 있는 성격적 특성에서 나온다는 하나의 대답밖에 주어지지 않았다. 요컨대 억압을 하는 것도 이 힘이다.

내가 전에 말한 두 개의 증상 예는 지금 우리들에게 도움이 된다. 우리는 분석을 통해 노이로제 증상의 목적을 언제나 발견할 수 있다. 나는 여러분에게 노이로제의 그 두 가지 증상 예로써 이 목적을 보여 주었다. 그러나 실제로 두 가지 예로 무슨 말을 알 수 있겠는가? 그러므로 여러분은 이에 대해서 자신이 경험하거나 아니면 이 점에 대해 모든 정신분석가가 찬성하고 있는 보고에 의존할 수밖에 없다.

우리가 상세하게 증상을 연구한 그 두 가지 증상의 예에서 분석을 통해 환자의 성 생활의 가장 은밀한 부분이 드러난 것이 생각날 것이다. 그리고 첫번째의 예에서, 우리는 증상의 목적, 즉 증상의 의향을 뚜렷하게 알았다. 아마 '두 번째의 예'에서는 증상의 목적이 후에 이야기할 어떤 요소 때문에, 어느 정도 감추어진 것 같다. 어떤 예를 분석하더라도 이 두 가지 증상의 예에서 알게 된 것과 같은 점이 발견될 것이다. 우리는 언제나 분석에 의해서 환자의 성적 체험과 성적 소망에 도달할 것이고, 또 언제나 환자의 증상은 동일한 목적, 즉 성적인 소망을 채우는 일을 지향하고 있다고 확신하게 될 것이다. 증상은 곧 실생활에서는 결여되어 있는 성적 만족의 대용이다.

그 '첫번째 예'에서 환자의 강박행위를 생각해 보라. 그 부인은 사랑하는 남편과 별거하지 않으면 안 되었다. 그러나 그녀는 남편에게 줄곧 정절을 지켜야만 했고, 다른 남자를 남편의 위치에 둘 수는 없었다. 그녀의 강박행위는 그녀가 열망하고 있는 것을 그녀에게 주었으며, 남편을 존경하고 남편의 허약, 특히 남편의 성 불구를 부인하고 정정해 주고 있다. 이 증상은 근본적으로 꿈과 완전히 같은 소망 충족이다. 그러나 꿈의 경우 소망은 언제나 반드시 성적인 것만은 아니다. '두 번째 예'의 여환자의 취침 의례는 부모의 성적 교섭을 방해하거나, 혹은 성교 결과 아기가 생기지 않도록 하는 것을 목표로 삼고 있다. 나아가서 이 의례는 결국 자기 자신을 어머니의 지위에 두려는 것을 목표로 삼고 있다. 여기에서도 성적 만족의 방해물을 제거하는 것과 자기 자신의 성적인 소망을 채우는 것이 문제가 된다.

여러분, 내가 여기서 억압, 증상 형성 및 증상의 해석에 대해서 이야기한 것은 모두 노이로제의 세 가지 형인 불안 히스테리, 전환 히스테리 및 강박 노이로제에서 얻은 것이며, 당분간은 이 세 가지 형태에만 적용되는 것이라는 데 주의해 주기 바란다.

우리는 이 세 개의 형태를 총괄해서 '전이 노이로제(Übertragung-neurose)'라고 부르는데, 이 세 가지 병적 증상은 정신분석 요법이 활약할 수 있는 영역이기도 하다.

그러나 정신분석은 아직도 극히 새로운 학문이며, 정신분석이 형성되려면 많은 노력과 시일이 필요하다는 것, 그리고 불과 얼마 전까지도 정신분석을 하는 사람이 하나밖에 없었다는 것을 잊지 말기 바란다. 그러나 우리는 모든 방면에서, 전이 노이로제가 아닌 다른 병을 더 깊이 이해하려고 노력하고 있다.

그리하여 이 새로운 재료에 적용시킬 때, 우리의 가설과 결과가 어떻게 확대되는가를 여러분에게 이야기할 수 있을 것이다. 또 이것들을 더 연구하는 게 모순을 일으키기는커녕 우리의 지식을 더욱 고도로 통일시켜 주었다. 그러므로 지금 여기서 말한 것이 모두 세 가지 전이 노이로제에 해당된다면, 여기에 하나의 새로운 보고를 덧붙여서 증상의 가치를 높일 수 있다. 즉 발병의 원인을 비교 연구하면 하나의 결과를 얻을 수 있다.

그것은 사람에게 현실이 성적 소망의 만족을 주지 않으면, '욕구 불만(Versagung)' 때문에 병에 걸린다는 것이다. 이 두 가지 결과는 꼭 들어맞는다. 노이로제의 증상이 성의 대상적 만족이라는 명제는 아직도 많은 항의를 받고 있다. 나는 오늘 그 중의 두 가지 항의를 이야기하기로 한다. 여러분이 많은 노이로제 환자를 연구한다면, 다음과 같이 말할 것이다.

'선생님의 말씀은 어떤 종류의 증상의 예에는 전혀 적용되지 않습니다. 오히려 증상은 성적 만족을 못 느끼게 하고 빼앗아 버리는 정반대의 목적을 갖고 있는 것 같습니다.'

여러분의 해석이 옳다. 정신분석에서는 우리가 어떤 사물을 두고 이러했으면 좋았을 것을 하고 바라는 것보다 훨씬 더 복잡하다.

그 '두 번째 예'의 여환자의 경우, 취침 의례의 두세 가지 특색은 분명히 성적 만족에 반대되는 금욕적인 성질의 것임을 인정할 수 있다. 시계를 밖에 내놓는 것은 밤중의 음핵 발기를 피한다는 마술적인 뜻을 가지고 있으며, 꽃병이 떨어지거나 깨지지 않도록 조심하는 것은 처녀성을 지키려는 것을 뜻한다.

내가 분석할 수 있었던 취침 의례를 가진 다른 여러 증상의 예에서는, 이와 같은 소극적인 성질이 더 두드러지게 나타나 있었다. 그 의례는 모두 성적인 기억이나 유혹에 대해 자기 몸을 지키는 수단으로 성립되어 있었다. 그런데 우리들은 정신분석에서는 정반대가 모순을 의미하는 것은 아니라는 것을 몇 번이나 경험했다. 그러므로 증상은 성적 만족이나 혹은 성적 만족의 방위를 목표로 하고 있다고 할 수 있을 것이다.

더욱이 히스테리에 있어서는 적극적인 소망 충족이 우세하며, 강박 노이로제에서는 소극적, 금욕적인 성질이 우세하다. 만일 증상이 성적 만족이라는 목적과 동시에 그것과 정반대의 목적을 지향할 수 있다면, 이 양면성은 우리가 아직도 말할 수 없는 증상이 메커니즘의 어떤 부분에 훌륭한 논거가 될 것이다.

증상은 지금부터 이야기하려는 것처럼 두 가지 상반되는 지향의 충돌에서 생긴 타협의 산물이다. 그리고 증상은 증상 성립에 협력한 억압된 것과 억압당한 것을 동시에 나타내고 있다. 이 경우 한쪽이나 다른 쪽이 증상 속에 우세하게 나타나서, 둘 중 한쪽의 영향이 완전히 소멸되지는 않는다. 히스테리에서는 대개 하나의 증상 속에 두 가지 목적이 들어 있고, 강박 노이로제에서는 두 가지 목적이 대개 떨어져 있다. 그러므로 후자에서는 증상이 두 시기로 나타나며 서로 죽이고 서로 위치를 바꾸는 연속된 두 행위로 성립된다.

제2의 의혹을 해결하는 것은 어려운 일이다. 만일 여러분이 증상 해석의 예를 많이 본다면, 먼저 증상을 해석할 때, 성의 대상적 만족이라는 개념을 최대한으로 확대할 수 있을지 모른다는 의견을 가질 것이다.

이러한 증상은 현실적인 만족을 조금도 제공하지 않으며, 성적 콤플렉스를 근거로 해서 감각을 약동시킨다는 식의 어떤 공상적 묘사에 한정되어 있는 것이다.

그리고 이른바 성적 만족은 어린이 같고 하찮은 성질을 나타내며, 어떤 점에서는 자위 행위와 비슷하거나, 또는 어른이 어린이에게는 습관이 붙지 않도록 금지시키는 장난을 상기시킨다는 사실도 간과해서는 안 된다. 또 잔인하거나 무참한 욕망의 만족, 또는 부자연스럽다고 해도 좋을 정욕의 만족이라는 현상을 우리가 성적 만족이라고 말하려는 데 대해 여러분은 놀랄 것이다.

스무 번째 강의

인간의 성생활

'성'이라는 말이 무엇을 포함하고 있는지 규정하기란 그리 쉬운 일이 아니다. 남녀 양성의 차이에 관련된 것이 모두 성이라고 한다면, 여러분은 너무나 무미건조하고 막연하다고 생각할 것이다. 여러분이 성교를 문제의 중심에 둔다면, 성이란 이성의 육체, 특히 이성의 성기에서 쾌감을 얻는 목적에 몰두시키는 일체의 것, 좁은 의미로는 성기의 결합과 성교의 수행을 목적으로 하는 일체의 것이라고 말할 수 있을 것이다. 그러나 우리가 굳이 정의를 내리지 않아도 성적인 것이 무엇인지 대강은 알고 있다.

일상생활의 필요에서, 성이란 양성의 차이, 쾌감 획득, 생식 기능 및 극비로 간직해야 할 외설스러운 것에 관련된 것 등등으로 충분할는지 모른다. 그러나 학문에서는 이것으로 불충분하다. 왜냐하면 일반적인 상식에 어긋나게 기이한 성 생활을 하는 사람도 간혹 있기 때문이다. 이와 같은 '성도착자(性倒錯者)'들 중에는 일상생활에서 성적인 차이를 없애버린 것처럼 행동하는 사람이 있는데, 그들은 동성인 사람에 의해서만 성적 소망을 자극받는다. 이성, 특히 이성의 성기는 그들에게는 전혀 성의 대상이 되지 않으며, 극단적인 경우에는 오히려 그것을 혐오하기도 한다. 따라서 그들이 생식에 관여하는 것을 무시하는 것은 말할 나위도 없다. 우리는 이와 같은 사람을 동성애자 혹은 성전도자(性轉倒者, Invertierte)라고 부른다.

동성애라거나 성전도라는 점을 제외하면―반드시 그렇지는 않지만―교양 있고, 지적·도덕적으로 남보다 빼어나지만, 이 숙명적인 이상(異常)에서 끝까지 빠져나오지 못하는 남녀가 있다. 그들은 동성애의 학문적 대변자의 입을 빌려, 자기들은 다른 양성과 동일한 권리가 있는 '제3의 성'이라고 자칭하고 있다. 물론 그들의 주장처럼 그들은 인류의 '선택된 자'는 아니다. 성적 견지에서 보면 별종의 변태자와 마찬가지로 그들은 열등이며, 적어도 무능한 개인을 포함하고 있는 것이다.

그들 성도착자는 정상인이 그 성 대상을 대하는 것과 같은 태도로 자기들의 성 대상에게 다가간다. 우리는 그들을 둘로 나눈다. 하나는 동성애자처럼 성적 대상(sexual object)이 변화되어 있는 것이고, 하나는 성적인 목표가 변화된 자들이다. 서로의 성기를 결합시키는 것을 포기하고 배우자의 어느 쪽인가의 성기를 몸의 다른 기관이나, 또는 몸의 다른 부분으로 대용하는 행위를 하는 사람이 그 하나이다. 이와 같은 사람을 관찰하면 어린 시절 천하다고 교육받은 배설 기능이 여전히 성적 관심을 끌고 있음을 알 수 있다. 또 어떤 사람에게 있어서는 성기라고 부르는 것은 전혀 대상이 되지 않고 몸의 다른 부분으로서 여성의 유방, 다리, 풀어헤친 머리 등이 욕구의 대상이 된다. 더 나아가서는 몸에 지니고 있는 물건, 구두나 속옷의 일부로 소망을 충족시킨다. 이런 사람들을 페티시스트(fetishist)라고 부른다.

더 극단적으로 되면 물론 대상 전체를 요구하기는 하지만, 그 대상에 아주 특수하고 기묘한, 때로는 전율할 만한 요구를 하기도 한다. 어떤 사람에게는 방어력이 없는 시체가 대상이 되고, 어떤 사람은 대상의 쾌감을 맛보기 위해서 범법적인 강박행위를 감행하기까지 한다.

두 번째는 정상 상태로서는 단순한 서두이며, 준비가 되는 전희적인 행위를 성적 소망의 목표로 삼는 성도착자이다. 이성을 바라보고 싶어한다든가, 이성의 비밀스런 곳을 들여다보고 싶어하는 사람, 혹은 숨겨 두어야 할 자기 자신의 육체의 일부를 노출하고 상대편도 같은 행동으로 자기에게 응해 줄 것을 은근히 기대하는 사람 등이다. 이에 비해서 이해하기 어려운 무리가 있는데, '가학성 음란증 환자(sadist)'가 그것이다. 그들이 갖는 애욕의 충동은 자기 대상에게 고통과 괴로움을 주는 것뿐으로 그밖의 목적은 없다. 거기에는 모욕을 암시하는 일에서부터 육체를 학대하는 것까지 여러 단계가 있다.

이것과 대조적인 '피학대성 음란증 환자(masochist)'가 있는데, 이들의 유일한 쾌감은 사랑하는 대상으로부터 상징적, 또는 현실적 형태의 모든 모욕과 괴로움을 받는 데 있다. 또 이런 이상 성격이 몇 가지나 결부되어 얽혀 있는 사람도 있다. 끝으로 각 집단에 속해 있는 사람들을 다시 나누어 보면, 성적 만족을 현실에서 얻으려는 사람과 다만 마음속으로 음미해 보는 것만으로 만족하는 사람들이 있다.

이렇게 어처구니없고 기괴하고 무서운 것이 실제로 그런 사람들의 성 활동을 구성하고 있다는 것은 이제 의심할 여지가 없다. 그들 자신도 그렇다고 인정하여 그 대응 관계를 시인하고 있을 뿐 아니라, 우리들도 그것이 우리 실생활에 있어서의 정상적인 성적 만족과 동일한 역할을 하고 있으며, 또 그들은 그 때문에 우리들과 같은, 아니 과대한 희생을 무릅쓰고 인정해야 하는 것이다.

이반 블로호에 의하면, 성적 목표가 이와 같은 탈선을 하고 있고, 성 대상에 대한 관계가 흔들리고 있는 것은 원시적인 만족이나 고도의 문명을 가진 민족에서나 볼 수 있으며, 시대에 따라 관대하게 보고 또 일반적으로 성행했다는 근거에서, 이런 도착을 모두 '변질징후(變質徵候)'라고 생각하는 것은 잘못이라고 주장하고 있다.

우리는 앞서 노이로제 증상은 성의 대상적인 만족이라고 말했다. 그런 후

이 명제를 증상의 분석으로 입증하려면 많은 곤란에 부닥칠 것이라고 여러분에게 암시해 두었다. 이른바 도착된 성욕을 '성적 만족' 속에 포함시킬 때 비로소 앞의 명제는 옳은 것이 되는데, 어떤 경우에도 증상을 이렇게 해석할 수밖에 없을 때가 대단히 많기 때문이다. 동성애적인 충동이 어느 노이로제 환자에게나 증명될 수 있다는 것과 대개의 증상은 이와 같은 잠재성 도착의 표현이라는 것을 알면, 동성애자나 성전도자가 이례적인 인간이 아니라는 것을 금방 알 수 있다.

동성애자라고 자칭하는 사람은 바로 의식적인 현재성 성도착자(顯在性性倒錯者)에 지나지 않으며, 잠재성 동성애자(潛在性同性愛者)의 수에 비할 바도 못 된다. 그런데 동성에서 대상을 고른다는 것은 연애 생활에서 보통 있는 한 분파라고 간주할 수밖에 없으므로, 그것에 특별히 높은 의미를 부여하지 않으면 안 된다. 그러나 이렇게 생각해도 현재성 동성애와 정상 상태의 구별은 아직도 없어지지 않지만, 그 가치는 한결 감소되었다. 우리는 이제 전이 노이로제 속에는 들어가지 않는 편집병(paranoia)은 언제나 과도하게 강한 동성애적 충동을 방지하려는 시도에서 발생한다고 말할 수 있게 된 것이다.

히스테리성 노이로제는 모든 기관계, 즉 순환계나 호흡계 등에 증상을 나타내며, 그 결과 모든 기능이 침범당한다. 분석을 해 보면 도착적이라고 불러도 좋은 모든 충동이 이때 모습을 나타내어 다른 기관을 성기의 대용물로 삼으려 한다는 것을 알 수 있다. 즉 이 기관들은 대용 성기 같은 역할을 한다.

우리는 이 히스테리 증상에 관한 연구를 통해서, 신체의 기관은 그 본래의 기능 외에 성적, 즉 성감적(性感的, erogene)인 의미를 갖고 있으며, 만일 그 기관에 성감적인 요구가 너무 커지면, 본래의 기능이 손상된다는 것까지 알게 되었다.

히스테리 증상으로서 우리가 부딪치는, 겉보기에는 성과 전혀 관계가 없는 기관에 나타나는 무수한 감각과 신경 흥분은 도착된 성 충동의 충족으로서의 히스테리의 본성을 나타내는데, 이 도착된 성 충동에서는 성기의 의의가 다른 기관에 빼앗겨 없어져 버린다. 그리고 또 우리는 영양 섭취 기관이나 배설 기관이 성 흥분의 매개체가 된다는 것도 알고 있다. 그러므로 이것은 도착에서 볼 수 있었던 것과 같은 것이다. 그런데 다른 점은 도착에서는 비교적 쉽게 뚜렷이 알 수 있었던 것이 히스테리에서는 증상 해석이라는 우회를 통해서야 비로소 알 수 있다. 또한 문제의 도착된 성 충동은 그 사람의 의식 속에 있는 것이 아니라 무의식 속에 들어 있다.

강박 노이로제의 많은 증상 가운데서 가장 중요한 것은 매우 강한 가학성 음란증 환자, 즉 성 목표가 도착되어 있는 성 충동에서 생긴 증상이다. 더욱이 이러한 증상은—강박 노이로제의 구조와 일치되는 것처럼—주로 그런 소망을 방지하고 있거나, 또는 만족과 방지와의 싸움을 나타내고 있는데, 이때 반드시 만족을 얻는다. 만족은 우회해서 환자의 행동 속에 들어갈 수 있으며, 그 사람에게 반항하는 것을 즐기며, 환자를 자학자로 만든다.

노이로제의 다른 형으로서 천착증(穿鑿症)에서는 보통은 정상적인 성적 만족을 얻기 위한 준비에 지나지 않는 행위나, 또는 성적 만족을 얻는 도중에 행하는 행위로서 보거나 만지거나 탐색해 보고 싶어하는 행위 등에 과도한 성적 색채를 띤다. 접촉 불안이나 세탁 강박의 큰 의의는 이것으로 충분히 설명된다.

정상적인 성적 만족이 저지당하면(욕구불만에 빠진다) 대개는 노이로제에 걸린다. 그러나 그것이 현실적으로 저지될 경우 욕구는 성욕을 흥분시키기 위한 비정상적인 것으로 바뀐다. 그러나 아무튼 이와 같은 측지성(側枝性, Kollateral)의 역류 정체(逆流停滯) 때문에, 도착 충동은 정상적인 성적 만족이 현실에서 전혀 방해를 받지 않은 때보다 훨씬 강하게 나타난다. 더욱이 유사한 영향을 현재성 도착에 있어서도 볼 수 있다. 이는 일시적인 상황이나 영속적인 사회 제도로, 정상적인 방법으로 성 본능을 채우기가 곤란해질 때 유발되고 활발해지는 경우가 많다. 그러나 도착 경향이 실제로 이와 같은 조건과는 전혀 관계 없이 나타나는 수도 있다. 이때의 도착은 그 사람으로 봐서는 정상적인 성 생활이다.

그러므로 현실에서 정상적인 성적 만족을 얻기 어려워지거나 또는 전혀 얻을 수 없게 되면, 보통 때는 도착 경향이 나타나지 않던 사람에게도 나타날 수 있다.

이렇게 해서 우리는 앞서 여러분에게 보고한 제2의 새로운 사실에 도달했다. 이른바 정신분석 연구는 어린이의 성 생활에 관심을 가질 필요가 생겼다. 더욱이 증상을 분석할 때는 환자의 추억과 연상이 언제나 유아기의 아주 초기 때까지 거슬러 올라갔기 때문이다. 여기서 이번에는 도착 경향이 유아기부터 발생하며, 어린이에게는 도착될 경향의 소인이 있다는 것과 어린이는 미성숙의 정도에 따라 그 소인을 발휘하고 있다는 것, 즉 도착적인 성욕이란 각각의 충동으로 분해된 유아 성욕이 확대한 것이란 점 등이 분명해졌다.

그러므로 나는 먼저 여러분이 느끼는 반항의 동기를 밝히고, 이어 우리의 관찰을 종합하여 말하려 한다. 어린이에게는 성 생활이라는 것이 없으며, 그것이 12세부터 14세 사이에 갑자기 눈뜨는 것이라는 주장은 생물학적으로 생각해 보아도 믿을 수 없는 것이다. 이 주장은, 어린이는 이 세상에 태어났을 때 성기를 갖고 있지 않으며, 사춘기가 되어서야 비로소 성기가 생긴다는 주장과 마찬가지로 불합리한 것이다.

사춘기에 그들이 눈뜨는 것은 생식 기능이다. 이 기능은 이미 존재하고 있는 육체적, 정신적인 재료를 자기의 목적을 위해서 이용하는 것이다. 여러분은 성욕과 생식 충동을 혼동하는 과오를 범하고 있으며, 그 때문에 성욕, 도착 및 노이로제를 쉽게 이해하지 못하는 것이다. 그러나 여러분 자신이 전에는 어린이였고, 어린 시절부터 교육의 영향을 받았다는 데 이러한 과오의 근원이 있는 것이다. 왜냐하면 사회는 성 본능이 생식 충동으로서 나타났을 때, 이것을 제어하거나 구속하거나 사회적 명령과 동일한 개인의 의지에 복종시키는 것을 가장 중대한 교육 방침으로 삼고 있기 때문이다.

어린이가 지적 성숙의 한 단계에 이를 때까지 성 본능의 완전한 발달을 연기시키는 것은 사회의 이익이 된다. 그것은 성 본능이 완전히 나타나면 교육을 실시하기가 불가능하기 때문이다. 그러나 성 본능을 제어하려는 사명은 결코 쉬운 일이 아니어서 성공할 때도 있지만 그렇지 않을 때도 있다. 인간 사회를 움직이는 동기는 궁극적으로는 경제적인 것이다. 사회는 그 성원이 노동하지 않고도 생활할 수 있을 만큼의 충분한 식량이 없으므로, 그 성원의 인구를 제한하고, 그 에너지를 성 활동에서 노동으로 돌려야만 한다.

새로운 세대의 성적 소망을 조종하기 쉽게 만드는 작업은 어릴 때부터 교육적 감화를 주기 시작하여, 사춘기의 폭풍우를 기다리지 않고 그 준비 단계인 어린 시절에 간섭해야 달성할 수 있다는 것을 교육자는 경험으로 알았을 것이다. 이 때문에 거의 모든 어린이의 성 생활은 금지되고 좋지 않은 것으로 취급된다. 어린이의 생활을 성이 아닌 것으로 구축하려 하는 이상적인 목적을 세우고, 시대의 흐름과 더불어 사람들은 마침내 어린이에게는 성이 없다고 생각하게 되어, 학문까지도 그것을 학설로서 보고하기에 이르렀다. 또 학문은 어린이의 성 활동을 다른 식으로 해석하고는 만족해 한다. 어린이는 깨끗하고 죄가 없는 존재로 간주되는 것이다.

그런데 어린이는 이런 인습에 얽매이지 않고 천진난만하게 그 동물성을 발휘하고, 또 자기들이야말로 순결한 자들임을 보여 주고 있다. 그렇기 때문에 유아 성욕을 부정하는 사람은 교육의 손을 늦추지 않고 그것을 어린이의 악습이라고 부르며, 자기들이 부정하려는 성욕의 발현을 엄하게 단속한다. 성이 없는 유아라는 편견에 가장 모순되는 시기, 즉 5~6세까지의 나이가 대부분의 경우 기억 망각의 베일에 싸여 있다는 것은 매우 흥미있는 일이다. 그러나 이 베일은 분석 연구로 벗길 수 있지만, 이미 앞에서 본 바와 같이 개개의 꿈은 이 베일도 통과하여 형성된다.

이제 나는 어린이의 성 생활 중에서 가장 눈길을 끄는 것을 이야기하려 한다. 먼저 리비도(Libido)의 개념부터 소개하겠다. 리비도란 굶주림과 비슷하며, 본능을 발현시키는 힘을 말한다. 그 중에서도 유아의 성 활동의 경우 가장 많은 해석을 해야 한다. 이 해석은 분석적 연구를 기초로 하여 증상을 거슬러 올라감으로써 얻어진다.

유아에 있어서는 성의 첫 충동이 생활에 필요한 다른 기능에 의존해서 나타난다. 여러분도 아는 것처럼 유아의 중요한 관심은 영양 섭취에 있다. 유아는 배불리 젖을 먹고 어머니의 품에서 잠들 때 가장 행복한 표정을 짓는다. 그 표정이야말로 어른이 되어 성적 오르가슴의 절정에 도달했을 때 반복되는 것이다. 이것만을 갖고 어떤 추론을 내린다는 것은 무리일지 모르나, 실제로는 먹고 싶은 생각도 없으면서 유아가 영양 섭취의 동작을 되풀이하려 하는 것을 우리는 볼 수 있다. 그때 유아는 결코 배가 고프다고 느끼고 있는 게 아니다.

우리는 유아가 젖꼭지를 빤다고 말한다. 유아는 이런 동작을 취하고 나서 곧 편안한 표정으로 잠드는데, 그것은 빤다는 행위 그 자체가 유아에게 만족을 주었다는 것을 증명해 주고 있다. 그러다가 유아에게는 젖꼭지를 빨지 않으면 잠들지 않는 습관이 붙게 된다. 부다페스트의 늙은 소아과 의사 린드너 박사가 처음으로 이와 같은 행위에 성적인 색채가 있다고 주장했다. 쾌감은 입과 입술에 관련되는 것이므로 우리는 이 부분을 성감대(erogene Zone)라고 이름 짓고, 젖꼭지를 빠는 것으로 얻어진 쾌감을 성적 쾌감이라 한다. 이러한 명명이 과연 옳은지 어떤지는 확실히 더 논의가 있어야 될 것이다.

만일 유아가 말을 할 줄 안다면, 어머니의 젖을 빠는 행위는 인생에서 가장 중대한 것이라고 말할 것이다. 유아는 젖을 빤다는 행위로 두 가지의 커다란 생활 욕구를 채우고 있기 때문에 이것을 나쁜 짓이라고는 생각지 않는다. 그리고 우리는 정신분석으로 일생을 통해 이 동작의 심리적 의의가 얼마나 오랫동안 남아 있는가를 알고 크게 놀랄 것이다. 어머니의 젖을 빠는 것은 성생활 전체의 출발점이 되며, 후년의 성적 만족에 다시 없는 표본이 된다. 그리고 대상난(對象難)의 경우, 공상은 흔히 이 표본으로 되돌아간다.

젖을 빤다는 것은 성의 첫 대상인 어머니의 유방이 포함되어 있다. 이 최초의 대상이 훗날 어떤 대상 발견에 얼마나 중요한 영향을 미치고 있으며, 또 이 첫 대상이 전화되고 대리되어 우리의 정신 생활의 멀리 떨어진 영역에까지 얼마나 깊은 영향을 미치는가에 대해서는 도저히 설명할 수가 없다.

그런데 유아는 곧 이 최초의 대상을 버리고 자기 자신의 몸의 일부, 즉 엄지손가락이나 혀로 그것을 대용하게 된다. 이 결과 외계의 동의 없이도 쾌감을 얻을 수 있는데다가, 신체의 어떤 제2의 성감대의 흥분을 높이려고 한다. 성감대라고 모두가 다 같은 정도의 쾌감을 준다고는 할 수 없다. 그러므로 린드너가 보고한 것처럼, 유아가 자기 자신의 몸을 만지작거리다가 흥분하기 쉬운 부위가 성기라는 것을 발견하고, 그로 인해 빠는 동작에서 자위에 이르는 길을 발견했다면, 이것이야말로 정말 중대한 체험이라고 할 수 있을 것이다.

빠는 행위를 이와 같이 평가하면, 이제 유아 성욕의 두 가지 결정적인 특징을 알 수 있다. 유아 성욕은 생체(生體)의 커다란 욕구 만족과 결부되어 나타나서, 자기성애적(自己性愛的, autoerotisch)으로 거동한다. 즉 유아 성욕은 자기 자신의 몸에서 대상을 찾고 또 거기에서 발견한다. 음식물 섭취에서 뚜렷이 나타난 현상은 배설에서도 나타난다. 유아는 소변이나 대변의 배설 때 쾌감을 느끼며, 또 성감대의 점막을 자극하여 되도록 많은 쾌감을 얻으려다 마침내 배설 행위를 잘 조절하게 되는 것이 아닌가 한다. 이 점에 대해서 섬세한 감각의 소유자인 루 안드레아스 살로메가 자세하게 말한 것처럼, 먼저 외계는 유아에게 쾌감 추구에 적대하는 저지적인 힘으로써 유아 앞을 막는데, 이것은 훗날 경험하는 안팎의 싸움을 어렴풋이나마 유아에게 느끼게 한다.

유아에게는 자기가 하고 싶을 때 배설하는 것이 허용되지 않고 남이 정한 때 배설해야 한다. 유아에게 이 쾌감의 원천을 단념시키기 위해서 배설 기능에 관한 모든 것이 천한 것이며 감추어야 한다고 설명한다. 그리하여 유아는 쾌감과 사회적 품위를 교환해야 한다. 배설물 자체에 대한 유아의 태도는 처음부터 매우 다르다. 즉 유아는 자기의 대변에 대해서 조금도 혐오감을 느끼지 않고 오히려 대변을 자기 몸의 일부라고 생각한다. 그리고 유아는 자기에게 특별히 중요한 사람이라는 표시를 대변으로써 나타낸다. 유아의 이 경향은 교육이 소기의 목적을 달성한 후에도 유아는 역시 대변을 '선물', '돈'으로 평가한다. 한편, 유아는 배뇨 동작을 특별히 자랑스러운 것으로 간주하고 있는 것처럼 여겨진다.

여기서 여러분은 내 말을 중단시키고, 다음과 같이 외치고 싶을 것이다. '대변의 배설이 유아가 이용하는 쾌감 만족의 원천이라니, 정말 놀라운 일이군요. 더구나 대변이 매우 귀중한 물질이고, 항문은 성기의 일종이라는 말은 도저히 믿을 수 없습니다.'

아니, 그렇지는 않다. 여러분은 내가 성적 도착의 사실과 결부시켜, 유아 성욕의 사실을 이야기하려 하고 있다는 것을 잊고 있는 것이다. 여러분은 항문이 동성 연애자나 이성 연애자를 불문하고 많은 어른에게 있어서 성교 때의 질 같은 역할을 한다는 것을 알아야 하며, 또한 배설 때의 쾌감을 상당히 중대시하는 사람이 있다는 것을 인정해야 한다. 배변 행위에 대한 관심과 남이 대변을 들여다볼 때의 기쁨에 대해서는, 어린이가 2~3세가 되어 말을 할 수 있게 되면 어린이 자신의 입으로 직접 듣고 확인할 수 있을 것이다. 그때 여러분은 어린이를 꾸짖어서는 안 된다. 꾸짖으면, 어린이는 그런 것을 입 밖에 내서는 안 되는 일인 줄 알게 되기 때문이다.

여기서 어린이의 성적 호기심에 대해서 몇 가지 더 이야기해야겠다. 성적 호기심은 유아 성욕의 특징을 잘 나타내고 있으며, 또 노이로제의 증상 연구에도 중요한 것이다. 어린이의 성적 호기심은 매우 빨리 나타나는데, 때로는 3세 이전에 시작되기도 한다. 성별에 관계 없는 성적 호기심이 나타나는 이유는 어린이에게는 성별의 차이가 아무런 의미가 없기 때문이다. 왜냐하면 적어도 남자 아이는 남녀 모두 동일한 성기, 즉 남성의 성기를 갖고 있는 줄 알고 있기 때문이다.

그런데 남자 아이는 어린 누이동생이나 소꿉친구에게 질이 있다는 것을 발견했을 때, 처음에는 자기 눈을 의심하려고 한다. 같은 인간이 자기와 똑같은 성기를 갖고 있지 않다고는 도저히 상상할 수 없기 때문이다. 훗날 남자 아이는 만일 자기의 성기가 그 어떤 기회에 없어지지나 않을까 하고 걱정한다. 그리하여 부모로부터 그 일에 너무 신경을 쓴다고 꾸중을 들으면 그것은 훗날까지 두고두고 영향이 남아, 그는 마침내 거세 콤플렉스에 걸리게 된다. 이 거세 콤플렉스는 그가 건강하면 그 성격 형성에 크게 관계되며, 그가 병에 걸려 있는 경우라면 노이로제에, 그리고 분석요법을 받는 경우라면 그 저항에 크게 관계된다.

어린 여자 아이에 대해서 우리가 알고 있는 것은 다음과 같은 것이다. 여자 아이는 눈으로 똑똑히 볼 수 있는 음경을 갖고 있지 않기 때문에 매우 손해를 보고 있다고 생각하며, 그것을 가진 남자 아이를 시기하고, 이로 인해 남자가 되고 싶다는 소망을 갖게 된다. 또 여자 아이의 음핵은 유아기에는 음경과 똑같은 역할을 하고 있다. 그것은 특히 흥분하기 쉽고, 또 자기성애적인 만족을 얻을 수 있는 부위이다.

여자 아이가 성숙한 여성이 되려면, 적당한 시기에 음핵의 민감도를 질구에 완전히 양도하는 것이 중요하다. 이른바 여성의 불감증 증상의 예에서는 음핵이 이 민감함을 완강히 지속하고 있음을 알 수 있다.

어린이의 성적 호기심은, 먼저 아기는 어디에서 태어나느냐 하는 문제로부터 출발한다. 그리고 이 호기심은 대개 동생이 태어날 때의 이기적인 근심에 의해 눈뜬다. 황새가 아기를 날라온다는 유모의 판에 박은 듯한 대답은, 우리가 상상하는 이상으로 흔히 어린이에게 의심을 받는다. 어른들에게 속고 있다는 느낌은 어린이의 고독감과 독립심의 발달을 크게 자극한다. 그러나 어린이는 이 문제를 자기 스스로 해결할 수가 없다. 성적 체질(性的體質)이 발달하지 않았기 때문에 그것을 이해하는 능력에는 한계가 있는 것이다. 그래서 어린이는 어른이 특별한 것을 먹기 때문에 아기가 생기는 것이라고 가정할 뿐, 여성만이 아기를 낳을 수 있다는 것을 모른다.

시간이 흘러 좀 자라면 아버지가 아이를 만드는 데 어떤 역할을 하고 있는 것이 틀림없다고 생각하지만, 구체적으로 어떤 역할을 하는지는 짐작하지 못한다. 만일 우연히 성교 장면을 목격하면, 그는 그것을 장난을 친다든가 싸우고 있는 줄 알고 성교를 사디즘적으로 오해해 버린다. 그리고 그 행위를 아기가 생기는 일과 결부시키지 못한다. 만일 어린이가 어머니의 침대나 속옷에서 핏자국을 발견하면, 그는 아버지가 상처를 입힌 증거라고 생각한다.

아이가 좀 자라면 남자의 음경이 아기가 생기는 것과 근본적인 관계를 갖고 있다고 어렴풋이 느끼지만, 이 부분에 배뇨 이외의 다른 작용이 있다고 믿지 못한다.

여러분은 노이로제가 성적인 원인에서 생긴다는 것과 그 증상에 성적인 의의가 있다는 명제를 고집하기 위해서, 성이라는 개념이 정신분석에서 매우 확대되어 있다는 말을 들었을 것이다.

이제 여러분은 이 확대가 정당한 것인지 아닌지 스스로 판단할 수 있으리라. 우리는 성이라는 개념을 도착자의 성 생활과 어린이의 성 생활까지도 포함할 수 있게 확대했다. 즉 우리는 성이라는 개념에 그 정당한 영역을 회복시켜 준 셈이다. 정신분석 이외의 분야에서 성이라고 부르는 것은 생식 기능에 속하며, 정상적이라고 일컬어지는 한정된 성 생활을 가리키고 있을 뿐이다.

스물한 번째 강의

리비도의 발달과 성의 체계

'도착'이 성에 대한 견해에 얼마나 중요한 것인가를 여러 분에게 확실히 이해시키기 위하여 좀더 정정하고 보충하기로 하겠다.

우리가 너무 편협하다고 해서 거부하는 그 정의, 즉 유아 성욕은 생식 기능의 일부를 이루고 있다는 정의 이외에는, 하나의 현상이 성이라는 성질을 갖고 있는지 없는지를 결정하는 일반적으로 인정된 기준이 아직 없다. 생물학적 기준, 이를테면 플리스(W. Flieβ)가 주장한 23일과 28일의 주기성도 아직은 의심스러우며, 성 현상의 화학적 특징에 대해서 가정은 할 수 있으나 아직 발견되지 않았다.

그러나 어른의 성적 도착은 구체적으로 알려져 있으며, 또한 뚜렷하다. 이미 일반적으로 인정되고 있는 그 이름이 가리키듯이 성적 도착은 명백한 성이다. 사람들이 도착을 변질 징후라고 부르든 또 다른 이름으로 부르든, 그것을 성 생활의 현상이 아닌 다른 현상 속에 넣으려는 사람은 없었다.

이와 같이 성과 생식이 일치하지 않는다는 우리의 주장은 정당한 것이 된다. 왜냐하면 도착자가 모두 생식이라는 목적을 부인하고 있기 때문이다.

여기서 나는 하나의 예를 비교해 보겠다. 대다수의 사람들은 '의식적(bewuβt)'과 '심적(psychisch)'이 같은 것을 의미한다고 생각하지만, 우리는

'심적'이라는 개념을 확대시켜 보았을 때 의식과는 별개의 심적인 영역이 있다는 것을 알았다. 이와 마찬가지로 다른 사람들은 '성적'과 '생식 작용에 속하는 것(zur Fortpflanzung gehörig)'을 동일하다고 하는데, 우리는 생식기적이 아닌, 생식 작용과 관계가 없는 성적인 것을 생각해야 한다. 그것은 형식적인 유사에 지나지 않지만 깊은 근거가 있다.

그러나 성적 도착 존재의 문제가 움직일 수 없는 증거라고 한다면, 왜 더 먼 옛날에 그것의 본질이 연구되어 이 문제가 해결되지 않았을까? 똑똑히 알 수는 없지만, 나는 대체로 다음과 같은 점에 그 이유가 있다고 생각한다. 즉 성적 도착은 아주 특수한 사회적 제재를 받았는데, 이것이 학설에까지 간섭하여 그 학문적 평가를 방해했던 것 같다. 또한 사람들은 성적 도착을 매력적인 것으로 여기고, 또 그것을 향락하고 있는 사람들에게 은밀한 질투를 느끼며 마음속에서 억제하고 있는 것처럼 보인다. 그 유명한 《탄호이저》속에서, 재판관이 된 영주가 이와 비슷한 감정을 고백하고 있다.

베누스 산[1]에 이르러, 양심도 의무도 잊었도다!
이 몸에 그와 같은 일이 일어나지 않다니, 신기하구나.

실제로 도착자라는 것은 얻기 어려운 만족을 성취하기 위해서 매우 가혹한 벌을 받고 있는 것이다.

그 대상과 목표가 부자연스러움에도 불구하고 도착적 활동을 성적인 것으로 만드는 이유는 도착적인 만족 행위가 대개 완전한 오르가슴과 사정으로 끝나기 때문이다. 이것은 물론 그 도착자가 어른이기 때문이다. 어린이에 있

---

1 여자의 음부를 가리킨다.

어서는 오르가슴이나 성기의 발기가 불가능하며, 성선 호르몬의 분비도 불가능하여 그것의 대치가 인정될 뿐이다. 이것 또한 확실히 성적인 것이라 할 수 없다. 성적 도착의 평가를 완벽하게 하기 위해서 다시 다른 사항을 덧붙여야겠다.

성적 도착이 배척되어야 하는 것이든 정상적인 성 활동과 구별되어야 하는 것이든, 정상인의 성 생활을 관찰해 보면 그들에게도 한두 가지 도착된 특징이 있음을 알 수 있다. 먼저 키스도 도착행위라 할 수 있다. 키스는 두 사람의 성기 대신 성감대라고 할 수 있는 입을 밀착시키는 행위이기 때문이다. 그러나 키스를 성적 도착이라고 비난하는 사람은 하나도 없다. 오히려 연극에서는 키스를 성 행위의 은근한 암시로서 허용하고 있다. 그러나 이것도 사정과 오르가슴에 직접 결부될 만큼 심해지면 성적 도착이라고 할 수 있다.

그리고 어떤 사람은 성 흥분의 절정에 이르면 상대방을 꼬집거나 물어뜯는다. 또 배우자의 가장 큰 흥분은 반드시 성기에 의한 것이 아니라, 상대방의 몸의 다른 부분에 의해서도 이루어질 수 있다는 것 등을 사람들은 경험으로 알고 있다. 그러나 이와 같이 하나의 특징만 가진 사람을 정상인들 속에서 끌어내어 도착자들 속에 넣는다는 것은 무모한 짓이다.

도착의 본질은 다른 것을 배제하면서까지 도착이라는 이상 행위를 하며, 생식 작용이 있는 성 행위를 밀어내려는 배타성에 있으며, 사람들은 이것을 확실히 인식하고 있다. 이를테면 도착 행위라도 그것이 정상적인 성 행위를 위한 준비라거나 또는 성 행위를 강화시키는 수단인 전희라면 그것은 도착이 아니다. 이 사실로써 정상적인 성욕과 도착된 성욕 사이는 매우 가까워진다.

이상을 통해 정상적인 성욕이란 그 이전에 존재하고 있었던 어떤 재료에서 각 특징을 무용의 것으로서 배제하고, 한 가지 새로운 목표, 말하자면 생식이라는 목표에 종속시키는 것으로서 만들어졌다는 사실을 알 수 있다.

우리는 여태까지 얻은 도착의 지식을 이용해서 유아 성욕의 연구에 몰두할 생각이다. 그 전에 도착 성욕과 유아 성욕의 주요한 차이에 대해 이야기하기로 하자. 일반적으로 도착 성욕은 집중적인 것이 특징이다. 모든 행동은 하나의 목표를 향해서 달리는데, 거기에는 하나의 부분 본능(部分本能)이 우세하다. 부분 본능의 단 하나가 우세하여 그것이 증명할 수 있는 유일한 것이거나, 또는 하나의 부분 본능이 자기의 목적에 다른 부분 본능을 종속시키고 있는 경우가 있다. 이 경우에는 지배적인 부분 본능, 즉 성적 목표가 달라진 것 외에 도착 성욕과 정상 성욕 사이에는 조금도 차이가 없다. 이를테면 둘 다 훌륭히 조직된 전제정치(專制政治)라 할 수 있다. 다만 다른 것은 전자는 한 일족이, 후자에선 다른 일족이 지배권을 독점하고 있다는 점이다.

이와는 반대로 유아 성욕에는 대개 이와 같은 집중과 조직이 없다. 즉 각 부분 본능이 각기 동일한 권리를 주장하고, 저마다 쾌감을 추구하고 있다. 물론 집중이 있다거나 없다는 것은 도착 성욕이나 정상 성욕이 모두 유아 성욕에서 발생한 것이라는 사실과 일치한다.

유아 성욕과 가장 유사한 도착 성욕의 예가 있다. 이 경우 무수한 부분 본능이 서로 독립하여 각각의 목표를 계속 추구하고 있는 것이다. 이런 예는 도착이라기보다는 성 생활의 유아성이라고 말하는 표현이 더 적절하다.

이와 같은 예비지식을 가졌으면 그대로 지나칠 수 없는 어떤 제의에 관해 상세하게 논하는 것이 좋을 것이다. 사람들은 이렇게 말할 것이다.

'어째서 선생님은 자신이 불확실하다고 인정하는 유아기의 발현을 성욕이라고 완강히 주장하시는 것입니까? 선생님은 생리학적인 서술로 만족하고, 이미 유아에게 관찰되는 젖을 빤다든가 배설 욕구를 참는 행동들이 유아가 기관 쾌감(器官快感, Organonlust)을 구하는 증거라고 간단히 말할 수는 없을까요? 그렇게 하신다면 선생님은 어린이에게도 성 생활이 있다는 등의 많은

사람의 감정을 상하게 하는 주장을 피하실 수 있을 텐데요.'

나 역시 그것이 당연한 질문이라고 생각한다. 나도 기관 자체의 쾌감을 부인하지 않으며, 성적 결합의 최고의 쾌감이 성 기관의 활동에서 오는 신체적 쾌감에 불과하다는 사실도 인정한다.

여러분은 대개의 도착이 성기의 결합과는 다른 방법으로 성기의 오르가슴을 달성하는 것이라고 주장하면서 도착이라는 방해물마저 거부할지 모른다.

그러나 이때 여러분의 입장과 나의 입장은 거의 같다. 그것은 성기와 다른 기관의 차이에 불과하다. 그러나 정상적인 키스, 화류계의 도착 행위, 또는 히스테리의 증상처럼 쾌감을 얻기 위해서 다른 기관이 성기를 대신하고 있다는 것을 나타내는 많은 증거를 여러분은 대체 어떻게 처리할 것인가? 히스테리라는 노이로제에서는 자극 현상, 감각, 신경 지배, 그리고 성기에 속하는 발기 현상까지도 멀리 떨어진 신체의 다른 부위, 즉 머리나 얼굴로 대치되는 일이 흔히 있다. 이와 같은 논법으로 계속한다면, 여러분이 말하는 성이라는 개념을 고집하는 것이 무모한 짓이라는 것을 깨닫게 될 것이다. 그리하여 여러분도 성이라는 이름을 유아기 때의 기관 쾌감을 추구하는 활동으로까지 확대하려고 결심해야만 될 것이다.

그런데 내 주장을 입증하기 위해서 다른 두 가지를 고찰해 보겠다. 이미 알고 있듯이, 우리는 쾌감을 얻으려고 하는 유아기의 초기의 불확실한 활동을 성적이라고 불렀다. 그것은 우리가 분석의 방법으로 증상을 출발점으로 하여 이론의 여지가 없을 정도로 명료한 성적 재료를 통해서 쾌감 활동에 이르렀기 때문이다. 그러므로 이 활동은 성 그 자체가 아니다.

그러나 여러분은 이와 비슷한 경우를 생각해 보지 않으면 안 된다. 감나무와 완두콩의 씨가 어떻게 성장하는지 관찰할 방법은 없지만, 이 두 씨로 완전히 성장한 식물의 개체에서 두 개의 떡잎을 가진 첫 종자로까지 거슬러 올라갈 수 있다고 가정한다면, 양쪽의 떡잎은 둘 다 똑같기 때문에 분간할 수 없다. 그렇다고 해서 양쪽의 떡잎은 실제로 똑같으며, 감나무와 완두콩 사이의 특성이 완전히 성장한 후에야 비로소 나타난다고 가정할 수는 없을 것이다. 떡잎으로는 분간하지 못하더라도, 종자 속에 이미 차이가 있다고 생각하는 것이 생물학적으로는 더 적합할 것이다. 우리가 쾌감을 얻으려고 하는 유아의 활동을 성적이라고 하는 것도 이와 같다.

나는 여기서 모든 기관 쾌감을 성적이라고 불러도 괜찮은지, 또는 성적인 기관 쾌감과 함께 이 이름과 맞지 않는 다른 기관 쾌감이 있는지는 말할 수 없다. 나는 기관 쾌감과 그 조건에 대해서는 거의 모르며, 또한 분석이라는 것은 과거로 거슬러 올라가는 특성이 있기 때문에, 우선은 내가 뚜렷이 분류할 수 없는 요소에 도달하더라도 나는 조금도 당황하지 않는다.

또 하나, 설령 여러분이 유아의 활동은 성적이 아니라고 나를 설득시킬 수 있다고 하더라도, 어린이가 성적으로 완전 무구하다고는 더 이상 주장할 수 없을 것이다. 그것은 3세부터는 어린이에게 분명히 성 생활이 있기 때문이다. 이 나이가 되면 이미 성기의 흥분이 시작되며, 이 때문에 유아성 자위, 즉 성기에 의해 만족을 느낄 수 있는 것이다. 대상의 선택, 특정 개인에 대한 애착, 그리고 양성 중 어느 한쪽을 좋아하는 것, 그리고 질투를 나타내는 것 등은 정신분석이 나오기 이전에, 정신분석과는 관계 없이 사람들에 의해서 공정하게 관찰되었던 것이며, 그것에 관심 있는 관찰자라면 누구나 입증할 수 있다.

'매우 어릴 때 애정에 눈뜨는 것은 의문의 여지가 없지만, 그런 애정이 〈성적인〉 특질을 갖고 있다는 데는 의문이 갑니다.' 하고 이의를 제기하는 사람이 있을 것이다.

물론 어린이는 3세부터 8세 사이에 일찍이 이성적 특징을 숨기는 방법을 배운 것이다. 그러나 만일 여러분이 주의 깊게 본다면, 이 애정에 '관능적 (sinnlich)'인 의도가 있다는 많은 증거를 볼 수 있을 것이다. 이 시기의 목표는 성적 호기심과 가장 밀접한 관계가 있다. 이에 대해 나는 앞에서 두세가지 증거를 말했다. 이러한 두세 가지 목표가 도착의 특징을 갖고 있는 것은 성교의 목적을 아직 발견하지 못한 어린이의 체질적인 미숙성 때문임은 물론이다.

약 6세부터 8세 이후에 성적 발달의 정지와 후퇴가 온다. 문화가 발달된 민족인 경우에는 이 시기를 잠재기(Latentzeit)라 할 수 있다. 그러나 잠재라고 해서 성 활동과 성적 호기심이 모두 중지되는 것은 아니다. 잠재기가 시작되기 전의 체험이나 심적 흥분은 대개 유아성 건망에 빠지고 마는데, 정신분석의 사명은 잊어버린 이 시기를 기억 속에서 되살리는 데 있다. 그러므로 우리는 잠재기 이전의 시기에 성 생활이 시작되었다고 하는 것이야말로 이 망각을 일으키는 동기라는 것, 즉 망각을 억압의 결과라고 생각하는 것이다.

어린이의 성 생활은 3세 이후부터 많은 점에서 어른의 성 생활과 비슷해진다. 그러나 이미 말한 것처럼 어린이의 성 생활은 다음과 같은 점에서 어른의 성 생활과 다르다. 어린이에게 있어서는 '성기를 으뜸으로 하는 견고한 체제'가 결여되어 있으며, 도착의 특색이 역력하고, 요구 전체의 강도가 약하다. 그러나 성의 발달 단계로서 리비도의 발달이 이론적으로 가장 흥미있는 때는 이 시기 이전이다. 리비도는 매우 급속히 발달하기 때문에 직접 관찰하는 것만으로는 급변하는 모습을 잘 포착하지 못한다.

정신분석으로 노이로제를 철저히 연구함으로써 비로소 리비도의 발달 훨씬 이전의 단계를 추측할 수 있는 것이다. 이것은 유아기 때의 상황의 구성 (Konstrukion)에 지나지 않지만, 정신분석을 하려면 없어서는 안 되는 유익한 구성이라는 것을 알게 될 것이다.

이제 우리는 성기기(性器期)가 만들어지기 전에 어린이의 성 생활이 어떤 모습을 하고 있는가를 말할 수 있다. 이 성기기는 잠재기 이전의 유아기 초기에 준비되어, 사춘기부터 차츰 조직화된 것이다. 그런데 이 유아기에는 전성기적(前性器的, prägenital)이라는 일종의 원만한 체제가 존재한다. 그리고 이 시대에는 성기적인 부분 본능이 아니라 가학적인 항문기의 부분 본능이기 때문이다. 이 시기에는 남성적·여성적이라는 대립 관계는 나타나지 않으나, 능동적·수동적이라는 대립 관계는 존재한다. 이 대립이 성적 양극성(性的兩極性)의 시초인 것인데, 이 성적 양극성과 앞서의 남성적·여성적이라는 대립 관계가 훗날 접합하는 것이다.

성기기의 단계에서 관찰해 보면, 이 시기의 활동으로서 남성적인 것으로 여겨지는 것은 잔인성으로 쉽게 이행해 버리는 하나의 소유욕의 발현이라는 것을 알 수 있다. 수동적인 목적을 가진 충동은 이 시기에서는 매우 중대한 의의가 있으며, 항문의 성감대와 관계가 있다. 또 호기심이 매우 강하게 나타난다. 그러나 성기는 성 생활에 있어서 실제로 배뇨 기관으로서의 역할을 하는 데 지나지 않는다. 이 시기의 부분 본능에 대상이 없는 일은 없지만, 그 대상이 반드시 하나의 대상과 합치하는 것은 아니다.

가학적인 항문기는 성기기의 바로 이전 단계이다. 한 걸음 더 깊이 연구하면 이 체제 중에 얼마나 많은 것이 후년의 최종적인 구성 중에 남아 있는지, 또 어떤 길을 통해서 이 단계의 부분이 새로운 성기기 속에 강제로 갇혀 버리는지를 알 수 있다. 우리는 리비도 발달의 이 가학적 항문기 이전에 초기의 더 원시적인 체제 단계가 있다는 것을 발견할 수 있으며, 이 단계에서는 입의 성감대가 주역이라는 것을 알았다.

여러분! 성의 체제에 관한 이 마지막 보고는 여러분에게 부담을 준 것같이 생각된다. 그래서 다시 한 번 상세히 말할 생각이다. 우선 성 생활, 즉 리비도 기능이라는 것은 처음부터 완성된 것으로서 나타나지 않으며, 또 언제나 같은 모습으로 성장해 가는 것도 아니다. 서로 다른 단계를 하나하나 통과해 가는 것이라는 사실을 기억해 두기 바란다. 그리고 발달의 전환점은 모든 성적인 부분 본능이 성기기에 종속될 때, 즉 성욕이 생식 기능 아래 굴복할 때이다. 그 이전의 성 생활은 말하자면 불합리한 성 생활이며, 각각의 부분 본능은 서로 독립적으로 활동하여 신체 기관에서의 쾌감을 추구하는 것이다.

이번에는 리비도 발달의 다른 면인 성적인 부분 본능과 대상의 관계를 살펴보기로 하자. 성 본능 중의 몇 가지 성분, 즉 소유욕, 호기심 및 지식욕 등은 처음부터 하나의 대상을 갖고 있고, 그것을 줄곧 지속해 나간다. 그런데 다른 성분, 즉 몸의 어떤 특정 성감대와 결부되어 있는 부분 본능은 성적이 아닌 기능에 의지하고 있을 때만 대상을 갖는데, 이 기능에서 독립하면 그 대상을 버린다. 그러므로 성 본능의 구순애적(口脣愛的) 성분의 첫 대상은 유아의 영양 섭취 욕구를 채워주는 어머니의 젖이다. 그러나 빠는 동작을 하게 되면 젖을 빨 때 함께 만족되는 성적인 성분은 독립하여, 젖이라는 다른 사람에게 속해 있는 대상은 버려지고 이 대신 자기 자신의 몸으로 대용한다.

구순애적 본능은 자기성애적(自己性愛的)이 된다. 항문 충동이나 다른 성감대의 충동은 처음부터 자기성애적인 것이긴 하지만, 그후의 발달은 두 가지 목적을 갖고 있다. 첫째, 자기성애를 버리고 자기 자신의 몸에 있는 대상을 외계의 대상과 다시 바꾼다. 둘째, 각 본능의 많은 대상을 통일하여 단 하나의 대상에 착수한다. 이것은 물론 이 단 하나의 대상이 자기 자신의 몸과 비슷한 전신(全身)일 때만 이루어진다. 그리고 다수의 자기성애적인 본능 경향이 무용한 것으로서 버려지기 전에는 이 통일은 이루어지지 않는다.

발달 과정이 잠재기 전의 과정인 유아기에 어느 정도 도달해 있다면, 발견된 대상인 구순기 쾌감 본능의 최초의 대상과 유기체의 기본적인 욕구 충족에 의존해 얻은 대상은 거의 동일한 것이라고 할 수 있다. 이 첫 대상은 어머니의 유방이 아니라도 역시 어머니이다. 그러므로 우리는 어머니를 최초의 '사랑의 대상(Liebesobjekt)'이라고 부르고 있다. 성 충동의 심적인 면을 중시하고, 성 충동의 토대가 되는 육체적 혹은 관능적 충동의 요구를 누르거나 잠시 잊고 싶을 때를 우리는 연애라고 부른다.

어머니가 연애의 대상이 될 무렵에는 이미 어린이의 마음에 억압이라는 심적 작용이 시작된다. 그리고 그 억압에 의해 어린이는 성적 목표의 어떤 부분의 지식을 의식화하지 않도록 한다. 이와 같이 연애의 대상으로 어머니를 선택하는 것은 우리가 '오이디푸스 콤플렉스'라고 부르는 것과 밀접한 관계가 있다. 오이디푸스 콤플렉스는 노이로제를 정신분석적으로 설명하는 데 중대한 의미를 지니고 있으며, 동시에 정신분석에 대한 반대에도 크게 기여하고 있는 것이다.

제1차 세계대전 중에 일어난 한 작은 사건을 이야기하기로 하겠다. 정신분석의 열성적인 신봉자가 폴란드의 어느 독일군 군의관으로 있었다. 그 군의관은 때때로 환자에게 뜻밖의 치료 효과를 주어 동료들의 주목을 끌었다. 그는 환자에게 정신분석을 응용했으며, 동료들에게도 흔쾌히 그 방법을 가르쳐 주었다. 그래서 밤마다 동료와 상관들이 모여서 정신분석이라는 신비로운 가르침에 귀를 기울였다. 한동안은 매우 순조롭게 이야기가 진행되었는데, 어느 날 그가 오이디푸스 콤플렉스를 이야기하자 갑자기 상관이 일어나서 "나는 오이디푸스 콤플렉스를 믿지 않아. 조국을 위해서 싸우고 있는 용감한 전사이며, 한 가정의 가장인 우리들에게 그런 말을 한다는 것은 무례하기 짝이 없는 일이야." 하고 호통을 치며, 강의의 진행을 금지시켜 버렸다. 그래서 강의는 중단되고 그 정신분석가는 다른 곳으로 배속되었다.

그런데 만일 독일군의 승리가 이러한 학문의 '통제'를 필요로 한다면, 그것은 정말 한심한 일이다. 독일은 이러한 통제 아래서는 결코 발전하지 못할 것이다.

여기서 여러분은 오이디푸스 콤플렉스가 무엇을 뜻하는지 알고 싶어할 것이다. 그러나 그 이름 자체가 이미 여러분에게 모든 것을 말하고 있다. 여러분은 아마도 그리스 신화에 나오는 오이디푸스 왕에 대해 알고 있을 것이다.

오이디푸스는 태어나면서 아버지를 죽이고 어머니를 아내로 삼는다는 저주를 받고 있었다. 그는 이 신탁(神託)에서 벗어나기 위해 자신이 할 수 있는 모든 일을 다했다. 그러나 결국 본의 아니게 두 가지 죄를 저질렀음을 알았을 때, 오이디푸스는 스스로 자기 눈을 도려내는 징벌을 가한 것이다.

여러분 가운데 많은 사람들은 이것을 제재로 한 소포클레스의 비극을 보고 깊은 감동을 받았을 것이다. 이 아테네의 시인이 쓴 작품은 오이디푸스가 오래 전에 저지른 행위를 교묘하게 파헤쳐 나감으로써 새로운 사실들이 점차로 폭로되는 과정을 묘사하고 있다. 이 묘사법은 정신분석의 진행 방법과 어느 점에서는 비슷하다.

대화의 진행 중에 오이디푸스의 어머니이자 아내인 이오카스테가 심문의 계속에 반대하는 장면이 나온다. 그녀는 많은 사람들이 꿈속에서 어머니와 같이 살지만, 그들은 그런 것을 문제로 삼지 않는다고 호소한다. 그러나 우리는 꿈을 경시하지는 않는다. 특히 많은 사람들이 꾸는 전형적인 꿈은 중요하다고 생각하고 있다. 그리고 이오카스테가 말하는 그 꿈이, 실로 이 신화의 기괴하고 무서운 내용과 밀접한 관계가 있음은 두말할 나위도 없다.

이 전설이 뜻하는 바는 운명과 신들에 대한 고발이다. 만일 이것이 신들과 불화했던 비판적인 에우리피데스에 의해서 씌어졌다면 아마 그는 탄핵의 대상이 되었을 것이다. 그러나 신앙이 경건한 소포클레스에게는 그와 같은 의도가 조금도 없었다. 설령 신들의 의지가 범죄를 명령하더라도 그 의지에 복종하는 것이야말로 최고의 도덕이라는 구실로, 그는 이 궁지를 빠져나가고 있다. 나는 그러한 도덕이 이 비극의 장점이라고는 생각지 않는다.

관객은 이 도덕에 반응하는 것이 아니라 이 신화의 신비로운 뜻과 내용에 반응하는 것이다. 관객은 마치 자기 분석에 의해서 오이디푸스 콤플렉스를 마음속에서 인정하고, 신의 의지와 신화를 숭고한 가면으로서 자신의 무의식의 정체를 폭로한 것처럼 느낀다. 관객은 아버지를 죽이고, 아버지 대신 어머니를 아내로 삼으려 했던 자신의 소망을 상기하고, 그 생각에 놀라는 것이다. 관객은 또 이 시인이 마치 '비록 책임을 거부하고, 이 범죄적인 의도를 피하려 안간힘을 쓰지만 어쨌든 너는 죄인이다. 그 의도는 아직도 무의식이 되어 네 마음속에 도사리고 있기 때문이다.' 하고 말하고 있는 것처럼 받아들이는 것이다. 그리고 이 말 속에는 심리학상의 진리가 포함되어 있다.

인간은 자기의 나쁜 충동을 억압하여 무의식으로 만들고, 그 충동에 대해 책임이 없다고 주장하지만, 역시 이 책임을 자기도 알 수 없는 죄악감으로 느끼지 않을 수 없는 것이다.

오이디푸스 콤플렉스는 많은 노이로제 환자가 괴로워하는 죄악감의 가장 중요한 원천의 하나임이 확실하다. 내가 1913년에 〈토템과 터부〉라는 제목으로 발표한 인류의 종교와 도덕의 기원에 대한 논문 속에서, 인류는 종교와 도덕의 궁극의 원천인 죄악감을 대체로 인류 역사의 시초에 오이디푸스 콤플렉스에 의해 얻은 것으로 추측하게 되었다고 말했다. 그런데 이 문제에 대해 일단 손을 대면 이야기를 끊기가 어려워지므로 지금은 언급하지 않고 개인 심리학으로 돌아가려 한다.

잠재기 전의 대상 선택 시대에, 오이디푸스 콤플렉스라고 하는 관점에서 어린이를 직접 관찰해 보면 어떤 것이 인식될까? 여러분은 사내 아이가 어머니를 독점하고자 아버지의 존재를 방해자라고 느끼며, 아버지가 어머니에게 애정을 보이면 불쾌해 하고, 아버지가 여행을 떠나거나 집에 없으면 흐뭇해 하는 것을 쉽게 볼 수 있을 것이다.

어린이는 자기의 감정을 직접적으로 표현하여, 자기는 어머니와 결혼할 것이라고 말한다. 이런 것은 오이디푸스의 소행과 비교할 수 있는 것이며, 그 본질은 같다. 이 관찰을 종종 흐리게 하는 것은 같은 어린이가 동시에 아버지에게 친밀한 애정을 보인다는 점이다. 그러나 양면 가치의 감정은, 어른에 있어서는 흔히 갈등(Konflikt)을 일으키지만, 어린이에 있어서는 함께 존재할 수 있다. 여기에서 여러분은 다음과 같이 반발할지도 모른다.

'사내 아이의 거동은 이기적인 동기에서 나오므로 성적인 콤플렉스라는 개념을 내세우는 것은 옳지 않다. 어머니가 어린이의 모든 욕구를 충족시켜 주고, 자기 이외의 다른 사람에게는 그렇게 해 주지 않는 데에 호의를 갖는 것이다.'

옳은 말이지만, 이 경우에 이기적인 흥미는 성적인 충동이 결부되는 기둥에 지나지 않는다는 것이 곧 뚜렷해질 것이다. 어린이가 어머니에게 성적 호기심을 노골적으로 나타내고 어머니 곁에서 자겠다고 조른다면, 또 어머니가 화장실에 갈 때도 같이 가겠다고 조른다면, 지나친 경우에는 어머니를 유혹하려고까지 한다면, 어머니에 대한 어린이의 애착이 성적인 성질의 것이라는 주장은 더욱더 확실한 것이 된다.

어머니가 여자 아이에게 남자 아이와 똑같은 시중을 들어 주어도 같은 결과가 되지 않으며, 아버지가 어머니와 경쟁해서 남자 아이의 시중을 들어 주는 경우에도 남자 아이의 눈에 아버지는 어머니와 똑같이 중요한 인물로 비치지 않는다. 요컨대 어린이가 이성의 대상을 좋아한다는 사실은 어떤 비판으로도 이 상황에서 부인할 수 없는 것이다.

여러분도 깨달았듯이, 나는 남자 아이와 부모에 대한 관계만을 이야기했다. 그런데 여자 아이에 대해서도 똑같은 말을 할 수 있다. 그리고 부모가 어린이의 오이디푸스적 태도를 눈뜨게 하는 데 결정적인 영향을 미치는 일이 많다는 것을 덧붙여 두겠다. 즉 부모 스스로 성의 매력에 끌려 아버지는 딸 쪽에, 어머니는 아들 쪽에 특히 애정을 쏟는다. 그러나 부모가 일깨워 준다는 이상과 같은 계기에 의해서도, 어린이의 오이디푸스 콤플렉스가 저절로 눈뜬다는 자발적인 성질은 동요시킬 수 없다.

다른 아이가 태어나면 오이디푸스 콤플렉스는 확대되어 가족 콤플렉스(Familienkomplex)가 된다. 가족 콤플렉스의 동기에 의해 어린이는 새로 이기심이 침해당하므로 남동생이나 누이동생을 증오하게 되고, 배척하는 의향을 갖게 된다. 어린이는 보통 이 증오감을 부모 콤플렉스(Elternkomplex)에서 나온 것과는 달리 말로써 나타내는 일이 많다. 이와 같은 소망이 이루어져 자기가 싫어하던 아기가 태어나자마자 죽어 버리면, 이 죽음은 비록 어린이의 기억 속에서 사라진다 하더라도 그에게 얼마나 중대한 사건이었나를 훗날의 분석으로 알 수 있다.

아기의 탄생에 의해서 제2의 지위로 밀려나 처음으로 어머니에게 소외당한 어린이는 자기를 의붓자식처럼 취급하는 어머니를 용서하지 못한다. 어른이라면 원한이라고 불러도 좋을 감정이 어린이의 마음에 싹튼다. 성적 호기심과 그 결과가 전부 어린이의 인생 경험과 결부되어 있다는 것은 이미 앞에서 말했다.

남동생이나 누이동생이 커감에 따라 그들에 대한 태도는 더 두드러진 변화를 보인다. 남자 아이는 자기에게 불친절한 어머니의 대용으로 누이동생을 선택한다. 그리고 이것은 이후의 생활에도 중대한 영향을 끼친다. 반대로 여자 아이는 옛날처럼 귀여워해 주지 않는 아버지의 대용으로 오빠를 택한다.

이와 같은 인간의 최초의 대상 선택은 언제나 근친상간적이다. 대상은 남자 아이의 경우에는 어머니나 자매이다. 그후에도 늘 활동하고 있는 이 유아성의 경향이 실현되지 않게 하기 위해서 엄한 금지가 필요했던 것이다. 오늘날 아직 생존하고 있는 미개인이나 야만인은 근친상간의 금지가 우리들보다 훨씬 엄중하다.

여러분은 신화를 읽고, 인간이 이토록 금지하고 있는 근친상간이 여러 신들 사이에서는 허용되고 있다는 것을 알 것이다. 또 고대의 역사에서 여러분은 누이동생과의 근친상간적인 결혼이 왕자에게는 가장 신성한 법도였다는 것을 알게 되는데, 그것은 평민에게는 금지된 특권이었던 것이다.

어머니와의 결혼은 오이디푸스의 하나의 범죄이고, 아버지를 죽인 것도 또 하나의 범죄이다. 이것들은 또한 인류 최초의 사회적 종교적 제도인 토테미즘이 금지한 2대 범죄이다. 이제는 어린이의 직접 관찰에서, 노이로제에 걸린 어른들을 분석적으로 연구해 보기로 하자.

정신분석학이 오이디푸스 콤플렉스를 좀더 깊이 이해하는 데 어떤 도움을 주었는지부터 이야기해 보자. 신화에 나타나 있듯이 분석에도 이 콤플렉스가 나타나 있다. 분석은 이들 노이로제 환자 자신이 오이디푸스였다는 것, 또는 콤플렉스에 대한 반응에서 햄릿[2]이 되어 있다는 것을 보여 주고 있다. 물론 오이디푸스 콤플렉스의 정신분석적 묘사는 거의 유아기의 그것에 대한 스케치를 개정하고 확대한 것이다. 아버지에 대한 미움이나, 아버지가 죽어 버렸으면 하는 소망은 이미 은근히 암시되는 정도가 아니다. 어머니에 대해 깊은 애정을 품고 아내로 삼아야겠다는 목적을 공공연히 나타내고 있는 것이다.

분석에 의해 확인된 오이디푸스 콤플렉스 형식의 배후에서 우리가 직면하

---

2 아버지를 독살하고 어머니와 결혼한 숙부에게 복수한다.

는 임상적인 사실은, 이제 실제적인 의의를 지니고 있다. 성 본능이 처음으로 강력해지는 사춘기에 옛날의 근친상간적인 대상이 다시 부각되고, 리비도가 새로이 충당된다. 유아기의 대상 선택은 사춘기의 그것에 비하면 전주곡에 불과할 뿐이다.

사춘기에는 오이디푸스 콤플렉스의 방향으로 향하거나, 아니면 그 반대의 형태로 움직이기 시작한다. 그러나 이 감정의 흐름은 그 심리적 내력을 감당하지 못하므로 대부분 의식에서 멀리 떨어져 있어야 한다. 이 시기 이후, 인간의 개체는 부모에게서 독립한다는 큰 과제에 몰두해야만 한다. 부모에게서 독립해서 어린이라는 위치에서 벗어나 비로소 사회의 일원이 된다. 이 과정이 아들의 경우에는 자기의 리비도적 소망을 어머니에게서 돌려, 어떤 현실의 알지 못하는 연애 대상을 선택하기 위해 사용된다.

이때 만일 아들이 아버지와 적대 관계에 있다면 아버지와 화해하고, 또 만일 유아적인 반항에 대한 반동으로 아버지에게 정복당해 있다면, 그러한 압박에서 해방되는 것이다. 이러한 과제는 누구에게나 있는 것이지만, 이 해결이 이상적으로, 즉 심리적으로나 사회적으로 바람직하게 행해지는 일이 무척 드물다는 사실은 주목할 만하다. 일반적으로 노이로제 환자는 이것이 잘 해결되지 않는다. 아들은 한평생 아버지의 권위 아래 굴복한 채 자기의 리비도를 가족 이외의 성 대상으로 옮기지 못한다. 관계는 다르지만, 딸의 운명에 대해서도 같은 말을 할 수 있다. 이런 뜻에서 오이디푸스 콤플렉스가 노이로제의 핵심이라는 주장도 틀린 것은 아니다.

오늘날 정상적인 사람이라 할지라도 성적 도착과 오이디푸스 콤플렉스의 대상 충당을 경유하는 발달의 길을 걸어왔다. 이 길은 정상적인 길이며, 노이로제 환자는 건강한 사람의 꿈을 분석해도 분명히 알 수 있는 것을 단지 확대하여 보여 준 데 지나지 않는 것이다.

스물두 번째 강의

발달과 퇴행의 과정

우리는 앞에서, 리비도의 기능이 광범위한 발달을 통하여 마침내 정상이라고 불리는 방법으로 생식에 봉사할 수 있게 되었다는 것을 알았다. 이제 나는 여러분에게 이 사실이 노이로제의 원인에 어떤 의미가 있는지 이야기해 보려고 한다.

리비도의 발달이 두 가지 위험, 즉 첫째는 제지의 위험, 둘째는 퇴행의 위험을 반드시 수반하는 것이라고 가정한다면, 우리의 주장은 병리학 총론이 가르치는 것과 일치한다고 생각한다. 즉 생물학적인 현상은 일반적으로 변이란 현상이 있기 때문에 모든 준비 단계가 똑같은 과정을 거쳐 완전히 극복된다고는 할 수 없다. 그 결과 기능의 모든 부분은 이 초기 단계에서 영구히 억제된다. 그러므로 발달은 어느 정도의 제지를 받는 것이다.

성 충동의 어떤 부분이 결승점에 도달해도, 다른 부분은 발달의 초기 단계에서 정지해 있을 수 있다는 것만을 비유로써 사용하고 싶다. 이 경우 여러분은 이와 같은 충동이 인생의 처음부터 계속되고 있는 것이라고 상상할 수 있으며, 이 흐름이 계속해서 일어나고 있는 운동, 즉 인위적으로 분해했다는 것을 알 수 있다. 여기서 부분 충동이 이와 같이 초기 단계에 정지하는 것을 고착, 즉 충동의 고착이라고 해 두자.

리비도 기능의 단계적인 발달의 제2의 위험은 전진한 것과 함께 후퇴하여 쉽게 초기의 단계로 되돌아갈 수 있다는 점에 있다. 이를 퇴행이라 부른다. 후일의 형태, 즉 더 고도로 발달한 형태에 있어서는 충동의 기능 발휘가, 다시 말해서 만족이라는 목적에 도달하는 것이 외부의 강한 방해로 인해 이렇게 퇴행하는 원인이 되는 것이다.

고착과 퇴행이 서로 관계가 있다고 가정하는 것은 당연한 일이다. 발달 과정에서 고착이 강하면 강할수록 완성된 기능은 발달 도상에 나타나는 외부의 장해물에 대해서 저항력이 약하다고 할 수 있다.

이동해 가는 민족이 도중에 대부대를 남겨 놓고 왔다고 가정하자. 이때 계속 전진하던 민족이 패배하거나 강적을 만났다면 남겨 놓은 대부대가 있는 곳까지 퇴각하는 것이 당연하다. 그러나 또 민족이 그 대부분을 이동 도중에 남겨 두면 둘수록 패배의 위험은 커진다. 노이로제를 이해하려면 고착과 퇴행의 이 관계를 계속 관찰하는 것이 중요하다.

그러나 우리에게는 아직 퇴행의 문제가 있다. 리비도 기능의 발달에 대한 설명을 들은 여러분은 두 종류의 퇴행이 있다고 예상할 것이다. 제1의 퇴행은 리비도에 의해 충당된 첫 대상으로 역행하는 일인데, 이 대상은 근친상간의 성질을 갖고 있다. 제2의 퇴행은 성의 체제 전부가 초기 단계로 되돌아가는 일이다. 이 두 가지 퇴행은 전이 노이로제에 나타나서 그 메커니즘에 큰 역할을 한다. 특히 리비도가 근친상간적인 최초의 대상으로 돌아가는 일은 노이로제 환자에게서 볼 수 있는 특징이다.

노이로제에 의해 지금까지 말하지 않았던 리비도 기능의 다른 발달 과정을 알았을 것이다. 따라서 퇴행의 새로운 종류도 알 수 있게 될 것이다. 그러나 나는, 여러분이 퇴행과 억압을 혼동하지 않도록 특히 경고해 두고 싶다. 기억하겠지만 억압이란 의식이 될 수 있는 행위, 즉 전의식 체계에 속하는 행위가 무의식, 즉 무의식 체계로 다시 돌아가는 과정이다. 그리고 만일 일반적으로 무의식적인 행위가 바로 가까이에 있는 전의식 체계로 들어가는 것이 허용되지 않을 때도 우리는 이것을 억압이라고 부른다. 그러므로 억압이라는 개념은 성과 조금도 관계가 없다. 억압은 순전히 심리학적인 과정이다.

우리는 '퇴행'이라는 말을 여태까지 아주 특수한 뜻으로 사용하고 있었다는 것을 비로소 깨달았다. 퇴행에 일반적인 뜻, 다시 말해 발달의 높은 단계에서 낮은 단계로 되돌아가는 일이라는 뜻을 부여한다면 억압도 퇴행 속에 포함된다. 왜냐하면 억압이란 심적 행위 발달의 더 깊은 단계로 보다 빨리 역행하는 일이라고도 할 수 있기 때문이다.

그러나 억압의 경우, 우리는 이 심리적 행위가 후퇴하는 방향을 문제 삼지 않는다. 그것은 어떤 심적 행위가 무의식의 훨씬 낮은 단계에 속해 있는 경우도 역학적인 의미로 억압이라고 부르기 때문이다. 그러므로 억압은 국소론적·역동적인 개념이며, 한편 퇴행은 순기술적(純記述的)인 개념인 것이다. 그러나 우리가 여태까지 퇴행이라고 부르고, 또 고착과 관련해서 고찰한 것은 오로지 리비도가 그 발달의 초기 단계로 되돌아가는 것을 의미하고 있었다. 즉 억압이란 본질적으로 다른, 억압과 관계가 없는 것을 의미하고 있었다.

우리는 리비도의 퇴행을 순심리학적 과정이라고 부를 수는 없고, 또 그것을 심적 장치의 어떤 자리에 놓아야 하는지도 알지 못한다. 설령 리비도의 퇴행이 정신 생활에 가장 많은 영향을 미친다 하더라도 그 속의 기질적 인자는 역시 가장 현저한 인자이다.

이 문제를 더 인상적으로 다루기 위해서 임상으로 방향을 바꾸기로 하자. 여러분은 히스테리와 강박 노이로제가 전이 노이로제라는 부류의 두 대표라는 것을 알고 있을 것이다. 그런데 히스테리에 있어서 근친상간적인 첫 대상에 대한 리비도의 퇴행은 언제나 있지만, 성 체제의 초기 단계로의 퇴행은 거의 없다. 그 대신 히스테리의 메커니즘에 있어서는 억압이 중요한 역할을 하고 있다. 즉 각 부분 본능이 통일되어 성기기의 상태가 완성되는데, 이 통일의 결과로 만들어진 것이 의식에 결부되어 있는 전의식 체계의 저항에 부딪치는 것이다. 즉 성기기는 무의식으로부터는 인정을 받지만, 전의식으로부터는 인정을 받지 못한다. 이 통일을 전의식 측에서 거부한 결과 성기기가 나타나기 전의 상태와 어떤 점에서 비슷한 하나의 형태가 생긴다.

그러나 비슷하다고는 해도 그것과는 역시 다르다. 즉 후자에서는 리비도의 두 가지 퇴행 가운데 성체제의 초기 단계로의 퇴행 쪽이 훨씬 현저하다. 그런데 히스테리에서는 이와 같은 퇴행이 없고, 또 노이로제에 대한 우리의 견해가 모두 시간적으로 먼저 이루어진 히스테리 연구의 영향을 받고 있기 때문에 리비도 퇴행은 억압보다 그 의의를 훨씬 나중에야 알 수 있었다. 만일 히스테리가 강박 노이로제 이외의 다른 노이로제, 즉 나르시시즘적 노이로제를 고찰하게 되면 우리의 관점은 확대, 수정될 것이다.

사람은 자기의 리비도를 만족시키지 못할 때 노이로제가 되며, 그 증상은 바로 충족되지 않은 만족에 대한 대용물이다. 물론 리비도의 욕구불만에 빠진 사람이 모두 노이로제가 되는 것은 아니다. 단지 노이로제 증상의 예를 연구한 결과 모든 경우에 욕구불만이라는 인자가 발견되었다는 뜻이다. 그러므로 이 명제의 역이 반드시 진리인 것은 아니다.

이 명제에 대해 더 논의하기 위해서 욕구불만의 본성, 혹은 욕구불만에 빠진 사람의 특징에 대해 언급해야 할 것 같다. 그러나 욕구불만이 전면적, 절대적일 때는 극히 드물다. 그것이 병원 작용을 하려면, 그 당사자가 열심히 구하고 있는 만족을 얻는 방법이 저지되어야 한다. 병에 걸리지 않고 리비도 만족의 결여를 참고 견디는 방법은 다양하다. 특히 우리들 주위에는 이러한 부자유를 참을 수 있는 사람들이 있다. 물론 그 사람은 그때 행복하지 않으며 만족의 동경에 고민하지만 결코 병이 나지는 않는다. 그러므로 우리는 성의 본능 흥분이 매우 가소적(可塑的)이라고 생각한다.

또한 성의 부분 충동은 그것들의 부분 충동으로 합성되어 있는 성 충동과 완전히 같은 것처럼, 그 대상을 교환하고 또 그 대상 대신 쉽게 입수할 수 있는 다른 대상과 바꾸는 능력을 다분히 갖고 있다. 이와 같이 대치할 수 있는 능력과 대용물을 저항 없이 받아들이는 성질은 욕구불만의 병원 작용을 강력히 저지할 것이다.

리비도를 만족시키지 못하여 병이 되는 것을 막고 있는 이 과정 중의 하나는 문화적으로 특히 중요하다. 이 과정의 본질은 성 충동이 부분 쾌감 혹은 생식 쾌감의 목표를 포기하고, 발생적으로는 그 포기된 목표와도 관계가 있지만, 이미 그 자체는 성적이 아니라 사회적이라고 불러야 할 다른 목표를 갖는 데에 있다. 우리는 이 과정을 '승화 작용(Sublimierung)'이라고 한다. 그러면 이제는 다른 것과 연관시켜서 승화 작용에 대해 다시 한 번 이야기해야겠다.

리비도를 충족시키지 못하는 부자유는 이를 견딜 수 있는 모든 수단을 생각할 때 의미가 없는 듯한 인상을 받게 되지만, 사람이 보통 가질 수 있는 충족을 얻지 못한 리비도의 양에는 한계가 있는 것이다. 리비도의 가소성 혹은 그것의 유도성은 결코 모든 사람에게 완전히 부여되어 있는 것이 아니다. 많은 사람이 승화 능력을 아주 조금밖에 갖고 있지 않고, 또한 승화 작용은 언제나 리비도의 한 작은 부분만을 처리해 줄 뿐이다. 이와 같은 한계 가운데 가장 중요한 것은 리비도의 유동성의 한계이다. 왜냐하면 제한이 있기 때문에 개인의 충족은 극소수의 목표로서 대상 획득에 존재할 수밖에 없기 때문이다.

리비도의 발달이 불완전하면 그것은 체제와 대상 발견의 초기 단계에 매우 큰 규모로, 때로는 몇 겹으로 고착되고, 그 결과 현실에서 만족을 찾을 수 없게 된다. 그러므로 리비도의 고착은 질환의 유인으로서의 욕구불만과 협력하는 제2의 강력한 인자라는 것을 알게 될 것이다.

일정한 방향과 대상에 붙는 리비도의 점착성(粘着性, Klebrigkeit)은 개인차가 있는 독립된 인자인 것 같다. 이 인자가 무엇에 의존하는지 모르지만, 그것이 노이로제의 병인으로서 중요하다는 것을 과소평가할 수 없다. 그러나 양자 사이에 밀접한 관계가 있다고 과대평가해서는 안 된다. 이와 같은 리비도의 '점착성'은, 이유는 모르지만 정상적인 사람에게도 많은 조건 아래서 나타나며, 또 어느 의미에서는 노이로제 환자와 정반대의 사람, 즉 도착자에게도 결정적인 인자로 되어 있다. 도착자의 병력에서는 본능의 비정상적 방향이나 대상 선택을 가진 매우 초기의 인상을 흔히 볼 수 있고, 또 이 사람의 리비도가 평생을 통해서 아주 어릴 때의 인상에 계속 붙어 있다는 것은 정신분석이 발견되기 전부터 알려져 있었던 사실이다. 나는 여러분에게 내가 관찰한 이런 종류의 실례를 이야기할까 한다.

한 남자가 있었다. 그는 여성의 성기나 다른 곳의 매력에는 전혀 관심이 없고, 오직 신발을 신은 발만 보면 흥분을 느꼈다. 그는 리비도를 고착시킨 여섯 살 때의 한 체험을 회상할 수 있었다. 그때 그에게 영어를 가르쳐 주던 가정교사가 있었다. 그녀는 무척 여윈데다 얼굴도 못생겼으며, 물처럼 파란 눈과 사자코를 가진 노처녀였다. 어느 날 그녀는 다리를 다쳐서 빌로드 슬리퍼를 신은 채 쿠션 위에 다리를 올려놓고 있었다. 다리는 아주 얌전하게 놓여 있었다. 그 가정교사의 힘줄이 드러난 여윈 다리는 사춘기의 정상적인 성 활동을 겁을 먹고 시도한 뒤에 그의 유일한 성 대상이 되어 버렸다. 만일 이와 같은 다리에 그 가정교사를 연상시키는 다른 특징이 덧붙여지면, 그는 참을 수 없이 흥분하게 되었다. 그런데 이와 같은 리비도의 고착의 결과 그는 노이로제 환자가 되지 않고 도착자가 되었다.

그러므로 리비도의 아주 심한, 그리고 이와 더불어 초기의 고착은 노이로제를 일으키는 큰 원인이 되며, 그것이 작용하는 범위가 노이로제의 영역을 훨씬 넘고 있다는 것을 알 수 있을 것이다.

따라서 노이로제의 원인에 대한 문제는 더 복잡해진다. 사실 정신분석의 연구로 우리는 하나의 새 인자를 발견했다. 그 병인론의 계열에서는 그것을 고려하지 않았지만, 여태까지 건강했던 사람이 별안간 노이로제에 걸려 교란된 것 같은 증상의 예에서는 쉽게 찾아볼 수 있다. 이와 같은 사람들에게서는 반드시 소망 충동의 충돌의 발현, 즉 심적 갈등의 발현이 발견된다. 인격의 일부는 어떤 소망을 주장하고, 인격의 다른 부분은 그 소망에 반항하고 그것을 막는다. 이와 같은 갈등이 없으면 노이로제 같은 것은 일어나지 않는다.

알다시피 인간의 정신 생활은 언제나 갈등에 의해 움직여지고, 그 갈등의 해결을 스스로 강구하지 않으면 안 된다. 그러므로 이 갈등이 병인이 되려면 특별한 조건이 있어야 한다.

이 심적 갈등의 의의는 또 다른 표현으로 나타낼 수 있는데, 그것이 병인이 되려면 외적 욕구불만과 내적 욕구불만이 있어야 한다. 외적 욕구불만은 만족의 한 가능성을 제거하고, 내적 욕구불만은 만족의 다른쪽의 가능성을 제거하기 때문에 그들 사이에는 갈등이 생긴다. 내적인 방해는 인류 발달의 태고 시대에 현실의 외적 장해에서 발생한 것임을 암시하고 있기 때문이다.

리비도의 흐름에 반대하는 힘, 즉 병원적 갈등에 있어서의 나머지 부분은 성적이 아닌 충동이다. 우리는 이 힘을 '자아 충동(Ichtrieb)'이라는 이름으로 총괄하고 있다. 전이 노이로제 경우의 정신분석에는 이 성분을 상세히 분석할 계기가 없으며, 분석에 대항하는 저항에서 우리는 이 자아 충동의 모습을 약간만 알 수 있을 뿐이다. 그러므로 병원적 갈등은 자아 충동과 성 본능 사이에 있는 갈등이다. 다수의 증상의 예에서는 여러 가지 종류의 순진한 성 충동 사이의 갈등 같은 외양을 띠고 있지만 그 근본은 모두 같다. 갈등에 빠진 두 성 충동 중에서 한쪽은 자아와 일치하고, 이에 반해 나머지 한쪽은 자아의 방위를 요구한다. 그러므로 그것은 어디까지나 자아와 성욕 사이의 갈등인 것이다.

정신분석학이 어떤 심적인 사건을 성 충동이 하는 것이라고 주장할 때마다 세상 사람들은 분개했다. 그런데 이런 사람들과 어떤 한 가지 점에서라도 일치한다는 것은 매우 유쾌한 일이다. 정신분석은 성적이 아닌 충동의 힘도 존재한다는 것을 알고 있는 것이다. 정신분석은 성 충동과 자아 충동의 뚜렷한 구별 위에 세워졌으며, 정신분석은 온갖 반대를 무릅쓰고, 노이로제는 성욕에서 나온 것이 아니라 자아와 성욕 사이의 갈등 때문에 발병하는 것이라고 주장한 것이다. 정신분석은 자아 충동의 존재나 의의를 부정하지 않으며, 오히려 성 충동이 병과 인생에서 어떤 역할을 하는지 연구하는 것이다.

먼저 성 본능의 연구가 정신분석의 대상이 된 까닭은 전이 노이로제에서 제일 먼저 성 충동을 연구하는 방법을 제시했기 때문이고, 또 남이 등한시하는 것을 연구하는 것이 정신분석의 사명이기 때문이다.

정신분석이 인격의 성적이 아닌 분야를 전혀 고려하지 않는다는 비난도 옳지 않다. 자아와 성욕을 구별함으로써 우리는 자아 충동 또한 중대한 발달을 이루었다는 것, 이 발달은 리비도의 발달에 관계하며 영향을 끼친다는 것을 확실히 알게 된 것이다. 물론 우리는 리비도의 발달에 비하면 자아의 발달에 대해서는 아는 것이 거의 없다. 왜냐하면 나르시시즘적 노이로제를 연구함으로써 비로소 자아의 구조에 대한 전망을 얻을 수 있었기 때문이다. 그러나 훨씬 전에 자아의 발달 단계를 이론적으로 구성하려 했던 페렌치의 연구는 주목할 만하다. 또한 자아의 발달을 검토하는 든든한 기초가 두 군데나 있다.

인간의 리비도적 관심이 처음부터 그 사람의 자기 보존의 관심과 대립하고 있지는 않다. 오히려 자아는 어떤 단계에서나 그때그때의 성의 체제와 협조하고 스스로 그것에 적응해 나가려고 애쓰고 있는 것이다. 자아와 리비도의 발달 단계에 어떤 평행, 어떤 대응을 상정해도 좋다. 실제로 이 대응의 장해는 병원적 인자가 될 수 있는 것이다.

리비도가 발달하다가 어떤 곳에서 강한 고착을 남겼을 때 자아가 어떤 태도를 취할 것인가 하는 문제가 우리들에게는 훨씬 중요하다. 자아는 이 고착을 묵인하기 쉬우며, 그에 따른 정도로 도착되거나 유아성이 될 것이나, 자아가 이 리비도의 고착에 찬성하지 않는 태도를 취하는 때가 있는데, 그때 리비도가 고착받은 곳에서 자아가 억압을 하는 것이다.

노이로제 병인론의 제3인자인 갈등 경향은 리비도의 발달과 관계되는 것과 똑같이 자아의 발달에도 관계가 있다. 이것으로 노이로제의 원인에 대한 우리의 견해는 모두 말한 셈이 된다. 우선 먼저 일반적인 조건은 욕구불만이고, 둘째는 리비도의 고착이며, 이 때문에 리비도는 일정한 방향으로 밀려간다. 셋째로, 자아의 발달에서 생긴 갈등 경향이다. 그리고 이 자아의 발달 때문에 이와 같은 리비도의 흐름은 거부된다. 그러므로 실제로는 그렇게 복잡한 것도 아니고, 전망이 흐릿한 것도 아니다. 그러나 아직 우리의 지식은 미완성이다. 우리는 다시 더 새로운 사실을 덧붙여서 이미 알고 있는 사실까지도 분석해야 한다.

자아의 발달이 갈등 형성, 즉 노이로제를 발병시키는 데 어떤 영향을 미치는지 여러분에게 보여 주기 위해서 하나의 예를 들겠다. 나는 네스트로이의 광대 연극의 예를 인용하여 '1층과 2층'이라는 제목을 붙이고 싶다. 1층에는 문지기가 살고, 2층에는 부자요 귀족인 집주인이 살고 있었다. 두 사람에겐

자식이 있었는데, 집주인의 딸이 고용인의 딸과 마음대로 놀 수 있었다고 가정해 보자. 그러면 아이들의 놀이가 우스운 놀이, 성적인 특징을 띠게 되는 것은 있을 수 있는 일이다. 이를테면 아이들은 '아빠 엄마 놀이'를 하고 의좋게 놀면서 서로의 성기를 자극하기도 한다. 문지기의 딸은 아직 대여섯 살밖에 안 되었지만 어른의 성 생활을 많이 보았으므로, 이 놀이에서도 마땅히 유혹자의 역할을 하게 될 것이다. 이 놀이는 비록 오래 지속되지는 않더라도 두 아이에게 성 흥분의 그 무엇을 충분히 유발시킨다. 함께 노는 것을 그만둔 뒤, 한동안 성 흥분은 자위의 형태로 나타나게 될 것이다.

여기까지는 같지만, 결국 두 아이는 매우 달라지게 된다. 문지기의 딸은 월경이 시작될 때까지 자위를 계속하겠지만, 그후 아무런 힘도 들이지 않고 그 버릇을 고친다. 그리고 몇 해가 지나면 결혼해서 아기까지 낳고, 그 어릴 때의 성 활동에 의해 아무 지장도 받지 않은 채 노이로제도 걸리지 않고 평생을 보낼 것이다.

그러나 집주인의 딸은 이와는 전혀 다르다. 그녀는 아직 어린애인데도 자기가 나쁜 짓을 한 것이 아닌가 겁을 먹는다. 그리고 고민 끝에 간신히 자위의 만족을 단념하지만, 그녀의 마음속에는 억압된 것이 남는다. 처녀가 되어 인간의 성교에 대해서 무슨 말을 듣게 되면, 그녀는 두려움을 느끼고 그런 이야기를 들으려 하지 않으며, 언제까지나 아무것도 모르는 채 있고 싶다고 생각한다. 이윽고 성숙한 여자로서 남편을 맞아야 할 나이에 별안간 노이로제 증세가 나타난다. 그 때문에 처녀는 결혼도, 인생의 행복도 다 헛된 것이라고 생각하여 포기하게 된다.

분석을 통해서 이 노이로제를 간파하는 데 성공하면, 교양 있고, 지성적이며, 품위 있는 처녀는 성 충동을 완전히 억압해 버리고 있다는 것, 그 성 충동은 그녀로서는 의식하지 못하지만 그 소꿉 친구와의 사소한 체험과 결부되어 있다는 것을 알 수 있다.

같은 체험을 가졌는데도 두 사람의 운명이 이렇게 다른 것은, 한쪽 소녀에게는 아직 발달하지 않은 자아가 다른 쪽에는 잘 발달되어 있었기 때문이다. 문지기의 딸에게는 성장한 후에도 성 활동이 그 어린 시절과 마찬가지로 자연적인 것, 죄 없는 것으로 보였다. 그런데 집주인의 딸은 교양의 영향을 받고, 또 교육이 명하는 요청을 받아들였다. 그리고 그녀의 자아는 그것에 부여된 요청을 기초로, 여성의 순결과 무욕(無慾)이라는 이상을 만들어 냈다. 그러나 성 활동이라는 것은 이 이상과 합치할 수 없다. 즉 그녀의 자아는 도덕적으로나 지적으로나 높이 발달해 있기 때문에 성욕으로 인해 갈등에 빠진 것이다.

성 본능과 자기 보존 본능이 현실의 궁핍에 대해서 똑같이 거동하지는 않는다는 사실은 크게 주목할 만한 일이다. 자기 보존 본능과 이 본능에 결부되어 있는 모든 본능은 훨씬 교육하기 쉽다. 자기 보존 본능은 궁핍에 순응하여, 현실의 명령에 따라 발달하는 것을 빨리 배운다. 이 본능은 그것이 필요로 하는 대상을 다른 수단으로는 입수할 수 없기 때문이다. 그 대상이 없으면 개체는 죽어야 한다. 그런데 성 충동에는 처음부터 대상난(對象難)이 없기 때문에 교육하기 어렵다. 성 충동은 기생충처럼 육체의 다른 기능에 기생하여, 자기 자신의 육체로 자기성애적인 만족을 얻는다. 그러므로 현실의 궁핍이라는 교육적 감화와는 처음부터 관계가 없는 것이다. 이 성욕은 대개 인간에 있어서는 한평생을 통해서, 어떤 점에서 보면 자기 본위적인 무감화(無感化)의 특징, 즉 '무분별'을 지속한다.

성의 욕구가 절정에 달하면 청년에 대한 교육의 가능성도 대개는 끝이 난다. 교육자는 이것을 알고 이 사실에 입각하여 행동한다. 그러나 그들은 앞으로 정신분석의 결과에 영향을 받아 교육의 중점을 유아기로 옮기게 될 것이다. 흔히 4, 5세에서 이미 작은 인간이 완성된다. 그리고 그후는 그 속에 숨어 있던 것이 서서히 겉으로 나타나는 것에 불과한 것이다.

두 본능군(本能群) 사이의 이런 차이가 어떤 의의를 갖고 있는가를 충분히 평가하기 위해서, 우리가 경제적이라고 부르는 하나의 고찰법을 소개해야겠다. 그 결과 우리는 정신분석 중에서 가장 중요하면서도 가장 불분명한 영역에 발을 들여놓게 된다. 즉 우리들의 심적 장치의 작용에는 중요한 목적이 있으며, 그것은 쾌감의 획득을 향하고 있다고 할 수 있다. 우리의 심적 활동은 쾌감을 찾고 불쾌를 피하려 하며, 그 활동은 자동적으로 쾌감 원칙(Lustprinzip)에 의해서 조정되고 있는 것 같다.

그런데 이 세상에 있는 모든 것에 대해서 쾌감과 불쾌를 일으키는 조건이 무엇인지 알고 싶지만, 우리는 아직 그에 대해서 아무것도 모른다. 우리는 쾌감이 심적 장치 속에 있는 자극량의 감소, 저하, 소실과 관계가 있으며, 한편 불쾌는 자극량의 증가와 관계가 있다고 주장할 뿐이다. 인간이 얻을 수 있는 최고의 쾌감, 즉 성교를 할 때의 쾌감을 연구해 보면 이 점을 확신할 수 있다.

이와 같은 쾌감 과정에서는 심적인 흥분 혹은 심적 에너지의 양이 문제되므로, 이런 고찰을 우리는 경제론적이라고 부른다. 우리는 심적 장치의 임무와 작용을 쾌감 획득의 강조와는 다르게, 또 그보다 훨씬 일반적으로 기술할 수 있다는 것을 깨닫는다.

심적 장치는 안팎에서 받는 자극량과 흥분의 강도를 처리, 방출하는 것을 목적으로 한다. 성 충동은 그 발달의 처음부터 끝까지 쾌감 획득이 목적인데, 이 원시적인 기능을 변화시킬 줄 모른다. 자아 충동도 처음에는 이것과 같은 것을 목적으로 하지만, 현실의 필요성에 따라 곧 쾌감 원칙을 하나의 변형물로 대용하는 것을 배운다. 불쾌를 막는 임무는 자아 충동으로 봐서는 쾌감 획득의 임무와 거의 비슷한 가치를 갖는다. 자아는 직접 만족을 얻기를 단념하고 쾌감의 획득을 연기하며, 불쾌를 참고, 어떤 쾌감의 원천을 완전히 포기하는 것도 가능하다고 생각한다. 이와 같이 교육된 자아는 '이성적'이다. 그리고 이제 쾌감 원칙의 지배를 받지 않고 현실 원칙(Realitatprinzip)을 따르게 된다. 이 현실 원칙도 쾌감을 지향하지만, 그 쾌감은 비록 연기되고 감소된 것이라 하더라도 현실을 고려하고 보장된 쾌감인 것이다.

쾌감 원칙에서 현실 원칙으로 이행한다는 것은 자아의 발달에서 가장 중요한 진보라 하겠다. 우리는 성 충동이 뒤늦게나마 자아 발달의 이 단계에 올라온 것을 이미 알고 있다.

그러면 결론으로 이것과 관계 있는 것을 또 한 가지 설명해 두기로 한다. 인간의 자아가 리비도와 같은 발달사를 지니고 있다면 당연히 '자아의 퇴행'이 있어야 할 것이다.

스물세 번째 강의

증상 형성의 경로

증상이란 생활 전체로 봐서 해롭거나 무익한 행위이며, 흔히 환자들이 불쾌한 것이라고 호소하듯이, 거기에는 불쾌감이나 고통이 따르고 있다. 증상이 주는 중대한 손해는 증상 자체가 소비시키는 정신적 에너지의 소모와 증상을 극복하려는 노력 때문에 생기는 정신적 에너지의 소모이다. 증상이 강하게 형성되면 이 두 소모 때문에 환자가 낼 수 있는 정신적 에너지는 극히 적어지고, 그 결과 인생에 있어서의 중대한 일을 할 수 없게 된다. 이런 결과의 원인은 주로 사용된 에너지의 양이 많고 적음에 있다. 우리는 이미 노이로제의 증상은 리비도가 새로운 종류의 만족을 찾으려 할 때 생기는 갈등의 결과라는 것을 알고 있다. 적대 관계에 있는 두 힘은 증상 속에서 다시 만나 증상 형성이라는 타협으로 화해한 것처럼 보인다.

이 리비도가 거절된 대상 대신 다른 대상을 맞이할 준비가 되어 있더라도 현실이 이를 완강히 거절하면, 리비도는 결국 퇴행의 길을 걸어 이미 극복한 체제나 아니면 옛날에 버린 대상의 하나에서 만족을 구하려고 할 것이다. 리비도는 그것이 발달했을 때 이러한 장소에 남기고 온 고착에 의해서 재생의 길로 끌려 들어가게 된다.

그런데 고착의 길과 노이로제의 길은 확실하게 다르다. 이 퇴행이 자아의 반대를 불러일으키지 않으면 노이로제는 발생하지 않으며, 또한 리비도는 정상적인 만족은 아니더라도 그 어떤 현실적 만족을 얻는다. 그러나 의식뿐 아니라 운동신경을 마음대로 지배할 수 있음은 물론 정신적인 의향을 행동화하는 것도 뜻대로 할 수 있는 자아가 이 퇴행에 응하지 않으면 그때는 갈등이 생긴다. 리비도는 쾌감 원천의 요청에 합치한 에너지 충당의 출구를 찾아서 달아나려고 할 것이다. 그것은 반드시 자아에서 멀어져야 한다. 리비도는 만족이 눈앞에 있는 한 온순하다. 그러나 안팎으로부터 거절당하는 이중의 압력을 받으면 순종하지 않으며, 지난날의 좋았던 일들을 회상한다. 이것이 리비도의 근본적으로 변하지 않는 특징이다.

그러면 리비도는 억압을 타파하는 데 필요한 고착을 어디서 발견하는 것일까? 리비도는 그것을 유아 성욕의 활동과 체험, 그리고 유아기의 버려진 부분 본능과 대상 속에서 발견한다. 즉 리비도는 그러한 것으로 되돌아간다. 그런데 이 유아기의 의의는 두 가지 깊은 뜻이 있다. 먼저 어린이가 그 선천적인 소인과 더불어 가지고 태어난 본능의 방향이 유아기에 모습을 나타내고, 다음에는 다른 본능이 외래의 영향과 우연한 체험으로 눈뜨고 활동하기 시작한다는 점이다. 이와 같이 둘로 나누는 것은 전혀 의문의 여지가 없다고 생각한다.

체질적인 소인은 오랜 옛날의 조상이 겪은 체험의 여운이며, 또 옛날에 획득된 것이다. 이와 같은 획득물이 없다면 유전이라는 것은 없었을 것이다. 그리고 유전하는 이와 같은 획득물이 우리가 관찰하고 있는 현재에 갑자기 사라진다고는 생각할 수 없다. 하지만 조상의 체험이나 성년기의 체험을 중시하여 유아기의 체험의 의의를 완전히 무시해 버려서는 안 되며, 이것이야말로 특별히 평가해야 할 일이다.

유아기의 체험은 중대한 결과를 남긴다. 왜냐하면 이 체험은 발달의 미완성 시기에 일어나고, 그리하여 유아기의 체험은 외상적으로 작용하기 때문이다. 그러므로 우리가 노이로제의 병인 방정식 속에 체질적 인자의 대표로서 삽입한 어른의 리비도 고착은 유전적인 소인과 유아기 초기에 얻은 소인으로 나뉜다. 이 관계를 하나의 도식으로 나타내면 다음과 같다.

〈노이로제의 원인〉

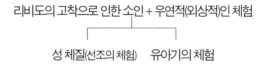

유전적인 성 체질은 각종 부분 본능이 단독으로, 혹은 다른 부분 본능과 결합하여 특별히 강해짐에 따라 여러 가지 소인이 된다. 성 체질과 유아기의 체험이라는 인자는 '보충급수(補充級數)'를 다시 형성한다. 여기서도 앞의 것과 같은 극단적인 증상의 예를 볼 수 있고, 또한 같은 대리 관계를 볼 수 있다. 여기서 리비도의 퇴행 중에서 성 체제의 초기 단계로의 리비도의 퇴행은 주로 유전적, 체질적인 인자에 의해 좌우되고 있는 것은 아닐까 하는 의문이 생길 것이다.

그러므로 노이로제 환자의 리비도는 그 환자의 유아기의 성 체험과 관계가 있음이 확실하다. 이것으로 보면 유아기의 성 체험은 인간의 일생과 인간의 병에 매우 중요하다는 인상을 받는다. 소아기의 성적 경험의 중요성은 치료를 문제로 할 때 특히 중요하다. 리비도가 그 후일의 지위에서 쫓겨난 후, 퇴행적으로 유아기의 체험으로 되돌아간다면 유아기의 체험의 의의는 역시 감소하게 된다. 그러나 반대로 리비도의 체험은 유아기에는 중요하지 않았으나 퇴행했기 때문에 비로소 중요해졌다는 결론을 무작정 반박할 수는 없다. 여러분은 이미 오이디푸스 콤플렉스를 논했을 때, 이와 같은 양자 택일에 대해서 뚜렷한 태도를 정한 것이 생각날 것이다.

유아기의 체험은 그 자체가 의의를 가지며, 유아기에서도 그 의의를 발견할 수 있다는 것은 관찰 결과 증명된 사실이다. 실제로 유아 노이로제라는 것도 있다. 물론 유아 노이로제는 시간적인 후퇴라는 인자가 매우 흐릿하거나 아주 없다. 즉 이 병은 외상적인 체험에 이어서 일어난다. 이와 같은 유아 노이로제를 연구하면 마치 어린이의 꿈이 어른의 꿈을 이해하는 열쇠가 된 것처럼 어른의 노이로제를 정확히 이해하게 된다. 극히 적은 예에 불과하지만, 우리는 현실적으로 병에 걸려 있는 상태의 어린이를 대상으로 유아 노이로제를 분석할 수 있었다.

그러나 우리는 성년이 되어 노이로제에 걸린 환자에게서 얻은 지식을 기초로 유아 노이로제에 대한 견해를 얻어야 하는 경우가 훨씬 많았다. 이 경우 우리는 정정하고 주의하는 것을 게을리해서는 안 된다. 유아기와 후일의 체험의 강도와 병원적인 의의 사이에는 우리가 앞에서 연구한 급수와 같은 보충 관계가 있다.

병인의 모든 중심이 유아기의 성 체험으로 떨어지는 증상의 예가 있는데, 이 경우 성 체험의 인상은 확실히 외상적인 작용을 한다. 그리고 이것을 보충하는 데는 보통의 성 체질과 그 미완성품만으로 충분하다. 이와 같은 증상의 예와 나란히 후일의 갈등에 역점이 있는 증상의 예도 있다. 이 경우, 분석에서는 유아기의 체험이 강조되어도 그것은 퇴행의 결과로 생긴 것처럼 여겨진다. 그러므로 '발달의 정지'와 '퇴행'이 있고, 둘 사이에서 이 두 인자가 함께 작용하고 있는 것이다.

다시 증상 문제로 되돌아가기로 하자. 대상 선택의 초기 단계, 혹은 체제의 초기 단계와 연결된 어린 시절로 리비도가 퇴행하기 때문에 증상은 만족의 대용품이 된다. 이제 우리는 노이로제 환자는 리비도가 만족을 얻고 있었던 시기, 즉 리비도가 행복했던 시기에 집착하고 있다는 것을 알 수 있다. 환자는 오랫동안 자기의 인생 과정을 회상한 끝에 마침내 그와 같은 행복한 시대를 발견한다. 어떤 경우에는 유아기로까지 거슬러 올라가야 한다. 그는 그때를 회상하고, 또 후일의 사건에 자극받아 그 시대를 공상하고 있는 것처럼 보인다. 그러나 아무튼 증상은 그 유아식의 만족을 얻는 방법을 되풀이한다. 그리고 그 만족은 갈등에서 생긴 검열에 의해서 왜곡되고 대개 고통스러운 감각으로 바뀌며, 또 발병의 원인이 된 것에서 온 요소와 뒤섞여 있다.

증상이 가져다주는 만족의 종류는 매우 기묘한 것이다. 이 만족을 당사자는 깨닫지 못하며, 오히려 그는 우리가 만족이라고 말하는 것을 고통으로 느끼고, 또 그 고통을 호소한다. 그러나 이렇듯 만족이 고통이 되는 것은 증상을 낳는 압력이 된 정신적 갈등 때문이다. 일찍이 만족스러웠던 것이 현재는 반항이나 혐오를 불러일으킬 뿐이다. 어머니의 젖을 맛있게 먹은 아이도 2, 3년이 지나면 젖에 심한 반감을 나타내는데, 이것은 교육으로도 극복하기 힘들다. 만일 어머니의 젖이나 우유가 든 음료가 식어서 찌꺼기가 생겨 있으면 이 반감은 혐오로까지 발전한다. 이와 같은 찌꺼기가 옛날에 좋아하던 어머니의 젖을 상기시켰다는 것은 아마 부정할 수 없을 것이다. 여기에는 물론 이유(離乳)라는 외상적인 경험이 관계되어 있다.

증상을 주목할 만한 것이라고 하여, 리비도를 만족시키는 수단으로 해석하지 못하도록 여기게 하는 다른 것도 있다. 증상은 보통 만족이라고 부르는 것을 우리에게 조금도 상기시키지 않으며, 그것은 대개 대상에서 독립해 있고, 또 외계의 현실과 관계가 없다. 우리는 이것을 현실 원칙을 버리고 쾌감 원칙으로 돌아간 결과라고 생각하지만, 그것은 또 넓은 의미로는 일종의 자기성애로 돌아가는 일이기도 하다. 자기성애는 실로 성 본능에 처음으로 만족을 준 것이기도 하다. 그것은 외계에 변화를 일으키는 대신 육체에 내부의 활동, 행동 대신에 적응을 가져오는 변화를 일으킨다. 이것은 또한 퇴행과 일치한다.

우리는 아직도 어떤 새로운 사실을 배워야 한다. 그 사실은 확실히 놀랄 만하며 당황하게 만드는 것이다. 이 놀랄 만하다는 것은 유아기의 리비도가 고착되어 있다는 것과 증상을 일으킨 유아기의 체험은 대부분의 경우 진실한 것이 아니고, 경우에 따라 역사적 진실과 정반대일 수도 있다는 사실이다. 만일 분석으로 밝혀진 유아기의 체험이 항상 현실적인 것이었다면, 우리는 튼튼한 기반 위를 걸어왔다는 느낌을 가질 것이다. 그런데 유아기 체험이 진실이 아니라 환자가 지어낸 공상이라는 것을 알게 되면, 우리는 이 흔들리는 불안정한 기반을 버리고 더 튼튼한 장소로 대피하지 않으면 안 될 것이다.

그러나 그 어느 쪽도 아니다. 오히려 분석으로 구성되었거나, 혹은 분석 중에 생각난 유아기 체험은 어떤 때는 지어낸 이야기이고, 어떤 때는 사실이며, 대개의 경우는 진실과 거짓말이 혼합된 것임을 알 수 있다. 그러므로 증상은 어떤 때는 실제로 있었던 체험의 묘사이며, 그 체험이 영향을 미쳐서 리비도가 고착한 것이라고 말해도 좋다. 또 어떤 경우는 병인적인 의의를 전혀 갖고 있지 않은 환자의 공상을 묘사한 것이다.

여기서 나아갈 방향을 잡기는 곤란하다. 그러나 이것과 비슷한 발견 속에 최초의 단서가 있는데, 인간이 어떠한 분석도 하기 전부터 의식 속에 갖고 있던 각각 분리된 어린 시절의 기억은 이것과 마찬가지로 가짜이거나, 아니면 적어도 많은 진실과 거짓말을 혼합한 것이다. 이 경우, 기억 속의 진짜가 아닌 것을 지적하는 것은 쉬운 일이다. 그러므로 지금과 같은 뜻밖의 실망이 분석 때문이 아니라 환자의 탓이라고 생각하면 조금은 마음이 편해진다.

노이로제 환자의 어릴 때 이야기 속에 항상 되풀이되고, 거의 예외없이 볼 수 있는 사건 중에 두세 가지 특별한 것이 있다. 이런 사건의 전형으로서, 부모의 성교의 목격, 어른에 의한 유혹, 거세 위협 세 가지를 들겠다. 이와 반대로 나이 먹은 가족들을 조사해 보면, 이같은 사건이 있었다는 것을 뚜렷이 증명할 수 있다. 이를테면 자기의 음경을 만지작거리는 모습을 다른 사람에게 보이면 안 된다는 것을 아직 모르는 어린이에게, 부모나 보모가 "그런 짓을 하면 고추를 떼어버릴 테야."라든가, "그런 짓을 하면 한 손을 잘라버릴 테야." 하고 위협하는 일이 흔히 있다. 나중에 물어 보면, 대부분의 부모는 이런 일이 있었다는 것을 인정한다. 많은 사람들은 이 협박을 의식적으로 기억하고 있다. 좀 나이가 든 뒤에 받은 이런 위협은 아주 똑똑하게 기억한다. 어머니나 다른 여자가 이같이 위협할 때는 아버지가 안 된다고 했다거나, 의사의 명령이라고 다른 사람 탓으로 돌린다.

프랑크푸르트의 소아과 의사 호프만은 그의 저서 《더벅머리 사내아이》라는 그림책에서 '빠는 것'을 그만두지 않는 형벌로서 거세 대신 엄지손가락을 자르는 것으로 대치하고 있다. 그러나 노이로제 환자를 분석했을 때 발견되는 것만큼 자주 거세 위협이 어린이에게 가해지는 일은 없다. 어린이는 남의 암시나, 자기성애적인 만족이 금지되어 있다는 지식이나, 여성의 성기를 보았을 때 받은 인상을 토대로 이와 같은 위협을 공상 속에서 구성한 것이라고 생각하는 것이다.

공상 중에 특히 흥미로운 것은 유혹에 관한 공상이다. 왜냐하면 이것은 공상이라기보다는 현실의 기억이기 때문이다. 그러나 분석 결과를 살펴보면 이 공상은 대부분 현실에 있었던 일이 아니다. 자기보다 나이가 많은 어린이라거나 같은 또래의 어린이에게 유혹받는 경우가 어른에게 유혹받는 것보다 항상 많다. 어릴 때 이런 사건을 경험했다는 여자 아이의 경우, 틀림없이 아버지가 유혹자로 나타날 때는 이와 같이 아버지에게 죄를 덮어씌우는 이 공상의 본질과, 아버지에게 죄를 덮어씌우게 만드는 동기를 뚜렷이 알 수 있다.

어린이는 언제나 유혹 공상으로 자기 성 활동의 자기성애적인 시기를 감춘다. 그리고 자기가 연모하던 대상을 초기 유아 시대로 소급하여 공상함으로써 자위에 대한 수치심에서 벗어나려는 것이다. 아무튼 어린이가 가까운 친척에게 성적인 유혹을 받았다고 말할 때는, 그것을 공상적인 것으로 보아서는 안 된다.

대개의 분석가들이 이런 관계가 실제로 있었던 것을 많이 취급했다고 하지만, 그렇다고 해도 대개 훗날 있던 일을 마치 훨씬 전에 있었던 일처럼 꾸미는 것이다. 공상의 가장 유명한 산물은 우리가 이미 말한 이른바 '백일몽'이다. 그것은 공명심에 찬 소망, 과대망상 같은 소망, 성적인 소망이 마음속에 그려진 만족이다. 현실이 체념과 인내를 강요하면 할수록 이와 같은 소망은 점점 더 늘어난다. 백일몽 속에는 공상이라는 행복의 본태(本態), 즉 현실의 동의를 얻지 않더라도 쾌감을 다시 얻을 수 있다는 것이 뚜렷이 나타나 있다. 이와 같은 백일몽이야말로 밤의 꿈의 핵심이며, 표본이라 할 수 있다.

밤의 꿈이란 결국 밤이 되어 본능 흥분이 자유롭게 활동하기 시작한 백일몽, 또는 정신 활동이 밤의 형태에 의해서 왜곡된 백일몽인 것이다. 우리는 이미 백일몽도 반드시 의식적이 아니어도 되며, 무의식적인 백일몽도 존재한다는 것을 알고 있다. 즉 이와 같이 무의식적인 백일몽은 밤의 꿈의 근원이며, 동시에 노이로제 증상의 근원인 것이다.

리비도가 공상으로 되돌아가는 것은 증상 형성에 이르는 길의 중간 단계인데, 융은 이 단계에 '내향(內向, Introversion)'이라는 매우 적절한 이름을 지어 주었다. 그러나 융은 이 이름을 적절하지 않은 다른 뜻으로 사용했다. 내향이라는 말은 리비도가 현실적인 만족을 포기하고, 지금까지 무해한 것으로서 너그럽게 보아온 공상에 그 에너지를 지나치게 충당한다는 뜻이 더욱 적절할 것이다.

내향자(內向者)는 비록 노이로제 환자는 아닐지라도 어떤 불안정한 상태에 있다. 만일 그가 갇혀 있는 리비도를 위해서 다른 배출구를 발견하지 못한다면, 힘의 균형이 조금만 깨져도 증상이 나타난다. 이에 반해서 신경증적 만족의 비현실성과 공상과 현실의 차이가 없다는 것은 내향의 단계에서 쉽게 알 수 있는 것이다.

예술가는 노이로제 환자와 그리 멀지 않은 내향자가 될 소질을 갖고 있다. 예술가는 지나치게 강한 충동의 욕구에 쫓겨서 명예, 권력, 재물, 명성, 여성의 사랑 등을 얻고 싶어하지만 그에게는 이것을 만족시킬 만한 힘이 없다. 그래서 그는 다른 불평가처럼 현실을 버리고, 그의 모든 흥미를 공상 생활의 소망 형성으로 돌린다. 예술가가 노이로제 때문에 그 능력이 부분적으로 억압되고 괴로워한 예가 많다는 것은 잘 알려져 있는 일이다. 그러므로 노이로제가 그의 발전을 저해하지 않도록 여러 가지 인자가 서로 결합되어 있어야 한다. 아마 그들의 체질에는 승화하는 능력이 강하고, 갈등의 해결 수단인 억압은 약한 모양이다.

그러나 예술가는 현실로 돌아가는 길을 다음과 같은 방법으로 발견한다. 예술가만이 공상 생활을 하는 것은 아니다. 공상이라는 중간 나라는 인류 전체가 한결같이 인정하고 있으며, 또한 굶주림을 개탄하는 자는 모두 이 공상에서 기쁨과 위안을 얻고 싶어한다. 그러나 예술가가 아닌 일반 사람들은 공상 속에서 쾌감을 얻는 것에 많은 제한을 받고 있다. 이런 사람들은 가차없는 심한 억압 때문에 할 수 없이 간신히 의식에 올라갈 수 있는 조잡한 백일몽으로 만족을 얻으려 하는 것이다. 그런데 참된 예술가의 경우는 그 이상의 것을 뜻대로 할 수 있다.

예술가는 첫째, 자기의 백일몽을 가공하는 방법을 알고 있어서 남의 마음에 거슬리는 개인적인 백일몽은 없애고 누구라도 재미있게 볼 수 있도록 한다. 둘째로 예술가는 백일몽이 금지된 샘에서 왔다는 것을 남이 알지 못하도록 완화시키는 방법을 알고 있으며, 셋째로 그는 어떤 일정한 소재가 자기의 공상표상(空想表象)과 똑같은 것이 되도록 이 소재에 형태를 부여하는 능력을 갖고 있다. 끝으로 그는 무의식적인 공상의 이 표현에 많은 쾌감 획득을 결부시키는 방법을 알고 있어서, 억압은 잠시 동안 이 표현에 압도되고 만다.

만일 예술가가 이와 같은 일을 모두 해낼 수 있다면, 그는 타인으로 하여금 무의식이라는 접근할 수 없게 된 쾌감의 샘에서 다시 기쁨과 위안을 얻을 수 있게 해 주고, 타인으로부터 감사와 존경을 얻게 된다. 그리하여 처음에는 단지 자기의 공상 속에서만 획득할 수 있었던 것, 즉 명예, 권력, 여성의 사랑 등을 자기의 공상에 의해서 이제 실제로 차지할 수 있게 되는 것이다.

스물네 번째 강의

일반적인 신경증

지난번 강의에서 우리는 정신분석의 매우 난해한 국면을 돌파했다. 나는 여러분이 속으로 불만을 품고 있다는 것을 잘 알고 있다. 여러분은 '정신분석 입문'이 이런 이야기와는 전혀 다른 것이라고 생각하고 있었고, 이론이 아닌 생생한 실례를 듣게 되리라고 기대했을 것이다. 그런데 나는 여러분에게 아직 완성되지 않은 지루하고 까다로운 이론을 늘어놓았다. 게다가 잇달아 새로운 사실을 덧붙이고, 여러분에게 아직 소개하지 않은 개념을 사용해서 이야기를 진행시켰으며, 기술적인 묘사에서 역동적인 견해로, 다시 역동적인 견해에서 이른바 경제론적인 견해로 옮겨 가곤 했다.

게다가 나는 쾌감 원칙이라는 막연한 관념과 계통 발생적 유물까지 보여주었고, 여러분에게 무언가를 소개하는 대신 여러분의 기대와 매우 동떨어진 것을 눈앞에 늘어놓았다.

어째서 나는 노이로제의 입문을 여러분도 알고 있는 것, 즉 전부터 여러분의 관심을 끌고 있던 것으로 시작하지 않았을까? 또 신경질적인 사람의 독특한 성질 및 대인관계와 외부의 영향에 대한 불가해한 반응, 그 자극성, 변덕 및 무능 같은 것에서 시작하지 않았을까?

나 자신도 다른 식으로 말하는 편이 여러분에게 훨씬 편리했을 줄 알고 있으며, 또 그것은 내 의향이기도 했다. 그러나 인간이 언제나 사려 분별 있는 의향을 수행하는 것은 아니다. 재료 자체 속에 있는 그 무엇에 좌우되어, 처음의 목적을 바꾸지 않으면 안 되는 일이 가끔 있다. 잘 아는 재료를 늘어놓는 것 같은, 얼른 보기에 쉬운 일처럼 보이는 것이라도 좀처럼 저자의 생각대로 진행되지 않고, 자꾸만 제멋대로 되어 간다.

'정신분석 입문'이라는 제목이 노이로제를 다루려 하는 이 부분에는 적합하지 않다고 하면 아마 변명처럼 들릴 것이다. '정신분석 입문'은 잘못이나 꿈의 연구에 있다. 노이로제는 이미 정신분석 그 자체이다. 이렇게 한정된 시간으로는 이와 같이 압축된 형태로만 노이로제의 내용을 여러분에게 가르칠 수 있을 뿐이다. 그러므로 여러분에게 증상의 의미와 의의, 증상 형성의 내부 조건과 외부 조건 및 그 메커니즘을 결부시켜서 강의하려는 것이다.

그것은 오늘 정신분석이 가르칠 수 있는 것의 핵심에 매우 가깝다. 리비도와 그것의 발달에 대해서는 많은 이야기를 했지만, 자아의 발달에 대해서는 별로 이야기하지 못했다. 여러분은 이미 입문에 의해서 우리의 기법에 대한 가설, 즉 무의식과 억압이라는 개념에 포함된 큰 관점에 대해서 준비했다.

우리의 보고는 전부 노이로제라는 병의 한 가지 부류, 즉 이른바 전이 노이로제의 연구에서 나오고 있다는 것을 여러분은 알고 있을 것이다. 그런데 나는 증상 형성의 메커니즘을 히스테리 속에서만 찾으려고 했다. 여러분이 설령 확실한 지식을 얻을 수 없더라도, 또 자세한 것을 알지 못하더라도, 정신분석은 어떤 방법을 사용하고, 어떤 문제를 다루고 있는지, 또 그것이 어떤 업적을 쌓았는지에 대해서 하나의 개념을 얻었을 줄 안다.

나는 노이로제를 묘사함에 있어서, 먼저 노이로제 환자의 행동에서 시작하겠다고 말했었다. 그것은 확실히 흥미가 있고, 연구의 보람이 있는 주제이며, 또 다루기도 쉬운 것이다. 환자의 자아가 믿을 만한 공평한 증인이 아닌 것은 분명하다. 이 자아는 무의식을 부정하고 그것을 억압해 버린 힘이다. 무의식을 그에 알맞게 다루는 데 이 자아에 의지할 수는 없는 것이다. 억압된 것의 선두는 성욕의 거부된 요구이다. 우리가 자아의 입장에서 이 요구의 크기와 의의를 알 수 없는 것은 매우 분명한 일이다.

우리는 자아의 진술에 현혹되지 않아야 한다. 만일 우리가 자아의 주장을 믿는다면 자아는 모든 점에서 능동적이었던 것처럼 보인다. 그러므로 자아 자체가 증상을 만든 셈이 된다. 그런데 우리는 자아가 상당히 수동적인 역할을 했으며, 그때 자아는 이 수동성을 감추거나 얼버무리려 한 것을 알고 있다. 물론 자아는 계속 허영을 부릴 만한 용기가 없다. 강박 노이로제의 증상에서 본 자아는 어떤 이분자(異分子)가 자기를 적대시하기 때문에 간신히 자신을 지키고 있는 것이다.

여러분은 이렇게 질문할 것이다. '정신분석이 발견한 요소를 무시하지 않고, 자아가 신경질이나 증상 형성에 관여하고 있다고 정당하게 인정할 수는 없을까요?' 나는 이에 대해서 다음과 같이 대답한다. '확실히 언젠가 어디에선가 그렇게 될 것이오. 그러나 거기서 시작하는 것은 정신분석의 연구 방침이 아니오.' 이 작업이 언제 정신분석 속에 들어올 것인가를 미리 말할 수 있다. 우리가 지금까지 연구해 온 노이로제보다 더 많이 자아가 관여하고 있는 노이로제가 있다. 우리는 이 노이로제를 '나르시시즘적' 노이로제라고 부른다. 이 병을 분석적으로 연구하면 노이로제에 자아가 관여하고 있다는 것을 정확하게 알 수 있다.

그러나 자아와 노이로제와의 하나의 관계는 매우 뚜렷하므로, 처음부터 고려에 넣을 수 있다. 오늘날의 정신분석에 관한 지식으로는 아직 접근하기 어려운 질환인 외상성 노이로제에서 이 관계를 발견할 수 있다. 즉 여러분은 온갖 모양의 노이로제의 원인과 메커니즘에서는 언제나 동일한 요소가 활동하고 있으며, 어떤 형의 노이로제에서는 그 중의 한 요소가, 다른 형의 노이로 제에서는 다른 요소가 활동하고 있다는 것을 알아야 한다. 그렇기 때문에 증 상으로 바뀌는 공상은 히스테리의 경우처럼 뚜렷하지 않다.

강박 노이로제에서는 자아의 반대 충당, 혹은 자아의 반동 형성(反動形成) 이 병상(病像)을 지배한다. 편집병(paranoia) 등에서는 꿈의 대목에서 나온 2 차적 가공이 망상이라는 형태로 상위를 차지하고 있다.

외상성 노이로제, 특히 전생의 공포에서 발생한 외상성 노이로제에서는 보 호와 사사로운 이익을 얻으려는 이기주의적인 자아 동기의 발생이 주의를 끈 다. 물론 자아 동기만으로는 병을 만들 수 없지만, 이것은 그 병에 협력하여 일단 병이 발생하면 그것을 지속시키며, 또한 이 동기가 병의 유인이 될 우려 가 있는 위험으로부터 자아를 지키고 있다. 그리고 그 위험이 되풀이되지 않 게, 혹은 이미 받은 위험에 대한 배상을 획득할 때까지 이 병이 회복될 가망 은 없는 것이다.

그러나 자아는 다른 모든 경우에 있어서도, 노이로제가 발생하고 지속하는 데 같은 관심을 보인다. 증상이 자아로부터도 지지를 받는 것은 그것이 억압 을 행한 자아의 의향에 만족을 주는 일면을 갖고 있기 때문이라는 것은 이미 말했다. 게다가 갈등을 해결하기 위해 증상을 만든다는 것은 가장 편리하고 쾌감 원칙에도 적합한 방법이다. 왜냐하면 증상 형성은 자아가 심한 고통을 받는 내부 작업에 종사하지 않아도 되게 하는 것이기 때문이다. 의사들도 갈 등으로 인해 노이로제가 되는 것은 사회적으로 안전한 방법이라고 말하는 경 우도 있다.

노이로제로 도피함으로써 어떤 내부적인 질병 이득이 자아에게 주어진다 는 것을 우리는 일반적인 상태에서는 인정할 수 있다. 어떤 조건 아래서는, 현실에서 다소 높게 평가되고 있는 외부적인 이익이 이 내부적인 이익에 결합되기도 한다.

가장 흔한 실례를 들어 보겠다. 자기 남편에게 난폭한 대우를 받고 냉혹하게 혹사당하고 있는 부인으로, 원래 노이로제가 될 소인을 갖고 있을 경우, 내성적이거나 도덕적이어서 몰래 다른 남자에게 위안을 받는 것은 엄두도 내지 못한다고 가정해 보자. 그녀는 모든 외부적인 속박에 저항하여 남편과 헤어질 용기가 없고, 자활을 하거나 현재의 남편보다 훌륭한 남자를 만날 가능성도 없으며, 또한 이 잔인한 남편과 성적인 감각으로 결부되어 있다면, 그녀는 반드시 노이로제를 도피구로 삼을 것이다.

그녀의 병은 이제 강권적인 남편과 싸우는 무기가 된다. 그녀는 이 무기를 자기 몸을 지키는 데 사용하고, 복수하기 위해서 남용할 수 있다. 그녀가 결혼 생활의 불행을 호소하지는 않겠지만 자기 병을 호소할 수는 있다. 그녀는 의사와 동맹을 맺는다. 평소에 잔인했던 남편도 부득이 그녀에게 관대한 태도를 보이고, 그녀를 위해서 돈을 쓰며 외출을 허락해 준다. 즉 그녀를 결혼 생활의 압박에서 자유롭게 해 주는 것이다. 이와 같이 외부적인 혹은 우연적인 질병 이득이 매우 크고, 또 이에 대신할 만한 것이 현실에서 발견되지 않을 경우에는 치료가 노이로제에 영향을 줄 수 있다고 생각해서는 안 된다.

지금 이야기한 것은 내가 부정한 견해, 즉 자아 그 자체가 노이로제를 희망하고 노이로제를 만든다는 견해를 합리화시키려는 것이 아니냐고 여러분은 말할지도 모른다. 그러나 이것은 자아가 노이로제를 저지할 수 없어서 감수하는 것으로, 만일 노이로제로 어떤 것이 만들어진다면 자아는 그것을 재료로 잘 사용하고 있다는 것을 의미할 뿐이다. 이것은 방패의 바람직한 한쪽 면에 지나지 않는다.

노이로제가 이익을 갖고 있는 한 자아는 노이로제에 동의해야 한다. 그러나 노이로제에는 이익만 있는 것이 아니다. 자아는 노이로제와 관련이 있기 때문에 많은 손해를 본 것이다. 증상에 수반하는 고뇌의 감각은 아마 갈등의 번민과 같은 가치의 대용물일 것이며, 게다가 불쾌하기까지 하다. 자아는 이 불쾌감에서 달아나고 싶지만, 그렇게 뜻대로 되지는 않는다. 그러므로 자아는 자기가 여태까지 믿고 있던 것만큼 능동적이 아니었던 것이다.

이제 2차적 기능을 얻을 기회가 생기는 병리학에서 실례를 드는 대신, 일상생활에서 일례를 들어 보자. 스스로 생활비를 벌어야 하는 한 숙련공이 작업 중에 다쳐서 불구가 되었다. 이제 이 사람은 노동을 할 수 없게 되었지만, 그 대신 그는 매달 얼마 정도의 상해보험을 받게 되었다. 결국 그의 불구가 구걸의 도구로 이용되었던 것이다. 그의 생활은 전보다는 타락된 것이긴 해도 새로운 생활은 그의 원래의 생활을 파괴한 바로 그것에 의해서 유지되게 되었다.

만일 여러분이 그의 불구를 고쳐 줄 수 있다면, 그것은 그에게서 생활비를 빼앗는 결과가 될 것이다. 왜냐하면 그가 그 전의 일을 다시 하려고 할지 확실하지 않기 때문이다. 노이로제의 경우, 증상이 이렇게 2차적으로 이용당하는 것을 2차적인 질병 편리라고 하며, 1차적인 질병 편리와 같은 위치에 놓을 수 있는 것이다.

그러나 일반적으로 말해서 여러분이 질병 이득의 실제적인 의의를 과소평가하지 않도록, 그러나 이 이론적인 관점에서는 그 의의를 경탄하지 않도록 덧붙여 두고 싶다. 전에 본 예외는 제외하고, 질병 이득이라는 것은 언제나 오베를랜더가 그린 《동물의 지혜에 대해서》라는 만화를 생각케 한다.

한 아라비아 사람이 낙타를 타고 험한 산의 외길을 지나간다. 그는 길모퉁이를 돌아가다가 그만 사자를 만난다. 그는 달아날 길이 없음을 알고 당황해서 어쩔 줄을 몰랐으나 낙타는 그와는 달랐다. 낙타는 그를 등에 태운 채 골짜기를 향해서 뛰어들었다. 그러자 사자는 멍청하게 그 뒤를 지켜보고 있었

다는 이야기이다.[1]

노이로제라는 구조 수단은 대개 환자에게 좋은 결과를 가져다주지 않는다. 그 까닭은 증상 형성으로 갈등을 해결하는 것은 자연스러운 한 과정이긴 해도 그것이 생활의 요구에 맞지 않는 형태를 갖기 때문이며, 또 그것은 인간의 최선이며 최고의 힘을 그 사람이 이용할 수 없게 만들기 때문이다. 만일 마음 대로 선택을 할 수 있다면 사람은 아마 운명과의 정정당당한 싸움에 뛰어드는 쪽을 택할 것이다.

여러분은 내가 노이로제 총론에 대한 이야기를 일반적인 노이로제에서 시작하지 않은 이유를 알아야 한다. 전이 노이로제의 경우 성에서 노이로제가 생긴다는 것을 이해하려면 먼저 증상을 해결해야 한다. 이른바 현실 노이로제의 보통형에서는 성 생활의 병인론적 의의는 관찰에도 합치하는 중대한 사실이다.

나는 20여 년 전에 왜 사람들은 노이로제 환자를 조사할 때 환자의 성 활동을 고려하지 않는 것일까 하는 의문을 품었지만 곧 그 이유를 깨달았다. 잠시 연구한 결과, 정상적인 성 생활(vita sexualis)의 경우에는 노이로제, 즉 현실 노이로제가 일어나지 않는다는 명제를 얻을 수 있게 되었다. 확실히 이 명제는 인간의 개인차를 너무 경시하고 있었으며, 또 '정상'이라는 말에 난점이 있었다. 그러나 이 명제는 대강 방향을 보여 주고 있다는 점에서 오늘날까지도 그 가치를 지니고 있는 것이다.

나는 어떤 종류의 불완전한 성적 만족, 이를테면 자위로 만족을 구하는 사람은 어떤 특이한 현실 노이로제에 걸려 있다는 것, 그리고 만일 그 사람이 자위 대신 그것과 비슷한 형태의 만족할 수 없는 다른 성적 습관을 갖게

---

1 아라비아 인을 자아, 낙타를 인간, 사자를 갈등, 골짜기를 노이로제로 대치하면 된다.

되면, 이 노이로제는 곧 사라지고 다른 노이로제로 대치되는 것을 많이 보았다. 또한 환자의 증상 변화로써 환자의 성 생활 방식의 변화를 추측할 수 있게 되었다.

물론 그 당시에도 나는 병의 원인을 항상 성 생활 속에서 찾을 수 있는 것은 아니라는 사실을 잘 알고 있었다. 어떤 환자는 성적 장해 때문에 노이로제가 되었지만, 또 어떤 환자는 재산을 잃었거나 무거운 기질적 질환(器質的疾患)으로 노이로제가 되기도 한다. 이와 같이 다양한 모습은 자아와 리비도 사이에 우리가 가정한 상호관계에 대해 어떤 전망을 얻었을 때 비로소 설명할 수 있었다. 자아가 강하면 강할수록 자아의 임무 수행은 쉽다. 그러나 만일 자아가 약해지면 리비도의 요구가 매우 높아졌을 때와 같은 작용, 즉 노이로제가 발병한다. 그러나 어떤 경우에 발병하건 노이로제 증상은 리비도에 의해서 일어나고, 따라서 리비도의 비정상적인 이용이라는 것은 번복할 수 없는 사실이다.

그러면 이제 현실 노이로제의 증상과 정신 노이로제 증상의 차이를 이야기하기로 하자. 정신 노이로제 가운데 제1의 부류는 전이 노이로제이다. 그런데 두 경우 다 그 증상은 리비도에서 나온다. 그 증상은 리비도의 비정상적인 이용이며 만족의 대용물이다. 그러나 현실 노이로제의 증상인 머리가 무겁다거나 동통감(疼痛感), 어떤 기관의 자극 상태, 어떤 기능의 쇠약 또는 장애 등은 아무런 '의미'가 없다. 그 증상은 이를테면 히스테리의 증상처럼 오로지 육체에 나타날 뿐이고, 또한 그 자체가 육체적인 과정인 것이다. 그리고 이 과정은 우리가 여태까지 배운 복잡한 정신적 메커니즘이 결여되어 있더라도 일어난다.

현실 노이로제는 그 증상의 세부에 있어서나, 모든 기관 계통과 기능에 영향을 미치는 점에서나, 중독이나 외래의 독물을 갑자기 중단했을 때 생기는 금단현상과 비슷하다.

이와 같은 유추에 따르면, 우리는 노이로제를 성 물질대사의 장해의 결과로 간주해야 한다. 어떤 때는 그 사람이 처리할 수 없을 만큼 다량의 성적 독물이 만들어지기 때문에 노이로제가 일어나고, 또 어떤 때는 내부 상태와 심리적 상태로 말미암아 이 독물이 올바른 방향으로 이용되는 것이 저해되기 때문에 일어난다.

사람들은 아득한 옛날부터 성욕의 본질에 대해 이와 비슷한 가정을 했다. 그들은 사랑을 도취라고 하고, 미약(媚藥)으로 사랑의 마음이 생긴다고 해석했는데, 그들은 이와 같이 생각함으로써 작용하는 원동력을 어느 정도 외계 쪽으로 옮긴 것이다. 여기서 우리는 성 흥분이 여러 가지 기관에서 일어난다는 주장과 성감대라는 것이 생각날 것이다. 그러나 아무튼 '성 물질대사'나 '성의 화학작용'이라는 말은 우리들에게 아무 도움도 주지 못하는 것들이다. 우리는 과연 '남성'과 '여성'이라고 부를 수 있는 두 가지 성 물질을 가정해야 할 것인지, 리비도의 모든 자극 작용의 담당자로서 단 하나의 성적 독물을 가정하는 것만으로 만족해야 할 것인지조차도 결정하지 못한다.

과학으로서의 정신분석의 특징은 그것을 구사하는 기법에 있다. 정신분석의 기법은 그 본질을 손상함이 없이 문화사, 종교학, 신화학(神話學) 및 노이로제론에 적용될 것이다. 정신분석은 정신 생활 속에 있는 무의식을 발견하는 것만을 목적으로 삼는다. 독물의 직접 상해로 증상이 일어나는 것처럼 여겨지는 현실 노이로제의 문제는 정신분석으로 공격할 수 없다. 이것을 설명하는 작업은 오히려 생물학적, 의학적인 연구에 넘겨야 하는 것이다. 이제 여러분은 내가 왜 여태까지 해 온 것처럼 재료를 늘어놓지 않으면 안 되었는지 그 이유를 충분히 알 수 있을 것이다.

스물다섯 번째 강의

불 안

불안(不安, Angst)이 어떤 것인가는 새삼스레 설명할 필요도 없을 것이다. 여러분은 모두 이 감각, 다시 말하면 이 감정 상태를 체험했을 것이다. 그러나 왜 노이로제 환자만이 더 자주 심한 불안을 느끼는지 그 이유를 진지하게 살펴본 적은 없었으리라. 아마 사람들은 이것을 당연한 일로 간주하는 모양이다. 보통 '신경질적인'이라는 말과 '불안한'이라는 말이 같은 뜻인 것처럼 마구 섞어서 사용되고 있는데, 이것은 옳지 않다. 신경질적인 상태가 아닌데도 불안한 사람이 있고, 여러 가지 증상에 고통받고 있지만 불안은 아닌 노이로제 환자도 있다.

하지만 확실한 것은 불안이란 여러 가지 중요한 문제가 서로 맺어져 있는 매듭이라는 점이다. 불안이란 확실히 하나의 수수께끼이다. 이 수수께끼를 풀면 우리 정신 생활의 전모가 곧 환히 드러날 것이다. 학교에서 가르치는 의학에서는 먼저, 어떤 해부학적 길을 지나서 불안 상태가 되는지가 관심의 초점이다. 즉 학교의 의학은 연수(延髓)가 자극을 받는 것이라고 말한다. 연수는 매우 엄숙하고 훌륭한 대상이다. 그러나 이제 나는 심리학적으로 불안이라는 것은 흥분이 달리는 신경 전달로(神經傳達路)의 지식보다 더 중요하다고 주장한다.

이제부터 나는 오랜 시간에 걸쳐 불안을 다루기로 하겠다. 다시 말해 내가 이런 종류의 불안을 노이로제적 불안과 대립시켜 현실 불안(Realangst)이라고 부른다면, 여러분은 내 말을 금방 알아들을 것이다. 사실 우리에게는 현실 불안이 매우 합리적이고 이해하기 쉬운 것처럼 여겨진다.

우리는 먼저 불안이란 외계의 위험을 감지한 데 대한 반응으로서 도주 반사(逃走反射)와 결부되어 있으며, 또 자기 보존 본능의 발현으로 간주해도 좋을 것이라고 말할 수 있다. 야만인은 대포에 떨고 일식에 놀라지만, 무기를 다룰 줄 알고 일식이라는 자연 현상을 예측할 수 있는 백인은 결코 불안을 느끼지 않는다. 하지만 어떠한 경우에는 오히려 지식이 많기 때문에 불안이 일어난다. 왜냐하면 위험을 빨리 감지할 수 있기 때문이다.

생각하면 할수록 현실 불안이 합리적이고 합목적(合目的)이라는 판단에는 근본적인 수정을 가해야 한다. 즉 위험이 임박했을 때 취하게 되는 합목적이고 유일한 태도는 임박한 위험의 크기에 비해서 자기 능력을 냉정히 판단해 본 다음, 어떻게 하는 것이 좋은 결과를 가져올 가능성이 큰지를 결정하는 일이다.

그런데 대부분의 경우 불안은 이 범위에 속하지 않는다. 그러한 태도는 오히려 불안을 느끼지 않는 사람이 더 잘 결정하는 경우가 있다. 여러분도 알다시피 불안이라는 것은 모든 행위, 심지어 도주 행위까지도 마비시키고 만다. 위험에 대한 반응은 보통 불안이라는 감정과 방어 반응의 혼합으로 되어 있다. 예를 들어 깜짝 놀란 동물은 무서워서 달아나 버리는데, 이 경우의 합목적성은 '달아난다'는 것이지 '무서워한다'는 것이 아니다.

그러므로 불안의 발생은 결코 목적에 맞는 것이 아니라고 주장하고 싶다. 불안에 있어서의 첫째 측면은 위험에 대한 준비 상태이며, 이 준비 상태는 지각적인 주의의 항진(亢進)과 운동성 긴장의 항진이라는 형태로 나타난다. 이와 같은 대기 준비 상태는 분명히 유익하며, 이와 같은 준비 상태가 결여되어 있으면 중대한 결과를 초래한다. 그런데 이 준비 상태에서, 한편에서는 도주가 나타나고 더 높은 단계에서는 활발한 '방어'가 나타나며, 다른 편에서는 불안이 나타난다.

불안의 발생이 단순히 하나의 싹이나 신호라면, 불안 준비 상태가 활동으로 바뀌는 것은 그만큼 더 원활히 진행되고, 또 모든 과정은 그만큼 목적에 맞게 되는 것이다. 그러므로 불안에서 생기는 준비 상태는 합목적이지만, 우리가 불안이라고 부르는 것 속에서는 합목적이 아닌 것이다.

불안은 대상을 무시할 때, 공포는 주의가 대상을 향했을 때 사용하는 말이며, 이에 반해서 경악은 분명히 특별한 뜻을 가지고 있는 것처럼 생각된다. 즉 경악은 불안 준비 상태가 완료되기 전에 위험에 부딪쳤을 때 사용된다. 그러므로 인간은 불안으로 경악을 방지한다고 해도 틀린 말은 아니다.

사람은 대개 불안이라는 말을 '불안 발생'을 지각함으로써 생긴 주관적인 상태의 뜻으로 해석하고, 이 상태를 감정이라고 부른다. 감정은 첫째, 어떤 운동성의 신경 흥분이나 방출을 포함하며, 둘째 두 종류의 어떤 감각, 즉 발생한 운동성 활동의 지각과 쾌 · 불쾌의 직접적인 감각을 포함한다.

그러나 나는 이와 같이 각각의 요소를 헤아린다고 해서 감정의 본질에 접근한다고는 생각하지 않고, 다만 몇 가지 감정에서는 이른바 전체를 결부시키고 있는 핵이 어떤 중요한 체험의 반복이라는 것을 간파할 수 있으며, 또 그것을 인정할 수도 있다고 생각한다. 내 말을 더 분명히 이해시키기 위해서 이 감정 상태는 마치 히스테리 발작과 같은 구조를 가진 것, 즉 상기(想起, Reminiszenz)의 침전물이라고 덧붙여 두겠다. 그러므로 히스테리 발작은 새로 만들어진 개인적인 감정에 비교할 수 있고, 정상적인 감정은 상속된 보편적 히스테리에 비교할 수 있다.

불안의 독일어 'Angst'는 라틴어 'angstiae, Enge(좁은 장소, 해협)'에서 유래한 것으로, 숨도 제대로 못 쉬는 상태를 특징으로 한다. 그것은 분만 행위라 할 수 있다. 분만에서는 불쾌감, 흥분의 방출, 육체의 감각이라는 느낌이 한꺼번에 나타난다. 이것은 생명을 위협받는 모든 경우의 표본이 되는 것으로, 그로부터는 불안 상태로 반복된다.

혈액 신생〔血液新生:내호흡(內呼吸)〕의 중단에 의한 심한 자극의 증가는 출생 당시의 불안을 체험하는 원인이었다. 그러므로 최초의 불안은 독물성(毒物性)이었다. 당시 이 특징은 현실 상황의 결과로서 생긴 것이지만 오늘날에는 감정 속에서 거의 언제나 되풀이되고 있다. 또한 이 최초의 불안 상태가 어머니에게서 떨어졌기 때문에 일어났다는 사실은 매우 의미심장한 일이다.

최초의 불안 상태를 반복하는 소질은 헤아릴 수 없을 만큼의 시간이 지나서도 생체에 깊이 뿌리박고 있으므로, 설령 전설의 맥더프[1]처럼 '어머니의 배를 가르고 나와서' 분만 행위를 스스로 체험하지 않는다 하더라도, 각 개체가 불안 감정에 휩싸인다는 우리의 확신은 당연한 것이다. 그러나 우리는 포유동물 이외의 동물에게는 무엇이 불안 상태의 표본인지를 말할 수 없다. 뿐만 아니라 그들에게 있어 어떤 감각의 복합체가 우리의 불안에 해당하는지도 아직 모르고 있다.

이제 여러분은 분만 행위가 불안 감정의 원천이며 표본이라는 생각이 어디서 나온 것인지 궁금할 것이다. 이것은 사색과는 전혀 관계가 없다. 나는 오히려 민중의 소박한 생각에서 착상하게 되었다. 오래 전 병원에 근무하는 젊은 의사들이 점심식사를 하러 식당에 모였을 때, 산부인과의 조수가 최근의 분만 시험 때 일어난 재미있는 이야기를 들려 주었다.

---

[1] 셰익스피어의 《맥베스》에 나오는 스코틀랜드의 귀족.

한 수험생이 분만 때 양수 속에 태변이 섞여 있는 것은 어떤 뜻이냐는 질문을 받자, 아기가 불안했기 때문이라고 대답했다는 것이다. 그 결과 그녀는 놀림을 받고 보기 좋게 낙제를 했다고 한다. 그러나 나는 마음속으로 그녀의 편을 들고, 그 가엾은 여자가 어떤 중요한 연관성을 들추어 냈다고 깨달았던 것이다.

그러면 지금부터 '노이로제의 불안' 이란 문제로 이야기를 돌려보자. 노이로제 환자의 불안은 우리에게 어떤 새로운 현상의 형(型)과 관계를 보여 주는 것일까? 이에 대해서는 첫째, 일반적인 불안, 이른바 자유롭게 부동하는 불안(frei flottierende Angst)이라는 것이 있다. 이런 종류의 불안은 아무튼 적당한 표상만 있으면 어떤 관념의 내용에나 금방 붙어서 판단을 좌우하고, 예상을 선택하며, 모든 기회를 포착하여 자기를 정당화시키려고 한다. 우리는 이 상태를 '예상 불안(豫想不安)' 혹은 '불안한 예상' 이라고 부른다.

이런 종류의 불안에 괴로워하는 사람은 모든 가능성 중에서 가장 무서운 것을 예상하고, 뜻밖의 사건을 모두 불행의 전조로 해석하며, 불확실한 사건을 모두 나쁜 의미로만 간주한다. 이와 같이 불길한 것만 예상하는 경향은 환자가 아닌 많은 사람에게서도 볼 수 있는 특성이다. 이런 사람들은 겁쟁이나 '비관자' 라고 불린다. 그러나 도가 지나친 예상 불안은 대개 어떤 노이로제에 나타난다. 나는 이 노이로제에 '불안 노이로제' 라는 이름을 붙여 현실 노이로제 속에 포함시켜 두고 있다.

불안의 둘째 유형은 방금 말한 것과는 반대로 오히려 심리적으로 경계가 정해져 있어서 어떤 일정한 대상, 일정한 상황과 결부되어 있다. 이것은 흔하면서도 기괴한 '공포증(Phobie)' 이라는 불안이다.

미국의 유명한 심리학자 스탠리 홀은 최근 고심하여 이 공포증을 분류하고, 거기에 당당한 그리스 명을 붙여 주었다. 이 분류는 이집트의 열 가지 재액을 세는 방법과 비슷하지만 열 가지 이상인 점이 다르다. 어떤 것이 공포의 대상 혹은 내용이 될 수 있는지 한번 살펴보자. 암흑, 야외, 광장, 고양이, 거미, 송충이, 뱀, 쥐, 벼락, 뾰족한 끝, 피, 밀폐된 방, 혼잡함, 혼자 있는 것, 다리를 건너는 일, 항해, 기타 여행 등이다. 이와 같은 잡다한 것들을 셋으로 분류하면 일이 편리할 것이다.

첫번째 부류는 무서움의 대상과 무서운 상황의 대부분이 우리들 정상인에게도 기분 나쁜 것들이며, 위험과 관계가 있는 경우이다. 대부분의 사람들은 뱀을 보면 몹시 불쾌해 한다. 뱀 공포증은 보통 사람에게서도 볼 수 있으며, 다윈도 이 공포증을 매우 생생하게 그리고 있다(《인간 및 동물의 표정》 제1장). 즉 두꺼운 유리로 단단히 칸막이가 되어 있는 줄 알면서도 뱀이 자기 쪽으로 머리를 쳐들고 다가올 때는 공포감을 느낀다고 말하고 있다.

두 번째 부류는 위험과 연관성은 있지만, 보통은 그 위험을 경시하거나 예상하지 않는 습관이 붙어 있는 경우이다. 각각의 상황 공포증이 이 속에 들어간다. 기차 여행 중에는 집에 있을 때보다 사고의 위험이 많다는 것을 우리는 잘 알고 있다. 또 배가 침몰하는 경우도 있으며, 그렇게 되면 대부분의 승객이 물에 빠져 죽는다는 것도 알고 있다. 그런데도 우리는 이와 같은 위험을 전혀 생각지 않고 태연히 기차나 배에 오른다. 갑자기 다리가 무너져서 물 속에 떨어져 버릴 수도 있는 일이지만, 그런 것은 지극히 드문 사건이므로 위험하다고는 생각지 않는다.

혼자 있는 것에도 마찬가지로 위험은 따르며, 경우에 따라 혼자 있는 것을 피할 때도 있다. 혼잡함, 밀폐된 방, 벼락 등에도 이와 같이 말할 수 있다. 노이로제 환자가 품는 이와 같은 공포증에 대해서, 우리가 의아하게 생각하는 점은 일반적으로 공포증의 내용이 아니라 그 강도인 것이다.

공포증의 세 번째 부류가 남아 있는데, 그것은 다소 이해하기 어려운 것이다. 당당한 체격의 건장한 사나이가 고향 마을의 어느 거리나 어느 장소를 불안해서 걸어가지 못할 경우, 혹은 건강한 여성이 고양이가 옷자락을 스쳐 지나갔다거나 쥐가 방 안을 기어다닌다는 이유로 불안해 할 경우, 그들의 눈에 분명히 존재하는 위험과 공포를 우리는 대체 어떻게 해석해야 할 것인가? 이 동물 공포증은 그 중심이 인간에게 보통 있는 혐오감이 앙양된 것은 아니다. 왜냐하면 고양이를 귀여워하거나 쓰다듬어 주는 사람이 많다는 반증도 있기 때문이다. 여성이 무서워하는 쥐는 동시에 그들이 좋아하는 애칭으로 사용되기도 한다. '생쥐 아가씨'라고 불리면 좋아하는 여자가, 자기의 애칭과 같은 이름을 가진 이 조그만 동물이 살살 기어나올 때는 두려움에 떨며 비명을 지르는 것이다.

거리나 광장에서 공포를 느끼는 어른에 대해서는 마치 어린애 같다는 말밖에 할 수 없다. 어린아이는 그런 장소는 위험하니 조심해야 한다고 교육받는다. 그리고 광장 공포증이 있는 어른도 누군가와 함께 그곳을 지나갈 때는 불안을 느끼지 않는다.

이제까지 살펴본 불안의 두 가지 유형, 즉 예상 불안과 공포증이 결부된 불안은 각각 다른 것이다. 그 둘은 매우 드물기는 하지만 우연인 것처럼 결부되어 나타난다. 일반적인 불안이 지나치게 심하다고 반드시 공포증이라는 혐오로 나타나는 것은 아니다.

생활 전체가 광장 공포라는 병으로 묶여 있는 사람에게도 염세적인 예상 불안이 전혀 나타나지 않는 경우도 있다. 공포의 대부분, 이를테면 광장 공포나 기차 공포는 어른이 되어서야 나타나는 것이고, 암흑, 벼락, 동물에 대한 공포는 태어날 때부터 존재하는 것이다. 전자의 공포증은 중대한 병증이라는 의미를 갖지만, 후자의 공포증은 오히려 오래되어 몸에 밴 버릇이나 소질에 가깝다. 후자의 공포증을 가진 사람의 경우, 인간에게는 일반적으로 이와 비숫한 다른 공포증도 있다. 우리는 이러한 공포증을 그 유명한 전환 히스테리와 비슷하다고 간주할 수 있다.

그런데 여기에 두 가지 의문이 생긴다. 첫째는 아주 적은 역할밖에 하지 않는 노이로제적 불안을 위험에 대한 반응인 현실 불안과 관련지을 수 있느냐는 점과, 둘째로 노이로제적 불안을 어떻게 생각해야 하느냐는 점이다. 그러나 우리는 불안이 있는 곳에는 반드시 사람이 무서워하는 것이 존재한다고 예상할 수 있다.

임상적인 관찰은 노이로제적 불안을 이해하는 많은 실마리를 준다. 이제 여러분에게 실마리의 의의에 대해서 상세하게 설명하기로 하겠다.

1) 예상 불안 혹은 일반적인 불안이 성 생활의 어느 과정과 밀접한 관계가 있다는 것을 입증하기는 쉬운 일이다. 이런 종류의 실례 중에서 가장 단순하고 배울 점이 많은 것은, 이른바 욕구불만으로 끝나는 흥분(frustrane Erregung)에 직면한 사람, 즉 심한 흥분을 풀어줄 적절한 출구를 찾지 못해 만족한 결말에 이르지 못하는 사람의 경우이다. 약혼 중인 남성이나 정력이 부족한 남편의 아내를 예로 들 수 있다. 이런 조건 아래서는 리비도의 흥분이 소실되고, 그 대신 불안이 발생한다. 이런 경우 불안은 예상 불안이나 불안 발작이나 불안 대리증 형태를 갖는다. 조심스럽게 행하는 성교의 중절(中絶), 더욱이 상습적으로 되풀이되는 것은 남성, 아니 특히 여성에게는 항상 불안 노이로제의 원인이 된다.

내가 아는 한, 이제는 정신분석에 인연이 없는 의사도 금욕과 불안 상태가 관계 있다는 사실에 이의를 제기하지는 않을 것이다. 그러나 의사들은 이 두 관계를 역으로 하여 '그런 환자는 처음부터 불안을 느끼는 경향이 있었기 때문에 성적인 일에 소극적인 태도를 보이는 것'이라는 의견을 주장하기도 한다. 그러나 여성의 태도는 이와 반대이다. 여성의 성 활동은 근본적으로 수동적이다. 아내 쪽이 정열적일수록, 다시 말해서 아내가 남편보다 성교를 원하는 일이 많고 성교에서 만족을 얻는 능력이 클수록, 아내는 남편의 불능증 혹은 중절 성교에 대해 불안 현상으로 반응하게 된다. 한편, 불감증이나 리비도가 적은 여성의 경우는 남편의 이런 태도에도 심각한 결과를 나타내지 않는다.

오늘날 의사가 권하고 있는 금욕이 불안 상태를 일으키는 데 중요한 의의를 가지는 것은 만족을 얻을 수 있는 배출구에 도달하는 것을 거부당한 리비도가 강해지고, 그 대부분이 승화에 의해서 방출되지 않을 때에 한한다. 이 관계는 문화의 영향을 받아 변화하고 복잡한 것이 되었다고는 하지만, 보통 사람에게는 역시 불안은 금욕과 관계가 있다.

나는 이제 여러분에게 리비도와 불안 사이에 발생적인 관계가 있다는 것을 보여 주는 관찰을 이야기하겠다. 그 한 예는, 인생의 어떤 시기가 불안의 발생에 영향을 미친다는 사실이다. 즉 사춘기나 갱년기에는 리비도의 활동이 활발해지기 때문에 불안이 발생한다. 대부분의 흥분 상태에서 리비도와 불안이 섞여 있거나 리비도가 불안에 의해 직접 대치되어 있는 것을 관찰할 수 있다. 우리가 이러한 사실에서 받는 인상에는 두 가지가 있다.

첫째는 정상적인 이용을 저지당한 리비도가 쌓인 것이고, 둘째 문제는 오로지 육체 현상의 분야에 있다는 것이다. 리비도에서 어떻게 불안이 발생하는지는 아직 알 수 없으나 확실한 것은 리비도가 없어지고, 그 대신 불안을 볼 수 있다는 것이다.

2) 제2의 단서는 정신 노이로제의 분석, 특히 히스테리의 분석으로 얻어지는 것이다. 불안은 흔히 증상과 함께 나타난다고 하는데, 이 병에서는 불안이 발삭하거나 혹은 지속 상태가 되어 나타나는 경우가 전부이다. 환자는 자기가 무엇을 무서워하고 있는지 말하지 못하고, 명백한 2차적 가공으로 불안을

죽는다거나 미친다거나 졸도한다는 공포증과 결부시킨다.

불안이나 불안을 수반하는 증상이 발생한 상황을 분석해 보면, 정상적인 어떤 정신적 흐름이 막혀서 불안 현상으로 바뀌었는지 대개는 알 수 있다. 이것을 달리 표현해서 무의식 과정을 아무런 억압도 받지 않고 자유로이 의식으로 진행하는 것이라고 생각해 보자. 이 과정은 어느 일정한 감정을 수반하고 있었을 것이다. 그런데 의식으로의 정상적인 흐름에 수반되는 이 감정이 억압을 받으면 그 원래의 성질은 어떤 경우에나 불안으로 바뀌는 것이다. 그러므로 히스테리성 불안 상태에 직면했을 때의 그 무의식의 대응물(Korrelat)은 대개 근심, 수치감, 낭패, 아니 더욱 적극적인 리비도의 흥분, 또는 적대감에 찬 공격적 흥분, 즉 분노 등이 대부분이다.

3) 우리는 제3의 관찰을, 특이한 방법을 사용하여 불안에서 빠져 나오려고 강박행위를 하는 것처럼 보이는 환자에게서 얻을 수 있다. 만일 우리가 환자의 강박행위, 이를테면 세탁이나 의례를 방해하려고 하거나, 환자 자신이 자진해서 그 강박행위를 그만두려고 하면, 환자의 마음속에는 일종의 무서움 같은 불안이 생겨 부득이 다시 강박행위를 하고야 만다. 그러므로 강박 노이로제에서는 평소에 발생해야 할 불안이 이 증상 형성에 의해서 대치되고 있는 셈이 된다.

그리고 우리는 히스테리의 관찰에서도 이와 같은 관계가 있다는 것을 알고 있다. 즉 억압 과정의 결과로서, 어떤 때는 불안 발생이, 어떤 때는 증상 형성을 수반한 불안이, 어떤 때는 불안 없는 완전한 증상 형성이 발견된다. 그래서 일반적으로 증상은 평소에 피할 수 없는 불안 발생을 모면하기 위해서 만들어진다고 해도 틀린 말은 아니다.

불안 노이로제의 관찰을 통해 우리는 리비도가 정상적으로 이용되는 것에서 방향을 바꾸는 것은 육체적인 과정이라는 토대 위에서 행해진다는 사실을 알았다. 또 히스테리와 강박 노이로제의 분석으로 위와 같은 결과를 수반하는 방향 전환은 마음속의 '재판소' [2]로부터의 거부 작용이라고 할 수 있다. 그러므로 우리는 이제 노이로제 불안의 발생에 대해서 많은 것을 알게 되었지만, 아직도 모호한 점이 상당히 많다. 그러나 나는 더 이상 알 수 있는 길을 발견하지 못했다.

우리가 해야 할 제2의 사명, 즉 비정상적으로 이용된 리비도인 노이로제적 불안과 위험에 대한 반응인 현실 불안 사이에 어떠한 것을 결부시킨다는 것은 훨씬 해결이 어려울 것이다. 여러분은 이 둘을 별개의 것이라고 생각할지 모르지만 우리는 현실 불안과 노이로제적 불안을 감각에 의해 구별하는 수단을 가지고 있지 않다. 하지만 우리가 지금까지 여러 번 주장했던 자아와 리비도의 대립을 빌린다면, 구하고 있는 둘 사이의 연결도 마침내 이루어질 수 있을 것이다.

이미 알고 있듯이 불안 발생은 위험에 대한 자아의 반응이며, 도주의 개시이다. 그러므로 노이로제적 불안에서는, 자아는 리비도의 요구에 대해서 이와 같은 도주를 시도하고, 이 내부의 위험을 마치 외부의 위험인 양 취급한다는 견해가 생긴다. 이 견해로써 불안이 있는 곳에는 사람이 무서워하는 것이 있다는 우리의 기대를 충족시킬 수 있다. 그러나 이 유추는 더 진행된다. 외부의 위험에서 도주하는 시도가 진지를 지키는 일이나 목적에 맞는 방위 방책을 세우는 일로 바뀌듯이, 노이로제적 불안의 발생 또한 불안을 묶어 놓는 증상 형성에 위치를 양보하는 것이다.

이제 다른 곳에 쉽게 이해할 수 없는 점이 나타난다. 리비도에서의 자아의 도주를 뜻하는 불안은 이 리비도 자체에서 발생한 것이어야 한다. 이 주장은

---

2 Instanz : 결정을 내리는 장소, 또는 능력.

막연하지만, 어떤 사람의 리비도이든 그것은 결국 그 사람의 일부이며, 리비도가 무언가 외부에 있는 것처럼 그 사람과 대립하고 있는 것이 아님을 기억해야 한다. 우리가 아직도 알 수 없는 것은 불안 발생의 국소론적 역학이다. 즉 그때 어떤 종류의 정신적 에너지가 소비되고, 또 그것은 어떤 정신적 체계에 속하느냐는 문제이다. 지금부터는 어린이들에게 있어서의 불안의 발생과 공포증에 결부된 노이로제적 불안의 출발점으로 돌아가 이 문제를 해결하기로 하자.

어린이의 무서움은 아주 흔한 것으로서, 그것이 노이로제적 불안인지 현실 불안인지 구별하기는 쉽지 않다. 왜냐하면 우리는 어린이가 낯선 사람, 새로운 장소, 새로운 물건을 모두 무서워하더라도 그것을 이상하게 생각하지 않기 때문이다. 또한 우리는 이 반응을 어린이의 약함과 무지로 쉽게 설명할 수가 있다. 그래서 우리는 어린이가 강한 현실 불안을 갖고 있는데, 만일 이 불안이 천성적인 것이라면 그것은 참으로 목적에 맞는 것이라고 간주할 수 있다. 어린이는 이때 단순히 원시인이나 오늘날의 미개인의 태도를 되풀이하고 있는 것이다. 만일 어린이의 공포증 중 적어도 그 일부가 태고에 있었던 것과 같은 것이라면 우리의 예상은 적중한 셈이 된다.

하지만 다른 한편 우리는 어린이가 무서워하는 정도가 모두 동일하지는 않다는 것, 모든 사물과 상황을 특히 무서워하는 어린이야말로 훗날 노이로제 환자가 될 수 있다는 사실을 간과할 수 없다. 그러므로 노이로제의 소인은 현실 불안에 대한 뚜렷한 경향으로도 간파할 수 있는 것이다. 즉 무서움이 첫 징조로서 나타난다. 또한 우리는 그가 어릴 때뿐만 아니라 어른이 되어서도 모든 사물을 무서워하는 것은 결국 리비도가 높아짐을 무서워하는 것이라고 결론짓는다. 그리고 만일 우리가 현실 불안의 조건을 살펴본다면 자기의 약함과 무력감은, 만일 그것이 유아기부터 성숙기까지 줄곧 계속되는 경우, 노이로제의 궁극적인 원인이 된다는 결론을 얻을 수 있을 것이다.

이 사실은 간단하고 그럴듯해서 우리로 하여금 다시 한 번 그것을 자세히 살펴보게 한다. 물론 이 사실에 의해서 노이로제라는 수수께끼의 중심도 움직이기 시작한다. 어른이 되어서도 열등감이 줄곧 계속되므로 불안 조건과 증상 형성이 지속된다는 것은 거의 확실한데, 여기서 우리는 건강과의 상충(相衝)이 생기고, 건강이라는 예외에 대해 따로 설명해야 할 필요성마저 느끼게 된다.

그러나 어린이의 무서움을 자세히 관찰해 볼 때, 거기서 우리가 발견할 수 있는 것은 어린이는 우선 무작정 사람을 무서워한다는 것이다. 상황은 그것이 사람을 포함하고 있을 때 비로소 중요한 것이 되고, 사물은 더 나중이 되어서야 비로소 문제가 된다. 그러나 어린이가 낯선 사람을 두려워하는 것은 그가 자기에게 악의를 갖는다고 해서, 혹은 그와 강약을 비교해 보기 때문은 아니다. 어린이가 낯선 사람을 무서워하는 것은 어린이가 굳게 믿고 사랑하는 사람, 이를테면 어머니만을 생각하고 있기 때문이다. 불안으로 바뀌는 것은 어린이의 절망이며 동경이다.

어린이의 첫 상황 공포증은 어둠과 혼자 있다는 것에 대한 공포증이다. 그리고 어둠에 대한 공포증은 한평생 계속되는 수가 많다. 이 두 가지의 공통점은 자기를 돌봐주는 사랑하는 사람, 즉 어머니가 없다는 데에 있다. 어둠을 무서워하는 어린이가 옆방에 외치는 말을 들은 적이 있다. "아줌마, 얘기해 줘. 나 무서워.", "하지만 얘긴 해서 뭘 하지? 내 얼굴도 안 보이는데." 그러자 어린이는 "누가 얘기를 해 주면 이 근처가 환해지는걸." 하고 대답하는 것이었다.

어둠에 대한 동경은 이리하여 공포로 변한다. 여기서 우리는 노이로세적 불안이 단지 2차적인 것이며 현실 불안의 특수한 경우에 지나지 않는다는 사실 외에도, 어린이의 경우는 이용되지 않는 리비도에서 발생한 노이로제적 불안의 본질적 특징이 현실 불안이라는 형태로 활동하고 있음을 알 수 있다. 참다운 현실 불안은 어린이가 태어날 때부터 타고난 것은 아닌 것 같다. 훗날 공포증의 조건이 될 수 있는 모든 상황, 이를테면 높은 곳, 강에 가로놓인 좁은 다리, 기차 여행, 승선 등은 어린이에게 아무런 불안도 일으키지 않는다: 더욱이 어린이가 아무것도 모르면 모를수록 더욱 그렇다.

생명을 보호하는 이와 같은 본능이 유전된다면 그것은 매우 바람직한 일일 것이다. 만일 그렇다면 어린이를 위험에서 보호하는 일이 훨씬 편해질 것이다. 그러나 어린이가 처음에는 무서운 것이 없는 것처럼 행동하는 것은 위험을 모르기 때문이다. 어린이는 강변을 달리고 창문으로 기어오르며, 뾰족한 물건이나 불을 가지고 논다. 그런 뒤에 교육의 결과로 어린이의 마음이 현실 불안에 눈을 뜨는 것이다.

그런데 만일 불안에 대한 이러한 교육을 순순히 받아들이고, 또한 혼자 힘으로 무엇이 위험한 것인지를 발견하는 어린이가 있다면, 그런 아이는 천성적으로 다량의 리비도 욕구를 갖고 있거나, 혹은 리비도의 만족이라는 악습에 어릴 때부터 물들어 있었다는 설명이 된다. 이런 어린이 가운데서 훗날 노이로제 환자가 나타나는 것이다. 이 경우에 체질적 인자 역시 그러한 한 가지 원인을 이루고 있으며, 우리는 그 사실을 부정할 수 없다. 그러나 체질적 인자만 역설하고 다른 모든 인자를 등한시하거나, 관찰과 분석이 서로 일치하고 있는 것으로 보아 체질적 인자 같은 것은 없거나, 설령 있어도 극소수에 불과한데도 그것을 들고 나오려 한다면 우리는 그것에 대해 단호히 반대할 뿐이다.

어린이의 무서움에 대해서 관찰한 결과 다음과 같은 결론을 끌어낼 수 있다. 즉 어린이의 불안은 현실 불안과 전혀 관계가 없지만, 어른의 노이로제적 불안과 매우 비슷하다.

여러분은 여기서 깊이 분석해 본 결과 공포증에서도 어린이의 불안과 같은 일이 일어난다는 것을 알았을 것이다. 이를테면 방출되지 않고 이용되지 않는 이 리비도는 표면적으로만 현실 불안으로 바뀐다. 그 결과 하찮은 외부의 위험이 리비도의 요구를 대표하는 것이다. 왜냐하면 유아성 공포증은 우리가 '불안 히스테리' 속에 넣고 있는 후일의 공포증의 원형일 뿐만 아니라 그 직접적인 준비 조건이기 때문이다. 히스테리성 공포증을 거슬러 올라가면 모두 어린이의 불안과 일치한다. 그리고 비록 내용이 달라서 다른 이름을 붙인 경우에도 히스테리성 공포증은 어린이의 불안의 계속인 것이다.

두 병에 차이점이 있다면 그것은 메커니즘의 문제이다. 어른의 리비도가 불안으로 바뀌는 것은 동경과 같은 리비도를 잠시 이용할 수 없게 만드는 것만으로는 충분하지 않다. 어른은 오래 전에 이와 같은 리비도를 버렸거나 혹은 다른 식으로 이용한 것이다. 그러나 만일 리비도가 억압을 받은 정신 흥분에 속한다면 아직 의식과 무의식의 구별이 없는 어린이와 같은 상태가 다시 발생하고, 그리하여 유아성 공포증으로 퇴행함으로써 이른바 다리가 생기며, 이 다리를 거쳐서 리비도는 쉽게 불안에 도달하는 것이다.

억압에 대해서 많은 이야기를 했음을 기억하고 있을 것이다. 그러나 그때는 억압되는 관념의 운명만 연구했다. 왜냐하면 그 편이 알기 쉽고 이야기하기 쉽기 때문이다. 억압된 관념을 내포한 감정은 무의식적인 감정의 존재를 무의식적인 관념과 동일한 의미로는 주장할 수 없으므로, 상세히 이야기하기는 쉬운 일이 아니다. 의식적이건 무의식적이건 관념은 역시 관념인 것이다. 우리는 무엇이 무의식적인 관념인지 말할 수는 있다. 하지만 감정은 관념과는 전혀 다른 방법으로 판단해야 하는 하나의 방출 과정이다. 무의식으로서 감정에 해당하는 것이 무엇인가 말하려면 먼저 정신적 과정에 관한 우리의 전제에 대해서 깊이 생각해 보고, 분명히 해 두어야 한다. 그러나 아직 우리로서는 그와 같이 할 수는 없는 실정이다.

불안으로 전환되는 것, 즉 불안의 형태로 방출하는 것은 억압을 받은 리비도의 직접적인 운명이라고 말했다. 그러나 이것이 유일한 운명, 혹은 최종적인 운명은 아니라고 덧붙여 두겠다. 노이로제에서는 이 불안 발생을 어떻게든 막으려고 하는 과정, 즉 여러 가지 방법으로 성공할 수 있는 과정이 진행되고 있다. 이를테면 공포증에서는 노이로제적인 과정의 두 단계를 뚜렷이 구별할 수 있다. 첫번째 단계는 억압하여 리비도를 불안으로 바꾸고, 불안을 외부의 위험과 결부시키는 일이다. 두 번째 단계는 외부에 존재하고 있는 것 같은 위험을 온갖 조심성과 안전 수단으로 피하는 일이다.

억압이라는 것은 위험한 것으로 느껴진 리비도에 직면하여 자아가 도주하는 시도를 말하는 것이다. 공포증은 외부의 위험에 대비하여 요새를 구축하는 일에 비유할 수 있지만, 이 경우 외부의 위험은 두려워했던 리비도와 대치된다. 공포증에 있어서의 이 방어 조직의 약점은 외부를 향해서는 매우 강한 요새가 내부에서 붕괴를 일으키는 일이다. 외부에 리비도라는 위험물을 투사하는 일은 결코 쉽게 성공하지 않는다. 그러므로 다른 노이로제에서는 어쩌면 발생할 가능성이 있는 불안에 대해서 다른 방어 조직이 사용되고 있는 것이다.

이야기를 다시 공포증으로 돌리자. 공포증의 내용만을 설명하려 하거나, 온갖 대상 혹은 임의의 상황이 공포증의 대상이 되는 것은 무엇 때문일까라는 데 관심을 갖는 것이 얼마나 불필요한 일인가 여러분은 깨달을 수 있을 것이다. 공포증의 내용은 현재몽의 내용, 즉 외관과 거의 비슷하게 중요하다. 공포증의 이와 같은 내용 속에는 스탠리 홀의 주장처럼 계통 발생적으로 계승함으로써 불안의 대상이 된 것이 많다는 말을 어느 정도의 제한을 가지고 인정해야 한다. 그러나 이와 같이 불안을 일으키는 많은 것은 상징 관계뿐이며, 위험과 결부되어 있다는 것은 계통 발생적으로 계승했다는 그의 주장과 일치한다.

이로써 우리는 불안이 노이로제 심리학의 중심 부위에 있다는 사실을 확신하게 되었다.

스물여섯 번째 강의

리비도 설과 나르시시즘

우리는 이미 몇 번인가 자아 본능과 성 본능의 구별에 대해서 이야기해 왔다. 두 본능은 억압 작용에서 서로 대립하기 쉽고, 그렇게 되면 외형상으로는 성 본능이 자아 본능에 지게 되어 퇴행이라는 우회를 거쳐 어떻게든 만족을 구하려 한다. 그러나 결국은 성 본능이 정복되지 않는다는 점에서 억압이 성 본능을 패배에서 지탱시킨다는 사실을 알았다.

다음으로 이 두 본능은 그 필요성이라는 교사와의 사이에 처음부터 다른 입장을 보이고 있으므로 동일하게 발달하지 않으며, 현실 원칙에 대해서도 역시 동일한 관계를 갖지 않는다는 것을 배웠다. 또한 성 본능은 자아 본능과는 달리 불안이라는 감정에 연결되어 있음도 알았다. 이 결과는 어떤 중대한 점에서 아직도 불완전한 것이다. 그 증거로서 우리는 주목할 만한 심적 사실, 즉 가장 기본적인 굶주림과 갈증이 해소되지 않는다고 해서 불안해지는 일은 없지만, 채워지지 않는 리비도가 불안으로 바뀐다는 것은 사실이고, 또 자주 관찰되는 현상의 하나라는 점을 알고 있다.

그러나 자아 본능과 성 본능을 구별하려고 하는 우리의 주장이 변함이 없다는 것은 사실이다. 이와 같은 구별의 근거는 개체의 특별한 활동으로서 성 활동이라는 것이 있다는 데 있다. 다만 이와 같은 구별에 어떤 의의가 있으며, 우리가 얼마만큼 뚜렷이 양자를 구별할 수 있는가가 문제일 뿐이다. 이 두 본능은 개체의 에너지원에 대한 이름으로서 우리 앞에 나타난 것에 불과하다.

융처럼 모든 본능이 처음에는 하나였다고 주장하고, 모든 것에 나타나는 에너지를 '리비도'라고 해도 우리로서는 아무것도 얻는 게 없다. 그러나 리비도라는 이름은 우리가 지금까지 사용해 온 것처럼, 어디까지나 성 생활의 본 능력을 뜻한다는 견해는 역시 옳은 것이다.

그러므로 정신분석상 성 본능과 자기 보존 본능을 어느 정도까지 옳게 구별할 수 있느냐 하는 문제는 그다지 중요하지 않다. 정신분석은 그런 문제를 다룰 자격이 없다.

그러나 노이로제를 정신분석적으로 설명하기란 별로 어려운 일이 아니다. 우리는 성 본능과 자아 본능을 각각 연구하여 전이 노이로제라는 부류를 이해하는 열쇠를 획득했다. 그리고 우리는 이 전이 노이로제를 성 본능과 자기 보존 본능이 충돌하고 있는, 혹은 생물학적으로 말하면 독립된 개체로서의 자아라는 하나의 위치와 세대의 성원으로서의 다른 위치가 반목하고 있는 근본적인 상황으로 귀착시킬 수 있었다.

이와 같은 불화는 아마 인간에게만 존재할 것이다. 그러므로 노이로제는 동물보다 우수한 인간의 특권이 아닐까 생각한다. 인간의 리비도가 지나치게 발달했다는 것과, 리비도가 이와 같이 발달했기 때문에 인간의 정신 생활 구조가 복잡해졌다는 것이 바로 이러한 갈등이 나타난 조건이 된 것 같다. 그러므로 인간이 노이로제에 걸릴 수 있다는 것은 인간이 가진 다른 천부의 능력의 한쪽 면에 지나지 않을지도 모른다. 그러나 이런 것 또한 단순한 사변에 불과하다. 그리고 이와 같은 사변은 우리의 당면 문제에서 우리를 엉뚱한 방향으로 나가게 할 뿐이다.

이미 오래 전에 우리는 정신분석의 견해를 다른 질환에까지 응용하기 시작했다. 벌써 1908년에 아브라함은 나와 여러 가지 의견을 교환한 뒤, 대상에 대한 리비도 충당이 결여되어 있는 것이 조발성 치매(早發性痴呆)의 중요한 특징이라는 명제를 발표했다. 그렇다면 조발성 치매 환자에 있어서 대상에서 빗나간 리비도는 대체 어떻게 되는 것일까? 아브라함은 이 의문에 주저없이 "이 리비도는 자아로 되돌아간다. 그리고 이 반사적인 복귀가 조발성 치매의 과대망상의 원천이다."라고 말했다.

연애 관계에서 흔히 볼 수 있듯이 대상을 성적으로 과대평가하는 것은 모든 점에서 이 과대망상과 흡사하다. 이렇게 하여 우리는 정상적인 연애에 관련시켜서, 정신병의 한 특징을 이해할 수 있다는 사실을 처음으로 알게 된 것이다.

대상에 매달려 있고, 또 그 대상으로 만족을 얻으려는 노력의 표현인 리비도가, 또한 대상을 버리고 그 대신 자아를 대상으로 삼을 수 있다는 견해를 갖게 됨으로써 이 주장은 차츰 일관성을 갖게 되었다. 리비도의 이러한 조치를 우리는 나르시시즘(Narzissmus)이라고 한다. 즉 리비도가 다른 대상 대신에 자기 육체에 고착되는 것을 말한다.

어떤 대상 대신 자기의 육체나 자기 자신에게 이와 같이 리비도가 고착하는 것은 보기 드문 일도 아니고 하찮은 일도 아니다. 오히려 나르시시즘이야말로 보통 있을 수 있고, 또 최초에 있었던 상태이며, 이 상태에서 비로소 후일의 대상애(對象愛)가 생기는 것이다. 그러나 이 때문에 나르시시즘이 소멸하지는 않는다. 많은 성 본능은 처음에는 자기 자신의 육체로 만족을 얻고 있으며, 또 이와 같이 자기 성애적으로 만족을 얻을 수 있기 때문에 현실 원칙에 복종시키고자 하는 교육이 성욕을 무시했던 것이다. 그러므로 자기성애라는 것은 리비도 충당의 나르시시즘적 단계의 성 활동이었던 것이다.

이제 리비도의 이론을 가지고 연애나 질병, 수면 등의 정신 상태를 논해 보자. 수면 상태에 대해서 우리는 전에 그것이 외계로부터의 도피와 자고 싶다는 소망의 두 요인에 마음을 집중시키는 것이라고 가정했었다. 밤의 정신 활동으로서 꿈속에 나타나는 것은, 자고 싶다는 소망에 도움이 된다는 것과, 또 그것은 이기적인 동기에 지배되고 있다는 것을 알았다. 이제 우리는 리비도설의 관점에서 수면이란 모든 대상 충당, 다시 말해 리비도적인 대상 충당과 이기적인 대상 충당이 자아로 퇴행하는 상태라고 말할 수 있다.

잠들어 있는 사람에게는 리비도 분포의 원시 상태, 즉 자기 자신에 만족하고 있는 자아 안에서 리비도와 자아에 대한 흥미가 아직 분리되지 않은 채 살고 있는 완전한 나르시시즘이 다시 만들어지고 있는 것이다.

그러면 여기서 두 가지 문제를 고찰해 보자. 첫째, 나르시시즘과 이기주의는 개념상 어떻게 구별되는가의 문제이다. 나는 나르시시즘이란 이기주의에 리비도를 보충한 것이라고 생각하고 있다. 여기서 이기주의란 개인의 이익에만 주의가 집중된 상태를 말한다. 나르시시즘이라고 말할 때는 개인의 리비도적 만족도 포함된다. 실생활의 동기로서는 둘을 완전히 분리하여 추구할 수 있다. 사람은 절대적인 이기주의자가 될 수가 있지만, 대상으로 리비도를 만족시키는 것이 자아의 욕구인 한, 동시에 강한 리비도적 대상 충당을 지속할 수 있다. 따라서 이기주의란 대상을 추구하지만, 자아에는 아무런 손상을 주지 않도록 주의하는 일이다.

사람은 이기주의인 동시에 극도의 나르시시즘적인, 즉 거의 대상 욕구를 갖지 않는 수도 있다. 나르시시즘은 또 직접적인 성적 만족이나 성욕에 유래하지만, 우리가 이따금 '관능'에 대해서 '연애'라고 부르고 있는 충동 속에 나타난다. 이기주의는 이 모든 경우에 뚜렷하고 변함이 없지만, 나르시시즘은 자주 변화한다. 이에 반하여 이타주의는 개념상 리비도적 대상 충당과 같은 것이 아니다. 이타주의는 성적 만족을 추구하지 않는 점에서 후자와 다르나, 연애 상태가 막바지에 이르면 이타주의와 리비도적 대상 충당은 일치된다. 성 대상은 보통 자아의 나르시시즘 일부를 자기 쪽으로 끌어당긴다. 이것은 이른바 대상의 '성적 과대평가'로서 나타난다. 그리고 성 대상을 이기주의에서 나아가 이타주의로 다루는 것이 덧붙여지면, 성 대상은 강력한 것이 되어 마치 자아를 흡수해 버린 것처럼 된다.

꿈의 학설을 보충하는 것이 제2의 고찰이다. 억압된 무의식은 자아로부터 독립한다. 그러므로 비록 자아에 종속하고 있는 모든 대상 충당이 수면에 방해됨이 없이 사라지더라도 억압된 무의식은 그 충당을 계속한다는 가설 아래 우리의 꿈의 발생을 설명하기로 하자. 이때 비로소 우리는 무의식이라는 것은 검열관의 힘이 밤에 없어지거나 저하되는 것을 기회로 삼는다는 것과, 무의식은 낮의 잔재를 붙잡아 이것을 재료로 금지된 꿈의 소망을 만들 수 있다는 것을 이해할 수 있다.

기질적인 질환, 자극, 기관의 염증은 리비도를 그 대상에 뚜렷이 격리시키는 작용을 한다. 이와 같이 떨어져 나온 리비도는 다시 자아로 되돌아가서 병이 난 부위에 보다 강하게 충당된다. 이런 조건 아래서는 리비도가 대상에서 물러나는 것은 이기적인 흥미가 외계에서 물러나는 것보다 훨씬 주의를 끈다. 여기서 심기증(心氣症)을 이해하는 길이 열리는 것이다. 이제 나는 여러분이 궁금하게 생각하고 있는 두 가지 항의에 답변을 해야겠다.

첫째는 어째서 수면, 병 및 이와 비슷한 상황을 설명할 때 리비도와 흥미, 성 본능과 자아 본능을 군이 구별하려 하느냐는 질문이다. 둘째, 대상 리비도에서 자아 리비도에로의 전환이 정신 역학에서 밤마다 되풀이되는 정상적인 과정의 하나라면, 왜 리비도가 대상에서 떨어져 나가는 것을 병리 상태의 근원이라고 말하게 되었는가 하는 질문이다.

여러분의 첫번째 항의는 타당하다. 수면, 병, 연애의 상태를 자세히 살펴보아도 우리는 아마 자아 리비도와 대상 리비도, 리비도와 흥미를 구별할 필요를 느끼지 못할 것이다. 그러나 여러분은 이와 같은 항의를 제기할 때 우리의 연구를 무시하고 있었다. 실로 이 연구를 길잡이로 해서 우리는 지금 문제가 되어 있는 정신 상태를 고찰하고 있는 것이다. 다시 말해 전이 노이로제의 원인인 갈등을 고찰하기 위해서 우리는 부득이 리비도와 흥미, 즉 성 본능과 자기 보존 본능을 구별하게 된 것이다. 대상 리비도는 자아 리비도로 대신할 수 있다는 가설, 이른바 나르시시즘적 노이로제, 이를테면 조발성 치매의 수수께끼를 풀어주는 유일한 열쇠이다.

분석적 경험에 직접 입각해 있지 않은 유일한 주장은 설령 리비도가 대상을 향하거나 또는 자기 자신을 향하거나 리비도는 역시 리비도일 뿐 결코 이기적인 흥미가 되지 않음은 물론, 이기적 흥미 역시 리비도가 되지 않는다는 점이다.

여러분의 두 번째 항의 역시 정확히 말해 과녁이 빗나가 있다. 확실히 대상 리비도가 자아로 물러가는 것은 병의 원인은 되지 않는다. 이와 같이 물러간다는 것은 밤마다 잠들기 직전에 일어나서 눈을 뜨면 다시 본래 상태로 돌아가는 것을 말한다. 원형질로 된 미생물은 돌기를 집어넣지만, 다음 순간 그것을 다시 밖으로 내놓는다. 그러나 어떤 일정하고 매우 강력한 과정 때문에 리비도가 대상에서 억지로 격리되었을 때는 양상이 바뀐다. 이때 나르시시즘적이 된 리비도는 대상으로 되돌아가는 길을 찾지 못하고, 또한 리비도의 운동성이 이와 같이 방해되는 것은 물론 병의 원인으로서 작용하는 것이다. 우리는 이것이 처음에 대상 충당을 가져온 것이고, 또 리비도의 정체 때문에 병이 나지 않도록 자아가 이 리비도를 놓아주지 않으면 안 된다고 생각할 수 있다.

만일 조발성 치매에 대한 깊은 연구가 우리 계획에 포함되어 있었다면, 리비도를 대상에서 떼어놓고 그것이 대상으로 되돌아가는 길을 막는 과정은 억압 과정과 밀접한 관계가 있으며, 또 억압 과정의 측면으로 해석할 수 있음을 여러분에게 보여줄 수 있었을 것이다. 그러나 여러분이 이 과정의 조건은 억압 조건과 거의 같다는 것을 경험한다면, 이미 여러분에게 낯익은 것임을 깨닫게 될 것이다. 그 갈등은 동일한 것으로서, 또 그것은 동일한 힘과 힘 사이에서 발생하고 있는 것이다.

주목해야 할 것은 모두 나르시시즘적 노이로제에 대해서 리비도의 고착점은 히스테리나 강박 노이로제보다 발달의 훨씬 초기에 있다고 가정해야 한다는 것이다. 그러나 우리가 전이 노이로제를 연구했을 때 발견한 개념은 실제로 매우 어려운 나르시시즘적 노이로제를 연구하는 데도 많은 도움이 된다. 이 두 가지는 많은 공통점을 가지고 있으며, 그것은 동일한 현상계(現象界)에 있다.

조발성 치매의 병상(病像)은 리비도가 대상에서 억지로 격리되어 나르시시즘적 리비도가 된 자아 속에 쌓였기 때문에 생긴 증상이 전부는 아니다. 오히려 다른 현상이 더 큰 자리를 차지하고 있다. 그리고 이와 같은 현상은 결국 다시 원 대상에 도달하려고 하는 리비도의 노력 때문이다. 이 노력은 회복과 치유의 시도와 일치하고 있다. 이런 증상이야말로 사람의 눈에 띄게 마련이고 소란스러우며, 히스테리의 증상, 드물게는 강박 노이로제의 증상과 유사한 것 같지만 역시 다르다.

조발성 치매에 있어서는 그 대상의 표상에 도달하려고 노력하는 리비도가 실제로 대상에서 그 무엇을 붙잡고는 있지만, 결국은 그 대상만 붙잡고 있는 데 지나지 않는 것이다. 그 문제에 대해서 더 이상 이야기할 수 없지만, 대상에 되돌아가려고 노력하는 리비도의 이러한 행동에서 우리는 의식적인 표상과 무의식적인 표상의 구별을 결정하는 것이 무엇이냐는 점에 어떤 전망을 얻었으리라고 생각한다.

우리는 자아 리비도라는 개념을 쓰기로 한 후부터 나르시시즘적 노이로제를 이해할 수 있게 되었다. 그래서 이 질환을 역동적으로 해명하고, 또한 정신 생활에 대한 지식을 자아의 연구로 완전하게 만드는 것이 우리의 할 일이다. 나르시시즘적 노이로제를 전이 노이로제에 쓰이는 방법으로 다룰 수는 없다. 나르시시즘적 노이로제에서는 조금만 진보해도 곧 어떤 장벽에 부딪혀 정지해야만 하기 때문이다. 그러나 전이 노이로제와는 달리 우리는 그 저항을 깨뜨릴 수가 없다. 고작해야 가로막고 있는 벽에 호기심에 찬 눈을 던져서 성벽 저쪽에서 무엇이 일어나고 있는가 살필 뿐이다. 그러므로 우리의 기법은 달라지지 않으면 안 된다.

만성의 계통적인 정신 착란병인 편집병의 병형(病型)은 아직까지 현대 정신의학의 분류에 있어 확연하지가 못하다. 그러나 이것이 조발성 치매와 가까운 관계에 있다는 것은 사실이다. 편집병을 그 내용에 따라 분류하면 과대 망상, 피해 망상, 연애 망상(色情狂), 질투 망상 등이 있다. 나는 이와 같은 예를 가지고서 지적 합리화(eine intellekuelle Rationalisierung)에 의해 하나의 증상을 다른 증상에서 끌어내는 시도를 실시하겠다.

정신분석의 견해에 의하면 과대 망상은 리비도적 대상 충당이 자아로 퇴행함으로써 자아가 확대되는 결과이며, 원시적인 유아형으로 되돌아가는 결과로서 일어나는 2차적 나르시시즘이다. 그러나 피해 망상의 증상의 예에서 우리는 몇 가지를 관찰했는데, 이것은 어떤 실마리를 잡는 계기가 되었다. 첫째, 압도적으로 많은 증상의 예에서 박해하는 사람과 박해받는 사람이 동성이라는 점이 눈길을 끌었다. 이것은 쉽게 설명할 수 있었다. 그런데 자세히 연구된 몇 가지 증상의 예에서는 건강할 때 가장 사랑하던 동성의 사람이 병이 난 후로는 박해자가 되었다는 사실이 밝혀졌다. 그리고 이것이 발전하면 사랑하고 있던 그 사람이 잘 알려져 있는 친근성에 따라 다른 인물로 대치되는 수도 있다. 이를테면 아버지가 선생이나 상관으로 대치되는 것이다. 우리는 이와 같은 경험으로 피해 망상성 편집병은 과대해진 동성애적 충동에 대하여 개체가 스스로를 방위하기 위해서 갖는 수단이라는 것을 알았다.

이에 관해서 내가 관찰한 최근의 실례를 들겠다. 한 젊은 의사가 고향에서 쫓겨나게 되었다. 그 이유는 그가 친한 친구인 그 지방 대학 교수의 아들을 죽이려고 했기 때문이다. 그는 자기의 친구가 흉악한 의도와 악마적인 힘을 갖고 있다고 생각했다. 그러나 친구에 대한 우정은 아직도 남아 있어 가까이에서 친구를 쏘아 죽일 기회가 있었지만, 그때마다 손이 마비되어 뜻대로 되지 않았다. 나는 이 환자와 나눈 짧은 대화로 두 사람의 우정 관계가 고등학교 시절까지 거슬러 올라간다는 것을 알았다. 어느 날 밤 함께 잔 둘은 성적 교섭을 가졌다. 그후 이 환자는 한 번도 여성을 연모한 적이 없었다. 그는 상류 가정의 아름다운 딸과 약혼했으나, 그가 냉담하다는 이유로 파혼을 당했다. 몇 해 후 그가 한 여성에게 만족을 주는 데 성공한 바로 그 순간에 지금의 병이 발생했던 것이다.

그러면 박해자가 박해당하는 사람과 동성이 아닌 증상의 예는 대체 어떻게 하면 좋은가? 동성애적인 대상 선택은 원래 이성애보다 나르시시즘과 밀접한 관계가 있다. 그러므로 동성애적 충동이 거부되면 나르시시즘으로 돌아가는 길은 쉽게 발견된다.

나는 나르시시즘의 단계 뒤에 나타나는 대상 선택과 리비도의 발달은 두 가지 상이한 형을 갖는다고 장담할 수 있다. 두 가지 중 하나는 자신의 자아 대신 자아와 닮은 것을 대상으로 선택하는 나르시시즘형과 또 하나는 의존형이다. 의존형이라는 것은 다른 욕구를 채워주기 때문에 중요해진 인물, 이를테면 어머니를 리비도의 대상으로서 선택하는 일이다. 나르시시즘형의 대상 선택에 리비도가 강하게 고착되는 것은 현재성 동성애 소인의 하나이다.

이제 여러분은 정신분석에서는 망상을 어떻게 설명하는지 알고 싶을 것이다. 그러나 나는 여러분이 기대하는 것보다 훨씬 적은 이야기를 할 수밖에 없다.

논리적인 증명과 현실적인 경험으로 망상을 공격하지 못하는 것은 마치 강박관념과 마찬가지로 무의식과의 관계로 설명된다. 다만 망상 관념과 강박 관념이 다른 것은 두 질환의 국소론과 역학이 다르기 때문이다.

편집증과 마찬가지로 여러 가지 임상적인 병형으로 분류되고 있는 우울증(Melancholie)의 경우에도 우리는 질환의 내부 구조를 둘러볼 수 있는 한 장소를 발견했다. 우리는 이런 우울병 환자를 괴롭히는 자책이 타인, 즉 그들이 잃어버린 성 대상이나 혹은 그 환자의 잘못으로 가치가 떨어진 성 대상과 관계가 있다는 사실을 발견했다.

이것으로 우리는 우울증 환자는 리비도를 대상에서 퇴행시켰지만 '나르시시즘적 동일시'라고 불러야 할 하나의 과정에 의해서 대상이 자아 자체에 만들어졌다거나 혹은 대상이 자아에 투사되었다고 결론을 내릴 수 있다.

나는 여기서 이 과정을 국소론적, 역동적으로 설명할 수는 없지만 회화적으로 표현할 수는 있다. 즉 자기 자신의 자아는 마치 버려진 대상처럼 취급되고, 또 자아는 대상으로 돌려져야 할 모든 복수의 표현과 공격을 기꺼이 받는다.

우울증 환자가 자주 시도하는 자살극도 사랑하는 동시에 미워하는 대상을 괴롭힌 것과 똑같이 자기 자신의 자아를 격렬하게 괴롭히는 것이라고 생각하면 쉽게 이해할 수 있을 것이다. 다른 나르시시즘적 질환과 마찬가지로 우울증에서도 브로이어 이래 우리가 양가성(兩價性, Ambivalenz)이라고 불러온 감정 생활의 한 특징이 매우 현저하게 나타난다. 양가성이라는 것은 동일 인물에 대해서 정반대의 감정을 품는 것을 말한다.

나르시시즘적 동일시(同一視) 이외에 히스테리성 동일시가 있다. 우울증의 주기적, 순환적인 병형에 대해서는 여러분이 듣고 싶어하는 것을 분명히 이야기할 수 있다. 즉 편리한 조건 아래서는 발작을 일으키지 않는 중간기에 분석요법을 했더니, 전과 동일하거나 혹은 전과 정반대의 기분이 되는 것을 막을 수 있었다. 이것으로 우리는 우울증, 또는 조병(躁病, Manie)에서 갈등의 해결책이 강구되어 있으며, 그 갈등의 전제 조건은 다른 노이로제의 갈등의 전제 조건과 일치한다는 것을 알았다.

우리는 나르시시즘적 질환의 분석으로 인간의 자아 조성과 그 구조에 대해 알았다. 관찰 망상(觀察忘想:注察忘想, Beobachtung swahn)의 분석에서 우리는 실제로 자아 속에는 끊임없이 감시하고 비판하며 비교하는 능력이 있으며, 이와 같이 하여 자아의 다른 부분에 대립하고 있다는 결론을 얻었다. 즉 환자가 자기의 모든 행동이 누군가에게 감시되고, 자기가 생각하는 것이 알려져 비판 받는다고 호소한다면, 이 환자는 아직 충분히 평가되지 못한 진실을 나타낸 것이라고 생각할 수 있다. 환자는 이 불쾌한 힘을 밖으로 옮겨서 자기와는 아무런 관계도 없는 것으로 본 점이 잘못되어 있는 것이다. 환자는 자기의 자아 내부에 참된 자아를 좌우하는 능력이 존재하고 있어, 이것이 자기의 현실적인 자아의 그 활동들을 꾸며낸 이상적인 자아에 비추어 판단한다는 것을 느낄 것이다.

그러므로 이 이상 자아야말로 성장하는 동안에 환자가 만든 것이다. 우리는 또 이 창조물은 저 최초의 유아성 나르시시즘과 결부되어 있으나, 그후에 많은 장해와 굴욕을 받은 자기 만족을 회복하는 목적으로 만들어진 것이라고 생각하고 있다. 자기 관찰을 하는 이 능력을 자아 검열, 즉 양심이라고 간주한다.

그리고 이 양심이야말로 밤에 꿈의 검열 역할을 하고, 온당치 않은 소망 충동을 억압하는 것이다. 만일 이 능력이 관찰 망상의 경우에 붕괴하는 것을 보게 되면, 그것이 부모, 교사 및 사회적 환경의 영향에서 오고 있고, 또 이를 본받을 만한 인물의 어떤 사람과의 동일시에서 온다는 것을 알 수 있을 것이다.

여러분은 인간이 불안을 느끼기 때문에 달아나는 것이라고 고지식하게 믿고 있지는 않을 것이다. 인간은 불안을 느끼고, 그런 다음 위험을 감지했기 때문에 일깨워진 공통의 동기로 달아나는 것이다. 생명의 위험에 직면해 있는 사람들은 보통 다음과 같이 말한다. "나는 조금도 무서워하지 않고 다만 행동했을 뿐이다. 이를테면 맹수에게 총을 겨누었을 뿐이다."라고. 이것이야말로 최선의 일이었던 것이다.

스물일곱 번째 강의

감정의 전이

이제 내 강의도 마지막에 가까워졌는데, 여러분은 무엇을 기대하고 있는가? 여러분은 아마 이렇게 생각하고 있을 것이다.

'선생님은 정신분석을 세밀하게 소개해 주지 않았다. 즉 정신분석을 실행에 옮길 수 있다는 그 근거, 요컨대 치료에 대해서는 한마디도 언급이 없었던 것이다.' 하고.

하지만 내가 치료하는 주제를 여러분에게 이야기하지 않았다는 것은 틀린 생각이다. 왜냐하면 여러분은 그러한 관찰을 통해서 새로운 사실을 배워야 하며, 또 이 새로운 사실에 대한 지식이 없으면 우리가 연구하고 있는 질환을 똑똑히 이해할 수 없기 때문이다.

여러분은 발병의 조건 중에서 본질적인 모든 것, 병에 걸린 사람에게 작용하는 모든 인자를 배웠다. 그러면 치료의 힘이 작용할 여지는 어디에 있는가에 대해 알아보기로 하자.

첫째, 유전적인 소인이 있다. 그러나 나는 이에 대해서 자세히 언급하지 않겠다. 왜냐하면 유전적인 소인은 이미 다른 방면에서 크게 강조되어 새삼 여기서 언급할 필요가 없기 때문이다. 그렇다고 여러분은 내가 그것을 과소평가하고 있다고 생각해서는 안 된다.

둘째, 유아기의 체험이 있다. 이 체험은 과거에 속하므로 우리는 그것을 소급할 수가 없다.

셋째, 우리가 '현실적인 욕구불만'이라고 말할 수 있는 인생의 불행, 즉 빈곤, 가정 불화, 불행한 결혼 생활, 사회적 제약, 개인에게 압력을 가하는 엄한 도덕적 요청 등이 이에 속한다. 그리고 이러한 인생의 불행 때문에 애정의 결여가 생긴다. 분명히 여기서는 효과를 기대할 만한 치료 수단이 있을 것이다.

그러나 그와 같은 수단은 빈의 전설 속 조세프 황제의 치료법에 지나지 않을 것이다. 전제 군주의 자비로운 간섭, 그 군주의 의지 앞에 인민은 굴복하고, 모든 곤란이 사라져 버린다. 그러한 자선 행위를 우리의 치료법 속에 도입할 수 있을지도 모른다고 말하는 우리는 대체 누구인가? 가난하고 무력하며, 의료 행위로 간신히 생활해 나가는 우리는 가난한 사람들을 위해 노력을 쏟을 수 있는 처지도 못 된다.

우리의 치료법은 다른 치료법에 비해서 많은 시간이 걸리며, 너무나 까다롭고 귀찮다. 만일 환자가 겪은 결여의 일부가 사회가 바라는 도덕적인 속박에 유래한다면 치료를 통해서 환자에게 용기를 주고, 어떤 때는 규칙을 어겨서 사회가 높이 표방하고 있으면서도 실현되지 않는 이상의 실현을 단념하고, 만족과 치유를 얻도록 다음과 같이 충고할 수 있을 것이다. 성적으로 인생을 '마음껏 누린다'는 것에 의해서 사람이 건강해질 것이라고.

방탕하라고 권하는 것이 분석요법의 요령이라는 것은 당치도 않은 말이다. 환자에게서는 리비도 충동과 성적 억압, 육욕적인 방향과 금욕적인 방향 사이에 갈등이 있다고 우리가 주장했기 때문에 이런 평판이 난 것은 아니다. 이 갈등은 두 방향 중 하나에 승리를 주는 것만으로는 사라지지 않는다. 아니, 우리는 노이로제 환자에 있어서는 금욕 쪽이 승리를 차지하고 있다는 것을 알고 있다. 그러기에 억눌린 성 흥분이 증상 속에서 분개하는 결과가 된 것이다. 내부 갈등을 종식시키지 못하고 언제나 채워지지 않는 일부가 남게 되는 것이다. 의사의 충고 같은 인자가 영향을 줄 수 있을 만큼 갈등이 불안정한 경우는 극히 드물다. 의사에게서 영향을 받을 수 있는 사람은 굳이 의사의 힘을 빌리지 않더라도 치료가 가능하다.

이러한 점으로 볼 때, 사람들은 노이로제 환자의 병원적 갈등을 동일한 심리학적 기반 위에 있는 심적 충동 사이의 정상적인 싸움과 혼동해서는 안 된다는 중요한 사실을 간과하고 있다. 병원적 갈등이란, 한편은 전의식과 의식의 단계에 나타나 있고 한편은 무의식의 단계에 억제되어 있는 두 힘 사이의 충돌을 말한다. 그러므로 이 갈등은 결코 해결할 수 없다. 나는 두 힘이 한 기반에 설 수 있도록 주선해 주는 것이 치료의 유일한 방법이라고 생각한다.

그리고 이밖에 인생 문제에 대해서 충고하고 지도하는 것이 분석요법의 불가결한 부분이라고 여러분이 생각한다면, 아마도 어디선가 엉터리 같은 이야기를 들었기 때문에 그런 생각을 하게 되었으리라. 사실은 정반대이다. 우리는 오히려 그와 같이 교육자연하는 것을 경고하고 있다. 우리는 분석요법으로 치료되는 것보다 환자가 남의 손을 빌리지 않고 해결하는 것이 바람직하다고 생각한다. 이 같은 목적을 위해서 환자에게 직업을 갖거나, 기업, 결혼, 이혼 등에 대한 인생의 중대한 결정을 내리는 일을 삼가게 하고, 모든 것은 치료가 끝난 후에 해야 한다고 명령한다.

여러분은 우리가 상상과는 매우 다르다고 고백할 것이다. 다만 아주 젊은 사람이나 친척, 또는 의논 상대가 없는 사람에게만은 우리도 바람직스러운 이 제도를 실시하지 못한다. 그런 사람들에 대해서는 의사의 일 이외에 교사의 일까지 겸해야 하는데, 그때 우리는 책임을 충분히 자각하고 주의 깊게 행동하려고 노력한다.

그러나 '노이로제 환자는 분석요법 중에 방탕하도록 안내를 받는다.' 는 비난에 대해서 내가 너무 열변을 토하는 바람에 여러분이 거꾸로 우리가 사회의 도덕에 맞도록 그들에게 감화를 주고 있다는 결론을 내려서는 안 된다. 적어도 그것 또한 우리와는 관계 없는 일이다. 우리는 사회 개혁가가 아니라 단순한 관찰자이기 때문이다. 우리는 인습적인 성 도덕의 편을 들 수도, 또 사회가 성 생활 문제를 실제로 해결하기 위해 사용하는 방법을 높이 평가할 수도 없다. 우리는 단지 환자가 다른 문제와 같이 성적인 문제도 편견 없는 눈으로 평가하는 습관을 기르게 하고 있을 뿐이다.

그러므로 여러분은 방탕으로써 정신분석 요법의 작용을 설명할 수는 없다. 우리가 이용하는 것은 무의식을 의식으로 대치하는 것, 즉 무의식을 의식으로 번역하는 일이다. 우리는 무의식을 의식으로 확대하여 억압을 해제하고 증상 형성의 조건을 제거했으며, 병원적인 갈등을 정상적인 갈등으로 바꾸어 놓는다.

우리는 이 노력을 갖가지 공식으로 표현할 수 있다. 즉 무의식의 의식화, 억압의 배제, 기억의 탈락을 메운다는 것이 그것이다. 그러나 그런 모든 것이 결국은 같은 것이다. 하지만 아마도 여러분은 이런 말로는 불만일 것이다. 여러분은 노이로제가 사라지는 것을 달리 상상하고 있을 것이다. 이를테면 환자가 정신분석의 귀찮은 요법을 받으면 사람이 완전히 달라진다고 상상하고 있을 것이다. 그리고 환자에게는 치료 전보다 무의식적인 것이 적어지고 의식적인 것이 많아지는 것이 치료 결과의 전부라고 생각하고 있을 것이다. 완쾌한 노이로제 환자는 사실상 사람이 변하지만 근본은 변하지 않는다. 즉 가장 유리한 조건 아래에서 최선의 상태가 된 것뿐이다.

혹시 여러분이 원인요법을 알고 있는지 모르겠다. 병의 증상을 공격하지 않고 원인을 제거하는 방법이 원인요법이다. 분석요법이 증상의 제거를 첫째 사명으로 삼지 않는다면 그것은 원인요법처럼 보인다. 여러분은 다른 점에서는 분석요법과 원인요법이 다르다고 말할 수 있을 것이다. 즉 우리는 억압을 넘어서 인과의 연쇄를 따라, 마침내 본능적 소질에 있어서의 그 상대적인 강도 및 그 발달 과정의 갖가지 다른 형태를 이해할 수 있게 되었다. 그런데 여러분이 어떤 화학적인 방법으로 이 정신기관에 참여하여 그때 그곳에 있는 리비도의 양을 증감시키거나 혹은 하나의 본능을 희생시켜 다른 본능을 강하게 할 수 있다고 가정한다면, 이 방법이야말로 원인요법인 것이다.

그렇다면 환자의 무의식을 의식으로 대치하기 위해 우리는 무엇을 할 수 있는가? 무의식에 대해서 우리가 알고 있는 것과 환자가 알고 있는 것은 다르다. 환자에게 우리가 알고 있는 것을 가르쳐 주어도 환자는 자기의 무의식 대신 그것을 받아들이는 것이 아니라 자기의 무의식과 함께 받아들이기 때문에 변화는 거의 일어나지 않는다. 우리는 이 무의식을 오히려 국소론적으로 머리에 그리고, 환자의 기억 속에 있는 억압에 의해서 무의식이 성립한 곳에서 그것을 찾아야 하는 것이다. 이 억압은 마땅히 제거해야 한다. 이 때야말로 무의식은 의식으로 원활하게 대치된다. 그러한 억압을 제거하기 위해서는 어떻게 해야 좋을까? 억압을 발견해서 그것을 지탱하고 있는 저항을 제거해야 한다.

이 저항을 제거하기 위해서는 저항을 추측하여 환자에게 가르쳐 주는 방법밖에 없다. 그렇다. 저항은 억압, 즉 우리가 제거하려고 하는 것, 또는 과거에 일어난 것에서도 온다. 저항은 외설스러운 충동을 억압하기 위해서 행해지는 반대 충당에 의해서 만들어진다. 그러므로 해석하고 추측한 것을 환자에게 가르쳐 주면 되는 것이다. 그러나 우리는 그것을 올바른 장소에서 하지 않으면 안 된다.

반대 충당, 즉 저항은 무의식에 속해 있지 않고 우리의 협력자인 자아 속에 있다. 그리고 자아는 의식적이 아니라도 자아이다. 이 경우 문제가 되는 것은

'무의식적'이라는 말이 두 가지 뜻을 갖고 있다는 점이다. 하나는 현상으로서의 무의식, 또 하나는 체계로서의 무의식이다. 이 문제는 매우 어려워서 분명하지 않은 것 같으나, 앞에서 말한 것의 되풀이에 불과할 뿐이다.

우리가 해석을 통해서 자아에게 이것이 저항이라고 인정시켜 줄 수 있다면, 이 저항은 포기되고 반대 충당은 철수되는 것이다. 그러면 이런 경우, 우리는 환자의 어떤 원동력을 작용시키면 될 것인가? 첫째 건강해지고 싶다는 환자의 의욕을 작용시켜야 한다. 이 의욕은 환자에게 우리와 일치 협력하는 마음을 갖게 만든다. 둘째, 우리의 해석으로 지원을 받고 있는 환자의 지성을 빌려야 한다. 만일 우리가 환자에게 적당한 예상 관념을 준다면, 환자는 지성으로 저항이라는 것을 깨닫고, 억압된 것에 대응하는 번역을 발견할 것이다. 생전 처음으로 현미경을 들여다본 학생도 무엇을 보아야 할 것인가 선생에게 배우는 법이다. 배우지 않으면 현미경 속의 것을 볼 수 없기 때문이다.

이와 같이 우리는 모든 저항을 극복하기 위해 환자의 마음속에서 격렬한 갈등이 일어나고 있는 것을 볼 수 있다. 이 갈등은 반대 충당을 지속하려는 동기와 그것을 포기하려는 동기 사이에, 다시 말해 동일한 기반 위에 서 있는 두 경향의 정신적 투쟁인 것이다. 전자는 당시 억압을 완수한 낡은 동기이고, 후자는 새로 덧붙여진 것으로서 우리 편을 들어 갈등을 해결해 주리라고 기대하고 있는 동기이다. 우리는 낡은 억압 갈등을 되살려서, 그 당시 해결된 과정을 개정하는 데 성공하는 것이다.

우리는 새로운 자료로서, 첫째 그 전의 해결이 병을 일으켰다는 경고와 다른 방법이 완쾌에 이르는 길이라는 확약과, 둘째 충동의 그 첫 욕구 불만 이후, 모든 관계에 대규모의 변화가 일어난 것이라고 지적해 준다. 그 당시에 자아는 약하고 유아성이며, 리비도의 요구를 경계하는 이유가 있었겠지만, 오늘날 자아는 강해지고 체험을 쌓은데다가 의사를 고문으로 갖고 있다. 그러므로 우리는 되살아난 갈등을 억압보다 훨씬 뛰어난 출구까지 안내하고 있다고 예상해도 좋다. 그리고 이미 말한 것처럼 히스테리, 불안, 노이로제 및 강박 노이로제에서도 우리가 주장하는 결과는 원리상 옳은 것이다.

히스테리 환자와 강박 노이로제 환자의 연구에 몰두한다면, 전혀 생각지도 않았던 제2의 사실이 드러난다. 즉 시간이 흐르면 환자들이 우리에게 아주 특수한 태도를 갖게 됨을 볼 수 있다. 우리는 치료 때 문제가 되는 본 능력을 모두 설명하고 의사와 환자 사이에 있는 상황을 논리적으로 전개했으므로, 마치 수학 공식처럼 답이 정확히 맞는다고 믿고 있다. 그런데 이 계산 속에 예상하지 않았던 그 무엇이 끼여든 듯한 기분이 든다. 이 뜻밖의 새로운 것은 그 자체가 갖가지 모습을 띠고 있다. 나는 무엇보다도 이 형상 속에서 가장 잘 나타나고 가장 해결하기 쉬운 형을 설명해 주겠다.

우리는 자기의 괴로운 갈등에서 벗어날 길을 찾고 있는 환자가 의사의 인품에 대해서 특별한 흥미를 갖고 있다는 것을 깨닫게 된다. 그 의사에 관련된 모든 것이 환자에게는 자기 자신의 일 이상으로 중요한 것으로 생각되기 때문에 자기의 병을 잊게 해 주는 것처럼 여겨진다. 그후 얼마 동안 환자와의 교섭은 매우 유쾌하게 진행된다. 환자는 아주 상냥해지고, 우리가 예상하지 않았던 자상한 인품과 장점을 보여 준다. 그 결과, 의사는 환자에게 호의를 품게 된다.

의사의 인격이 환자에게 존경받는 것은 의사가 환자에게 줄 수 있는 회복의 희망과 환자를 해방시켜 줄 놀라운 계시 때문에, 환자의 지적 수평선이 넓어진 탓이라고 의사들은 스스로 겸허하게 생각하는 것이다. 이 조건이라면 분석은 빠르게 진전된다. 환자는 자기에게 암시된 것을 이해하고, 치료로서 지시받는 과제에 열중한다. 기억과 연상의 재료가 환자의 마음속에 충분히 솟아오르고, 그 정확하고 적절한 해석으로 의사를 놀라게 한다. 의사가 건강인이 반대하는 심리학상의 모든 새 사실을 환자가 기꺼이 받아들이는 것을 보고 기뻐하는 것은 물론이다. 병의 상태가 어디로 보나 객관적으로도 좋아진 것은 분석 중 환자와 의사가 이와 같이 잘 협조했기 때문이다.

그러나 치료에 곤란이 나타나기 시작하는 경우가 있다. 환자는 토라져서 이제 분석이라는 작업에 관심이 없으며 아무 연상도 떠오르지 않는다고 말한다. 환자는 마치 치료를 받지 않을 것처럼, 또 의사와 그 계획을 믿지 않는 것처럼 행동한다. 이것이야말로 치료를 위해서는 위험하기 짝이 없는 상황이다. 우리는 분명히 강력한 저항에 직면하고 있는 것이다. 그러면 대체 환자에게 어떤 변화가 일어난 것일까?

이 상황을 똑바로 직시해 보면 환자가 의사에게 강한 애정을 쏟은 것이 원인이라는 것을 발견할 것이다. 그러나 의사의 행동으로도, 치료 중에 일어난 상호 관계로도 이 애정은 설명될 수 없다. 이 애정이 어떤 형태로 나타나고, 또 어떤 목적을 달성하려는지는 물론 두 사람의 인간 관계에 달려 있다. 만일 환자가 젊은 처녀이고 의사가 젊은 남자라면, 우리는 정상적인 연애 관계의 인상을 받을 것이다. 처녀와 단둘이 있을 때 마음의 비밀을 고백할 수 있는 남자, 더욱이 훌륭한 구조자라는 자리에서 자기를 보는 남자에게 마음을 빼앗기는 것은 당연한 일이다. 또한 불행한 결혼 생활을 하던 젊은 유부녀가 아직 독신인 의사에게 진지한 정열을 품고 그와 은밀히 연애 관계를 맺으려 하는 것도 있을 수 있는 일이다. 그리고 이와 같은 일은 정신분석 이외의 세계에서도 일어난다.

그런데 이런 상황에서 유부녀나 처녀들의 고백을 들으면 여러분은 놀랄 것이다. 그것이 치료 문제에 대한 아주 특수한 의견을 보여 주기 때문이다. 즉 "사람을 건강하게 만들어 주는 것은 애정뿐이라고 언제나 생각하고 있었어요. 그래서 치료가 시작될 때부터 여태까지 얻지 못했던 것을 선생님과 가까이 함으로써 얻을 수 있으리라고 기대하고 있었지요. 오직 이 희망으로 치료 중의 온갖 고생과 곤란을 극복한 거예요." 여기에 우리는 다음과 같이 덧붙일 수 있다. '그리고 보통 때 같으면 도저히 믿을 수 없는 일을 모두 쉽게 이해한 거예요.' 라고. 그러나 이와 같은 고백은 우리를 놀라게 할 뿐만 아니라, 우리의 계산이 틀렸다고 항의하는 것이다.

인정할 수밖에 없는 이 새로운 사실을 우리는 전이(轉移, Übertragung)라고 부른다. 의사라는 인간으로 감정을 옮긴다는 뜻이다. 왜냐하면 치료하는 상황에서 이와 같은 감정이 발생한다는 것으로는 설명이 되지 않기 때문이다. 오히려 우리는 이러한 감정이 다른 장소에서 만들어진 것이며, 즉 환자의 마음에 미리 준비되어 있어서 분석요법의 기회에 의사라는 인간에게 옮겨진 것이라고 추측하는 것이다.

전이는 어떤 때는 격렬한 사랑의 요구로 나타나고, 어떤 때는 온화한 모습으로 나타난다. 젊은 여자와 늙은 남자 사이에는 연인이 되고 싶다는 소망 대신, 저 사람의 딸이 되어 귀여움을 받고 싶다는 소망이 생긴다. 이 경우 리비도의 요구는 영구히 변하지 않고, 관능적이 아닌 플라토닉한 우정의 형태로 나타난다. 많은 여성은 이 전이를 승화시켜, 그것이 어떤 종류의 존재권을 얻게 될 때까지 변형하는 방법을 알고 있다. 또 대개의 여성은 이 전이를 실행 불가능한 모습으로 나타낸다. 그러나 그것이 결국은 언제나 같으며 같은 원천에서 나왔다는 것은 틀림없는 사실이다.

우리는 이 전이라는 새로운 사실을 어디에 넣으려 하고 있느냐고 자문하기 전에, 우선 이것을 완전히 기술해 두기로 하자. 남자 환자의 경우는 성별과 성의 매력이라는 귀찮은 문제를 뒤섞지 않도록 해야겠다. 남자 환자의 경우도 여자 환자의 경우와 별로 다를 것이 없다. 의사에게 강하게 집착하는 것, 의사의 인격을 과대평가하는 것, 의사에 대한 관심이 높아지는 것, 의사의 생활과 밀접한 관계가 있는 모든 것에 질투하는 모습 등을 볼 수 있다.

전이의 승화된 상태는 남성과 남성 사이에서 훨씬 자주 볼 수 있지만, 직접 성을 구하는 일은 매우 드물다. 현재성 동성애를 나타내는 경우는 이 본능 성분을 다른 형태로 사용하는 것보다 적게 나타난다. 또 의사는 여자 환자의 경우보다 남자 환자에게서 전이의 한 현상형(現象型)을 관찰하는 일이 많다. 이 전이가 지금까지 말한 모든 것과 모순되는 것처럼 보이는 이유는 그것이 적대적인 전이, 즉 음성 전이(陰性轉移, die negative Übertragung)이기 때문이다.

그러나 우리가 먼저 인정해 둘 것은 전이가 치료의 초기 단계에는 환자에게 한동안 가장 강력한 원동력이 된다는 사실이다. 전이가 의사와 환자가 합심하여 하고 있는 분석에 편리하게 작용하는 이상 그것을 깨닫지 못하고, 또 개의할 것도 없다. 그 다음에 전이가 저항으로 변한다면, 그때야말로 이에 주목하지 않으면 안 된다. 그리고 다음의 두 가지 정반대의 상황 아래서는 치료에 대한 전이의 관계가 변하는 것을 알게 된다.

첫째는 전이가 강한 애정의 경향(zärtliche Neigung)을 띠었을 뿐 아니라, 그것이 성욕에서 나오고 있다는 표시를 뚜렷이 나타냈기 때문에 내부적인 반대(ein inneres Widerstreben)를 일깨워야만 될 때이다. 둘째는, 전이가 사랑의 충동(zärtliche Regungen)이 아니라 적의의 충동(feindselige Regungen)에서 나오고 있을 때이다. 이때 적의와 애정이 동시에 존재하는 것은 감정의 양가성의 좋은 실례인데, 이것으로 인해 타인과 친밀한 관계를 유지할 수 있는 것이다.

적의의 감정은 애정과 마찬가지로 감정의 결합을 의미한다. 이것은 마치 반항이 비록 정반대의 표현을 갖고 있더라도, 복종처럼 의존을 뜻하는 것과 같은 경우이다.

전이는 어디서 오는가, 전이는 우리에게 어떤 고난을 가져다주는가, 이 전이를 우리는 어떤 방법으로 극복하는가, 그리고 마지막으로 전이에서 우리는 어떤 이익을 얻고 있는가, 하는 것들은 분석의 기법에서 다루기도 하고, 여기서는 대강의 개요만 이야기하는 것으로 마치겠다.

전이의 결과로 생기는 환자의 요구에 우리가 양보한다는 것은 부당한 일이다. 그렇다고 그런 요구를 어떤 때는 무뚝뚝하게, 어떤 때는 분개하여 거절한다는 것 또한 우스운 일이다. 우리는 그와 같은 경우 환자에게 "당신의 지금 감정은 당신의 마음속에서 옛날에 한 번 나타났던 감정을 되풀이하고 있는 것입니다." 하고 일러주어 그 전이를 극복시키고 있다. 같은 방법으로 우리는 이 반복을 회상으로 바꾸기도 한다. 그 결과 애정적인 것이든 적대적인 것이든 어떤 경우에나 치료를 강력하게 위협하는 것처럼 보이던 전이가 오히려 치료의 훌륭한 도구가 된다. 그리고 우리는 그것의 도움을 얻어 정신 생활의 닫혀진 문을 활짝 열 수 있게 된다.

그러나 여러분이 이와 같은 뜻밖의 현상에 직면하여 당황하지 않도록 한마디해 두고 싶다. 우리가 분석한 환자의 병은 완성된 것, 혹은 굳어 버린 것이 아니라 생물처럼 성장을 계속하고 있다는 것을 잊지 말아야 한다. 치료를 시작했다고 해서 금방 병의 진전을 막을 수는 없다. 그러나 치료가 환자의 관심을 끌 때 비로소 병의 새로운 산물을 모두 하나의 장소, 즉 의사와의 관계에 집중되는 것이다.

그러므로 전이는 나무의 수질과 피질 사이에 있는 형성층에 비유할 수 있다. 형성층은 조직의 신생과 나무둥치의 곧은 성장을 다스린다. 전이가 이런 뜻을 가질 때 비로소 환자의 회상이라는 작업은 배경으로 퇴행하는 것이다. 이때 우리는 더 이상 그 환자의 옛날의 병을 다루고 있는 것이 아니라, 지난날의 병과 대치되어 새로운 형태로 바뀐 노이로제를 다루고 있는 것이다.

환자가 나타내는 모든 증상은 그 본래의 의의를 버리고 전이와 관계가 있는 새로운 의미를 갖게 된다. 또는 이와 같은 수정에 성공한 증상만이 존속하는 것이다. 그러나 인공적으로 만들어진 이 노이로제를 정복하는 것은 치료 전에는 존재한 병을 고치는 것이나 우리의 치료라는 사명을 완수하는 것과 일치한다. 의사와의 관계가 정상적이고, 또 억압된 본능 흥분의 작용에서 해방된 사람은 의사와의 관계가 다시 옛날로 돌아갔을 때도 정상적인 생활을 할 수 있다.

　전이는 히스테리, 불안 히스테리, 강박 노이로제의 치료에 있어서 중심적이며 중요한 의의를 갖는다. 그러므로 이와 같은 병을 종합해서 '전이 노이로제' 라고 일컫는 것이다.

　그러면 우리는 치유의 과정에 대한 과거의 역동적 견해를 바꿔서 지금 새로 발견한 것과 맞출 수가 있다. 환자가 분석 중에 저항으로써 정상적인 갈등과 싸워 이길 때, 그는 우리가 희망하는 방향, 즉 회복을 가져다주는 방향으로 갈등을 해결할 수 있도록 영향을 미칠 강력한 추진력이 필요하다. 그렇지 않으면 환자는 그 전의 결과를 되풀이하리라 결심하고 모처럼 의식에 떠오른 것을 다시 억압해 버리는 일이 있기 때문이다. 이 결과는 환자의 지적 분별에 의해서 정해지는 것이 아니라 환자와 의사의 관계만으로 정해진다. 환자의 전이가 양성으로 나타나는 한 전이는 의사를 권위로 감싸서 의사의 보고와 견해를 신앙처럼 느끼게 한다. 이와 같은 전이가 없거나 음성일 경우에는 환자가 의사나 의사의 증명을 무시하는 것이다.

　신앙은 사랑의 유도체이며 처음에는 증명을 필요로 하지 않는다. 나중에야 비로소 신앙은 증명을 인정하게 되고, 또 그 증명이 그가 사랑하는 사람에게서 나온 것이라면 그것을 비판적으로 검토까지 하게 된다. 이와 같은 지지가 없는 증명은 여태까지 유효하지 않았으며, 대부분의 사람의 인생에서도 결코 유효하지 않다. 그러므로 인생은 일반적으로 그 사람이 리비도적 대상 충당을 할 수 있는 경우에만 지적인 방면으로부터도 영향을 받을 수 있는 것이다. 그러므로 우리는 환자의 나르시시즘의 정도를 고려하여 적절한 분석적 기법을 사용하더라도 그 효력에 한계가 있다는 것을 깨달아야 하며, 또 한계가 있지 않을까 하고 걱정하는 근거가 충분히 있다.

남에게 리비도적 대상 충당을 하는 능력은 정상적인 인간이면 누구나 가지고 있을 것이다. 이른바 노이로제 환자의 전이 경향은 이 일반적인 특징이 비정상적으로 높아진 것에 불과하다. 그것은 실제로 옛날부터 깨닫고 이용하고 있었던 것이다.

베른하임은 그 무엇에도 현혹되지 않는 날카로운 통찰력으로 최면 현상의 학설, 다시 말해 모든 인간은 어떤 방법으로든 암시에 걸리기 쉽다. 즉 '피암시성(被暗示性)이 있다(suggestibel)'라는 명제를 내세웠다. 전이 경향이 바로 베른하임이 말하는 피암시성이다. 그러나 전이라고 해도 그 뜻이 매우 좁기 때문에 음성 전이는 이 피암시성 속에 들어 있지 않다. 그에게 있어서 암시는 하나의 근본적인 사실일 뿐 그 유래를 전혀 증명하지 못했다. 그는 '피암시성(suggestibilitat)'이 성욕에 종속하고, 리비도의 활동에 종속한다는 것을 믿지 않았다. 우리는 최면술을 버리고 우리의 기법으로 바꾸는 것만으로 전이라는 형태로 암시를 재발견했다는 것을 인정할 수 있다.

이제 여러분의 의견을 들어 보자. 그것은 다음과 같은 항의의 소리일 것이다. '선생님이 암시만이 유효한 것이라고 한다면 과거의 체험을 상기하기 위해서 우회한 것, 무의식을 발견한 것, 왜곡을 해결하거나 번역한 것, 노력과 시간과 돈을 막대하게 소비한 것 등은 대체 어떻게 됩니까? 만일 선생님이 자기가 걸었던 우회로의 길목에서 암시로는 직접 발견할 수 없었던 중요한 심리학상의 무수한 사실을 발견했다고 변명하려 하신다면, 그렇게 발견한 것이 사실임을 누가 보장합니까? 그러한 발견도 암시의 산물, 다시 말해서 선생님이 목표로 삼지 않았던 암시의 산물이 아닙니까? 결국 이 영역에서도 선생님이 원하는 것, 선생님의 눈에 정당하게 보이는 것을 환자에게 강요하신 것이 아닙니까?

여러분이 내게 항의하고 있는 이런 일들은 매우 흥미가 있다. 그리고 나는 여러분의 항의에 답변해야 한다. 그러나 오늘은 시간이 없으므로 다음에 이야기하기로 하겠다. 오늘은 내가 지금까지 한 말에 결말을 지어야 한다. 나는 전이라는 사실의 도움을 받아 우리의 치료 노력이 나르시시즘적 노이로제에는 효과가 없는 이유를 여러분에게 설명하겠다고 약속했다. 이제 여러분은 이 수수께끼를 푸는 것이 얼마나 간단한가, 모든 일이 얼마나 잘 일치하는가를 보게 될 것이다.

나르시시즘적 노이로제에 걸린 사람에게는 전이 능력이 전혀 없거나 혹은 아주 조금밖에 남아 있지 않다는 것을 관찰을 통해 알게 된다. 이와 같은 환자는 적의가 아닌 무감각 때문에 의사의 접근을 회피한다. 그러므로 이런 환자는 의사의 영향도 받지 않는다. 그들은 의사가 하는 말에 냉담하고, 어떠한 말은 그들에게 아무런 인상도 주지 않는다. 그러므로 우리가 다른 노이로제에서는 성공한 치유의 메커니즘, 즉 병원적 갈등의 재생, 억압에 의한 저항의 극복을 환자에게 일어나게 할 수는 없다. 환자는 여전히 전과 조금도 달라지지 않았기 때문이다. 환자는 이미 몇 번이나 혼자 힘으로 회복하려고 시도를 해 보았지만 결국 병리적인 결과로 끝나 버렸으며, 이러한 상황에서는 우리 역시 이 결과를 바꿀 소지가 조금도 없는 것이다.

이런 환자에게서 얻은 임상상의 인상을 기초로 우리는 그들에게 대상 충당이 없고, 대상 리비도는 자아 리비도로 대치되어 있다고 주장했다. 이 특징에 의해 우리는 이런 노이로제를 노이로제의 제1의 부류(히스테리, 불안 노이로제, 강박 노이로제)와 구별했던 것이다.

치료의 시도에 대한 이와 같은 증상은 이 예상을 뒷받침하고 있을 뿐, 그것은 아무런 전이를 보이지 않는다. 그러므로 우리의 노력을 접근시키지 않는다. 그것은 우리가 손을 댈 수 없는 문제인 것이다.

스물여덟 번째 강의

분석 요법

　오늘 내가 할 말은 정신분석 요법에 대한 것이다. 정신분석 요법은 결국 전이, 즉 암시에 입각한다고 말했을 때, 여러분은 왜 직접 암시를 사용하지 않느냐고 질문했다. 그리고 또 여러분은 암시라는 것이 이토록 중시되고 있는데도 여전히 우리는 우리의 심리학상의 발견이 객관적이라는 것을 보장할 수 있느냐는 의문을 덧붙였다. 이제 나는 여러분에게 자세히 대답하겠다.

　직접 암시라는 것은 증상의 발현에 대한 암시이며, 여러분의 권위와 병을 일으키는 동기와의 싸움에 대한 암시이다. 여러분은 이 경우 환자에게 동기는 무시하고 증상이라는 형태로 나타나 있는 것을 억누르라고 요구하고 있다. 그래서는 여러분이 환자를 최면 상태에 두건 그렇지 않건 결과는 마찬가지이다. 베른하임은 그의 독특하고 날카로운 통찰력으로 암시는 최면술이라는 현상의 본질이며 최면 그 자체가 암시의 결과, 즉 암시된 상태라고 여러 번 주장했다. 그리고 또 그는 곧잘 각성 상태에서 암시를 걸었다. 그 결과 최면 상태에서 건 암시와 마찬가지 결과가 나타났다.

　그러면 먼저 경험담부터 시작하기로 하겠다. 나는 1889년, 낭시의 베른하임을 찾아가서 그의 제자가 되었으며, 그의 암시에 대한 책을 독일어로 번역

했다. 몇 해 동안 나는 최면요법을 사용했다. 처음 나는 그것을 금지 암시(禁止暗示)에 결부시켰으며, 나중에는 브로이어의 심문법에 결부시켰다. 그래서 나는 최면요법 혹은 암시요법의 효과에 대해서 내가 직접 체험한 결과부터 이야기하려는 것이다.

옛날 의사들의 말에 의하면, 이상적인 치료법은 수고가 덜 들고, 믿을 수 있으며, 환자가 불쾌하게 생각지 않아야 한다고 했다. 만일 그렇다면 베른하임의 방법은 그 중 두 가지 조건을 갖추고 있다. 그의 방법은 분석요법과는 비교가 안 될 만큼 빨리 할 수 있다. 그리고 환자를 고생시키거나 불쾌감을 주지 않는다. 어떤 환자에게나 같은 방법과 같은 형식을 사용해서 여러 가지 증상이 존재하지 못하도록 하면 된다. 그러므로 그것은 마치 기계적인 작업과 같으며, 과학적인 작업과는 거리가 멀다. 또 그것은 마술, 주문, 요술과 같은 것이어서 환자의 기분을 상하게 하지 않는다.

그러나 베른하임의 방법은 하나의 조건이 결여되어 있었다. 이 방법은 어느 점으로 보나 믿을 만한 것이 못 되었다. 한 환자에게는 적용되지만 다른 환자에게는 적용되지 않았으며, 한 환자에게는 큰 성과를 거두었지만 다른 환자에게는 거의 성공하지 못했다. 그런데 그 이유가 무엇인지 도무지 알 수 없었다.

이 암시요법의 효과가 지속되지 않는 것은 이 요법이 불편했기 때문이다. 얼마 후 환자를 분석해 보면, 그 전의 고통이 재발했거나 그것이 다시 새로운 고통으로 바뀌어 있었다. 그래서 의사는 다시 최면을 걸지 않으면 안 되었다. 이 치료법에 대해서 경험을 쌓은 의사는 몇 번이나 최면을 걸어서 환자의 자주성을 빼앗거나 이 치료법에 마약 같은 습관성이 붙어서는 안 된다고 경고하고 있다. 이 방법이 예상대로 성공하는 일도 많았고, 조금만 노력하면 지속되는 완전한 효과를 올릴 수가 있었다.

언젠가 나는 이런 경험을 한 적이 있다. 한 여자 환자의 병을 단기간의 최면요법으로 깨끗이 고쳐 주었다. 그런데 그 환자가 이렇다 할 까닭도 없이 내게 원한을 품게 되자 병이 재발했다. 그러다가 내가 환자와 화해를 하자 병은 다시 완전히 나았으며, 환자가 다시 내게 반감을 품게 되자 병도 재발했다.

또 이런 경험을 한 적도 있다. 내가 최면술로 몇 번이나 노이로제 상태에서 해방시켜 준 어느 환자가, 어떤 완고한 발작을 치료하는 동안 갑자기 내 목에 매달린 것이다. 이상과 같은 사실을 보면, 사람이 바라든 바라지 않든, 암시적 권위의 본질은 무엇이며, 또 그것이 무엇에 유래하는가를 생각하지 않을 수 없다.

이상의 경험담은 우리가 설령 직접 암시를 포기하더라도 아주 소중한 것을 포기한 것은 아니라는 것을 시사한다. 그러면 이에 대해서 몇 가지 점을 음미해 보자. 최면요법은 의사나 환자 어느 쪽도 힘이 들지 않는다. 이 치료법은 많은 의사가 지금도 여전히 인정하고 있는 노이로제에 대한 견해와 일치한다. 의사는 노이로제 환자에게 "나쁜 데는 없어요. 다만 신경성일 뿐입니다. 그러나 당신의 괴로움 같은 것은 내가 몇 마디만 하면 5~6분 안에 잊혀질 거예요." 하고 말한다. 그러나 그에 알맞은 장치의 힘을 빌리지 않더라도 무거운 짐에 손을 대고 살짝 들어올리는 것만으로 그 짐을 움직일 수 있다고 하는 것은 에너지에 대한 우리의 생각과 일치하지 않는다. 지금의 상황이 이에 해당되는데, 우리는 경험으로도 그와 같은 잔재주로는 노이로제를 치료하지 못한다는 것을 알 수 있다.

정신분석에서 얻은 지식의 관점에서 우리는 최면술의 암시와 정신분석의 차이를 다음과 같이 설명할 수 있다. 최면요법은 정신 생활 속에 있는 것을 숨기거나 장식하려 하지만, 분석요법은 이것을 들추어내어 제거하려고 한다. 전자는 미용술 같은 일을 하고, 후자는 외과 수술 같은 일을 한다. 최면요법은 증상을 금지하기 위해서 암시를 사용하고, 억압을 강화하며, 증상 형성을 가져온 모든 과정을 그대로 둔다. 그런데 분석요법은 병의 근원을 더 깊게 하며 증상을 일으킨 갈등을 공격한다. 그리고 이 갈등의 결과를 바꾸기 위해서 암시를 이용한다. 최면요법은 환자를 무활동, 무변화에 멈추게 하므로 환자는 병의 어떤 새로운 유인에 대해서도 전과 같이 저항할 능력이 없는 것이다.

분석요법은 환자에게나 의사에게나 많은 노력을 요구한다. 그리고 이 노력은 내부 저항을 타파하는 데 쓰이게 된다. 이 내부 저항을 타파함으로써 환자의 정신 생활은 영원히 바뀌어 더 높은 발달 단계에 올려지며, 새로운 발병을 막기도 하므로 분석요법의 근본은 저항을 타파하는 작업에 있다. 따라서 환자는 이 작업을 완수하지 않으면 안 되며, 의사도 교육이라는 뜻으로 작용하고 있는 암시의 도움으로 환자가 이 작업을 완수할 수 있도록 도와주어야 한다. 그러므로 정신분석 요법은 일종의 재교육(Nacherziehung)이라고 해도 무방하다.

나는 지금 암시를 치료에 사용하는 정신분석의 방법과 최면요법만을 사용하는 차이점을 분명히 밝혔다. 암시를 전이로 만듦으로써 최면요법 때 그 변덕스러움의 원인을 알았을 것이고, 또한 분석요법은 그 한계 내에서는 믿을 수 있다는 이유를 알게 되었을 것이다. 최면 상태를 사용할 경우 우리는 환자의 전이 능력에 따라 좌우되지만, 전이 능력 자체에는 전혀 영향을 미치지 못한다.

최면술에 걸린 환자의 전이는 음성이거나 혹은 양가성이다. 어떤 경우는, 특별한 태도를 가짐으로써 환자가 자기의 전이를 미리 예방할 수 있을지도 모른다. 정신분석에서 우리는 전이 자체에 의해 작업을 하고, 전이를 방해하는 것을 쫓아버리며, 우리가 활용하고 싶어하는 도구를 미리 준비한다. 이와 같이 하여 우리는 암시라는 힘을 다른 식으로 사용할 수 있게 되는 것이다.

즉 환자는 마음대로 자기 자신에게 암시를 걸 뿐 아니라, 환자가 일반적으로 암시의 영향을 받는 한에서 우리는 환자의 암시를 조종하는 것이다.

그런데 분석의 원동력을 '전이'라고 부르든 '암시'라고 부르든 그런 것은 아무래도 좋다고 여러분은 생각하겠지만, 그래서는 우리가 발견한 것의 객관적인 확실성이 의심스러워질 위험이 있다. 즉 치료에 도움이 되는 것이 연구에는 해로운 것이 되는 결과를 가져올 수도 있다. 이것이 정신분석에 가장 자주 제기되는 항의이다.

그러나 만일 이 항의가 정당하다면 정신분석은 교묘하게 위장하는 특별한 작용을 가진 일종의 암시요법에 지나지 않게 될 것이다. 그리고 우리는 생활의 감화나 심적 역학이나 무의식에 대한 정신분석의 주장을 하찮은 것이라고 생각해도 좋을 것이다. 특히 성 체험의 의의에 관한 것은 모두 우리 자신의 타락된 공상 속에서 그와 같이 여러 가지로 꾸며서 환자에게 '강요한' 것이라고 생각되고 있다. 이와 같은 비난의 반박으로는 이론의 도움이 아니라 경험의 도움이 훨씬 설득력이 있다. 정신분석을 직접 연구한 사람은 환자에게 그와 같이 암시하는 것이 불가능하다고 생각했을 것이다.

환자를 어떤 학설의 신봉자로 만들어서 의사의 그릇된 생각에 찬성시키는 것은 물론 쉬운 일이다. 이와 같은 경우에 환자는 환자가 아닌 사람, 이를테면 학생 같은 태도를 취한다. 그러나 의사는 그것으로 환자의 지성에는 영향을 줄 수 있지만, 병에는 아무 도움이 못 된다. 즉 그 갈등을 해결하고 저항을 타파하는 데 성공하려면 환자의 마음에 현재 존재하는 것과 일치하는 예상 관념을 주어야만 한다.

의사의 추측과 일치하지 않는 것은 분석의 진행 중에 다시 소실되어 버린다. 의사는 신중한 기법을 사용해서 암시의 일시적인 효과가 나타나지 않도록 조심해야 한다. 증상 예의 불분명한 부분이 밝혀지지 않고 기억의 결손이 메워지지 않으며 억압의 동기가 발견되지 않으면, 우리는 분석이 아직 끝나지 않았다고 생각한다. 너무 빨리 결과가 나타나면 우리는 분석 작업이 진척되었다고 생각하기보다는 오히려 방해되었다고 생각하고, 원인이 된 전이를 몇 번이나 해소시킴으로써 그 결과를 없애 버린다. 분석요법이 순수한 암시요법과 구별되고, 또 분석 결과가 암시의 결과가 아닐까 하는 의심이 해소되는 것은 결국 방금 말한 그 특징에 의해서이다.

다른 모든 암시요법에 있어서 전이는 보호된다. 그런데 분석요법에서는 전이 그 자체가 치료의 대상이 되고, 전이는 여러 가지 현상형(現象型)으로 분해되어 분석요법이 끝날 때는 결국 소멸되어야 한다. 그리고 좋은 결과가 나타나서 그것이 줄곧 계속되는 것은 혼자의 마음속에서 달성된 내부의 변화에 의해서이다.

이제는 회복의 메커니즘에 대한 우리의 이야기를 리비도 설의 공식을 사용해서 완성해 보자. 노이로제 환자에게는 향락의 능력도, 일을 하는 능력도 없다. 향락하는 능력이 없는 것은 그 사람의 리비도가 현실의 대상을 향하고 있지 않기 때문이고, 일할 능력이 없는 것은 리비도를 계속 억압하여 그것이 솟아오르는 것을 막기 위해 많은 에너지를 소비하기 때문이다.

만일 환자의 자아와 리비도 사이의 갈등이 끝나고, 그의 자아가 다시 리비도를 뜻대로 할 수 있게 되면 그는 건강을 되찾을 것이다. 그러므로 치료의 사명은 자아에서 멀어져 있는 현재의 속박에서 리비도를 해방하여, 그것을 다시 자아에 종속시키는 데 있다.

그러면 노이로제 환자의 리비도는 어디에 숨어 있는 것일까? 그것을 찾아내기란 어렵지 않은 일이다. 리비도는 증상에 결부되어 있다. 그러므로 그 증상을 타파하고 해소시켜야 한다. 증상을 없애려면 증상을 만들어내는 갈등을 소생시켜, 그 당시는 뜻대로 되지 않았던 본 능력의 도움을 빌려 갈등을 다른 결말로 향하게 해 주어야 한다.

억압 과정의 수정의 일부는 억압되어 버린 과정의 기억의 흔적에 의해서 이루어진다. 그러나 이 작업의 결정적인 부분은 의사에 대한 관계, 즉 '전이'에 의해서 그 옛 갈등을 재생시킴으로써 이루어지는 것이다. 그리고 이 옛 갈등에 대해서 환자는 지난날 그가 행동한 것처럼 행동하고 싶어한다. 한편, 의사는 환자의 뜻대로 되는 정신적인 힘을 모두 동원시켜서 이 갈등을 해소시키려고 한다. 그러므로 전이는 서로 싸우는 모든 힘이 충돌하는 전장이라고 할 수 있다.

모든 리비도와 그것에 대한 모든 반항은 의사와의 관계에 집중된다. 그 결과 리비도는 증상에서 상실된다. 환자의 본래의 병 대신 전이라는 인공적으로 만들어진 병, 즉 전이병이 나타난다. 갖가지 비현실적인 리비도의 대상 대신 이 또한 공상적인 의사라는 대상이 나타나는 것이다. 그러나 이 대상에 대한 새로운 싸움은 의사의 암시라는 도움을 받아 최고의 심리적인 단계에까지 높여져서, 정상적인 심적 갈등이 되어 진행한다. 이렇게 새로운 억압을 피함으로써 인격의 정신적인 통일이 다시 만들어진다. 리비도가 의사라는 일시적인 대상에서 또다시 분리되면 그것은 지난날의 대상으로 되돌아가지 못하고, 자아의 명령에 따르게 된다. 이 치료의 작업 중에 극복된 힘은 한쪽은 리비도가 어떤 방향으로 나아가려고 하는 데 대한 자아의 혐오이며, 하나는 리비도의 집착하는 성질, 즉 점착성이다.

그러므로 치료는 두 단계로 나뉘어진다. 제1단계는 모든 리비도를 전이에 집중시키는 일이다. 제2단계는 이 새로운 대상에 대한 싸움의 전단(戰端)을 열어 리비도를 이 대상에서 추방시키는 일이다. 그리하여 이 새로운 갈등에서 억압이 일어나지 않으면 좋은 결과를 얻게 되는 것이다.

치료 중에, 그리고 치료로 회복되는 리비도의 분포에서 병 중의 리비도 충당을 직접 추측해서는 안 된다. 어떤 환자가 아버지에 대한 감정을 의사에게 옮기는 강한 부친 전이(父親轉移)를 만들어 놓고 이것을 제거함으로써 다행히도 병이 나았다고 하자. 이 경우, 부친 전이는 우리가 리비도를 포착하려 하고 있는 전장에 불과하다. 환자의 리비도는 다른 위치에서 이동해 온 것이므로 이 전장이 반드시 적의 중요한 요새와 일치하는 것은 아니다. 전이를 다시 한 번 그만둘 때 비로소 우리는 병 중에 존재하고 있었던 리비도의 분포를 관념 속에서 재구성할 수 있는 것이다.

리비도설의 관점에서 꿈에 대해 최후의 단안을 내리고 싶다. 노이로제 환자의 꿈은 그 환자의 잘못이나 자유 연상처럼 증상의 뜻을 추측하고, 리비도의 충당을 발견하는 데 유용하다. 꿈은 어떤 소망 충동이 억압을 받았는가, 또 자아에서 떨어져 나간 리비도가 다시 어떤 대상에 부착되었는가를 소망 충족의 형태로 우리에게 보여 준다. 그러므로 꿈의 해석은 정신분석 요법에 있어서 중요한 역할을 하며, 또 많은 증상의 예에서 장기간에 걸쳐 분석 작업의 가장 중요한 수단이 된다. 우리는 이미 수면 상태에서는 억압이 어느 정도 완화된다는 것을 알고 있다. 억압에 가해지는 압력이 약해지기 때문에 억압된 충동은 낮에 증상 속에 나타나는 것보다 훨씬 뚜렷하게 꿈속에 나타난다. 그러므로 꿈의 연구는 자아에서 분리된 리비도가 속해 있는 억압된 무의식을 아는 데 있어서 가장 좋은 방법이 되는 것이다.

그런데 노이로제 환자의 꿈은 본질적으로는 정상인의 꿈과 같다. 그러므로 우리는 노이로제와 건강의 차이가 낮에만 해당되며, 꿈에는 해당되지 않는다고 말할 수 있다. 노이로제 환자의 꿈과 증상 사이에는 관련이 있기 때문에 그들이 분명히 밝혀낸 많은 가설을 우리는 건강인에게도 적용시킬 수 있게 된 것이다. 우리는 건강인도 꿈이나 꿈과 증상을 일으킬 수 있는 소지를 정신 생활 속에 갖고 있음을 인정해야 한다.

또 우리는 건강한 사람도 억압을 하고, 그것을 지속시키기 위해서 어느 정도 에너지를 소비해야 하며, 그 무의식 체계에는 에너지를 보충받은 억압되고 충당된 충동을 감추고 있으며, 그리고 그의 리비도의 일부는 그 사람의 자아의 뜻대로 되지 않는다는 결론을 얻을 수 있다. 그러므로 건강인도 잠재적인 노이로제 환자이다. 그러나 꿈은 겉보기에는 건강한 사람이 만들 수 있는 오직 하나의 증상인 것처럼 여겨진다. 만일 여러분이 각성 생활을 예리한 눈으로 관찰한다면, 이 외견과 모순되는 것을 실제로 발견하게 될 것이다. 즉 겉으로는 건강하게 보이는 그 생활에 보잘것없고, 실제로는 중요하지도 않은 무수한 증상 형성이 포함되어 있는 것이다.

그러므로 신경질적인 건강과 노이로제 사이의 차이는 그 사람이 향락 능력과 노동 능력을 가졌느냐 안 가졌느냐에 있다. 이것은 결국 뜻대로 사용할 수 있는 에너지 양과 억압으로 돌려진 에너지 양의 비율이 된다. 즉 이 차이는 질적인 것이 아니라 양적인 것이다. 이 견해는 체질적인 소인에 기인하기는 하나, 노이로제란 원칙적으로 치유될 수 있다는 우리의 확신에 이론적인 근거를 제공해 주는 것임은 틀림없다.

건강한 사람의 꿈과 노이로제 환자의 꿈이 같다는 사실에서 우리는 건강한 특징을 여러 가지로 추측할 수 있다. 그리고 꿈 그 자체에 대해서 다음과 같은 결론을 끌어낼 수 있을 것이다. 즉 꿈은 노이로제 증상과의 관련에 포함되어야 하고, 또 꿈의 본질이 관념을 태고적 표현 양식으로 번역한다는 공식으로 설명된다고 믿지 말 것이며, 꿈이라는 것에서 우리는 현존하는 리비도의 투자와 대상 충당을 실제로 알 수 있다는 가정이 바로 그것이다.

이제 이야기는 결론에 가까워졌다. 내가 정신분석 요법의 장에서 이론적인 것만 설명하고, 치료가 실시되는 조건과 치료로 얻을 수 있는 효과에 대해서 아무 말도 하지 않은 데 대해 여러분은 아마 실망했을 것이다. 그러나 이 두 가지는 일부러 이야기하지 않은 것이다. 전자를 이야기하지 않은 것은 여러분에게 정신분석을 하기 위한 실제상의 지도를 해 줄 생각이 처음부터 없었기 때문이며, 후자를 말하지 않은 것은 여러 가지 동기가 나를 만류했기 때문이다.

여러분도 알고 있는 것처럼 분석요법은 아직 시작 단계에 불과하다. 우리가 그 기법을 확립할 때까지 실로 오랜 세월이 걸렸다. 또한 이것을 연구하는 동안에 차츰 늘어가는 경험의 영향으로 완성된 것이다. 기법을 가르치기가 어렵기 때문에 정신분석에는 신참 의사들이 기술을 연마하는 데 다른 부분의 전문가들보다 자기 자신의 능력에 의지하지 않으면 안 되었다. 그러므로 그 사람이 첫해에 거둔 효과는 결코 분석요법의 효과라고 할 수가 없다.

정신분석의 초기에는 치료의 시도가 실패로 끝난 일이 많았다. 그것은 일반적으로 이 방법이 적당치 않은 오늘날에 우리가 적응증을 정하여 미리 제외하고 있는 증상의 예를 다루었기 때문이다. 그러나 이 적응증은 분석을 해 보고 비로소 확인한 것이다. 뚜렷한 형태를 갖는 망상증이나 조발성 치매에 효과가 없다는 것을 처음에는 알지 못했다. 그러나 여러 가지 질환에 이 방법을 시도하는 것은 역시 옳은 일이다. 첫해의 실패는 대체로 의사의 실수나 부적당한 재료를 골랐기 때문에 생긴 것이 아니라, 외적 조건이 나빴기 때문에 일어난 것이다.

우리는 다만 내부 저항, 즉 필연적이며 극복 가능한 환자의 내적 지향에 대해서만 이야기했다. 분석 중에 환자의 처지나 환경으로 일어나는 외부 저항은 이론적으로는 흥미가 없지만, 실제로는 가장 중요한 것이다. 정신분석 요법은 외과 수술에 비유할 수 있다. 즉 외과 수술처럼 성공하는 데 가장 좋은 조건 아래서 실시할 필요가 있는 것이다.

나는 많은 증상의 예를 설명하는 대신, 의사로서의 양심 때문에 매우 난처

했던 예를 하나 이야기하겠다. 몇 해 전에 한 젊은 여성에게 분석요법을 실시한 적이 있다. 그녀는 오래 전부터 거리를 걸어가거나 집에 혼자 있는 것을 몹시 두려워하는 환자였다.

이 환자는 우연히 어머니와 돈 많은 어느 남자와의 정사를 목격했기 때문에 공상이 생겼다고 고백했다. 그런데 그녀는 경솔하게도 분석 시간에 주고받은 말을 어머니에게 암시했다. 즉 딸은 어머니에 대한 태도를 바꾸어, 혼자 집을 지키고 있을 때의 불안은 어머니만이 덜어줄 수 있을 뿐이라고 주장하고, 어머니가 외출하려고 하면 불안한 표정으로 앞을 가로막았다.

어머니도 전에는 신경질적이었는데, 몇 해 전에 물리치료를 받고 나서 완치되었다. 아니, 그녀는 병원에 다니던 중 한 남자를 알게 되어 그와 만족스러운 관계를 맺었기 때문에 완치되었던 것이다. 딸의 요구에 놀란 그녀는 문득 자기 딸의 불안이 무엇을 뜻하는지 깨달았다. 딸은 어머니를 집에 가두어 애인과 교제하는 것을 그만두게 하기 위해 병이 난 것이다. 그래서 어머니는 딸을 나에게 보내는 대신 어느 병원의 신경과로 보내서, 그 병원에서 오랜 세월 '정신분석의 가없은 희생자'라는 실물교시의 재료가 되게 했다.

내 요법이 뜻밖의 결과를 빚었기 때문에 그 동안 나에 대한 악평이 대단했다. 그러나 나는 의사로서 비밀을 엄수할 의무가 있다고 믿었기 때문에 침묵을 지켰다. 그런데 몇 해 후 그 병원을 방문하여 이 광장 공포증인 여성을 알고 있는 동료에게서, 그녀의 어머니와 그 돈 많은 남자와의 관계가 온 동네에 소문이 났으며, 두 사람의 아이까지 생겼다는 이야기를 들었다. 결국 그들의 '비밀' 때문에 딸의 치료, 즉 분석 치료가 희생된 것이다.

정신분석에 호의를 가진 사람이 분석의 성공과 실패 사례를 통계 내어 우리에게 충고해 주었다. 그러나 나는 이 충고를 듣지 않았다. 나는 통계라는 것은 비교, 대조한 단위가 같은 종류가 아니면, 또 치료를 실시한 노이로제 질환의 증상의 예가 여러 면에서 같지 않으면 가치가 없다고 생각했기 때문이다. 또 우리는 관찰할 수 있는 기간이 너무나 짧기 때문에 치료의 효과가 언제까지 계속될는지 판단할 수 없었고, 또 많은 예를 일반적으로 보고할 수도 없었다. 왜냐하면 이같은 예는 자기의 병, 자기의 치료조차 비밀로 해두는 사람들이며, 자기가 완쾌된 것도 비밀로 해야 하는 사람들이었기 때문이다.

나는 젊었을 때, 최면술의 암시요법에 대한 의사들의 비난의 소리를 듣곤 했었다. 그러나 최면술은 처음에 기대한 만큼의 치료 효과를 내지 못했다. 우리들 정신분석가는 이 최면술파의 정통 후계자라고 자칭해도 좋다. 또 우리는 그 최면술에서 얼마나 많은 격려와 이론적인 계몽을 받았는지 솔직히 인정하고 있다.

정신분석의 해로운 결과는 대체적으로 분석을 잘 하지 못했거나 분석을 도중에서 중단했을 때 나타나는 갈등이 증대하여 생긴 일시적인 현상에 불과하다. 그러므로 우리의 노력이 과연 영구적인 장해를 가져다주는 것인지 아닌지, 여러분은 스스로 판단을 내릴 수 있을 것이다. 물론 정신분석의 남용은 여러 방면에서 일어날 수 있다. 특히 전이는 비양심적인 의사의 손으로 이루어진다면 위험하기 짝이 없는 일이다. 하지만 어떤 치료법도 이 남용을 막을 수는 없다.

여러분, 강의는 이것으로 끝났다. 내 강의의 여러 가지 결점을 돌이켜보면 부끄럽기 짝이 없지만, 이것은 결코 겸손의 말이 아니다. 간단히 언급한 주제를 다른 대목에서 다시 다루겠다고 몇 번이나 약속해 놓고, 그 약속을 지킬 수 있는 대목에 와서도 지키지 않았던 것을 특히 미안하게 생각하고 있다.

많은 대목에서 결론을 끌어낼 수 있는 재료를 마련했지만, 그때 내 자신이 결론을 내리지 않았던 곳도 많았다. 그것은 나로서는 여러분을 전문가로 만들 생각이 전혀 없었기 때문이다. 다만 나는 여러분을 올바른 길로 인도하고, 또 여러분의 흥미를 끌고자 했을 따름이다.

옮긴이의
말

지그문트 프로이트(Sigmund Freud)는 1856년 5월 6일, 당시 오스트리아의 속령이었던 체코 동부 메렌 지방의 프라이베르크의 한 유대인 가정에서 태어났다. 그는 9세에 보통 아이들보다 1년 빨리 김나지움에 입학했다.

한때 법률학과 다윈의 이론에 열중했던 김나지움 시절의 그는, 졸업 직전에 들은 칼 브륄로 교수의 교양 강연인 '자연에 대하여'에 깊은 감명을 받아 의사가 되기로 결심했다.

이렇듯 별다른 목적 없이 시작된 그의 대학 생활은 필수과목인 의학보다는 인접 분야인 아리스토텔레스나 클라우스 교수의 동물학 강의, 또는 물리학 강의에만 열중했다. 그 결과 클라우스 교수의 추천으로 1876년 3월, 트리에스트의 빈 대학 부속 기관 트리에스트 임해실험소에 파견되어, 아리스토텔레스 때부터 미연구 분야인 뱀장어 성선(性腺)에 대한 연구를 하게 되었다.

그런 연구 결과에 만족할 수 없었던 그는 다시 에른스트 브뤼케의 생리학 연구실로 옮겨 연구에 몰두했다. 그는 졸업 후 경제적인 곤란 때문에 빈 종합병원에 들어갔다. 이때 그는 정신과에 근무하며 연수(延髓)의 전도로(傳道路)나 청신경(廳神經)의 기시(起始) 등 조직학적 연구에 전념했다.

그러나 의학사상 위대한 발견이라 할 수 있는 코카인 마취의 발견자로서는 프로이트의 발상을 연구 발표한 그의 친구 콜라가 지목되어, 프로이트는 그 영예를 놓치게 되었다. 그리고 1885년 9월, 사강사(私講師)가 되었다.

1885년 10월, 당시 정신의학 연구의 메카였던 파리의 사르베토리에르 병원에 있는 샤르코를 찾아가 그로부터 큰 감명을 받았다. 세기의 가장 위대한 정신과 의사이자 병리학자인 그가 당시 꾀병으로 간주되었던 히스테리를 모든 정열을 다해 최면술로 치료하고 있다는 사실 때문이었다.

1886년 10월, 프로이트는 빈 의학회에서 '남성의 히스테리에 관하여'라는 주제로 강연을 했으나 반응은 냉담했다.

그는 파리로 돌아가 왕립 소아병원의 신경과 과장으로 근무하면서 소아의 뇌성마비에 대한 연구를 하여 그 분야에서는 대가(大家)가 되었다. 그러나 그를 찾아오는 환자는 이런 기질적인 신경병 환자보다는 거의 노이로제 환자들이었다.

그 당시 노이로제의 치료로서는 전기요법이나 냉수치료법(冷水治療法)이 사용되고 있었으나, 아무 효과도 얻지 못한 프로이트는 1887년 12월부터 치료법으로 최면술에 의한 암시를 사용하여 '기적을 행하는 사람'이라는 평판을 얻게 되었다.

프로이트는 아직 학생이었던 1880년 브로이어가 한 히스테리 여성 환자를 최면에 의한 회상치료법으로 고쳤다는 말을 듣고 흥미를 느꼈다.

그는 브로이어의 협력을 얻어 이 새로운 방법을 연구하여 1893년 〈히스테리 현상의 심적(心的) 메커니즘〉이라는 논문을 연명(連名)으로 발표했다.

1900년, 프로이트의 주요 저작인 《꿈의 해석》이 간행되었으나 그의 기대와는 달리 학계로부터는 무시당하고 말았다.

1904년 《일상생활의 정신병리》를 간행했고, 이듬해에 《성이론(性理論)에 관한 세 편의 논문》이 나왔다.

《꿈의 해석》은 일반적으로 평이 그다지 좋지 않았지만, 깊은 감명을 받은 사람이 조금씩 늘어나기 시작했다. 그 중에서도 라이틀러, 슈테켈, 아들러 등은 1902년 '심리학 수요회', 후에 '빈 정신분석 협회'로 개칭한 모임을 조직했다.

1904년 브로일러의 수석 조수 융은 연상실험(聯想實驗)을 고안하여 프로이트가 말하는 억압 현상을 실험적으로 증명하고, 그것을 콤플렉스라 명명했다. 그리고 이 결과를 1906년《연상의 진단적 연구》라는 책에 종합했고, 마침내 이듬해에는 정신병리학에 한 시기를 그었다고 일컬어지는《조발성 치매의 심리학》을 간행하여, 《꿈의 해석》의 방법이 정신병 증상의 이해에도 도움이 된다는 것을 증명했다.

1923년 4월 프로이트는 오른쪽 턱과 입천장에 암이 발생하여 죽을 때까지 33회의 수술과 라듐 조사(照射)를 받았으나, 결국 언어 능력과 청력을 잃었고 체력은 약화되었다. 그러나 그는 집필 활동을 계속했다. 만년에 남긴 프로이트의 중요한 저서《제지, 증상, 불안》,《자서전》,《환상의 미래》,《문학의 불안》,《속 정신분석 입문》 등은 암과 투병하는 동안에 씌어진 것이다.

1932년 11월 독일에서 나치스의 진출로 그는 결국 런던으로 망명하였다. 1939년에는 암 증상이 악화되어 9월 23일 마침내 세상을 떠났다. 그의 나이 83세였다.

프로이트는 사강사(私講師) 시절부터 빈 대학에서 강의를 하고 있었는데, 그의 처음 강의는 신경학에 관한 것이었다. 그는 1900년에는 꿈에 대해 강의를 했고, 그후에는 한 주일에 두 번씩 '정신분석 입문'이라는 강의를 했다.

1900년경의 청강자는 세 명이었으나, 1915년 10월에는 70명, 다음 달에는 100명을 돌파했다. 그는 그때까지 미리 준비도 하지 않고 노트도 만들지 않았으므로, 그때그때마다 영감에 따라 강의를 했다. 그러나 청강자가 많아지자 프로이트도 생각이 달라졌다. 미리 준비를 하게 되었으며, 마침내 책으로 만들어 출판하자는 결심을 하게 되었다. 그것이 바로 이《정신분석 입문》이다.

이 책은 처음 3부로 나뉘어서 간행되었다. 즉 제1부 '잘못'은 1915년에, 제2부 '꿈'은 1916년에, 그리고 제3부 '노이로제의 일반이론'은 1917년 6월에 간행되었다.

《꿈의 해석》과《일상생활의 정신병리》에 입각해 씌어진 이 책은 정신분석학을 체계화시킨 프로이트의 대표적인 저작으로 꼽힌다. 그러나 나중에 프로이트 자신이 그 학설을 보완하고 발전시켜, 오늘날에는 정신분석학의 입문적 성격보다는 고전으로서 더 높이 평가받고 있다.

고전으로 미래를 읽는다 021

정신분석 입문

초판 1쇄 발행 _ 1987년 12월 10일
2판 1쇄 발행 _ 2017년 1월 5일

옮긴이 _ 이명성
펴낸이 _ 지윤환
펴낸곳 _ 홍신문화사

출판 등록 _ 1972년 12월 5일(제6-0620호)
주소 _ 서울시 동대문구 용두 2동 730-4(4층)
대표 전화 _ (02) 953-0476
팩스 _ (02) 953-0605

ISBN 978-89-7055-690-7 03180